红色教育
引领高校立德树人

罗方述　主编

光明日报出版社

图书在版编目（CIP）数据

红色教育引领高校立德树人 / 罗方述主编 . -- 北京：
光明日报出版社，2023.9

ISBN 978 - 7 - 5194 - 7488 - 1

Ⅰ.①红… Ⅱ.①罗… Ⅲ.①高等学校—思想政治教
育—中国—文集 Ⅳ.①G641-53

中国国家版本馆 CIP 数据核字（2023）第 183242 号

红色教育引领高校立德树人
HONGSE JIAOYU YINLING GAOXIAO LIDE SHUREN

主 编：罗方述

责任编辑：陆希宇　　　　　　　　责任校对：许 怡 乔宇佳

封面设计：中联华文　　　　　　　责任印制：曹 净

出版发行：光明日报出版社

地 址：北京市西城区永安路 106 号，100050

电 话：010 - 63169890（咨询），010 - 63131930（邮购）

传 真：010 - 63131930

网 址：http：//book.gmw.cn

E - mail：gmrbcbs@gmw.cn

法律顾问：北京市兰台律师事务所龚柳方律师

印 刷：三河市华东印刷有限公司

装 订：三河市华东印刷有限公司

本书如有破损、缺页、装订错误，请与本社联系调换，电话：010 - 63131930

开 本：170mm×240mm

字 数：426 千字　　　　　　　　印 张：26

版 次：2023 年 9 月第 1 版　　　　印 次：2024 年 1 月第 1 次印刷

书 号：ISBN 978 - 7 - 5194 - 7488 - 1

定 价：85.00 元

本书编委会

主　　编：罗方述
副主编：储新宇
编委会成员：

刘承功　李佑新　吕延勤　朱博宇
朱喜坤　邱小云　张金锁　张泰城
张　翔　洪　涛　袁　方　崔文龙
戴建兵

代　序

关于信息化赋能红色资源育人的几个问题

罗方述

习近平总书记明确指出："红色资源是我们党艰辛而辉煌奋斗历程的见证,是最宝贵的精神财富,一定要用心用情用力保护好、管理好、运用好。"①在数字化、大数据的时代,数字化技术的发展推动了教育的变革和创新,为红色资源育人的理论研究和实践探索提供了新的载体和平台。

一、信息化赋能红色资源育人的重要意义

近年来,中共中央办公厅、国务院办公厅先后印发了《关于推进实施国家文化数字化战略的意见》《关于实施革命文物保护利用工程(2018—2022 年)的意见》等文件,为我们实现教育资源数字化、教育教学个性化、管理服务精准化、育人成效精确化指明了发展方向。我们要适应信息化时代教育教学模式发展的新趋势,运用数字化技术对红色资源进行整体性挖掘与结构性整合。不断增强红色资源育人的针对性和实效性,是大势所趋,也是必由之路。

第一,习近平总书记高度重视革命精神的弘扬和红色基因的传承。党的十八大以来,以习近平同志为核心的党中央高度重视党史国史的学习、革命精神的弘扬和红色基因的传承。每次到地方考察,习近平总书记都要瞻仰对我们党具有重大历史意义的革命圣地、红色旧址、革命历史纪念场所。他在不同场合多次强调,"共和国是红色的,不能淡化这个颜色。无数的先烈鲜血染红了我们的旗帜,我们不建设好他们所盼望向往、为之奋斗、为之牺牲的共和国,

---

① 习近平. 用好红色资源、赓续红色血脉、努力创造无愧于历史和人民的新业绩[EB/OL].求是网,2021-09-30.

是绝对不行的。"①"要把红色资源利用好、把红色传统发扬好、把红色基因传承好"②"走得再远、走到再光辉的未来，也不能忘记走过的过去，不能忘记为什么出发。"③"红色基因就是要传承。中华民族从站起来、富起来到强起来，经历了多少坎坷，创造了多少奇迹，要让后代牢记，我们要不忘初心，永远不可迷失了方向和道路。"④"用好红色资源，传承好红色基因，把红色江山世世代代传下去"⑤。这些重要论述，为我们传承红色基因、赓续红色血脉提出了要求指明了方向。

第二，信息化为红色资源育人提供了千载难逢的机遇。大数据、人工智能等新一代信息技术改变了世界，也将成为下一个创新、竞争、生产率的前沿，我们要把握这一历史机遇抢占先机赢得未来。习近平总书记高度重视信息化建设和数字经济、数字中国建设发展，多次强调数字化、网络化、智能化在中国特色社会主义现代化建设中的重要意义。他强调："信息化为中华民族带来了千载难逢的机遇"⑥"我们必须敏锐抓住信息化发展的历史机遇"⑦。《"十四五"数字经济发展规划》提出"深入推进智慧教育"，强调推进教育新型基础设施建设，深入推进智慧教育示范区建设，推动"互联网+教育"持续健康发展。2021年中央网络安全和信息化委员会印发《"十四五"国家信息化规划》，提出到2025年数字中国建设取得决定性进展，信息化发展水平大幅跃升，数字基础设施全面夯实，并对开展教育信息化工作进行了部署，提出要开展"互联网+教育"云网一体化建设。党的二十大提出"推进教育数字化，建设全民终身学习

---

① 黄锐责编. 习近平看望参加政协的文艺界社科界委员［EB/OL］.新华网,2019-03-04.
② 习近平. 贯彻全军政治工作会议精神 扎实推进依法治军从严治军［N］.人民日报,2014-12-16(1).
③ 中共中央党史和文献研究院. 十八大以来重要文献选编:下［M］.北京:中央文献出版社,2018:345.
④ 常雪梅责编. 习近平李克强王沪宁赵乐际韩正分别参加全国人大会议一些代表团审议［N］.人民日报,2018-03-09(1).
⑤ 习近平. 用好红色资源,传承好红色基因 把红色江山世世代代传下去［N］.人民日报,2021-05-16.
⑥ 习近平. 敏锐抓住信息化发展历史机遇 自主创新推进网络强国建设［N］.人民日报,2018-04-22(1).
⑦ 习近平. 敏锐抓住信息化发展历史机遇 自主创新推进网络强国建设［N］.人民日报,2018-04-22(1).

的学习型社会、学习型大国"①。可以说,数字技术的发展为红色资源的研究教育宣传提供了新的增长点。

第三,"教育数字化战略行动"为红色资源育人提供了发展契机。党的十九大提出,要建设网络强国、数字中国、智慧社会,"数字中国"上升为国家战略。党的十九届五中全会要求"加快数字化发展""扩大基础公共信息数据有序开放,建设国家数据统一共享开放平台"②。党的二十大再次强调:"加快建设制造强国、质量强国、航天强国、交通强国、网络强国、数字中国"③"实施国家文化数字化战略,健全现代公共文化服务体系,创新实施文化惠民工程。"④为贯彻落实中央决策部署,教育部党组提出要实施"教育数字化战略行动"计划,并强调要把教育信息化作为发展的战略制高点,以教育信息化推动教育高质量发展,以教育信息化引领教育现代化。充分利用大数据、人工智能等技术,构建网络化、数字化、个性化、终身化的教育体系,实现"人人皆学、处处能学、时时可学"的学习型社会,是我国教育实现从基本均衡到高位均衡、从教育大国到教育强国的必然选择,是我国信息技术和现代教育融合发展的必然要求,也是"十四五"时期加快教育数字化转型的重要战略。我们要加快推进教育数字转型与智能升级,使红色资源数字化建设大有可为、大有作为。

二、信息化赋能红色资源育人具有现实可行性

信息化具有资源内容存量大、传播方式互动性强、传播手段兼容性好、传播时效即时等优势,红色资源是优质教育资源,以数字化赋能红色资源育人,是促进红色资源育人"活"起来的积极因素和有益尝试。

①　习近平.高举中国特色社会主义伟大旗帜 为全面建设社会主义现代化国家而团结奋斗——在中国共产党第二十次全国代表大会上的报告[N].人民日报,2022-10-26(4).

②　中共中央党史和文献研究院.十九大以来重要文献选编:中[M].北京:中央文献出版社,2021:796-797.

③　习近平.高举中国特色社会主义伟大旗帜 为全面建设社会主义现代化国家而团结奋斗——在中国共产党第二十次全国代表大会上的报告[N].人民日报,2022-10-26(4).

④　习近平.高举中国特色社会主义伟大旗帜 为全面建设社会主义现代化国家而团结奋斗——在中国共产党第二十次全国代表大会上的报告[N].人民日报,2022-10-26(4).

第一，信息化赋能红色资源育人与当代学生学习特点相契合。当代学生作为互联网时代的"原住民"，网络日益成为他们生活学习和获取信息的重要渠道，数字化红色资源的形式内容与青少年学生学习方式的新变化和新要求相契合，更容易使当代学生喜闻乐见。一是融媒体技术能够将丰富的红色资源，浓缩在短平快的数字媒体之中，数字化资源的智慧性能够比以文字为主体的育人资源更能抓住学生的注意力，激发学生学习的积极性。二是数字化资源体现了时代性，适应青少年一代对数字时尚的追求，满足个性化学习需求，既为学生主动选择提供了学习空间，有利于增强学习的主动性、满足学习的自主性，也能够让他们在主动追求中接受熏陶与教育。三是数字化资源能通过算法实现智慧抓取和精准推送，实现良好的交流互动。数字化资源既能增强学习者的参与感、沉浸感、体验感，也能深化学习者对理论知识的理解，激发其在情感上的认同与思想上的升华。

第二，信息化赋能红色资源育人能够推动思想政治工作传统优势同信息技术高度融合。习近平总书记指出："要运用新媒体新技术使工作活起来，推动思想政治工作传统优势同信息技术高度融合，增强时代感和吸引力"①。他强调红色文献"是十分宝贵的红色记忆，要精心保护好，逐步推进数字化，让更多的人受到教育、得到启迪。"②服务于学校思想政治工作，是数字化赋能红色资源的重要任务之一。在服务思政课教学上，教师可以根据思政课教学安排，准确选取需要的红色资源，让红色资源有效融入思政课教育教学中去。精准的数字化打造，能够使课堂的红色资源传播更具感染力，既能消除年代隔阂感，也有利于增进学生对红色文化和革命精神的情感认同，在润物无声中实现以文化人、立德树人。在服务学校党建上，通过数字化手段将历史故事和英雄人物立体化、生动化展现，能够充分调动党员学习的积极性和主动性，实现良好的参与和互动，从而使学员更加全面深刻地认识红色文化和百年党史。数字化红色资源也可以有学校党建资源库、干部培训课程库等功能，在入党培训、理论学习、党员管理等事项中发挥基础性作用，为持续推进党史学习教育常态化、长效化提供支撑。在服务校园文化建设上，运用数字化技术深入挖掘

① 习近平.把思想政治工作贯穿教育教学全过程 开创我国高等教育事业发展新局面[N].人民日报,2016-12-09(1).

② 习近平.在中国人民大学考察时强调 坚持党的领导传承红色基因扎根中国大地走出一条建设中国特色世界一流大学新路[N].人民日报,2022-04-26(1).

校园和区域优质红色文化资源,建设具有区域和学校特色的数字化光影学堂,将其融入学校思想教育阵地、学校学术活动阵地、学生课外活动阵地、校园网络舆论阵地等建设中,能够让学生身临其境地感受革命英烈们同仇敌忾、浴血奋战的激情岁月和至诚报国的爱国情怀,从而提升思想政治工作的针对性和有效性。

第三,信息化赋能红色资源育人能有效提升课堂教学吸引力和感染力。数字化资源是拓宽课堂教学内容的重要手段,运用数字技术对红色资源进行数字化转换和信息化保存,能够极大丰富红色文化的课堂教学。数字化资源依托大数据的高速度和精确性,能够打造动态化教育体系,有效提高相关教学活动的生动性,实现红色资源铸魂育人的目标。在课程建设层面,知识丰富性、逻辑清晰性、结构完整性,是数字化红色资源成果的显著优点,这些成果为教师教学提供了便利、可靠的红色资源素材来源。在教师教学层面,将红色资源数字化,利用高度仿真的虚拟设备模拟红色历史事件的场景,让学生身临其境体验实训课程,可以增强他们的参与感、沉浸感、体验感,有助于深化他们对理论知识的理解,促进课程教学模式的创新。在学生学习层面,数字化红色资源有助于打破时空限制,赋予学生更多的自主学习权。当代学生存在时间碎片化的现象,在泛娱乐化的社会环境中,将红色文物、文献、音视频等不同形式的资源收集与整合起来,有助于学生接受红色文化,有主动学习的意愿。同时,能有效改善思政课教学资源分配不均衡的现象,缩小不同地域和学校之间的差距。

三、信息化赋能红色资源育人面临的问题

数字化技术带来了互动型、即时性、多样化的信息传播变革,为红色资源进一步转化为教育教学资源带来了新的发展前景,为学校红色资源的研究、教学与实践活动提供了更多形式和可能。目前,许多学校已经在推动红色资源数字化建设方面做了不少有益的尝试,但仍普遍存在资源单薄、普适性不强、权威性不够等缺点,容易形成资源的壁垒。

第一,生动性有待加强。数字化传播的魅力就在于生动性、故事性和多样化。有些红色资源数字化成果的视觉元素还较为枯燥单一,甚至停留在形式化、口号化的阶段,对红色资源背后的故事挖掘不够、解读不深,走马观花,流于形式。有的过于注重革命遗址的表象宣传,而忽略了红色资源背后的感人

力量。一些参与红色资源数字化教学活动体验的学生认为,如果不能引人入胜地讲述红色文化所蕴含的革命故事,历史发生地所承载的革命精神和革命思想会难以发挥其震撼人心的作用。

第二,互动性有待增强。在现有数字化红色资源成果中,有的内容设计因缺乏基于学生本位的初心,对学生群体的吸引力还不够。以数字化展馆为例,已有的数字化红色资源大多是以 VR 的形式呈现在展厅、档案文献等,缺乏对展板信息的再加工和功能性开发,浏览体验乏善可陈。其实,虚拟现实技术是能够高度逼真还原革命纪念场馆展示的场景的,同时设置可供学生线上线下广泛参与的互动式或体验式项目,就能为青年学生提供沉浸式、自由式、全方位的学习体验。问题的关键是要提升红色资源数字化成果的趣味性和实践性。

第三,便捷性有待提升。红色资源在中国广袤的土地上灿若星辰,在浩如烟海、纷繁复杂的数据中精准筛选出符合教师和学生需求的资源,并不是一件容易的事。虽然大部分数字化红色资源成果已具有检索功能,但对于非专业研究者来说,直观、便捷和既定的专题版块更为适宜。数字化红色资源的供给应兼顾学生碎片化阅读与深度学习的双重需求,使红色文化资源不再是教师单方面选择的教学素材,而更应成为学生主动探究的学习资料库,更好地发挥历史文本的资政育人作用。

第四,协调性有待提高。数字化赋能红色资源有利于实现区域间、城乡间、校际间优质教育资源的均衡化。目前,全国范围内的红色资源数字化建设总体上仍处于起步阶段,各地实践进度不一,有的省份目前还缺乏系统性的资源数据库或学习平台,难以满足学生结合地方特色开展红色实践活动的需要。区域红色资源贴近本地学生生活,是讲好地方红色故事、深入开展党史教育的重要载体,但一些红色革命圣地分布在交通不发达和基础设施较为落后的山区,使数字化红色资源的开发利用具有一定的难度。打造统一的检索与共享平台,对各地各校开发的数字化平台进行链接和推介,这需要我们需要加大资源整合力度,在推动区域协调共享上下功夫。

四、不断推进信息化赋能红色资源育人的创新性发展

数字技术的发展为红色资源育人的理论研究和实践探索提供了新的动能和机遇,只有顺应数字化发展的时代潮流,在红色资源育人方法和手段上不断

推陈出新,才能赢得青少年、赢得未来。运用数字化技术对红色资源进行整体性挖掘与结构性整合,构建协同创新机制,在国家战略层面建设红色文化数字化育人高地,是推动传统红色资源育人优势实现创造性转化和创新性发展的战略举措。

第一,加强基础研究,不断夯实信息化赋能红色资源育人的学术支撑。红色资源是我党领导中国人民在追求民族解放、国家富强和人民幸福征程中所积累的文化资源,表现为物质、精神和制度三种形态,承载着我们党的革命史、奋斗史、英雄史,蕴含着坚定的理想信念、厚重的先进文化、崇高的革命精神和高尚的人格魅力,具有超越时空的强大吸引力和感召力。数字化技术的发展为红色资源转化为学校思想政治教育资源提供了突破路径。但作为新生事物,数字化技术把红色资源融入学校育人不可避免地会遇到一些难题和不适。数字化手段带来的教学场域的变化,必然会引发教育教学理念的创新。数字化红色资源融入学校思想政治教育的学理机制、途径方式等都是亟待研究的新课题。我们只有立足教学实践,不断探索教学客体和教学主题的规律,逐步完善数字化红色资源教育教学机制,才能切实提升数字化红色资源育人的实效性和针对性。

对红色资源进行大规模数字化采集和保存,是数字化赋能红色资源育人的基础。党的十八大以来,各地区各部门扎实推进数字化赋能红色资源传承保护利用工作,革命文物家底基本摸清,革命旧址保护状况持续改善,革命精神教育功能不断强化。各地各校积极发挥人才和地域优势,在红色文化资料数字化整理、保护、开发、建库、抢救方面做了大量基础性工作,如延安大学投入 400 多万元,建设"延安时期红色文献数字研究平台",现已完成大约 8000 万字的数字化工作任务。湘潭大学"毛泽东图像数据中心"重大专项研究取得阶段性成果,搜集和数据化了毛泽东图片、影像、影音等资料 2 万余条。丰富的红色文化资源数字化资源为大规模红色文化资源育人提供了可能。推广成功示范,加强校际合作,在分析筛选、系统归类、逻辑整合的基础上,运用现代数字化技术对涉及红色文化的文献、教学案例、教材、课程建设资源进行数字化处理,建设具有全面性、完整性、规范化、标准化、实用化的红色资源基础数据库,不断推动数字化红色资源与学校育人体系的有机融合,这是下一步需要努力的方向。

第二,强化协同机制,逐步形成数字化红色资源的育人合力,数字化赋能红色资源育人是一项长期、复杂的综合性工程。利用数字化赋能红色资源育人，我们需要加强顶层设计，推动横纵联合，促进集聚发展，以满足需求为动力，构建跨地区、跨部门、跨学校协同合作的新机制。

一是要加强顶层设计。大数据时代，信息、资源、技术、成果等要素高效汇聚，不但开拓了思想政治教育的视野，还重塑了思想政治教育的格局。数字化技术的运用使得学校红色文化育人呈现出非线性、多角色、开放性的特征，这就要求人们适应教育形态的变化，树立共同发展的教育观，大力推进红色资源教育数字化变革。我们充分利用已有的数字化资源，不断开发新的数字化资源，促进资源建设与共享良性循环，实现不同地区不同部门之间的资源互联互通。

二是要完善制度保障。推动数字化红色资源融入学校育人体系中，需要构建与其特点相符的体制机制。数字化红色资源育人在学校要生动实践，关键是要完善领导体制和工作机制，着力构建党组织统一领导、党政齐抓共管、部分各负其责的领导体制和工作机制。我们要紧紧围绕数字化红色资源育人这一主题，明确目标任务，制订相应方案，构建科学有效的运行机制、评价机制和保障机制，抓好主渠道、构建主阵地、拓展和丰富社会实践教学，多渠道开展数字化红色资源育人工作。

三是要推动协同攻关。构建协同创新育人机制，核心步骤是要在各环节实现各参与主体的紧密衔接和有效配合。作为红色资源多元育人主体之一，学校应加强与档案馆、地方文化机构、地方图书馆、纪念馆等多个部门协商合作，围绕数字化赋能红色资源设置研究选题，实现人员共享、资料共享、成果共享，逐步为数字化赋能红色资源育人提供专业化、特色化的服务，做到协同攻关"一家亲"。针对目前红色资源数字化建设中存在的"信息孤岛"问题，我们要制定统一的标准和规范，逐步实现不同地区不同部门之间的资源互联互通。

第三，着力开拓创新，探索构建红色资源数字化育人平台结合教育部高等学校科学研究发展中心担负的红色资源研究教育宣传的职能任务，谋划构建"红色教育数字化平台"，用数字科技点亮红色记忆，对推动大中小幼思政教育，落实立德树人根本任务，培养担当民族复兴大任的时代新人，具有十分重要的意义。

一是坚持整体规划与示范引领相结合。遵循"整体规划，分步实施"的原则，按照"应用为王、服务至上、示范引领、安全运行"的工作要求和思路，分步骤稳步推进红色教育数字化平台的建设与应用推广。坚持高起点谋划、高标准要求、高质量推进,明确目标思路、功能架构、进度安排,加强统筹规划。重点突出内容建设,注重分类推进、分步实施。先重点整合现有资源和权威机构的优质红色资源数字化成果,通过示范引领,逐步扩大引入范围,循序渐进择优引入自制平台,创新红色资源。

二是坚持目标导向和问题导向相统一。以政治性强、思想性高、体验性好为建设目标,倒推资源配置、时间统筹、工作安排,厘清到时间节点必须完成的任务。同时,又要找准着眼点和着力点,紧紧锚定资源分散、数据不通、管理不规范等迫切需要解决的问题,明确破解难题的途径和办法。坚持目标导向和问题导向相统一,做好调查研究是关键。只有在广泛调研的基础上,真正摸清我国红色资源数字化建设的现状和发展趋势,总结建设与共享的成功经验,梳理制约发展的关键问题,探讨共建共享的有效机制,才能不断形成科学有效的决策,及时调整建设方向和布局,实现平台建设持续推进、步步深入。

三是坚持教育功能与社会功能相统一。红色教育数字化平台主要面向教育系统的广大师生,包括52万多所学校、2.9亿在校生、1800多万专任教师。面向学生提供优质学习资源、面向教师提供备课研修资源、面向学校提供育人相关服务,推动大中小幼学校建立线上线下相结合的"互联网+大思政课"信息化教学模式。在条件成熟时,拟将红色教育数字化平台作为党建智慧云平台,为继续推进党史学习教育常态化、长效化提供支撑。面向广大党员干部,可接入各级各地教育系统干部线上培训系统,提供学校党建资源库、干部培训课程库等;面向广大人民群众,可提供生动性、大众化、通俗化的红色文化资源宣传教育平台,助力全社会开展"四史"宣传教育。

四是坚持协同共享与运维安全相结合。平台建设是一项系统工程,需要方方面面的力量汇聚。坚持平台建设的共建、共享、共赢的原则,努力打造集权威性、系统性、严谨性、学理性、互动性为一体的多专题、多模块、多媒体融合、教学研互动的红色教育数字化平台。严守网络安全底线,严把平台内容审核关,明晰版权,确保资源内容的政治方向和价值导向的正确性;严把平台建设和运维的安全关,确保安全防护与数字化平台同步规划、同步建设、同步运行。

目 录

习近平关于红色文化重要论述研究*

习近平关于红色文化重要论述,是习近平新时代中国特色社会主义思想的重要组成部分,集中反映了习近平总书记关于如何面对革命历史文化财富,如何提升人们的理想信念和信仰,如何凝神聚气提高人们的道德境界,如何酝酿打造奋力实现中华民族伟大复兴中国梦的精神动力和文化品格的基本认识和一贯主张。

一、关于红色文化重要论述是中国共产党革命和治国理政的精神支柱

红色文化,是中国共产党领导中国人民在追求民族解放、国家富强和人民幸福征程中所创造、积累的历史财富和文化资源,是中国人民艰苦奋斗、坚定推进马克思主义中国化的过程性记录和真实性表征。红色文化表现为物质、精神和制度三种基本形态,承载着我党的革命史、奋斗史、英雄史,蕴含着坚定的理想信念、厚重的先进文化、崇高的革命精神和高尚的人格魅力,具有超越时空的强大吸引力和感召力。

红色文化的形成发展与中国共产党的历史一脉相承,同向共进。它在新民主主义革命语境下孕育生发,在社会主义革命和建设实践中凝结成型,在改革开放时代条件下嬗变升华。建设、发展红色文化,成为巩固和加强党的领导、培育和践行社会主义核心价值观、增进和提升社会主义文化自信的重要内容和渠道,也成为进一步深化马克思主义中国化的重要路径。

一直以来,党和国家领导人、杰出理论家思想家教育家对此多有专门论述或较为系统的研究,涉及红色文化产生发展和建设过程诸多方面和一系列具体问题,比如红色文化历史发展、基本原理、实践深化、重大意义、当代价值、未

* 本文作者渠长根:浙江理工大学。
基金项目:2017 年浙江省中国特色社会主义理论体系研究中心研究项目"坚持党对人民军队的绝对领导"(项目编号:2017ZTKT013)。

来战略与策略等,其中领袖人物的相关论述和思想是最精彩的部分之一。

目前,我国学术界关于红色文化及其重要论述研究的总体状况和基本态势是:关注和研讨呈现较为明显的阶段性特征,在文化宣传、旅游开发、资政育人等推广与实践方面进展较快,对于革命时期和中华人民共和国成立初期领袖人物的关于红色文化重要论述研究较多。但是,基础理论的共识进展和全景式发展史的编绘缺憾如故,利用红色文化服务中国特色社会主义事业关注严重不足,对改革开放以来领袖人物尤其是习近平同志的关于红色文化重要论述的研究刚刚起步。

习近平关于红色文化重要论述,是研究、学习、传播、继承红色文化的相关论述及一系列具体立场观点、思想理念、指示精神等的概括和总结。它的形成与发展与习近平的个人成长经历密切相关,与其领导党和国家事业发展的治国理政实践密不可分,更与中国共产党历史地位和时代主题等宏大背景的变化紧密联系在一起。

习近平关于红色文化重要论述,既有逐步形成发展的历史性特征,也有以"把红色资源利用好、把红色传统发扬好、把红色基因传承好"①为核心的基本观点,有把历史视为最好的教科书、把中国革命历史看作最好的营养剂,坚持把党史学习放到坚持和发展中国特色社会主义、把党和国家各项事业继续推向前进的"必修课"的战略高度的规律性认知和原则性判断,有针对不同环境和对象有关继承红色文化基因的一系列具体论述,还有进一步发展成为国家层面相关引导和促进政策的指示批示文论等。

二、习近平关于红色文化重要论述的发展生动体现了时代特征和马克思主义理论品质

习近平关于红色文化重要论述,系统性发展起源于 2005 年有关红船精神的论述②,全面发展于 2012 年党的十八大以后,集中表现在关于人民军队建设和国防事业发展的改革、倡导和指示中,如今发展到站位青少年教育、执政党地位巩固、国家长治久安、民族复兴后继有人等高度和宽度上运筹帷幄、积极引导和大力提倡。习近平关于红色文化重要论述的逐步深化的过程,表现为

---

① 2014 年 12 月 14 日,习近平总书记在视察原南京军区机关时强调指出,要把红色资源利用好、把红色传统发扬好、把红色基因传承好。

② 习近平.弘扬"红船精神",走在时代前列[N].光明日报,2005-06-21.

从当初立足革命文化、优秀传统文化和中国特色的社会主义文化的关系格局出发,逐步上升到专门的红色文化阐述。

习近平关于红色文化重要论述,是系统的,开放的,发展的,既有明确的理论渊源和现实背景,也有明显的演进脉络,还有鲜明的内容体系和基本特征,也还表现出非常直观的重大理论价值和现实意义。

但是,颇为遗憾的是,根据对国内外现有文献资料的梳理发现,目前关于习近平关于红色文化重要论述研究的论著还比较少,而且,就目前并不多见的相关研究成果来看,研究者主要着眼于红色文化及中国共产党文化建设的基本问题研究,或曰在这两个问题的框架里,开始触及习近平关于红色文化重要论述,而不是专门聚焦和专注投入。

借助中国知网检索,在"习近平红色文化"之"主题"及"关键词"下,相关内容的文章有十多篇。按照时间远近逐次来看,主要有周晓静的《习近平红色基因基本内涵论析》(《延边党校学报》2017年第8期)。它梳理了习近平的诸多讲话,特别是十八大之后的重要讲话,对其中的"红色基因"一词进行深入解析,指出:习近平有关红色基因内涵的论述主要集中于三个方面:坚定的理想信念是红色基因的重要灵魂,为人民服务是红色基因的重要行为准则,忠诚于党是红色基因的根本政治方向。还有汪建新和范国盛的《论红色文化与文化自信》(《红色文化资源研究》2016年第2期),它指出:红色文化转为文化自信需要做好红色教育,使之成为主阵地;做强红色旅游,使之成为主战场;发展红色文化,使之成为主支撑。同样借助中国知网,在硕、博论文名目下,尚未发现含有"习近平关于红色文化重要论述"相关内容的学位论文。

诸如此类,大致云云,反映了一个基本的态势:学界关于习近平关于红色文化重要论述这一问题的研究才刚刚开始,事实上习近平关于红色文化重要论述多是散落在会议报告、重要讲话、题字题词等活动中、文本里,既没有文献方面的专门整理和汇总,也缺少学界的专注聚焦,更没有系统而深入的研究。鉴于此,国内多数学者则是通过对习近平重要会议和报告的内容进行文本解读,结合文化建设的发展进行理解和分析,所以,对于习近平关于红色文化重要论述不仅有必要,而且刻不容缓。要加大力气、深入探讨、系统研究其形成基础、主要内容及当代价值等。

三、习近平关于红色文化重要论述的基本构成和要义

习近平关于红色文化重要论述是马克思主义中国化的最新理论成果之一。它不是无源之水,也不是空穴来风,它既有深厚的历史文化渊源,也有个体社会实践的体悟积累,还有博大精深的马克思主义理论的指导和孕育。

第一,习近平关于红色文化重要论述具有雄厚的理论基础和恢宏的实践源泉。习近平关于红色文化重要论述的理论渊源是马克思主义尤其是中国化马克思主义和中华优秀传统文化;实践基础是我国社会主义建设事业尤其是新时代中国特色社会主义事业大发展大跨越的宏大历史进程,"文化强国"战略实施的时代工程现场和红色文化传承与弘扬的全民社会运动;社会背景主要包括个人经历、家学传统、家庭环境、工作历练与体悟、地方管理实践、治国理政新理念新思路新战略的酝酿等。

习近平关于红色文化重要论述一直跟中国社会发展、社会实践高度统一,显示出了深刻的时代特征和中国品质。细究之,可以发现:家学家教纯正深红,是其关于红色文化重要论述不可多得的天然土壤;革命传统教育的社会化环境,是其关于红色文化重要论述形成的现实条件;地方社会治理实践,是其关于红色文化重要论述深化、践行的实验田和催化器;治国理政的社会性实践,是其关于红色文化重要论述践行、推进的阔大舞台;中国优秀传统文化的滋养,是其关于红色文化重要论述生发、完善的最深厚动力;马克思主义理论的指导,是其关于红色文化重要论述发生发展的品质规划和方位引领;培养正气、涵养骨气、凝心聚力加油干、牢记使命不忘初心等精神,是其关于红色文化重要论述的育人目的所在;继承红色基因,传承红色文化,确保社会主义事业后继有人,是其关于红色文化重要论述的社会性宗旨所在。

第二,习近平关于红色文化重要论述生发、酝酿、演进、形成的脉络,显示了明朗和系统化的中国品质。这个过程大致可以分为几个阶段,如早年读书求学时代,陕西梁家河知青时代,冀闽地方工作期间,主政浙江期间,进京治国理政时代等。2005 年 6 月 21 日,习近平发表在《光明日报》上的理论文章《弘扬"红船精神",走在时代前列》,不仅提出了"红船精神"这一概念,而且第一次全面系统地进行了阐释,论述了红船精神的时代价值和历史意义。这篇文章可以视为习近平关于红色文化重要论述的最初较为清晰完整的表达。每个时期的关于红色文化重要论述萌发、充实、深化、升华和实践化、政策化等,各

有不同的表现。这个过程,真实体现并紧密反映了时代变化和社会进步的脚步;这个过程也客观上存在着思想孕育的外部框架、基本根据和社会动力。

第三,习近平关于红色文化重要论述的主要内容线条清晰、逻辑严谨、观点鲜明、主旨宏大。概而言之,继承红色基因,是习近平关于红色文化重要论述的核心;弘扬红色精神,是习近平关于红色文化重要论述的实践品质;传承红色文化,是习近平关于红色文化重要论述的最高追求。① 其他还如:从建军强军、建设强大国防出发,要求真诚继承红色基因;从全面从严治党、巩固党的执政地位出发,倡导传播红色文化;从加强社会主义文化自信出发,强调传承红色文化;从社会主义事业的长期发展和后继有人出发,强调建设和发展红色文化。这些都是基本内容。还有从军队抓起,从青少年抓起,以共产党员尤其是领导干部为主要对象,以教育与实践相结合,以专门学习与具体业务相结合等。

具体而言,仅就习近平在一些重要场所关于红色文化的表述而言,一系列思想观点和主张已经呈现了出来。如:

(1)红色基因就是要传承。"红色基因就是要传承。中华民族从站起来、富起来到强起来,经历了多少坎坷,创造了多少奇迹,要让后代牢记,我们要不忘初心,永远不可迷失了方向和道路。"②"培养有灵魂、有本事、有血性、有品德的新时代革命军人……加强军队党的建设,开展'传承红色基因、担当强军重任'主题教育,推进军人荣誉体系建设,培养有灵魂、有本事、有血性、有品德的新时代革命军人,永葆人民军队性质、宗旨、本色。"③

(2)弘扬伟大长征精神。"伟大长征精神,作为中国共产党人红色基因和精神族谱的重要组成部分,已经深深融入中华民族的血脉和灵魂,成为社会主义核心价值观的丰富滋养,成为鼓舞和激励中国人民不断攻坚克难、从胜利走向胜利的强大精神动力。每一代人有每一代人的长征路,每一代人都要走好自己的长征路。"④

(3)传承红色基因,弘扬优良传统,锐意改革创新。"新形势下,新华社要

---

① 黄莹.习近平红色文化建设思想述论[EB/OL].红色文化研究网,2017-11-07.
② 新华每日电讯.习近平:乡村振兴战略是一篇大文章[EB/OL].新华网,2018-03-09.
③ 本报编辑部.着力培养有灵魂有本事有血性有品德的新一代革命军人[EB/OL].人民网,2015-03-02.
④ 中国社会科学院中国特色社会主义理论体系研究中心.长征精神:中国共产党人的红色基因[EB/OL].党建网,2016-12-09.

不忘初心、继续前进,坚定不移跟党走,牢牢把握正确政治方向和舆论导向,传承红色基因,弘扬优良传统,锐意改革创新,加快融合发展,扩大对外交流,加快建设国际一流的新型世界性通讯社,更好服务于党和国家工作大局,更好服务于广大人民群众,不负党和人民重托。"①

(4)这是我们对老一辈革命家最好的纪念。"现在,老一辈革命家为之奋斗的事业正在大踏步前进,他们孜孜以求的美好理想正在一步步变成现实。一切伟大的事业都需要在承前启后、继往开来中推进。我们要发扬光荣传统、传承红色基因,不忘初心、继续前进,努力在坚持和发展中国特色社会主义伟大进程中创造无愧于时代、无愧于人民、无愧于先辈的业绩。这是我们对老一辈革命家最好的纪念。"②

(5)扎实推进"红色基因代代传"工程。"扎实推进'红色基因代代传'工程,传承和发扬好我党我军光荣传统和优良作风。"③"要把红色资源利用好、把红色传统发扬好、把红色基因传承好。"④

(6)要发扬光荣传统,永葆老红军政治本色。"你们开展的'红色基因代代传'工程建设,把'红色基因'融入官兵血脉,这个做法很好。要发扬光荣传统,永葆老红军政治本色。"⑤"沂蒙精神与延安精神、井冈山精神、西柏坡精神一样,是党和国家的宝贵精神财富,要不断结合新的时代条件发扬光大。"⑥

(7)中国革命历史是最好的营养剂。"对我们共产党人来说,中国革命历史是最好的营养剂。多重温我们党领导人民进行革命的伟大历史,心中就会增添很多正能量。"⑦

(8)革命老区是党和人民军队的根。"革命老区是党和人民军队的根,我们永远不能忘记自己是从哪里走来的,永远都要从革命的历史中汲取智慧和

---

① 新华社."平语"近人:总书记关于新闻舆论工作的这些论述,你还记得吗?[EB/OL].新华网,2017-02-19.
② 习近平.在纪念刘华清同志诞辰100周年座谈会上的讲话[EB/OL].观察者网,2016-09-28.
③ 陆正声.扎实推进红色基因代代传工程[EB/OL].中国军网,2018-07-23.
④ 习近平视察南京军区机关 参观军史馆[EB/OL].中国新闻网,2014-12-16.
⑤ 高清:媒体公开习近平慰问驻新疆部队观摩反恐演练照片[EB/OL].人民网,2015-05-19.
⑥ 沂蒙精神,党和国家宝贵精神财富[N].大众日报,2017-10-13.
⑦ 把党史作为最好的营养剂[N].人民日报,2013-09-17.

力量。老区和老区人民为我们党领导的中国革命做出了重大牺牲和贡献，我们要永远珍惜、永远铭记。"①

（9）要加强对革命根据地历史的研究。"要加强对革命根据地历史的研究，总结历史经验，更好发扬革命精神和优良作风。"②

（10）使红色基因渗进血液、浸入心扉。"一寸山河一寸血，一抔热土一抔魂。回想过去的烽火岁月，金寨人民以大无畏的牺牲精神，为中国革命事业建立了彪炳史册的功勋，我们要沿着革命前辈的足迹继续前行，把红色江山世世代代传下去。革命传统教育要从娃娃抓起，既注重知识灌输，又加强情感培育，使红色基因渗进血液、浸入心扉，引导广大青少年树立正确的世界观、人生观、价值观。"③

（11）爱国主义教育要加强，红色基因是要验证的。"中华民族从站起来富起来到强起来，是一个不断创造奇迹的过程，不仅要让后代牢记，我们自己也不能迷失。数理化之外，爱国主义教育要加强，要让孩子们知道自己是从哪里来的，红色基因是要验证的。"④

（12）一定要弘扬红船精神。"开天辟地、敢为人先的首创精神，坚定理想、百折不挠的奋斗精神，立党为公、忠诚为民的奉献精神，是中国革命精神之源，也是'红船精神'的深刻内涵。"⑤

党的十八大以来，习近平在领导和推进新时代强国强军事业中，高度重视继承发扬我党我军光荣传统和优良作风，强调要把红色基因一代代传下去。2018年6月，中央军委印发《传承红色基因实施纲要》，全面领会并坚持了习近平关于红色文化建设的思想，是新时代传承红色基因、弘扬优良传统的重要指导性文件，对于确保中国人民解放军血脉永续、根基永固、优势永存具有重要意义，也成为全国推进落实习近平关于红色文化重要论述的重要举措。

总而言之，习近平关于红色文化重要论述还包括红色文化参与主体，建设

① 新华社.习近平春节前夕赴陕西看望慰问广大干部群众 向全国人民致以新春祝福[EB/OL].中国政府网,2015-02-16.
② 海外网.习近平、中共、中华民族,三重乡愁,同时爆发[EB/OL].人民日报海外版官网,2015-02-16.
③ 中安在线.习近平总书记来安徽考察纪实:在中部崛起中闯出新路[EB/OL].人民网,2016-05-03.
④ 《求是》编辑部.做好乡村振兴这篇大文章[N].人民日报,2018-03-09.
⑤ 习近平.弘扬"红船精神",走在时代前列[N].光明日报,2005-06-21.

原则、渠道、保障、制度安排、环境支持等许多具体的层面,也还包括发展红色文化的立足点、大舞台、主力军、主渠道、总格局、大目标等方面。

习近平关于红色文化重要论述是客观存在的,但又不是系统呈现和整体出台的,表达方式、呈现状态、文本形式等多种多样,丰富多彩。理论界的研究将有助于整个社会将其梳理好、汇总好、提炼好、表述好、传播好。

第四,习近平关于红色文化重要论述的理论价值和实践意义定位准确、展拓有力。梳理习近平关于红色文化重要论述的概念、观点等内容体系,包括概念、范畴、主旨、价值等,我们应当注意到并描绘出习近平关于红色文化重要论述的现有框架体系图谱,把握习近平关于红色文化重要论述的实践意义和时代价值,从而使其不仅能够融入社会发展和国家治理的总体格局和蓝图,还实实在在地有助于启发、助推地方政府坚毅地开展红色文化建设事业。

习近平关于红色文化重要论述,是我们抵御历史虚无主义,致力于文化自觉与文化自信的重要基础。在全面从严治党的格局下,习近平关于红色文化重要论述,是我们学习、领会并务实推动党的思想政治建设,深化党内教育,把党继续建设成为能够坚定抵御四个风险、有效应对四个考验的特别能战斗的执政党的精神力量。通过学习从而明晰习近平关于红色文化重要论述在新时代中国特色社会主义思想体系里的地位和功能,有助于全社会进一步确认红色文化的社会属性和理论价值,为中国特色社会主义事业发展汇聚中国特色。

概而言之,习近平关于红色文化重要论述的理论意义和时代价值,集中表现在两个方面。一是丰富和发展了马克思主义文化建设思想,从而充实了马克思主义的理论宝库;二是丰富和弘扬了中国共产党的文化思想,从而充实了中国化的马克思主义。自然而然,习近平关于红色文化重要论述也为建设社会主义文化强国提供了科学指南,推动着文艺繁荣发展和和谐社会文化氛围的营造,势必而且已经成为新时代中国特色社会主义思想的重要内容。

习近平新时代全面深化改革风险观的四维向度[*]

一、问题的提出

2016 年 1 月 18 日,习近平总书记出席《在省部级主要领导干部学习贯彻党的十八届五中全会精神专题研讨班上的讲话》时讲述了这样一个精彩的故事:1945 年,毛泽东同志在党的七大上做结论报告,在讲"准备吃亏"、准备困难时一口气列了 17 条困难:第一条,外国大骂;第二条,国内大骂;第三条,被国民党占去几大块根据地;第四条,被国民党消灭若干万军队;第五条,伪军欢迎蒋介石;第六条,爆发内战;第七条,出了斯科比,中国变成希腊;第八条,"不承认波兰",也就是共产党的地位得不到承认;第九条,跑掉、散掉若干万党员;第十条,党内出现悲观心理、疲劳情绪;第十一条,天灾流行,赤地千里;第十二条,经济困难;第十三条,敌人兵力集中华北;第十四条,国民党实行暗杀阴谋,暗杀我们的负责同志;第十五条,党的领导机关发生意见分歧;第十六条,国际无产阶级长期不援助我们;第十七条,其他意想不到的事。他说:"许多事情是意料不到的,但是一定要想到,尤其是我们的高级负责干部要有这种精神准备,准备对付非常的困难,对付非常的不利情况。这些,我们都要透彻地想好。"邓小平同志反复强调:"我们要把工作的基点放在出现较大的风险上,准备好对策。这样,即使出现了大的风险,天也不会塌下来。"这样的论述,毛泽东同志、

---
* 本文作者祝全永:华南理工大学。

基金项目:本文为国家社会科学基金重大项目"'四个全面'战略研究"(2015MZD004)的阶段性成果,也为作者主持的省部级系列课题"习近平总书记治国理政现代化战略思想比较研究"(ZKJSO2)、"党的十八大以来广东全面从严治党实践研究"(GD17TW01-8)阶段性成果。

邓小平同志、江泽民同志、胡锦涛同志讲得很多,也很深刻,是中国共产党治党治国理政重要的政治经验和政治智慧。①

众所周知,党的七大召开时,中国共产党的面貌已经发生重大变化。经过延安整风,全党在思想上、行动上实现了伟大的觉醒,实现了新的团结和统一;中国共产党已经成为一个经验丰富并拥有121万党员的强大政党,成了"中国人民抗日救国的重心""中国人民解放的重心"和"打败侵略者、建设新中国的重心";党领导的人民军队发展到91万人,民兵220万人,解放区的人口达到9550万。

正如毛泽东所言,"中国共产党从来没有这样强大过,革命根据地从来没有现在这样多的人口和这样大的军队,中国共产党在日本和国民党统治区域的人民中的威信也以现在为最高,苏联和各国人民的革命力量现在也是最大的。在这些条件下,打败侵略者,建设新中国,应当说是完全可能的"②。可见当时国际国内形势一片大好,但就在人们准备欢呼之时,毛泽东在七大报告中却强调要"准备吃亏",要看到"光明"的同时"更要准备困难",甚至出人意料地表示赞成有人提出的战后"中国可能变成美国半殖民地"的提法。毛泽东还一口气列举了可能出现的"17条困难"。这体现了毛泽东"要在最坏的可能性上建立我们的政策"的思维方法和领导艺术,也为我们坚持和善用底线思维谋事创业提供了经典范例。③

党的十八大以来,以习近平同志为核心的党中央站在新的历史起点,面对国内外新的形势,以非凡的政治胆略、魄力和勇气全面深化改革,针对新时代改革所处"攻坚期"和"深水区"中易发矛盾和风险,提出了一系列风险防范与应对的新理念新思想新观点,形成了新时代中国特色社会主义全面深化改革风险观。深入探究习近平新时代全面深化改革风险观的历史方位、价值取向、思维方式和政治保障,有助于增强党执政的忧患意识,全面应对执政风险,全面提升党的领导能力、执政能力和公信能力,不断提高党的执政能力和领导水平。

---

① 人民日报评论部.习近平讲故事[M].北京:人民出版社,2017:141-142.
② 人民日报评论部.习近平讲故事[M].北京:人民出版社,2017:142.
③ 人民日报评论部.习近平讲故事[M].北京:人民出版社,2017:143.

二、总体方位与时空坐标：习近平新时代全面深化改革风险防控的历史方位

人类实践活动往往离不开特定的生产力和生产关系，并在特定历史时代条件下留下印迹。不同的历史阶段，面临的使命与任务会有所不同，而开展实践活动的前提和基础，就是要准确认识和把握时代发展的历史条件和历史方位。习近平新时代全面深化改革本质上是解放和发展社会生产力的深刻革命，亟须防范和应对来自经济、政治、文化、社会、生态文明、党的建设等各个领域的风险和挑战。正确把握当前中国国情与历史方位，是深刻领会习近平新时代全面深化改革风险观的前提与基础。

（一）总体性方位：中国仍然处于并将长期处于社会主义初级阶段

新中国成立70年来，尤其是改革开放40年来，中国综合国力蒸蒸日上，人民物质文化生活水平明显提高，社会各项事业蓬勃开展。但我们也要清醒地认识到，我们并没有摆脱社会主义初级阶段这个基本国情。在经济基础方面：我国经济总量虽大，但人均GDP排名靠后；产业结构不合理，工业科技含量低，环境污染严重；科技自主创新能力不足，科技成果转化能力较低；地区之间、城乡之间发展不均衡，城镇化水平质量不高。在上层建筑方面：政治体制上存在着法制不健全、协商民主不完善、执法司法不公正等现象；社会治理体制上存在着食品安全、就业、教育、社会治安等方面的突出问题；文化体制上存在着管理机制不够科学、公共文化服务体系不够完善、社会主义文化软实力不足等弊端；生态环境面临大气污染、土地沙漠化严重、耕地面积急剧减少、水土流失加重等现象；党的建设上存在着一些党员干部腐败现象呈现出易发多发的态势，加强党员的理想信念教育，切实遏制腐败的斗争依然形势严峻。因此，全面深化改革，必须要立足于中国仍然处于并将长期处于社会主义初级阶段这个基本国情，深刻认识全面深化改革面临的矛盾和问题，有效防范和应对各种现实和潜在的风险与挑战。习近平总书记指出："全党要牢牢把握社会主义初级阶段这个最大国情，牢牢立足社会主义初级阶段这个最大实际，更准确地把握我国社会主义初级阶段不断变化的特点，坚持党的基本路线，在继续推动经济发展的同时，更好解决我国社会出现的各种问题，更好实现各项事业全面发展，更好发展中国特色社会主义事业,更好推动人的全面发展、社会全面进步。"①
社会主义初级阶段主要矛盾会随着历史与时代发展而有所变化。正如习近平
总书记强调:"中国特色社会主义进入新时代,我国社会主要矛盾已经转化为
人民日益增长的美好生活需要和不平衡不充分的发展之间的矛盾。"②总之,
正确判断当前中国所处的历史方位和现实国情,是有效预防和应对全面深化
改革易发风险的前提和基础。可见,以习近平同志为核心的党中央立足于社
会主义初级阶段的基本国情和历史方位,厘清了当前我国发展不平衡不充分
的主要矛盾,为全面深化改革风险观的形成与发展框定了总体性历史方位。

(二)时间坐标:改革走向"攻坚期"

马克思认为:"问题就是时代的口号"③,有了问题,才会通过改革方式加
以解决。改革开放四十年,就是迎难而上,克难攻坚,开拓进取,不断发现问题
和解决问题,实现生产力的解放和发展的 40 年。新时代正视全面深化改革的
各种问题,习近平总书记指出:"要坚持问题导向,奔着问题去,跟着问题走,哪
里出现新问题,改革就跟进到哪里。"④改革开放以来,中国经济迅速腾飞,国
家综合实力快速提升,我们正坚定地走在通向中华民族伟大复兴的漫漫长征
路上。同时,我们应该看到,国内外环境发生了深刻变化,中国特色社会主义
新时代新征程仍然面临着严峻困难与挑战,正如习近平总书记反复警示全党:
"我们面临的重大风险,既包括国内经济、政治、意识形态、社会风险以及来自
自然界的风险,也包括国际经济、政治、军事风险等。如果发生重大风险扛不
住,国家安全就可能面临重大威胁,全面建成小康社会进程就可能被迫中
断。"⑤可见,我们的改革也正在走向"攻坚期"和"深水区",这就亟须执政党在
全面深化改革征程中既要有破釜沉舟、壮士断腕的勇气来推进改革,也要充分
地预测和有效防范改革中的各种风险挑战,稳步推进全面深化改革。习近平
总书记2014 年在接受俄罗斯电视台专访时指出:"中国改革经过30 多年,已进

① 杨俊峰. 社会主义初级阶段是最大国情[N]. 人民日报海外版,2017-08-23.
② 习近平. 决胜全面建成小康社会 夺取新时代中国特色社会主义伟大胜利[N]. 人民
   日报,2017-10-28.
③ 马克思,恩格斯. 马克思恩格斯全集:第 40 卷[M]. 北京:人民出版社,1982:289.
④ 习近平主持召开中央全面深化改革领导小组第三十一次会议 强调投入更大精力 抓
   好改革落实 压实责任提实要求抓实考核[N]. 光明日报,2016-12-31.
⑤ 习近平. 习近平谈治国理政:第 2 卷[M]. 北京:外文出版社,2017:81.

入深水区,可以说,容易的、皆大欢喜的改革已经完成了,好吃的肉都吃掉了,剩下的都是难啃的硬骨头。这就要求我们胆子要大、步子要稳。胆子要大,就是改革再难也要向前推进,敢于担当,敢于啃硬骨头,属于涉险滩。步子要稳,就是方向一定要准,行驶一定要稳,尤其是不能犯颠覆性错误。"①全面深化改革是一项复杂的系统工程,涉及的工作方方面面,需要用正确科学方法和高超政治智慧来防范和应对各种改革风险,有效推进改革持续协调发展。为此,党的十九大报告多次提到了改革与发展的风险防控问题,提出要"勇于面对重大风险考验""提高防范和抵御安全风险能力""健全各方面风险防控机制""坚决打好防范化解重大风险的攻坚战"②。这表明新时代全面深化改革在时间坐标上已经进入"攻坚期",科学合理地预防改革中的风险防控,提升抵御风险的能力是当务之急。

(三)空间坐标:中国前所未有地靠近世界舞台中央

党的十八大以来,在以习近平同志为核心的党中央的坚强领导下,中国在国际舞台扮演着越来越重要的角色,譬如,中国大力实施"一带一路"倡议,建设高标准自由贸易区,积极加入世界贸易组织的多边和诸边谈判,建立"亚洲基础设施投资银行",建立"南南合作援助基金""中拉合作基金""中非产能合作基金"等。这一系列举措标志着中国在国际上正在实现由"韬光养晦"到"有所作为"的战略转变,中国在世界舞台上从过去的主动融入经济全球化浪潮的参加者角色转变为倡导构建开放型世界经济的建设者;从曾经的世界舞台的"边缘者"转变为推动全新国际关系秩序和治理体系的"人类命运共同体"的"构建者",已经前所未有地靠近世界舞台中央。尽管如此,"中国始终是世界和平的建设者、全球发展的贡献者、国际秩序的维护者,愿意扩大同各国的利益交汇点,推动构建以合作共赢为核心的新型国际关系,推动形成人类命运共同体和利益共同体"③。

虽然新时代我国国际地位有了前所未有的举世瞩目的提升,正在走向世界舞台的中央,但全面深化改革面临的国际风险与挑战和国际安全会更加严峻。譬如,在国际经济安全层面:国内金融市场、人民币汇率和跨境资本流动

---

① 习近平. 习近平谈治国理政[M]. 北京:外文出版社,2014:101.

② 习近平. 决胜全面建成小康社会 夺取新时代中国特色社会主义伟大胜利[N]. 人民日报,2017-10-28.

③ 习近平. 在庆祝中国共产党成立95周年大会上的讲话[N]. 人民日报,2016-07-02.

容易受到发达经济体货币政策正常化的有力冲击；美国当前的贸易保护主义对我国人民币汇率、对外贸易和资本流动的影响；美国退出伊核协议所带来的金融市场叠加效应等。在国际政治安全层面："我国面临对外维护国家主权、安全、发展利益、对内维护政治安全和社会稳定的双重压力，各种可以预见和难以预见的风险因素明显增多。"①在国际文化和意识形态安全层面：新自由主义、西方宪政主义、历史虚无主义等思潮泛滥，对我国马克思主义的国家主流意识形态安全观构成了严重的威胁和冲击。这就亟须我国全面深化改革过程中防范和应对上述各种风险，必须在经济、政治、文化、社会、生态文明、党的建设等诸多领域进行相应的收缩与调适。为此，习近平总书记指出：要"更加自觉地投身改革创新时代潮流，坚决破除一切顽瘴痼疾；更加自觉地维护我国主权、安全、发展利益，坚决反对一切分裂祖国、破坏民族团结和社会和谐稳定的行为；更加自觉地防范各种风险，坚决战胜一切在政治、经济、文化、社会等领域和自然界出现的困难和挑战"②。因此，我们必须强化国际风险意识，在全面深化改革的全球化浪潮中科学预防和有效应对来自国际的各种风险和挑战。

三、人民主体与公平正义：习近平新时代全面深化改革风险防控的价值取向

习近平总书记指出："搞改革，现有的工作格局和体制运行不可能一点都不打破，不可能都是四平八稳、没有任何风险。"③全面深化改革风险的防范与应对必须坚持正确的价值取向才能最终赢得人民群众的公信力和坚决拥护，才能最终取得成功。赢得人民群众的公信和支持必须坚持人民主体性、维护人民合法权益、维护公平正义的价值取向。

（一）坚持人民主体地位

法国思想家卢梭认为："一个人一旦达到有理智的年龄，可以自行判断维

---

① 习近平 . 习近平谈治国理政[M]. 北京:外文出版社,2014:84.
② 习近平 . 决胜全面建成小康社会 夺取新时代中国特色社会主义伟大胜利[N]. 人民日报,2017-10-28.
③ 中共中央文献研究室 . 习近平关于全面深化改革论述摘编[M]. 北京:中央文献出版社,2014：39 .

护自己生存的适当方法时,他就从这时候起成为自己的主人。"①一个国家要真正实现人民当家作主,其主要判断标准在于看这个国家是否坚持人民的主体地位。人民群众是历史的创造者,是真正的英雄,尊重人民、关心人民、以民为本、全心全意为人民服务是中国共产党区别于其他政党的显著标志。坚持人民至上,充分尊重人民主体地位是中国共产党全面深化改革,坚持中国特色社会主义道路、理论、制度和文化自信的"四个自信"的价值基石。习近平总书记明确表示:"人民对美好生活的向往,就是我们的奋斗目标。"②这意味着全面深化改革风险防范和应对的出发点和归宿就是为了人民,即我们要坚决站在人民立场来思考问题,从人民群众最关心的现实问题入手,让改革的成果更多惠及人民。正如习近平总书记指出:"全党必须牢记,为什么人的问题,是检验一个政党、一个政权性质的试金石。带领人民创造美好生活,是我们党始终不渝的奋斗目标。必须始终把人民利益摆在至高无上的地位,让改革发展成果更多更公平惠及全体人民,朝着实现全体人民共同富裕不断迈进。"③为了确保全面深化改革正确的政治方向,习近平总书记强调坚持人民至上,保障人民民主权利是规避改革风险的重要举措,他指出:"我们一直认为,我们的民主法治建设同扩大人民民主和经济社会发展的要求还不完全适应,社会主义民主政治的体制、机制、程序、规范以及具体运行上还存在不完善的地方,在保障人民民主权利、发挥人民创造精神方面也还存在一些不足,必须继续加以完善。"④因此,只有不断完善民主政治的各个方面,保障人民民主权利,维护人民切身利益,将坚持人民主体地位作为全面深化改革的出发点和归宿,才能够保障改革不偏离前进的正确的政治方向,才能够有效预防和应对全面深化改革的各种风险与挑战。

(二)维护人民合法权益

马克思曾经指出:"人们为之奋斗的一切,都同他们的利益有关。"⑤中国共产党领导中国革命、建设和改革,始终将维护人民的根本利益作为自己的奋

① 卢梭. 社会契约论[M]. 何兆武,译. 北京:商务印书馆,2003:5.
② 习近平. 习近平谈治国理政[M]. 北京:外文出版社,2014:4.
③ 习近平. 决胜全面建成小康社会 夺取新时代中国特色社会主义伟大胜利[N]. 人民日报,2017-10-28.
④ 习近平. 习近平谈治国理政:第2卷[M]. 北京:外文出版社,2017:289.
⑤ 马克思,恩格斯. 马克思恩格斯全集:第1卷[M]. 北京:人民出版社,1995:187.

斗宗旨。全面深化改革本身会涉及不同群体利益的重新调整,碰到的难题很多,只有坚持人民合法权益至上,才能够保证改革不偏离正确的轨道。正如习近平总书记指出:"推进任何一项重大改革,都要站在人民立场上把握和处理好涉及改革的重大问题,都要从人民利益出发谋划改革思路、制定改革举措。"①当前我国正处于社会全面转型和跨越中等收入陷阱的重要关卡和拐点,社会矛盾错综复杂和易发多发,不同行业、不同区域、不同阶层群体利益诉求日益多样化,人民群众的公平意识、权利意识、法治意识与民主意识不断提高,"面对人民群众的新期待、新要求,衡量一个地方、一个部门、一个干部践行党的宗旨的重要标准,就是看有没有做到高度重视和始终维护人民群众的根本利益,解决人民群众合理合法的利益诉求"②。因此,全面深化改革需要深入了解人民群众的实际需求,倾听人民群众的呼声和期待,及时解决人民群众期盼关心的问题,切实把增强人民群众的幸福感、获得感和满足感作为改革的突破口,将维护人民群众合法权益作为化解和防范改革风险的重要价值目标。此外,习近平总书记还反复强调,全面深化改革协调各种利益关系,他说:"要增强改革措施、发展措施、稳定措施的协调性,把握好当前利益和长远利益、局部利益和全局利益、个人利益和集体利益的关系,既着力解决关系群众切身利益的问题,又着力引导群众正确处理各种利益关系、理性合法表达利益诉求,营造安定团结的社会氛围。"③因此,全面深化改革必须维护人民合法权益,实现个人利益、集体利益和国家利益的有机协调,极力满足人民群众的切身利益,改革才能够为人民群众所欢迎、接纳和支持,才能够更好防范和应对各种风险与挑战。

(三)坚决维护公平正义

公平正义是一个政党、民族、国家和社会实现和谐稳定可持续发展的价值基石。"没有公平正义,就没有道德的基础,道德的底线就会丧失;没有公平正义,不满和冲突就接踵而来;没有公平正义,每个人都觉得是受害者,都是弱者;没有公平正义,就没有合理的财富分享;没有公平正义,就没有真正的民

---

① 习近平. 习近平谈治国理政[M]. 北京:外文出版社,2014:98.
② 舒晓琴. 把群众合理合法的利益诉求解决好[N]. 人民日报,2014-03-05.
③ 中共中央文献研究室. 习近平关于全面深化改革论述摘编[M]. 北京:中央文献出版社,2014:36.

生;没有公平正义,就没有社会稳定。"①习近平总书记指出:"要把促进社会公平、增进人民福祉作为一面镜子,审视我们各方面体制机制和政策规定,哪里有不符合促进社会公平正义的问题,哪里就需要改革;哪个领域哪个环节问题突出,哪个领域哪个环节就是改革的重点。"②可见,全面深化改革有助于消除公平正义缺失现象,打破现存不合理利益格局,防范和应对改革的各种风险和挑战,增强政府公信力和人民凝聚力,促进党和政府的制度创新和政策设计更加公平合理,更加能够代表最广大人民的根本利益。为此,习近平总书记强调要运用制度改革方法来促进公平正义,他认为:"对由于制度安排不健全造成的有违公平正义的问题要抓紧解决,使我们的制度安排更好体现社会主义公平正义原则,更加有利于实现好、维护好、发展好最广大人民根本利益。"③此外,习近平总书记强调做好政法工作对于维护社会公平正义,预防社会风险的重要性和紧迫性,他主张通过改革政法工作制度、责任追究制度、说情登记制度、领导执法办案制度等来维护公平正义,努力让每一个案件在处理过程中让人民群众能够感受到公平正义,以制度的形式来保障人民群众参与执法办案,并在案件的审理过程中切身感受到公平正义,防范冤假错案的出现。

四、辩证思维、系统思维与底线思维:习近平新时代全面深化改革风险防控的思维方式

习近平新时代全面深化改革风险观是习近平总书记把马克思主义的辩证思维、系统思维和底线思维等思维方式与中国全面深化改革实践相结合的创造性成果,为我们正确认识、预防和有效应对当前全面深化改革所面临的风险和挑战提供了科学世界观和方法论。

(一)风险防控的辩证思维

辩证思维是马克思主义哲学认识和把握客观事物本质的根本思维方式。恩格斯曾指出:"蔑视辩证法是不能不受惩罚的。"④全面深化改革,必须要对改革风险和挑战倍加清晰认识,必须具备辩证的理论思维能力,才能够防范风

---

① 孙立平. 政府的第一要务是维护公平正义[J]. 今日中国论坛,2011(5).
② 习近平. 习近平谈治国理政[M]. 北京:外文出版社,2014:97.
③ 习近平. 习近平谈治国理政[M]. 北京:外文出版社,2014:97.
④ 中共中央马克思恩格斯列宁斯大林著作编译局. 马克思恩格斯文集:第9卷[M]. 北京:人民出版社,2009:452.

险和破解难题。习近平总书记指出:"要学习掌握唯物辩证法的根本方法,不断增强辩证思维能力,提高驾驭复杂局面、处理复杂问题的本领。"①为了进一步阐释改革的辩证思维的重要性,习近平总书记指出:"改革也要辨证施治,既要养血润燥、化痰行血,又要固本培元、壮筋续骨,使各项改革发挥最大效能。"②总体而言,习近平总书记全面深化改革风险观所体现的辩证思维凸显如下三个方面。第一,一分为二看待改革风险。习近平总书记强调,既不能只进行全面深化改革而忽视改革中会存在风险,也不能因为存在风险而不敢进行深化改革。在改革过程中,要尽量扬长避短,化危为机,从而以改革来预防风险,以应对风险来推进改革。第二,坚持"两点论"和"重点论"相结合。习近平总书记指出,既要站在总体角度来把握改革全局,也要重点关注某个关键领域的风险因素,并注重风险因素之间的互动;既要站在国内和国际两个视角来看待风险,也要站在"国内国际两个大局相互联系的高度,审视我国和世界的发展"③,并关注国际与国内风险因素的互动性与交织性。第三,要抓主要矛盾和矛盾的主要方面。"当前我国改革开放正处于深水区和攻坚期,问题错综复杂、矛盾空前尖锐,关键是要找准重点、抓住关键,在关键点和症结点上出实招、出妙招,多打歼灭战、少打运动战、不打游击战。"④无论是习近平总书记高瞻远瞩提出的协调推进"四个全面"战略布局,还是贯彻"创新、协调、绿色、开放和共享发展"的五大新发展理念,始终强调改革要抓住关键、突出主要问题的理念,强调改革与发展的重点与关键所在,深刻体现了习近平总书记主抓中心和关键的辩证思维方法。

(二)风险防控的系统思维

马克思主义系统观认为:"现在的社会不是坚实的结晶体,而是一个能够变化并且经常处于变化过程中的有机体。"⑤习近平总书记继承和弘扬马克思主义系统观,提出全面深化改革应该注重整体性、协同性、关联性,运用系统思维分析、预防和应对改革风险。首先,运用系统思维来看待全面深化改革风险

---

① 新华社. 习近平在中共中央政治局第二十次集体学习时强调:坚持运用辩证唯物主义世界观方法论,提高解决我国改革发展基本问题本领[N]. 人民日报,2015-02-25.

② 杨永加. 习近平总书记强调的六大思维方法[N]. 运城日报,2014-10-13.

③ 习近平. 习近平谈治国理政:第2卷[M]. 北京:外文出版社,2017:101.

④ 杨永加. 习近平总书记强调的六大思维方法[N]. 运城日报,2014-10-13.

⑤ 马克思,恩格斯. 马克思恩格斯选集:第2卷[M]. 北京:人民出版社,1995:102.

因素的关联性。全面深化改革本身具有鲜明的关联性、整体性、复杂性等特征,因而全面深化改革风险因素也会相应地具有系统性和关联性。正如习近平总书记认为:"各种风险往往不是孤立出现的,很可能是相互交织并形成一个风险综合体。"①可见,习近平总书记始终强调全面深化改革风险因素相辅相成,彼此关联,密不可分,需要运用系统思维和眼光加以对待。其次,从前瞻性和战略性视角来预防全面深化改革风险。系统思维本身要求对任何问题应从长远战略视角认识和判断。因此,运用前瞻性和战略性视角和眼光看待全面深化改革风险是系统思维在改革风险防范中的重要体现。习近平总书记指出:"想一帆风顺推进我们的事业,想顺顺当当实现我们的奋斗目标,那是不可能的。可以预见,在今后的前进道路上,来自各方面的困难、风险、挑战肯定还会不断出现。"②因此,我们不能用只求局部而忽视全局,只求短期而忽视长远的眼光来看待改革,防范改革风险。最后,以整体性、协同性和关联性手段来应对全面深化改革风险。习近平总书记认为:"改革开放是个系统工程,必须坚持全面改革,在各项改革协同配合中推进。"③正是由于各项改革的相互关联性,因此"要更加注重各项的相互促进,良性互动,整体推进,重点突破,形成推进改革开放的强大合力"④。可见,习近平总书记科学预判了全面深化改革是一个复杂系统工程,主张以整体性、协同性和关联性手段来预防和应对全面深化改革的风险与挑战。

(三)风险防控的底线思维

底线思维本身体现的是忧患意识和责任意识,它强调为人们的目标、行动和任务设定一种不可逾越的警戒线,做到早谋划、早控制,掌握事物主动权,从而确保事物能够在可控范围内发展。马克思主义唯物辩证法的质量互变规律告诫我们,当事物发展到一定量的时候就会向质的方向发展转变。因此,设定一定的底线并及早进行干预,就会引导事物向好的方向发展。底线思维要求人们认识和分析问题应该具有两面性,既要看到好的有利的一面,也要看到不好的不利的一面。

在中国共产党的历史上,毛泽东是善于运用底线思维的战略大师和实践

---

① 习近平.习近平谈治国理政:第2卷[M].北京:外文出版社,2017:82.
② 习近平.习近平谈治国理政[M].北京:外文出版社,2014:402.
③ 习近平.习近平谈治国理政[M].北京:外文出版社,2014:68.
④ 习近平.习近平谈治国理政[M].北京:外文出版社,2014:68.

楷模。在毛泽东看来,凡事要从最困难、最坏处准备,努力去争取最好的结果,这是一个思维方式、工作方法和领导方法。这就是众所周知的底线思维①。当前和今后一个时期,我们在国际国内面临的矛盾风险挑战不少,各种矛盾源、各类风险点相互交织、相互作用,在这样的时代背景下,习近平讲述毛泽东、邓小平等党的领袖善用底线思维的故事,以此要求各级领导干部善于运用底线思维的方法,凡事从坏处准备,努力争取最好的结果②。在党的群众路线教育实践活动中,习近平同志警醒:"如果作风问题解决不好,也有可能出现'霸王别姬'这样的时刻。"在庆祝中国共产党成立95周年大会上,习近平同志嘱咐:"要时刻准备应对重大挑战、抵御重大风险、克服重大阻力、解决重大矛盾。"他还多次强调:"如果防范不及、应对不力,就会传导、叠加、演变、升级,使小的矛盾风险挑战发展成大的矛盾风险挑战,局部的矛盾风险挑战发展成系统的矛盾风险挑战,国际上的矛盾风险挑战演变为国内的矛盾风险挑战,经济、社会、文化、生态领域的矛盾风险挑战转化为政治矛盾风险挑战,最终危及党的执政地位、危及国家安全。"③

底线思维是预防全面深化改革风险的核心和关键。习近平总书记指出:"我们必须保持清醒头脑、强化底线思维,有效防范、管理、处理国家安全风险,有力应对、处置、化解社会安定挑战。"④习近平总书记全面深化改革风险观的底线思维主要体现在如下六个方面。第一,坚持经济体制改革"两个必须不动摇"。习近平总书记指出:"必须毫不动摇巩固和发展公有制经济,坚持公有制主体地位,发挥国有经济主导作用,不断增强国有经济活力、控制力、影响力。必须毫不动摇鼓励、支持、引导非公有制经济发展,激发非公有制经济活力和创造力。"⑤"两个必须不动摇"是改革开放40年来中国经济发展的内在要求和经验总结,是始终不渝坚持中国特色社会主义市场经济的制度底线。第二,坚持政治体制改革要防止"颠覆性错误"。习近平总书记强调:"中国是一个大

---

① 人民日报评论部.习近平讲故事[M].北京:人民出版社,2017:142.
② 人民日报评论部.习近平讲故事[M].北京:人民出版社,2017:143.
③ 人民日报评论部.习近平讲故事[M].北京:人民出版社,2017:143.
④ 习近平.习近平谈治国理政[M].北京:外文出版社,2014:202.
⑤ 习近平.中共中央关于全面深化改革若干重大问题的决定[N].人民日报,2013-11-16.

国,不能出现颠覆性错误。"①因此,在实施和推进政治体制改革过程中,要保持政治定力,杜绝根本性、方向性的错误,要"紧紧围绕坚持党的领导、人民当家作主、依法治国有机统一深化政治体制改革"②。第三,坚持文化体制改革要"导向不能改,阵地不能丢"的底线。文化体制改革要坚持社会主义核心价值观,坚守社会主义先进文化的主阵地,严守抵制低俗和腐朽文化的底线,让文化在市场经济浪潮中保持正确的社会主义先进文化的前进方向。第四,坚持社会体制改革和社会治理体制改革要坚决保障食品安全、生产安全的底线。在食品安全方面,"用最严谨的标准、最严格的监管、最严厉的处罚、最严肃的问责,确保人民群众舌尖上的安全"③。在生产安全方面,习近平总书记强调:"人命关天,发展决不能以牺牲人的生命为代价。这必须作为一条不可逾越的红线。"④第五,坚持生态文明体制改革和生态文明建设要强化生态环境保护红线。习近平总书记十分注重生态环境治理红线意识,强调"建立资源环境承载能力监测预警机制,对水土资源、环境容量和海洋资源超载区域实行限制性措施"⑤,从而以自我倒逼的形式来治理环境污染。第六,坚持党的建设制度改革和党的建设要强化廉洁自律的底线。在中国特色社会主义市场经济与改革开放大潮中,一些党员干部理想信念动摇,价值观念坍塌,为此,习近平总书记坚持"治国必先治党、治党务必从严,治党治国务必治吏""既打老虎又拍苍蝇",强调"廉洁自律是共产党人为官从政的底线"⑥。只有坚持在思想上和行为上为党员干部划明红线,才能够真正做到杀一儆百、以儆效尤,敬法畏纪。

总之,我们正在进行具有许多新的历史特点的伟大斗争,各级领导干部应该增强风险意识、善用底线思维,按照习近平总书记的要求,"做好应对任何形式的矛盾风险挑战的准备"。

---

① 习近平. 深化改革开放,共创美好亚太[N]. 人民日报,2013-10-08.

② 习近平. 中共中央关于全面深化改革若干重大问题的决定[N]. 人民日报,2013-11-16.

③ 习近平. 在中央农村工作会议上的讲话[N]. 人民日报,2013-12-23.

④ 习近平. 始终把人民生命安全放在首位,切实防范重特大安全生产事故的发生[N]. 人民日报,2013-06-08.

⑤ 习近平. 中共中央关于全面深化改革若干重大问题的决定[N]. 人民日报,2013-11-16.

⑥ 真诚的交流 郑重的嘱托:习近平总书记与中央党校县委书记研修班学员座谈速写[N]. 人民日报,2015-01-13.

五、坚持党的全面领导与群众路线：习近平新时代全面深化改革风险防控的政治保障

全面深化改革本身就是一项十分复杂的系统工程，特别是中国特色社会主义新时代面临的矛盾和难题更为尖锐和复杂，改革风险和挑战也在不断加深。全面深化改革如履薄冰、步履维艰，我们不能有丝毫退却之意，应该勇敢地开展"伟大斗争，伟大工程，伟大事业，伟大梦想"的"四个伟大"实践，将改革进行到底。正如习近平总书记强调："我们党要团结带领人民有效应对重大挑战、抵御重大风险、克服重大阻力、解决重大矛盾，必须进行具有许多新的历史特点的伟大斗争，任何贪图享受、消极懈怠、回避矛盾的思想和行为都是错误的。"①全面深化改革坚持党的全面领导和群众路线，才能够真正为全面深化改革风险防控提供坚强有力的政治保障。

（一）坚持党的全面领导是抵御全面深化改革风险的政治前提和基础

中国共产党人以追求人民福祉和保障人民当家作主为奋斗目标，全面深化改革作为中国特色社会主义的实践方式，需要坚持党的全面领导才能规避改革迷失方向和遭受重大政治风险的可能性。因此，习近平总书记指出："在坚持党的领导这个重大原则问题上，我们脑子要特别清醒、眼睛要特别明亮、立场要特别坚定，绝不能有任何含糊和动摇。"②坚持协调推进"四个全面"战略布局，全面深化改革，全面从严治党，坚持党的全面领导，抵御改革风险应该坚持两个重大政治原则。第一，坚持党中央的权威和集中统一领导不能动摇。"党政军民学，东西南北中，党是领导一切的。"③只有党中央有权威，才能够实现党的政治、思想和组织领导，才能实现思想、意志和行动的有效统一，才能杜绝和避免各行其是、各自为政和一盘散沙的政治局面，才能汇聚起全国各族人民的磅礴伟力，万众一心、众志成城，才能克服全面深化改革的各种矛盾困难和风险挑战。为了加强党对全面深化改革的领导，党的十八大以来，中共中央成立多个专门领导小组，这为坚决维护党中央权威和集中统一领导，防范改革

风险,夺取全面深化改革的伟大胜利提供了坚强的组织保证。第二,坚持在思想上、政治上、组织上、行动上与党中央保持高度一致。解决全面深化改革的重大问题关键在于党,只有在行动上与党中央保持高度一致,才能够确保全面深化改革增强中央和地方各级党组织的战斗力和凝聚力。为此,习近平总书记强调:"必须增强政治意识、大局意识、核心意识、看齐意识,自觉维护党中央权威和集中统一领导,自觉在思想上政治上行动上同党中央保持高度一致,完善坚持党的领导的体制机制,坚持稳中求进工作总基调。"①可见,全面深化改革只有坚决与党中央在思想上、行动上保持高度一致,才能够真正保持清醒的头脑、坚定的立场,既不走封闭僵化的老路,也不走改旗易帜的邪路,规避全面深化改革走错路的风险。

(二)全面提高党的领导能力与执政能力是抵御全面深化改革风险的政治核心和关键

中国共产党永葆高超卓越的领导能力是防范全面深化改革风险的前提和基础。转型时期社会历史环境的复杂性决定了全面深化改革任务的艰巨性,只有不断提高党的领导能力,才能够驾驭全面深化改革的全局,把握全面深化改革的方向,抵御全面深化改革的风险。提高党的领导能力亟须做好两个方面的工作。

第一,要不断加强党的自身建设,全面提升党员干部的修养。习近平总书记指出:"打铁还需自身硬。我们的责任,就是同全党同志一道,坚持党要管党、从严治党,切实解决自身存在的突出问题,切实改进工作作风,密切联系群众,使我们党始终成为中国特色社会主义事业的坚强领导核心。"②因此,只有加强党的自身建设,才能在全面深化改革中提高拒腐防变和抵御风险的能力。

第二,要提升党员领导干部的战略思维能力。党员领导干部应统揽全局、高瞻远瞩,增强防范全面深化改革风险的预见性和前瞻性,抓住影响全面深化改革风险的关键变量和主要因素,制定应对全面深化改革风险的战略目标和主攻方向。全面提高党的执政能力是防范全面深化改革风险的核心和关键。全面提高党的执政能力亟须党员领导干部不断加强学习,不断提升修养以及

① 习近平. 决胜全面建成小康社会 夺取新时代中国特色社会主义伟大胜利[N]. 人民日报,2017-10-28.
② 中共中央文献研究室. 十八大以来重要文献选编[M]. 北京:中央文献出版社,2014:70.

领导经验、方式和方法。为此,面对全面深化改革的新形势新情况新问题,只有不断加强学习才能增强党执政的本领。习近平总书记要求各级党员领导干部"把建设马克思主义学习型政党放在第一位,因为学习是前提,学习好才能服务好,学习好才有可能进行创新"①。只有强化学习,与时俱进地增强党的执政能力,才能增强防范全面深化改革风险的预见性,科学应对各种挑战,避免决策失误。此外,习近平总书记还强调党员领导干部应以求真务实态度全面深化改革,他指出:"我们要有钉钉子的精神,钉钉子往往不是一锤子就能钉好的,而是一锤一锤接着敲,直到把钉子钉实钉牢,钉牢一颗再钉下一颗,不断钉下去,必然大有成效。如果东一榔头西一棒子,结果很可能是一颗钉子都钉不上,钉不牢。我们要有'功成不必在我的精神'。"②只有求真务实,才能在全面深化改革中树立正确的政绩观,防范和规避全面深化改革的片面"政绩工程"和"形象工程"风险。

(三)坚持群众路线和提高党的公信力是抵御全面深化改革风险的政治基石和根基

"历史活动是群众的事业。"③中国的一切改革都是为了人民群众,一切改革离不开人民群众的坚决拥护、信任和支持。中国共产党区别于其他政党的一个显著标志就在于密切联系群众。改革开放四十年来,中国取得了举世瞩目的成就,一个重要的宝贵历史经验就是我们的改革始终扎根于人民群众。没有人民群众的鼎力支持,改革就不可能取得成功。习近平总书记指出:"全会决定归纳了改革开放积累的宝贵经验,其中很重要的一条就是强调必须坚持以人为本,尊重人民的主体地位,发挥群众首创精神,紧紧依靠人民推动改革。没有人民支持和参与,任何改革都不可能取得成功。"④因此,紧紧依靠人民群众,从人民群众利益出发制定改革举措,不仅可以成功推动改革,而且还可以防范和规避全面深化改革风险。具体而言,依靠人民群众,要求"全面深化改革遇到关系复杂、难以权衡的利益矛盾冲突难题,要认真换位思考人民群众实际情况究竟怎样? 人民群众到底期待和期盼什么? 人民群众利益如何保

① 习近平. 习近平谈治国理政[M]. 北京:外文出版社,2014:403.
② 习近平. 习近平谈治国理政[M]. 北京:外文出版社,2014:400.
③ 马克思,恩格斯. 马克思恩格斯全集:第2卷[M]. 北京:人民出版社,2016:104.
④ 习近平. 习近平谈治国理政[M]. 北京:外文出版社,2014:97.

障？人民群众对全面深化改革的获得感、幸福感和满足感是什么？"①习近平总书记指出，面对新时代错综复杂的国内外形势，党内严重脱离群众的现象时有发生，"集中表现在形式主义、官僚主义、享乐主义和奢靡之风这'四风'上"②。譬如，在形式主义方面表现为文山会海、知行不一、弄虚作假、贪图虚名；在官僚主义方面表现为高高在上、脱离群众、自我膨胀、脱离实际；在享乐主义方面表现为贪图享受、不思进取、精神懈怠、追名逐利；在奢靡之风方面表现为生活奢华、挥霍无度、铺张浪费、腐化堕落。这些现象都是人民群众反映强烈的突出问题，严重违背了党的宗旨，如果不下大力气加以解决，就会影响到全面深化改革目标的实现。要坚持全面深化改革杜绝"四风"，坚定不移全面从严治党，全面加强党的建设，坚持走群众路线，坚持人民群众的利益至上，坚持提高党的公信力，将人民群众的主动性、积极性和创造性充分调动起来，汇聚成全面深化改革的智慧和力量，提高全面深化改革决策科学性，防范和应对全面深化改革风险，将改革进行到底，将改革不断推向前进。

六、基本结论

中国的发展与世界休戚与共、息息相关，世界对中国的发展也存在着直接或间接的影响。这就存在着世界的风险扩展到中国的可能与现实。著名学者安东尼·吉登斯曾经指出："风险的全球扩展是全球化的必然结果。全球化使我们置身于风险之中，没有人能逃逸其外。"③全面深化改革，从某种程度上讲，是中国适应全球化浪潮，以更加开放的心态来迎接全球化挑战，从而实现中华民族伟大复兴中国梦的伟大举措。面对全球化浪潮，全面深化改革风险无时不在、无处不在，只有科学防控和应对，才能保障改革持续和谐推进。

中国特色社会主义进入新时代，我国社会主要矛盾已经转化为人民日益增长的美好生活需要和不平衡不充分的发展之间的矛盾。以习近平同志为核心的党中央站在新的历史起点，针对全面深化改革易发的各种风险，提出了一系列的风险防控与应对的新理念新思想新观点新举措，形成了新时代中国特色社会主义全面深化改革风险观。在历史方位上，它立足于中国处于并将长

① 习近平. 习近平谈治国理政[M]. 北京：外文出版社，2014：98.
② 习近平. 习近平谈治国理政[M]. 北京：外文出版社，2014：368.
③ 安东尼·吉登斯. 失控的世界[M]. 周红云，译. 南昌：江西人民出版社，2001：5.

期处于社会主义初级阶段这个基本国情,锚定了改革处于攻坚期和中国前所未有接近世界舞台中央这个时空坐标,从而更有利于人们能够正确把握新时代全面深化改革的世情、国情、党情、民情与社情;在价值取向上,它坚持人民主体地位,维护人民合法权益与公平正义的价值取向,有利于全面深化改革赢得人民的拥护,保障全面深化改革的方向性,避免全面深化改革因价值偏差所带来的风险;在思维方式上,它注重辩证思维、系统思维和底线思维,为人们正确认识、预防和应对新时代全面深化改革的风险挑战提供了科学世界观和方法论;在政治保障上,它坚持党的全面领导和群众路线,确保党的政治权威和集中统一领导及人民群众的坚决拥护和鼎力支持。习近平新时代全面深化改革风险观是马克思主义基本原理同中国改革开放具体实践相结合的产物,深入学习和领会习近平新时代全面深化改革风险观的四个维度,对于深刻认识党面临的执政考验、改革开放考验、市场经济考验、外部环境考验的长期性和复杂性,对于深刻认识党面临的精神懈怠危险、能力不足危险、脱离群众危险、消极腐败危险的尖锐性和严峻性,坚持问题导向,保持战略定力、推动全面从严治党向纵深发展,增强改革忧患意识,增强党的领导力、执政力和公信力,有效抵御和防控全面深化改革风险具有深远的历史和现实意义[1]。

---

① 习近平. 决胜全面建成小康社会 夺取新时代中国特色社会主义伟大胜利:在中国共产党第十九次全国代表大会上的报告[M]. 北京:人民出版社,2017:61.

习近平关于民族精神的新论述
对弘扬沂蒙精神的启示*

从马克思主义群众观的角度切入,更确切地说是从人民观的角度的高度概况和凝练,习近平总书记对于伟大民族精神做出了"伟大创造精神、伟大奋斗精神、伟大团结精神和伟大梦想精神"的最新论断和阐述,可谓意境悠远,视野宏大。这既有回溯五千年辉煌文明史的深刻思考,也有着恢宏视野上放眼未来的现实考量。着眼于现实,这为我们新时代弘扬民族精神提供了方向遵循和新的路径选择。习近平总书记早在 2013 年 11 月考察临沂时就强调:"沂蒙精神与延安精神、井冈山精神、西柏坡精神一样,是党和国家的宝贵精神财富,要不断结合新的时代条件发扬光大。"沂蒙精神作为中国共产党革命精神和中华民族精神的重要组成部分,是对伟大的中华民族精神的具体诠释和时代升华。因此,深刻领会习近平总书记关于民族精神的新论断,对于新时代更好地传承和弘扬沂蒙精神具有重要的启示作用。

一、弘扬伟大的创造精神,就要继续传承"艰苦创业,敢为人先和改革创新"的沂蒙精神

人类文明的进步在于不断地创造,对于一个国家和民族而言,创造力是文明得以延续并创造辉煌的恒久动力。源远流长的中华文明有着不同于其他文明的鲜明特征,是真正具有原创性的伟大文明,这就源于中国人民的伟大创造精神。这种精神贯穿于中国人民创造物质财富和精神财富的历史进程中,体现出来的是辛勤劳作,发明创造、敢为人先和勇于创新的精神。在诸子百家深邃的思想里,在四大发明带给世界的震撼里,在风雅颂诗词曲的意境中,在丰

---

* 本文作者孙海英:临沂大学。

富的文化遗存的诉说中,这种创造精神表现得无处不在。习近平总书记说过,"不忘历史才能开辟未来,善于继承才能善于创新""只有坚持从历史走向未来,从延续民族文化血脉中开拓前进,我们才能做好今天的事业"。在中国共产党的领导下,中华民族的创造精神不仅得到传承,而且得以重塑和升华。中国共产党领导中国人民用创造精神使一穷二白的旧中国成为历史,中国共产党领导中国人民用创造精神敢于走在前列重回世界舞台的中央。创造让我们文明长河奔腾不息,创造让我们走在时代前列。这是历史的启迪,更是走进新时代的昭示。

沂蒙人民是具有伟大创造精神的人民。沂蒙地区是齐文化和鲁文化的重要发源地之一,沂蒙人民的创造精神的杰出代表也在中华文明史上群星璀璨。其中载入《二十四史》的达到千人;孔子弟子 72 贤士 13 人在临沂;24 孝临沂占有 7 孝。从古到今,沂蒙人民从不缺乏伟大的创造精神。沂蒙精神生发在革命战争年代,从本质上说,本身就是中国共产党领导沂蒙人民的伟大创造,而且这种创造不断地被延续被升华。不同的历史时期,沂蒙人民总是以惊人的创造力全力诠释和演绎着沂蒙精神,也赋予了沂蒙精神新的时代内涵。沂蒙精神具有与时俱进的理论品质,"艰苦创业、敢为人先和改革创新"是其重要的基本内涵,特别是"敢为人先"的精神既凸显沂蒙精神的特质,也是中国人民伟大创造精神的具体呈现。艰苦创业本身就是一种创造,而敢为人先则是更大的创造。

首先,弘扬伟大的创造精神就要继续传承"敢为人先"的沂蒙精神。"百舸争流奋楫者先""敢为人先"就是敢于尝试,敢于探索,敢于创新;就是敢于领风气之先,领潮流之先;就是有胆有识、占尽先机,取得发展的主动权。革命战争年代,沂蒙人民敢为人先推动中国革命;社会主义建设时期,沂蒙人民敢为人先树立起"愚公移山,改造中国"的一面旗帜;改革开放新时期,沂蒙人民更是把敢为人先的精神风貌演绎得淋漓尽致。其中,因商兴市、因市兴城,敢为人先的临沂人先做市场后兴城市,用市场集群效应带动城市做大做强,在改革开放后亦属全国的首开先河之举。临沂商城的崛起和发展充分体现了沂蒙人民敢为人先的精神风貌。"时来易失,赴机在速",经济新常态、转换新动能和商城国际化……在前所未有的压力和挑战面前,蹚出一条新路,"敢为人先"的沂蒙精神必将成为重要的精神动力。

其次,弘扬伟大的创造精神就要继续传承"改革创新"的沂蒙精神。一定程度上,改革本身就是创造。习近平总书记指出:"创新是引领发展的第一动力。抓创新就是抓发展,谋创新就是谋未来。适应和引领我国经济发展新常态,关键是要依靠科技创新转换发展动力。"改革创新就会赢得先机。单从临沂物流业发展看,从"一板房一电话"起家到农贸市场"长"出现代物流园;从曾经的"土货不出,外货不入"到而今万商云集、融通四海的"物流之都",便是沂蒙人民锐意改革和不断创新的最好见证。

再次,弘扬伟大的创造精神就要继续传承"艰苦创业"的沂蒙精神。任何改革创新都必须建立在脚踏实地和艰苦奋斗上。"为有牺牲多壮志,敢教日月换新天。"从厉家寨、九间棚到罗泉庄,从全国革命老区中率先脱贫到创造物流天下的临沂商城奇迹,都是"艰苦创业"的沂蒙精神的最好诠释。

二、弘扬伟大的奋斗精神,就要继续传承"一切依靠人民,一切为了人民"的沂蒙精神

艰苦奋斗,自强不息是中华传统美德,是中华民族精神的重要内容。中华民族从未停止过奋斗的脚步,也有着丰富的民本思想渊源。早在《尚书》中就载:"皇祖有训,民可近,不可下。民惟邦本,本固邦宁。"而《大学》直接提出了"得众则得国,失众则失国",但历代的明君贤王或仁人志士都没有或无法真正把为民情怀付诸实施,实际上都是没有解决奋斗的目的是什么和奋斗的依靠力量是什么的问题。只有中国共产党不仅付诸实践,而且把这一奋斗精神从马克思主义群众观的角度加以升华,即旗帜鲜明地提出奋斗要"依靠人民,为了人民"。中国共产党九十余载风雨兼程,就是领导中国人民求生存、谋发展的过程,就是一切为了人民、一切依靠人民、与群众建立血肉联系的过程,就是一个带领人民实现中华民族伟大复兴中国梦的过程。习近平总书记指出:"全党同志要把人民放在心中最高位置,坚持全心全意为人民服务的根本宗旨,实现好、维护好、发展好最广大人民根本利益,把人民拥护不拥护、赞成不赞成、高兴不高兴、答应不答应作为衡量一切工作得失的根本标准,使我们党始终拥有不竭的力量源泉。"

在中国共产党和沂蒙人民并肩奋斗的历程中,中国共产党始终坚持"依靠群众,为了群众",这既是奋斗的目的,也是奋斗的依靠力量。"依靠群众,为了群众"凸显出沂蒙精神底色的厚重,也是沂蒙精神先进性的重要特征之一。沂蒙精神是中国共产党和沂蒙人民双重主体创造的产物,体现了党性和群众性的高度统一。以往人们只是习惯于从人民群众的艰苦奋斗和无私奉献上去解读沂蒙精神,往往忽视了其深层次的价值意蕴,即内在的推动力是什么。

首先,沂蒙人民群众"忠诚看齐跟党走"的动因源于沂蒙根据地中国共产党人的身体力行。不论在任何时候,为中国人民谋幸福,为中华民族谋复兴,始终是中国共产党人的初心和使命,党的工作重点也应始终放在解决群众最迫切需要的问题上。1942年4月经过深入细致的考察了解,刘少奇同志在沂蒙革命根据地提出了今后工作的主要任务首先要做好群众工作。要组织群众就要改善人民的生活,最要紧、最具体的就是抓住减租、减息、改善雇工待遇这三件事。

其次,为了群众才能依靠群众,这是共产党之所以立住脚、扎下根并进而发展壮大的根本保障。在沂蒙革命根据地,共产党、八路军吃的粮乡亲们筹,住的房老百姓让,穿的衣红嫂们缝,群众用生命掩护党和军队已习以为常,民工的担架和小推车说走就走,危急时刻"识字班"孱弱的肩膀硬是扛起了"火线桥"。这就回到问题的本质上来了,沂蒙人民群众为什么能够在艰苦残酷的战争环境中听党话跟党走、勇于牺牲? 其背后的真正推动力,是中国共产党人"人民至上,为人民谋解放"的不懈奋斗。换句话说,人民坚决跟党走,是党为人民谋利益的逻辑必然。

再次,沂蒙文化具有很强的包容性,中国共产党的理想信念和沂蒙人民的传统价值观念嵌合在了一起。沂蒙文化从传承上既有齐鲁积淀,又兼东夷遗存和楚越风韵,但作为其主干部分的儒家文化所倡导的仁爱、义利、孝道、宽厚等价值观念,却一直是沂蒙人民文化性格中一脉相承的精神基因。沂蒙革命根据地创建初期,国民党、日伪军、土匪、民团等各种力量犬牙交错,但沂蒙人民依然选择了共产党,并且让共产党的文化迅速在沂蒙大地开花结果,成为沂蒙精神的重要组成部分。这固然与沂蒙人民正确的义利观和朴素的价值取向有关,但更是中国共产党人人民至上的价值追求和落实马克思主义群众观的实践使然。从抗日战争到解放战争,沂蒙人民深切地感受到:蒙山沂水,每个党员就是一个火种,播散着马克思主义的坚定信念;每一个党组织就是一座堡垒,凝聚着沂蒙人民跟定共产党的巨大力量。因此弘扬中华民族伟大的奋斗精神,就要继续传承中国共产党的"依靠人民,为了人民"的沂蒙精神,这是新时期弘扬沂蒙精神中不可或缺的重要组成部分,也是践行马克思主义群众路线的重要途径。

三、弘扬伟大的团结精神,就要继续传承"水乳交融,生死与共"的沂蒙精神

团结统一是中华民族精神的重要内涵。人心齐,泰山移。中国的文化传统和处世观念历来十分重视众人的力量。三国时孙权说:"能用众力,则无敌于天下矣;能用众智,则无畏于圣人矣。"孙武亦云:"上下同欲者胜。"说的都是一个朴素的道理,兄弟同心,其利断金。当然,中国共产党人讲的团结绝不是几个利益集团的苟合,更非振臂一呼引来的一部分人的揭竿而起,而是绝大多数民众有着共同目标的万众一心。1938 年,"派兵去山东",党中央审时度势,派党政军进驻沂蒙山区,开辟沂蒙抗日根据地。八路军山东纵队、山东省党政机关,在沂蒙地区曾长期驻扎长达 12 年。后来毛泽东同志高度评价:"山东的棋下活了,全国的棋也就活了。"沂蒙山革命根据地之所以能成为抗日战争和解放战争全国根据地的典范,绝非仅仅是自然地理条件所致,最根本的还是人的因素。习近平总书记在临沂考察时曾精辟地指出:"我们的革命政权来之不易,主要是党和人民水乳交融、心心相印,党把人民利益放在第一位,为人民谋解放而领导人民展开革命斗争;人民群众真正跟党走,相信我们的党,在党的领导下为人民解放事业无私奉献,可歌可泣啊!"仅仅用团结二字去解读沂蒙革命根据地党群军民间的关系显然是不够的,从相识、相知、相依到"水乳交融,生死与共",已超越了传统道德的境界,实现了建立在共同的信仰和价值追求基础上的品格升华。"水乳交融,生死与共"是沂蒙精神最独特的品质和价值蕴含。

"水乳交融,生死与共"是沂蒙精神的最高价值蕴含,深刻揭示了群众路线的理想目标。践行群众路线,当前最迫切要解决的就是联系群众不够甚至是脱离群众的问题。群众路线是中国共产党人的世界观、方法论,更是工作方法。"水乳交融,生死与共"的沂蒙精神正是密切党群、干群关系的鲜活教材,弘扬沂蒙精神是践行群众路线的有效路径。实际上,弘扬"水乳交融,生死与共"的沂蒙精神关键的就是处理党群关系。中国特色社会主义进入新时代,践行群众路线依然是一个永恒的大课题,而弘扬"水乳交融,生死与共"的沂蒙精神无疑是立足现实的最佳落笔处,也是最具操作性的能够书写的精彩的大篇章。因为,一种精神不仅仅是用来仰望或膜拜的,能穿越历史和昭示未来才彰

显其恒久的生命力,这正是"水乳交融,生死与共"的沂蒙精神的时代价值和现实启示。

四、弘扬伟大的梦想精神,就要继续传承"信念坚定、忠诚看齐跟党走和无私奉献"的沂蒙精神

从夸父逐日的执着不息到嫦娥奔月的美好寄托,从"但从今、记取楚楼风,裴台月"的家国情怀到"万里不惜死,一朝得成功"的豪迈气概,中华民族从不缺乏伟大的梦想精神。习近平总书记指出:"在几千年历史长河中,中国人民始终心怀梦想、不懈追求。中国人民相信,山再高,往上攀,总能登顶;路再长,走下去,定能到达。"

梦想是靠信仰支撑的。如果说根据地建立初期沂蒙人民对党和军队的拥戴还有着沂蒙优秀传统文化基因的传承,还有着一种知恩图报的朴素感情的表达,那么到后来坚决跟共产党,发展到"最后一口饭做军粮,最后一块布做军装,最后一个儿子送战场",这完全就是信仰的力量了。否则,就无法解释八百里沂蒙"村村有烈士,家家有红嫂",也无法解释当时根据地 420 万人口中,有 120 万人拥军支前,20 多万人参军参战,10 多万人血染疆场……从硝烟中一路走来,"信仰坚定,忠诚看齐跟党走"构成了沂蒙精神主脉和风骨。梦想和信仰同在,因为拥有了信仰,就意味着拥有了方向,拥有了意志,拥有了责任。理想信念是一个人世界观、人生观和价值观的集中体现,"必须把坚定理想信念作为开展党内政治生活的首要任务"。习近平总书记指出:"理想信念是中国共产党之精神上的'钙',没有理想信念、理想信念不坚定,精神上就会'缺钙',就会得'软骨病'。"信仰迷失就会在逐梦路上走弯路,有的甚至会完全背离初衷走向邪路。走进沂蒙,触摸沂蒙精神,每一次都会得到心灵的震颤;领悟沂蒙精神,每一次都会得到灵魂的洗礼。强化理想信念教育,沂蒙精神就是最生动直观的教材。

弘扬伟大的梦想精神,就要继续传承"信念坚定"的沂蒙精神。理想信念教育首先是党员干部,这是关键。全国有近 9000 万党员,上行下效,产生的力量是巨大的,所起的作用也是决定性的。习近平总书记指出:"对党员、干部来说,思想上的滑坡是最严重的病变,'总开关'没拧紧,不能正确处理公私关系,缺乏正确的是非观、义利观、权力观、事业观,各种出轨越界、跑冒滴漏就在所难免了。"他还进一步指出,"要坚持学而信、学而思、学而行,把学习成果转化为不可撼动的理想信念,转化为正确的世界观、人生观、价值观,用理想之光照亮奋斗之路,用信仰之力开创美好未来"。其次要将理想信念教育纳入整个国民教育体系和社会主义核心价值体系教育中。人民有信仰,国家有力量,民族有希望。

梦想靠奋斗和奉献获得。逐梦路上需要理想和激情支撑,而圆梦需要奋斗和奉献来实现。从"站起来""富起来"到"强起来"一直是中华民族的千年梦想,逐梦的过程充满了艰辛、奋斗和牺牲。在艰苦卓绝的革命战争年代,沂蒙人民跟随共产党求解放,其奉献精神足以撼天动地。像无处不在的"红嫂""一门三英烈""父送子""妻送郎"和"谁第一个报名俺就嫁谁"等近似传奇却又活生生发生的故事在沂蒙地区发生得太多太多。抗战期间,沂蒙老区 15.5 万余名妇女先后以不同方式掩护了 9.4 万余名革命军人和抗日志士,4.2 万余名妇女参加了救护八路军伤病员的工作,共救助伤员 1.9 万余人。三年困难时期,沂蒙人民节衣缩食,吃糠咽菜向国家交粮 3.6 亿公斤,油 820 万公斤,并接收了由政府统一组织来的 6 万余名灾民。根治淮河,沂蒙山区有 527 个村、27 万间房屋被拆迁,28 万亩良田、5 万亩山林被淹没,40 多万库区农民舍弃了家园。像"愚公移山,改造中国"的厉家寨和"龙顶山上写春秋"的九间棚都是沂蒙人民为梦想奋斗和奉献的典范。过去、现在或许将来,人们对沂蒙精神具体内涵的阐释会有所差异,但是无论我们从怎样的角度和出发点去揭示沂蒙精神的内涵,"无私奉献"作为确定的基本内涵是毫无疑义的,它永远是支撑沂蒙精神的最丰满的血肉,也是沂蒙精神永恒的最核心的本质内容。

新时代,新征程。继续传承"艰苦创业,敢为人先和改革创新"的沂蒙精神与弘扬中华民族伟大的创造精神一脉相承,继续传承"一切依靠人民,一切为了人民"的沂蒙精神就是不忘伟大的奋斗精神的初心所在,继续传承"水乳交融,生死与共"的沂蒙精神是中华民族伟大的团结精神的升华,继续传承"信念坚定、忠诚看齐跟党走和无私奉献"的沂蒙精神就是在实现中华民族伟大复兴中国梦的道路上砥砺前行。

中国共产党党章建设的主要经验及启示[*]

党章是由党的全国代表大会通过的关于党的活动和自身建设的总规则。在 98 年的奋斗历程中,中国共产党十分重视党章建设,始终把制定完善党章、学习遵守党章和贯彻维护党章作为党的建设的一项基础性工作。重视党章建设,善于把党的实践创新、理论创新和制度创新的重要成果体现到党章之中,充分发挥党章在推进党的事业和加强党的建设中的根本规范和指导作用,是中国共产党的优良传统和政治优势。近百年党章建设的历史,一方面反映了中国共产党从幼年走向成熟的过程,另一方面则蕴含了中国共产党的成功经验和独特优势。

一、中国共产党党章建设的主要经验

从中共一大到十九大,几乎每次党代表都把党章的制定或修改作为重要议题,先后产生了十八部党章或者党章修正案。中国共产党近百年党章建设的历史积累了许多宝贵经验,概括起来主要有以下三个方面。

（一）中国共产党高度重视党章的地位与作用

高度重视党章是以马克思列宁主义为指导的无产阶级政党建设的一个重要原则。恩格斯指出:"任何一个团体在成立的时候,都必须首先制定章程和组织条例。"①列宁也强调:"要建立组织,首先要制定章程。"②他说:"如果没有正式规定的党章……那是不可想象的。"③

党章是一个政党真正建立的主要标志。纲领和章程是马克思主义无产阶

　＊　本文作者赵金飞:嘉兴学院。

　①　马克思,恩格斯.马克思恩格斯全集:第 18 卷[M]. 北京:人民出版社,1964:79.

　②　中央编译局. 列宁全集:第 8 卷[M]. 北京:人民出版社,1986:51.

　③　列宁. 列宁选集:第 1 卷[M]. 北京:人民出版社,1995:499.

级政党最基本的文献。纲领是无产阶级政党规定在一定时期内的战略目标、主要任务和行动步骤。章程是无产阶级政党规范和制约全体党员行为的总依据。党的纲领和章程可以分开制定,也可以纳入一个党章文件之中。中共一大制定了包含党章性质条文的第一个党纲,如已经初步规定了中国共产党的组织形式、党员条件、入党程序、领导机构、党的纪律等,中共二大则制定了第一部党章。从中共七大开始,在党章中增加了总纲部分,从而使党章兼有了纲领和章程的双重性质和作用。

党章是党的总章程、总规矩和根本大法,它的严格遵守和有效执行,必然对党的建设发展产生重大而深远的影响。邓小平同志曾指出:"党章是最根本的党规党法。"①习近平总书记也强调:"党章就是党的根本大法。"②在党的生活中,之所以中国共产党以党章为立党、治党、管党的根本法规,这是由党章的性质、内容及其产生程序所决定的。党章体现了党的性质和宗旨、党的基本理论和路线方针政策、党的重要政治主张,规定了党的组织机构、组织制度以及党员的条件、权利、义务和纪律等。党章是全党意志的集中体现,它的制定、修改、解释乃至停止生效,都是由党的全国代表大会所决定,因而具有最高权威和效力。党章的根本作用就在于保证全党思想统一、组织团结和行动一致。

(二)中国共产党非常重视党章的制定与完善

中国共产党历来高度重视制定和完善党章,并且非常善于把党的实践创新、理论创新和制度创新的重要成果体现到党章之中。"党章的修改演变从一个侧面反映了中国共产党艰难而成功地认识中国革命、建设、改革和党的自身建设的规律。"③从某种程度上说,中国共产党的党章建设历程就是一部中国共产党的发展历史。

1. 民主革命时期,制定和通过了6部党章

1922年7月,党的二大制定了《中国共产党章程》,这是中国共产党依据马克思主义的建党学说和列宁的建党原则,制定的第一部党章。这个党章对从小组直至中央的各级组织机构的任务和活动,对党员的条件和入党手续,对党的组织原则和纪律等方面,都做了比较明确而具体的规定,为党的思想建设和

---

① 邓小平. 邓小平文选:第2卷[M]. 北京:人民出版社,1984:147.

② 习近平. 认真学习党章 严格遵守党章[N]. 人民日报,2012-11-20.

③ 姚桓,等. 从党章发展看中国共产党成功之道[M]. 北京:中国方正出版社,2015:2.

组织建设提供了坚强有力的制度保证。

1923年6月，党的三大第一次修订了党的章程，通过《中国共产党第一次修正章程》。与二大党章相比，三大党章的章节体例完全保留不变，仍然是党员、组织、会议、纪律、经费和附则六章，但条文数量由原来的二十九条改为三十条；从内容上看，主要对入党的手续、党的各级组织制度以及会议召开的时间等做了修改。

1925年1月，党的四大通过《中国共产党第二次修正章程》，共六章三十一条。这次修正基本保持了二大党章和三大党章的内容和结构，只做局部调整和个别修改，着重要解决组织问题。

1927年6月，由于中共五大要着重研究如何解决革命危机问题，所以，大会委托中央政治局召开专门会议修改通过了《中国共产党第三次修正章程决案》，共十二章八十五条，开创了党章史上的多个"第一"。增加了党的建设、党的中央机关、省的组织、市及县的组织、区的组织、党的支部、监察委员会、党团、与青年团的关系等内容。这是中国共产党历史上唯一一次不是由党的代表大会制定和修改的党章。这部党章与之前的三部党章相比，无论在内容还是结构上，都有了较大的增补和修改，成为以后党章的蓝本，五大党章在党章发展史上具有里程碑的意义，对后来的历次党章产生了深远影响。

1928年6月至7月，党的六大通过了《中国共产党党章》，共十五章五十三条。六大党章是在共产国际指导下起草的，是中国共产党党章发展史上唯一在国外（莫斯科）修改和通过的党章。它规定"中国共产党为共产国际的一部分"，把"服从共产国际和本党的一切决议案"作为入党的一个必备资格。因此，这个党章的内容和体例都深受共产国际的影响，存在一些缺陷，致使党章得不到很好贯彻。"由于情况的特殊，许多部分不能适用，这就造成许多党员对于党章重视不够、实行不力的习惯。"[①]

1945年4月至6月，党的七大通过了《中国共产党党章》，共十一章七十条。这是由中国共产党独立自主制定的党章，创造了许多第一：比如，第一次增写了"总纲"部分，阐明了党的性质、纲领、宗旨、作风、群众路线；第一次把毛泽东思想确立为党的指导思想；第一次对党员的权利和义务做了规定，等等。它总结了建党以来的历史经验，表明党对民主革命时期党的建设规律有了较

① 中共中央文献编辑委员会. 刘少奇选集：上卷[M]. 北京：人民出版社，1981：318.

为深刻的认识,是党在民主革命时期最好的一部党章。

2. 新中国成立到 1977 年,制定和通过了 4 部党章

1956 年 9 月,党的八大通过了《中国共产党党章》,共九章六十条。这是中国共产党执政后制定的第一部党章。八大党章正确提出了党的中心任务,全面论述了党的群众路线,正确阐述了民主集中制,充分体现了执政党建设的新特点、新要求和新成果。

党的八大后,我们党分别于 1969 年、1973 年和 1977 年召开三次全国代表大会,制定和修改了三部党章。这些党章都是在特殊历史条件下制定的,受到"左"倾错误指导思想影响,存在很大缺陷。正如邓小平同志所指出:"九大、十大搞的党章,实际上不大像党章……需要修改。"①

3. 1978 年改革开放以来,制定和通过了 8 部党章

1978 年党的十一届三中全会以来,我国进入了改革开放新时期。1982 年 9 月,修改和通过了新的《中国共产党章程》,除总纲外,共十章五十条。这部党章清除了有关"左"的错误内容,正确解释了党的指导思想,明确了我国现阶段的主要矛盾和党的任务。此外,党章第一次列入了入党誓词,增加了"党的干部"专节。十二大党章比之前的其他党章更加充实和完善。

在党的十二大党章基础上,根据形势任务变化发展和党的理论丰富发展要求,党的十三大、十四大、十五大、十六大、十七大、十八大和十九大,又都对党章做了修改或部分条文修改。

1987 年 10 月,党的十三大通过了《中国共产党章程部分条文修正案》共十条,对党章中的十个条文做了修改,主要涉及党的组织制度、中央组织、基层组织和党组有关规定,共有 13 处增删改动。最大特点和贡献,是把改革开放以来党对社会主义初级阶段的认识写进了党章,确定了党在社会主义初级阶段的基本路线。

1992 年 10 月,党的十四大通过了《中国共产党章程(修正案)》,对党章总纲和条文做了部分修改,把邓小平建设有中国特色社会主义理论和党的基本路线及一系列方针、政策写入党章,对党的工作和党的建设提出了切合实际的新要求。

1997 年党的十五大、2002 年党的十六大和 2012 年党的十八大均通过了

---

① 邓小平. 邓小平文选:第 2 卷[M]. 北京:人民出版社,1994:269.

《中国共产党章程(修正案)》,分别把邓小平理论、"三个代表"重要思想和科学发展观写入党章,同马克思列宁主义、毛泽东思想一道确立为党的指导思想,实现了党指导思想与时俱进。

2017年10月,党的十九大通过了《中国共产党章程(修正案)》,对党章进行适当修改,把习近平新时代中国特色社会主义思想确立为党的指导思想并写入党章,把坚定维护以习近平同志为核心的党中央权威和集中统一领导写入党章,把党的十八大以来党中央推进全面从严治党一系列重大创新成果和行之有效的成功经验写入党章。

中国共产党成立98年来,如果从党的二大党章算起,我们党先后制定和修正通过了18部党章(包括部分条文修改)。不断完善党章是党的建设的一条基本规律,它从一个侧面反映了党的组织文化,标志着中国共产党一步步走向思想成熟。

(三)中国共产党十分重视党章的学习与贯彻

党章是中国共产党立党、治党、管党的总章程。党章是把握党的正确政治方向的根本准则,是坚持从严治党的根本依据,是党员加强党性修养的根本标准,能不能有效学习党章、严格遵守党章,关系到增强党的创造力、凝聚力、战斗力,关系到党的事业兴衰成败和生死存亡。

重视党章是中国共产党的优良传统。没有规矩,不成方圆。党章是全党必须遵循的总规矩。制定党章重在实行,否则就失去了其存在的价值和作用。在我们党的历史上,既有党章在实践中得到很好的贯彻执行的时期,也有得不到认真贯彻执行的时候。

十二大党章通过后,我们党特别强调党章的贯彻执行。从此,每次党代表大会都对贯彻党章提出了明确要求。例如,党的十四届四中全会决定,用三年时间,在全体党员中开展一次党章学习活动。

党的十八大以来,习近平总书记高度重视学习和遵守党章,要求"在全党兴起学习党章、遵守党章的热潮""要把党章学习教育作为经常性工作来抓"①。他还强调:"不论是高级干部还是普通党员,要做合格党员,学习贯彻

---

① 习近平.认真学习党章 严格遵守党章[N].人民日报,2012-11-20.

党章都是第一位的要求。"①2016年2月,中共中央办公厅印发了《关于在全体党员中开展"学党章党规、学系列讲话、做合格党员"学习教育方案》,要求在全党广泛开展"两学一做"学习教育活动。

学习党章的目的在于应用。习近平总书记要求全党同志"把党章融会贯通,做到学而懂、学而信、学而用"②,"对党章内化于心,外化于行"③。"全党学习贯彻党章的水平,决定着党员队伍党性修养的水平,决定着各级党组织凝聚力和战斗力的水平,决定着全党从严治党的水平。"④

二、中国共产党党章建设的启示

如今,我们站立在中国共产党即将迎来第一个百年的历史坐标上,回眸我们党的党章建设发展历程,从中可以得到许多有益的启示。

启示一:党章是党的根本大法,是立党、治党、管党的重要法宝。

党章是党的总章程、总规矩,是党的根本大法。党章"是一面公开树立起来的旗帜",是维护党的统一共同的组织基础,是中国共产党永葆生机的根本遵循。党章是中国共产党集体智慧的结晶,蕴含着中国共产党成功的密码,也是中国共产党立党、治党、管党的重要法宝。

启示二:党章集中体现了全党的意志,要随着时代和实践的发展而不断与时俱进。

党章高度集中体现了全党的意志,党章发展是我们党对党的建设规律认识深化的集中体现。党章集中体现了党的性质和宗旨、党的理论路线方针政策、党的重要主张,规定了党的重要制度和体制机制。一方面,党章的基本内容要保持连续性和稳定性;另一方面,也要根据形势和实践的发展要求,认真总结革命建设改革的成功经验,及时对党章进行修改与完善,充分体现马克思主义中国化最新成果。随着形势和任务、实践和理论的变化发展,要及时把党

---

① 习近平在安徽调研时强调 全面落实"十三五"规划纲要 加强改革创新开创发展新局面[N]. 人民日报,2016-04-28.
② 习近平在安徽调研时强调 全面落实"十三五"规划纲要 加强改革创新开创发展新局面[N]. 人民日报,2016-04-28.
③ 习近平. 认真学习党章 严格遵守党章[N]. 人民日报,2012-11-20.
④ 习近平在安徽调研时强调 全面落实"十三五"规划纲要 加强改革创新开创发展新局面[N]. 人民日报,2016-04-28.

的实践创新、理论创新、制度创新的重要成果体现到党章中去,实现党章的与时俱进,这也是党章的发展规律。

启示三:党章是党员加强党性修养的根本标准,要引导广大党员自觉学习和遵守党章。

党章既是广大党员的精神食粮,又是全体党员的根本行为规范。党章明确规定了党员标准及权利和义务,规定了党员领导干部的基本条件,为广大党员进行自我教育、增强党性修养提供了最好教材。认真学习党章、严格遵守党章,是全党同志应尽义务和庄严责任。要做合格党员,最根本的要求是学习贯彻党章,自觉用党章规范自己的言行,切实做到为党分忧、为国尽责、为民奉献。

新时代党的组织路线

——马克思主义政党组织工作思想中国化的逻辑进路*

党的十八大以来,习近平同志在领导和推进党的组织工作实践中,形成了新时代党的组织路线,这条组织路线包含:"一个指导思想",即习近平新时代中国特色社会主义思想;"三个基本点"(一个"重点"、两个"着力"),即党的组织体系建设、培养高素质干部和集聚各方面优秀人才;"一个根本目标",即为党的全面领导和中国特色社会主义提供坚强组织保证。① 新时代党的组织路线是马克思主义政党组织工作思想的理论继承和发展,是中国共产党组织路线的历史接续,是新时代党的组织工作实践的逻辑延伸,它内蕴着理论逻辑、历史逻辑和实践逻辑的内在统一,对马克思主义政党组织工作思想做出了开创性的贡献。

一、理论逻辑:马克思主义政党组织工作思想的理论继承和发展

马克思恩格斯虽然没有专门论述过无产阶级政党的组织路线问题,但他们在领导无产阶级反对资产阶级斗争的实践中认识到,无产阶级要取得反对资产阶级革命斗争的胜利,必须组织起来。一是无产阶级要建立自己的政党组织。在马克思恩格斯看来,无产阶级要"使用自己的力量"②,唯一的途径是

---

* 本文作者王刚:南京师范大学。

　　国家社会科学基金项目《马克思主义中国化史中若干基本问题研究》[项目编号:16BKS034]和"习近平总书记关于加强和改进人民政协工作的重要思想研究基地"的阶段性成果。

① 切实贯彻落实新时代党的组织路线　全党努力把党建设得更加坚强有力[N].人民日报,2018-07-05.

② 马克思,恩格斯.马克思恩格斯全集:第39卷[M].北京:人民出版社,1974:43.

组建与资产阶级政党相"对立的独立政党"①,这个独立政党不仅要成为工人运动的"中心和核心"②,而且能够对无产阶级的革命斗争起组织凝聚作用。二是无产阶级政党组织选拔干部的标准。马克思恩格斯非常重视无产阶级政党干部的选拔问题,他们提出,党的领导干部仅有理论水平或写作能力还不够,还需要"熟悉党的斗争条件"、掌握党的斗争方式、"具备久经考验的耿耿忠心和坚强性格"以及"自愿地把自己列入战士的行列中"③。这说明,无产阶级政党的干部不仅要有理论知识、有智慧、有风格、有实际革命斗争的经验,而且更要对党忠诚,并自愿为党的事业奋斗。三是无产阶级政党组织不仅要保持先进性,更要保持纯洁性。从政党的先进性上讲,由于无产阶级政党是为绝大多数人谋利益的政治组织,它"没有任何同整个无产阶级的利益不同的利益",所以,无产阶级政党"不是同其他工人政党相对立的特殊政党"④,这就是说,无产阶级政党是代表工人阶级利益的,是由工人阶级的先进分子组成,他们必须是"各国工人政党中最坚决的、始终起推动作用的部分",与一般群众相比,他们必须"了解无产阶级运动的条件、进程和一般结果"⑤,是"不知疲倦的、无所畏惧的和忠实可靠的先进战士"⑥。从政党的纯洁性上讲,既然无产阶级政党组织由工人阶级的先进分子组成,那么,为完成无产阶级的历史使命,必须保持无产阶级政党的纯洁性,这就要坚决清除"满脑子都是资产阶级的和小资产阶级的观念"⑦的人,永葆自己队伍的纯洁性。四是无产阶级政党要有纪律。无产阶级政党的力量来自组织的力量,而组织的力量要靠党的纪律保证,没有纪律的约束,党的组织将变成一盘散沙,就无法成为一个"有成效的和坚强的组织"⑧。对此,马克思恩格斯强调,无产阶级政党组织如果"没有任何党的纪律",没有一定的纪律约束,那它就会变成像"早期基督教徒那样的畏缩胆怯的而又阿谀奉承的组织"⑨,因此,无产阶级政党"必须绝对保持党的纪律,

---

① 马克思,恩格斯. 马克思恩格斯全集:第44卷[M]. 北京:人民出版社,1982:732.
② 马克思,恩格斯. 马克思恩格斯文集:第2卷[M]. 北京:人民出版社,2009:193.
③ 马克思,恩格斯. 马克思恩格斯文集:第4卷[M]. 北京:人民出版社,2009:397.
④ 马克思,恩格斯. 马克思恩格斯文集:第4卷[M]. 北京:人民出版社,2009:324.
⑤ 马克思,恩格斯. 马克思恩格斯文集:第4卷[M]. 北京:人民出版社,2009:324.
⑥ 马克思,恩格斯. 马克思恩格斯全集:第10卷[M]. 北京:人民出版社,1998:94.
⑦ 马克思,恩格斯. 马克思恩格斯文集:第3卷[M]. 北京:人民出版社,2009:484.
⑧ 马克思,恩格斯. 马克思恩格斯全集:第36卷[M]. 北京:人民出版社,1975:540.
⑨ 马克思,恩格斯. 马克思恩格斯全集:第17卷[M]. 北京:人民出版社,1963:519.

否则将一事无成"①。五是无产阶级政党组织需要各种各样的人才。无产阶级政党肩负推翻资产阶级统治,建设社会主义的伟大历史使命。要完成这一历史使命,不仅在反对资产阶级革命中需要各种人才,而且在革命胜利后,需要"掌管政治机器"和"掌管全部社会生产"的人才,还需要律师、化学家、工程师、农艺师、医生以及"其他专门人才"②。

在领导俄国无产阶级反对资产阶级的革命斗争中,列宁把马克思恩格斯关于党的组织工作思想与俄国实际相结合,提出要战胜本国的资产阶级和国外的帝国主义势力,巩固无产阶级专政的政权和开展社会主义建设,必须加强党的组织建设。一是无产阶级政党是有组织的先锋队。列宁认为,无产阶级要战胜资产阶级,"除了组织,没有别的武器"③。这个组织起来的政治集团应该由无产阶级中的先进分子组成,应该是"无产阶级的先进部队"④,它"不仅是思想上的统一体,而且是组织上的统一体"⑤。思想上的统一体是指无产阶级政党要有统一意志,即共同的指导思想,而组织上的统一体则靠党的组织工作。二是无产阶级政党必须按照民主集中制原则来组织。马克思恩格斯认为,民主和集中是辩证统一的关系,列宁继承了这一思想,并结合俄国革命和社会主义建设的实际提出了民主集中制原则。列宁强调要"实行彻底的集中制和坚决扩大党组织内的民主制"⑥,他提出,无产阶级政党组织应该"按照民主集中制的原则建立"⑦。虽然列宁在不同时期曾提出过集中制(建党初期)、民主制(1905年革命运动中)、民主集中制(1906年俄国社会民主工党四大)、军事集中制(1918—1921年)和工人民主制(俄共(布)十大)等原则,但从1906年开始,民主集中制不仅是俄国党的组织原则,而且是共产国际对各国共产党的组织原则要求。三是无产阶级政党必须有"铁的纪律"。列宁认为,要使各

---

① 马克思,恩格斯. 马克思恩格斯全集:第29卷[M]. 北京:人民出版社,1972:413.
② 马克思,恩格斯. 马克思恩格斯文集:第4卷[M]. 北京:人民出版社,2009:446.
③ 中共中央马克思恩格斯列宁斯大林著作编译局. 列宁专题文集:论无产阶级政党[M]. 北京:人民出版社,2009:158.
④ 中共中央马克思恩格斯列宁斯大林著作编译局. 列宁专题文集:论社会主义[M]. 北京:人民出版社,2009:224.
⑤ 中央编译局. 列宁全集:第24卷[M]. 北京:人民出版社,2017:109.
⑥ 中央编译局. 列宁全集:第11卷[M]. 北京:人民出版社,2017:325.
⑦ 中共中央马克思恩格斯列宁斯大林著作编译局. 列宁专题文集:论无产阶级政党[M]. 北京:人民出版社,2009:273.

级党组织和党员在政治上与党中央保持一致,必须有严明的政治纪律,"全体党员不分上下都必须无例外和无条件地承认党的纪律"①。他把"无条件的集中和极严格的纪律"②看作无产阶级取得反对资产阶级革命斗争胜利的基本条件之一。四是无产阶级政党要高度重视党员质量。马克思恩格斯在创建共产主义者同盟时,就对盟员标准做了七项规定,这确保了党员的质量。列宁也非常重视党员的质量问题,他认为,无产阶级政党是一个担负崇高使命的特殊组织,这个特殊组织应该由"有觉悟的、决心作自我牺牲的人"③组成,因此,党员质量直接关系无产阶级政党的前途和事业的成败。对此,列宁提出,无产阶级政党不能仅仅"追求党员数量的增加",而更应该"注意党员质量的提高"④,党员"宁可数量少些,但要质量高些"⑤。列宁甚至警示说:"徒有其名的党员,就是白给,我们也不要。"⑥五是无产阶级政党要培养干部,要选拔各类人才。列宁认为,无产阶级革命斗争不仅需要培养自己的干部,而且要选拔各类人才,他说,虽然培养既有革命斗争经验,又有极高威信的党员干部非常艰苦,但如果不这样做,无产阶级革命事业的成功"就会成为一句空话"⑦。列宁还非常重视对各类人才的选拔,他指出,无产阶级政党"应该具有出色的吸收人才的能力"⑧,"应该从人民的各个阶层中、从各个阶级中选拔有才能的组织者"⑨。

习近平总书记提出的新时代党的组织路线,不仅是对马克思主义经典作家党的组织工作思想的理论继承,而且丰富和发展了马克思主义政党的组织

---

① 中央编译局. 列宁全集:第 10 卷[M]. 北京:人民出版社,2017:202.
② 中共中央马克思恩格斯列宁斯大林著作编译局. 列宁专题文集:论无产阶级政党[M]. 北京:人民出版社,2009:245.
③ 中央编译局. 列宁全集:第 40 卷[M]. 北京:人民出版社,2017:255.
④ 中共中央马克思恩格斯列宁斯大林著作编译局. 列宁专题文集:论无产阶级政党[M]. 北京:人民出版社,2009:222.
⑤ 中共中央马克思恩格斯列宁斯大林著作编译局. 列宁专题文集:论社会主义[M]. 北京:人民出版社,2009:368.
⑥ 中共中央马克思恩格斯列宁斯大林著作编译局. 列宁专题文集:论无产阶级政党[M]. 北京:人民出版社,2009:222.
⑦ 马克思 恩格斯 列宁 斯大林论党的组织工作[M]. 北京:中共中央党校出版社,1988:24.
⑧ 马克思 恩格斯 列宁 斯大林论党的组织工作[M]. 北京:中共中央党校出版社,1988:90.
⑨ 中央编译局. 列宁全集:第 30 卷[M]. 北京:人民出版社,2017:108.

工作思想。新时代党的组织路线突出以"习近平新时代中国特色社会主义思想"为指导,这是强调党的"统一意志";强调"以组织体系建设为重点",着力培养"高素质干部"和着力选拔"各方面优秀人才"等都是马克思主义政党组织工作思想在新时代的理论接续,彰显出内在的理论逻辑。

二、历史逻辑:中国共产党组织工作的历史接续

中国共产党的组织路线是"党在一定历史时期,根据政治路线和思想路线而规定的关于组织工作的根本方针和准则"①。它涉及党的组织原则、党员标准、干部标准以及党员质量等主要内容。中国共产党在领导中国革命、建设和改革的历史进程中,把马克思主义政党组织工作思想与中国实际相结合,把党的组织路线历史地推进到新时代党的组织路线。

第一,党的组织原则的确立与重新确立。马克思主义政党的组织原则是民主集中制。在马克思主义政党建设史上,虽然马克思恩格斯没有使用民主集中制这个概念,但他们在创立马克思主义政党的实践中,始终坚持这一原则。

列宁继承了马克思恩格斯的这一思想,并在反对资产阶级革命斗争中,逐步把民主集中制确立为无产阶级政党的组织原则。

中国共产党是按照马克思主义政党确立的组织原则建立起来的。党的一大党纲规定,中国共产党采取"苏维埃管理制度"②,党的二大决定加入共产国际表明,我们党承认共产国际关于党的组织原则是民主集中制,并按照这一原则建党。党的五大强调,从党中央到党的各个支部,都要"强毅地实行集体的指导"③,这次会议不仅首次使用"民主集中制"的概念,而且明确把民主集中制确定为党的组织原则,同时规定,各地党组织要按照民主集中制的原则建立当地"党的最高机关",并负责管理当地"党的部分组织"④。按照党的六大政

---

① 切实践行新时代党的组织路线[N]. 解放军报,2018-07-06.

② 中共中央文献研究室,中央档案馆. 建党以来重要文献选编(1921—1949):第1册 [M]. 北京:中央文献出版社,2011:1.

③ 中共中央文献研究室,中央档案馆. 建党以来重要文献选编(1921—1949):第4册 [M]. 北京:中央文献出版社,2011:208.

④ 中共中央文献研究室,中央档案馆. 建党以来重要文献选编(1921—1949):第4册 [M]. 北京:中央文献出版社,2011:268.

治决议要求,要"实行真正的民主集中制"①,《党章》也再次强调党的组织原则是民主集中制。六届六中全会把个人服从组织、少数服从多数、下级服从上级、全党服从中央确立为党贯彻民主集中制的具体措施,并指出谁破坏了这些具体措施,"谁就破坏了党的民主集中制"②。党的七大在强调广泛民主基础上集中的同时,突出"在集中领导下的民主"③。1949 年 9 月,起临时宪法作用的《共同纲领》规定,中华人民共和国各级政权机关"一律实行民主集中制"④,新中国第一部宪法再次明文规定,全国和地方各级人大以及"其他国家机关,一律实行民主集中制"⑤。党的八大《党章》提出,"在集中指导下的民主"⑥,与党的七大《党章》相比,"领导"变为"指导",这进一步丰富了民主的内涵。但随后特别是"文化大革命"期间,党的民主集中制原则被严重破坏。十一届三中全会后,党的民主集中制原则逐步重新确立。邓小平强调民主与集中的"相结合"⑦,十一届六中全会提出高度民主基础上高度集中的思想,十四届四中全会在民主与集中"相结合"的基础上加上了"制度",形成了"相结合的制度",这使民主集中制原则的表述更加规范。党的十八大从"健全党内民主制度体系"⑧的角度强调坚持民主集中制。可见,党对民主集中制原则的认识经历了确立和重新确立的复杂过程⑨。

第二,党员标准和干部标准的"变"与"不变"。党员标准是中国共产党发

---

① 中共中央文献研究室,中央档案馆. 建党以来重要文献选编(1921—1949):第 5 册[M]. 北京:中央文献出版社,2011:603.

② 中共中央文献研究室,中央档案馆. 建党以来重要文献选编(1921—1949):第 15 册[M]. 北京:中央文献出版社,2011:646.

③ 中共中央文献研究室,中央档案馆. 建党以来重要文献选编(1921—1949):第 22 册[M]. 北京:中央文献出版社,2011:538.

④ 中共中央文献研究室,中央档案馆. 建党以来重要文献选编(1921—1949):第 26 册[M]. 北京:中央文献出版社,2011:761.

⑤ 中共中央文献研究室. 建国以来重要文献选编:第 5 册[M]. 北京:中央文献出版社,1993:490.

⑥ 中央档案馆.中共中央文件选集(1945 年 10 月—1966 年 5 月):第 24 册[M]. 北京:人民出版社,2013:233.

⑦ 邓小平. 邓小平文选:第 2 卷[M]. 北京:人民出版社,1994:175.

⑧ 中共中央文献研究室. 十八大以来重要文献选编:上[M]. 北京:中央文献出版社,2014:40.

⑨ 张静如,刘洪森. 中国共产党认识和贯彻民主集中制的历史考察[J]. 北京行政学院学报,2013(3).

展党员、规范党员言行的依据,一般包括入党资格、对党员的基本要求等。在党的历史发展中,在不同的历史时期,由于党的历史任务的变化,党员标准既有"变"也有"不变"。从"不变"的方面看,在入党资格上,必须是"先进分子",要"承认党的纲领和章程""愿意参加党的一个组织",要"缴纳党费"等;在党员的基本要求上,必须"为人民服务",执行"铁的纪律",坚决"执行党的决议"等。从"变"的方面看,在入党资格上,党的一大到六大对党员的国籍不做限制,八大以后要求必须是"中国公民",入党年龄的限制也多次变化,最终确定为年满18周岁。在党员的标准上,变化较大。毛泽东在古田会议上提出了"五条党员标准",陈云在《怎样做一个共产党员》中提出"六条标准",刘少奇在《为更高的共产党员的条件而斗争》中提出"共产党员标准的八项条件"①等,党针对不同时期的历史任务,不断提出新的更高的标准。改革开放后,党的十二大比较全面地规定了党员的标准,此后十三大到十七大,都强调党员标准。党的十八大以来,以习近平同志为核心的党中央,提出新时代"四讲四有"合格党员标准,即"讲政治、有信念,讲规矩、有纪律,讲道德、有品行,讲奉献、有作为",这进一步丰富和发展了党员标准。

党的干部标准是衡量干部的准则,即用什么样的"尺子"去挑选干部。党在革命、建设和改革历程中逐步形成了"德才兼备,以德为先"的干部标准。在干部标准中,虽然"德才兼备"的标准没有变化,但其具体的标准则有所不同。毛泽东早在1938年就提出"才德兼备"的干部标准,他说,中国共产党是在一个人口众多、政治经济发展极不平衡、落后的东方大国领导反帝反封建革命斗争的无产阶级政党,如果没有"才德兼备的领导干部"②,是不可能完成党所肩负的历史使命的。此后,毛泽东泽东又从"任人唯贤"的干部路线、"五湖四海"的方针、"又红又专"的政策三个方面具体阐释"才德兼备"的干部标准。邓小平在继承毛泽东干部标准的基础上,根据改革开放的实际,把德才要求具体为"革命化、年轻化、知识化、专业化"的"四化"标准,并写入党的十二大修改的党章,使干部标准更加具体化、多样化。此后,江泽民在"德才兼备"基础上提出"高素质干部队伍"的标准,胡锦涛突出强调"以德为先"。党的十八大以来,以

---

① 中共中央文献研究室,中央档案馆. 建国以来刘少奇文稿:第3册[M]. 北京:中央文献出版社,2005:174-176.

② 毛泽东. 毛泽东选集:第2卷[M]. 北京:人民出版社,1991:526.

习近平同志为核心的党中央,坚持"德才兼备、以德为先、任人唯贤"原则,提出了新时代好干部的五个标准,即"信念坚定、为民服务、勤政务实、敢于担当、清正廉洁",从而赋予了新时代干部标准的新内涵①。

第三,党员质量问题历史思考。党员质量是党的生命,重视党员质量是马克思主义政党的优良传统,中国共产党历来重视党员质量。毛泽东提出,要注意吸收"真同志"加入党组织,他特别突出以思想建设确保党员质量,提出"大胆地发展党"但"又不让一个坏分子侵入"②的思想。随着中国共产党成为执政党,党员质量问题更加重要,毛泽东又进一步提出,发展党员要采取慎重的方针,不仅要坚决地"阻止投机分子入党",而且要坚决地"洗刷投机分子出党"③。面对改革开放后的新形势,邓小平提出通过整党来提高党员的质量,他说:"要通过整党,加强党的建设,实现党风的根本好转。"④进入21世纪,江泽民特别强调党员"素质",他提出"共产党的力量和作用,主要不在于党员的数量,而在于党员的素质"⑤。胡锦涛更是把抓好党员队伍建设看作是一项"基础工程",只有扎实推进党员队伍建设,才能"提高党员素质"⑥。进入新时代,习近平总书记指出,马克思主义政党要发挥其力量和作用,不仅取决于党员的数量,"更取决于党员质量"⑦。

新时代党的组织路线特别强调,党的干部既要"忠诚干净担当"和有"高素质",又要"各方面优秀";既要坚持"德才兼备"和"以德为先",又要坚持"任人唯贤"。这些思想都是中国共产党组织工作历史经验的总结,彰显出内在的历史逻辑。

三、实践逻辑:新时代党的组织工作实践的逻辑延伸

新时代党的组织路线是历史上党的组织路线的自然延伸,是贯彻新时代党的政治路线的客观要求,也是推进新时代党的建设新的伟大工程的实践

---

① 贺治方."德才兼备、以德为先"干部标准的历史流变与发展[J].湖湘论坛,2015(5).
② 毛泽东.毛泽东选集:第2卷[M].北京:人民出版社,1991:524.
③ 中共中央文献研究室.毛泽东文集:第6卷[M].北京:人民出版社,1999:72.
④ 邓小平.邓小平文选:第3卷[M].北京:人民出版社,1993:38.
⑤ 江泽民.江泽民文选:第2卷[M].北京:人民出版社,2006:555.
⑥ 胡锦涛.胡锦涛文选:第2卷[M].北京:人民出版社,2016:655.
⑦ 中共中央文献研究室.十八大以来重要文献选编:上[M].北京:中央文献出版社,2014:351.

需要。

第一,新时代党的组织路线是历史上党的组织路线的自然延伸。路线是管方向的,党的组织路线是党进行组织工作的根本方向和基本遵循。在党的历史上,六大首次使用"组织路线"这个概念,并明确提出,为使党成为一个为工人阶级利益而战斗的组织,必须克服两种错误倾向,一种是"农民的意识"对"党的组织路线"的影响,另一种是"国民党式的组织路线"①。在分析土地革命前中期党内连续出现三次"左"的错误的原因时,毛泽东在《〈共产党人〉发刊词》中指出,党内之所以出现这些错误,是因为"党的领导机关的一部分人",在这一时期没有"掌握住正确的政治路线和组织路线"②。在与错误路线斗争的同时,党的正确的组织路线逐步形成,并推动中国革命最终取得胜利。新中国成立后到改革开放之前,党的组织路线一度遭到破坏。十一届三中后,随着党的工作重心转移,重新确立和发展党的组织路线问题迫在眉睫,如果党的正确的组织路线问题不解决,"政治路线、思想路线就得不到可靠的保证"③。对此,邓小平明确指出,党的正确的组织路线不仅事关政治路线的贯彻落实,而且也事关中国稳定大局,事关"四个现代化的实现"④,这就确立了一条与"一个中心,两个基本点"的政治路线相适应的组织路线。江泽民进一步指出,我们党除了要有正确的思想路线和政治路线外,更要有"正确的组织路线"⑤。胡锦涛更是从"根本经验"和"根本原则"上强调,党的组织工作要为"党的政治路线即党的基本路线服务"⑥。党的十八大以来,习近平总书记从推进新时代党的建设新的伟大工程的战略高度,首次提出了"新时代党的组织路线",这就把历史上党的组织路线自然延伸到新时代党的组织路线。

第二,党的组织路线为政治路线服务的历史传承。关于政治路线与组织路线关系问题,列宁早就指出,"任何组织问题都有政治意义"⑦,这说明,组织

---

①　中共中央党史研究室,中央档案馆.中国共产党第六次全国代表大会档案文献选编:下卷[M]. 北京:中共党史出版社,2015:896—897.

②　毛泽东. 毛泽东选集:第 2 卷[M]. 北京:人民出版社,1991:611.

③　邓小平. 邓小平文选:第 2 卷[M]. 北京:人民出版社,1994:275.

④　邓小平. 邓小平文选:第 2 卷[M]. 北京:人民出版社,1994:193.

⑤　江泽民.江泽民文选:第 3 卷[M]. 北京:人民出版社,2006:418.

⑥　胡锦涛.胡锦涛文选:第 1 卷[M]. 北京:人民出版社,2016:47.

⑦　列宁.列宁选集:第 4 卷[M]. 北京:人民出版社,1995:111.

问题与政治问题关系密切。毛泽东说："政治路线确定之后,干部就是决定的因素。"①在这里,毛泽东之所以强调干部是决定因素,是因为党的干部对于贯彻党的政治路线,完成党的政治任务具有极其重要的作用。对此,邓小平指出,"正确的政治路线要靠正确的组织路线来保证"②,也就是说,党的政治路线能否贯彻落实到位,关键看组织路线这个保证,从这个意义上说,组织路线对党的政治路线贯彻执行具有决定性的意义。党的历史发展证明,"从组织上巩固党,为政治路线提供有力的组织保证"③是党的建设重要经验。党的十九大通过的新党章与十八大通过的党章相比,在党的基本路线(政治路线)表述上增添了"美丽的",把"现代化国家"修改为"现代化强国"④,这进一步丰富了党的基本路线内涵。新时代党的政治路线事关党和国家的前途和命运,习近平总书记称之为"党和国家的生命线"和"人民的幸福线"。要把"生命线"和"幸福线"贯彻落实好,关键要靠新时代党的组织路线来保证。习近平总书记特别强调,新时代党的组织路线要为党的政治路线服务。这就是说,党的政治路线提出的"领导和团结全国各族人民",坚持"一个中心,两个基本点",实现"社会主义现代化强国"等政治任务,要靠新时代党的政治路线提供组织保障。

第三,新时代党的建设新的伟大工程需要党的政治路线提供保证。中国共产党的优势和力量来自党的组织体系。新时代坚持和加强党的全面领导,坚持和加强党的政治建设,坚持全面从严治党,坚持和发展中国特色社会主义,坚持以党的自我革命推动社会革命,都要靠党的组织体系建设。党的十八大以来,以习近平同志为核心的党中央坚持全面从严治党,使许多长期困扰党的建设的难题获得解决,党和国家内部存在的许多严重隐患得以消除,标志党的建设取得了历史性的成就,但我们党仍然面临着"四大考验""四种危险"。面对考验和危险,党的十九大提出推进新时代党的建设新的伟大工程,提出把党的政治建设作为"统领",把坚定理想信念宗旨作为"根基",通过政治、思想、组织、作风、纪律和制度"六大建设",最终把党建设成为"始终走在时代前列、人民衷心拥护、勇于自我革命、经得起各种风浪考验、朝气蓬勃的马克思主义

① 毛泽东.毛泽东选集:第2卷[M].北京:人民出版社,1991:526.
② 邓小平.邓小平文选:第3卷[M].北京:人民出版社,1993:380.
③ 江泽民.江泽民文选:第1卷[M].北京:人民出版社,2006:409.
④ 中国共产党章程[M].北京:人民出版社,2017:9.

执政党"①。十九大提出的新时代党的建设新的伟大工程的总要求,需要新时代党的组织路线提供保证。

新时代党的组织路线突出"为坚持和加强党的全面领导、坚持和发展中国特色社会主义提供坚强组织保证"这一根本目标,彰显出新时代党的组织工作实践的内在逻辑。

总之,新时代党的政治路线是理论逻辑、历史逻辑和实践逻辑的内在统一。其中,理论逻辑内蕴着马克思主义政党组织工作思想的理论继承和发展,历史逻辑彰显了中国共产党组织工作的历史接续,实践逻辑昭示了新时代党的组织工作实践的逻辑延伸,实现了新时代党的组织路线合规律性与目的性的统一。

① 习近平. 决胜全面建成小康社会 夺取新时代中国特色社会主义伟大胜利[M]. 北京:人民出版社,2017:62.

从革命到执政:中共对传统文化的认识演变与发展模式*

　　传统文化是以一定物质形式或非物质形式为载体的,贯穿并影响社会生活方方面面的观念、思想、道德、风俗、制度等方面的文化因素的总和。马克·弗里曼将其称之为"不用说明和论述、无须加以思考的习惯当中的最基本的习惯,即传统的无意识","它一直渗入到我们的待人接物中去了"①。传统文化作为传统社会整体的文化背景,其作用的渠道、形式、范围、侧重既有鲜明的个体差异,又具有超越个人体验的历史广度。研究中共处理传统文化这一议题,学术界主要集中于党对传统文化政策的演变、党内的领导人及主管意识形态工作的负责人对传统文化的认识演变,以及从政策执行及实践行动层面,考察中共对传统文化的民间表现形式的改造等几个方面②。纵观目前此问题的研

　　* 本文作者陈佳奇:北京大学。

① 马克·弗里曼. 传统与对自我和文化的回忆[M]//哈利尔德·韦尔策. 社会记忆:历史、回忆、传承. 李斌,王立君,白锡堃,译. 北京:北京大学出版社,2007:9-12.

② 相关代表性著述包括:杨凤城. 中国共产党对待传统文化的历史考察[J]. 教学与研究,2014(9);都培炎. 思接千载和与时俱进:中共对中国传统文化认识的历史考察[M]. 上海:华东师范大学出版社,2007;张丽. 论早期中国共产党人的传统文化观[J]. 理论学刊,2016(1);黄延敏. 黄土与红旗:延安时期中国共产党与传统文化研究[M]. 北京:学习出版社,2014;郑师渠. 中国共产党文化思想史研究[M]. 北京:中共中央党校出版社,2007;陈始发. 多维视野下的中央苏区文化建设研究[M]. 北京:中共中央党校出版社,2010;郭若平. "评法批儒"运动与中国当代学术的厄运[J]. 党的文献,2003(6);李先明. 改革开放以来中国共产党对传统文化的认知和定位[J]. 当代世界与社会主义,2012(6);隗金成. 社会主义核心价值观与中华传统文化的契合性[J]. 马克思主义研究,2015(10);王凤贤. 毛泽东与中国传统文化[M]. 合肥:安徽人民出版社,2014;虞和平. 抗日战争与中国文艺的现代化进程[J]. 抗日战争研究,2005(4);李先明. "文化大革命"后期曲阜的"批林批孔"运动及其影响:兼论当地民众的思想态度[J]. 中共党史研究,2010(6);王笛. 国家控制与社会主义娱乐的形成:1950年代前期对成都茶馆中曲艺和曲艺艺人的改造和处理[M]//华东师范大学中国当代史研究中心编. 中国当代史研究:第1辑. 北京:九州出版社,2009;姜进. 断裂与延续:1950年代上海的文化改造[J]. 社会科学,2005(6);李安增,朱辰晨. 习近平治国理政思想的传统文化意蕴[J]. 当代世界与社会主义,2016(4);王伟光. 学好用好马克思主义哲学,努为掌握看家本领:学习习近平同志系列重要讲话精神的体会[J]. 哲学研究,2014(6);顾海良. 学习贯彻习近平总书记重要讲话精神大力培育和践行社会主义核心价值观[J]. 思想理论教育导刊,2014(7).

究多着眼于中共本身的认识,偏重于进程的梳理,对于重大文化事件发生的内在逻辑,以及由此引发的社会变迁,缺乏深层审视。尤其是中共从革命到执政的漫长历史时期里,中共对待传统文化的认识与实践是基于中国从传统到现代的社会转型背景下,并在此过程中形成了一整套融合"继承与批判、改造与创新"为特征及手段的规律性、常态化模式。系统考察中共对待传统文化的模式,是从整体上把握和理解中共传统文化观的重要渠道,亦是研究中共文化整合内在理路的一个窗口。

一、革命与传统相嫁接的农民动员模式

中共与传统文化的关系首先体现在中共对传统农村的改造,尤其是在思想、文化、观念、习俗等方面。传统乡村社会存在一个"弹性结构",它是由宗法制度、小农经济、专制主义政治、传统儒家文化构成的有机体,它的构成要素具有很强的遗传性,整个结构具有强大的再生功能,传统农村社会结构系统中存在着巨大的弹性空间。在革命与改良的外力作用下,传统乡村社会存在压缩与反弹、冲击与反冲击的关系。① 中共对传统文化的改造也是立足于乡村社会这种"弹性结构",在保留传统形式的基础上嫁接革命的内容和精神,这种模式秉承着韦伯所言的"工具理性"的价值考量。因此在处理传统文化遗产的问题上,中共更多使用灵活的方式来处理,尤其注重利用传统文化要素来运行革命动员、增进农民的心理认同。在风云激荡的革命年代,中共对传统文化并非采取"一刀切"的否定方式,而是一方面传播共产主义的新意识,另一方面也小心处理并保护某些传统文化的因素,让农民不至于对共产革命全然陌生,从而将革命观念与传统思想两者对接。这种模式从瑞金一个区政府办公室的装饰上就可见一斑:"政府大厅门口低牌楼上贴的是八仙过海图,大厅的两旁是二十四孝图,二十四孝图旁边是老寿星图……大厅中间从前放神位的地方贴着马克思列宁先生及诸烈士之位。把革命领袖当作菩萨来供奉。我进了丰山区政府的房子,好像进了封建社会的博物院。"②

这样的装饰看似不土不洋甚至不伦不类,但实则体现了中共在乡村动员

① 万振凡. 弹性结构与传统乡村社会变迁:以 1927—1937 年江西农村革命与改良冲击为例[M]. 北京:经济日报出版社,2008:4.
② 丰山区政府的形形色色(1932 年 12 月 5 日)[J]. 红色中华,1932(43).

的过程中，尤其注重找寻维护党的利益、革命利益与农民利益的交叉平衡点。在农民中的宣传动员方面，中共早期领导人恽代英就关注到了传统文化方面的因素，他根据农民的文化心理和社会生存环境提出了文化层面的具体宣传策略："文化方面的宣传，如反对旧风俗习惯礼教迷信等，这差不多都是农民逆耳之言，不想政治、经济的宣传易于受他们的欢迎的……但若能够指明其他风俗习惯礼教迷信中各种不合理或可笑的地方，或者能够指明社会上各种受此等风俗习惯礼教迷信的弊害的地方，亦还是可以动农民之观听的。"进而他指出了相应的宣传策略："最好是用新剧表演，形容其滑稽谬误。直接破除旧风俗习惯礼教迷信之行动，最易惹乡村中农民之误会，我们须斟酌情势不可孟浪为之。"①对于农民喜闻乐见的年画，也是在形式上在原有基础即群众的习惯上进行恰当的改造，但在内容上彻底割除旧的毒素。②

在发动革命与改造传统并行过程中，戏剧社成为宣传革命的重要组织，这种以民间传统文艺为外在形式，融入革命要求为内核的工作队宣传模式，成为中共动员农民参与革命、改造旧传统的一种有效方式。中共尤其注重对民间已有娱乐形式的利用，如秧歌舞、唱旧戏、唱快板、说鼓书等文艺活动都以剧团工作队的方式宣传中共的政策主张，这在冀鲁豫解放区内尤其普遍。③ 这些为农民所喜闻乐见的演出由于反映的是农民自己的生活，因此其传播范围与接受程度都收到良好的效应。"这些剧中有反映土改的四个小秧歌戏——《张宝山的末路》《进瓦房》《装穷》《长工高来旺》……群众称这是翻身剧团，常听到群众这样议论：看过这戏就了解怎样翻身了。"④农民在观戏过程中常常出现情景投入的心理状态，以一种仪式化的姿态将自身置于戏剧情节的人物命运与故事发展的主线之中："演出当中，群众也往往是边看边议论，戏一停止，台下马上就吵开了，哪一点像是演的自己，哪一个道理过去没理解，这会晓得了几个问题……一群一伙地交谈着，真像是开讨论会似的，所以每次演完戏后，

① 恽代英. 农民中的宣传组织工作（1925年12月29日）[M]//恽代英.恽代英文集：上册. 北京：人民出版社，1984：761.
② 耘耕. 谈年画创作[J]. 文艺报，1949（7）.
③ 分局宣传部关于开展新旧年关文娱共作的指示（1945年1月6日）[M]//中共冀鲁豫党史工作组文艺组. 冀鲁豫文学史料. 石家庄：河北教育出版社，1989：8.
④ 战斗剧社土改宣传队[J]. 文艺报，1949（3）.

农民代表们常跑到台上对我们说:同志们演得好,给我们上了一堂翻身课。"①配合戏剧社的宣传,中共在解放区内也积极开展大范围的农村戏剧运动,这种运动方式以农民所熟悉的传统剧方式来传播,内里所包容的却是中共"和封建落后意识和迷信、无知及一切思想上的毒素作斗争"的革命要求,这种文化运动的发展要与全体的政治任务(如拥军、生产)结合,并保证政治任务的完成。

二、规整传统文化的"改造利用"模式

中共在利用传统文化进行革命动员、增加群众认同的过程中,也注重对传统文化的改造和重塑。革命时期,传统文化作为沟通中共与农民之间的纽带,中共尤其注重在尊重群众文化认同心理的基础上,有选择地改造和利用传统文化的多方面内容。执政以后,中共为进一步推进意识形态工作,建立社会主义制度,开始推行对传统文化的重新整肃,其范围和力度呈现出扩大的态势,不仅注重对传统文艺形式的规整,更注重对人们的思想观念、社会风俗,包括民间艺人的全面改造,其"除旧立新"的模式中也融入了复杂而灵活的处理方式。

第一,通过树立典型的方式,起到以一带多、以点带面的效用。在农村剧团改造运动中,中共尤其注重培养典型的发展逻辑来减少工作压力的同时推动宣传:"农村剧团如果普遍开展起来,每个县将会多至几十个村剧团。这么多的剧团,在思想与业务的领导上,将是一个很繁重的工作。因而在领导上应有重点地培养一个到两个典型的农村剧团,通过典型来推动工作,将会收到很大的效果。一个典型的剧团,应具备的条件:其一,必须经常有自己的创作;其二,在业务上有创造;其三,作风朴素、不铺张、不浪费;其四,服从村领导;其五,密切联系群众;其六,政治文化学习好。"②在民间艺人的改造方面,中共尤其重视利用这种工作模式,其做法是按照进步、中间、落后这样的层级来区分不同的民间艺人,造成一个群体的内部差异,以此来鼓励政治落后者赶超自己。在改造陕北说书人的过程中,韩起祥就是在改造运动中树立的典型。"通过发现较优秀的民间艺人,加以培养,使他能够成为榜样、带头人,这就是培养

---

① 战斗剧社土改宣传队[J]. 文艺报,1949(3).
② 赵起扬. 农村剧运中存在的几个问题[J]. 文艺报,1949(8).

好典型,造成范例,突破一点,推动全面,展开运动。"①通过"掌握积极分子、积极单位,典型示范,表扬积极分子,大胆让他们去活动,团结中间状态和推动落后状态的,用活人活样子影响教育群众"②。

第二,注重思想教育与传统改造同步并举。在民间艺人改造运动中,对旧艺人的思想改造与对旧艺术内容的改造基本上同步进行。思想改造,是从艺人座谈会开始,使比较积极的艺人串联其他艺人,集合在一起开会,进行思想翻身的教育。召开各种艺人训练班,分组受训,改造思想。方法是:第一,通过诉苦,提高阶级觉悟;第二,坦白反省,割掉旧尾巴,转到反省教育,一面上政治课,同时揭发不肯坦白的艺人,在小组会上反省坦白;第三,树立新人生观,做新艺人。③

其思路就是"启发和通过艺人的思想自觉,以改造民艺和旧剧,换脑筋改旧艺要双管齐下,用无产阶级的立场观点去启发他们的阶级觉悟,通过识字班学文化,启发科学思想,破除迷信"④。在此过程中,中共尤其注重在发挥旧艺人艺术特长的基础上,对其予以政治方面的改造,着重启发教育艺人阶级自觉,通过思想改造自行修改唱本、剧本和画片,即"政治的艺术的改造"⑤。"只有艺人的思想翻了身,换了脑筋,改造民艺和旧戏才能做好。"⑥在音乐战线上,对于思想政治教育的重视程度也反映在批评与自我批评的环节中,尤其是对音乐界脱离政治的倾向进行了批判:"直到现在还有人以为搞音乐可以不学政治,以为唱歌是声带的事,弹琴是十个手指的事,与政治无关。在某处竟发展到把听政治报告当作派公差来处理,每次推一代表去应差,其余的人就自动

---

① 柯仲平. 陕北改造说书[J]. 文艺报,1949(6).

② 李春兰. 谈旧戏的改造[N]. 冀鲁豫日报,1946-06-24.

③ 王亚平. 改造民间艺术[J]. 华北文艺,1949(2).

④ 中共冀鲁豫区党委宣传部关于改造民间艺人、旧艺人和民间艺术、旧剧的一封信[M]//中共冀鲁豫党史工作组文艺组. 冀鲁豫文学史料. 石家庄:河北教育出版社,1989:7.

⑤ 中共晋冀鲁豫中央局宣传部来信:表扬走群众路线改造民间艺人、旧艺人(1947年6月22日)[M]//中共冀鲁豫党史工作组文艺组. 冀鲁豫文学史料. 石家庄:河北教育出版社,1989:5.

⑥ 中共冀鲁豫区党委宣传部关于改造民间艺人、旧艺人和民间艺术、旧剧的一封信[M]//中共冀鲁豫党史工作组文艺组. 冀鲁豫文学史料. 石家庄:河北教育出版社,1989:9.

免役了。"①面对上海戏曲界出现的针对民族遗产的市侩作风,尤其是加入封建、色情的成分对戏曲任意涂改,戏改工作思想导向的作用再次被提起重视。因为"如果放松乃至放弃了经常性的艺术思想的领导,放松乃至放弃了每时每刻和一切反人民的文艺思想作不调和的斗争,那么,客观上必然会纵容不良倾向的发展"②。中共在处理传统文化中对政治教育的宣传与重视,一方面是配合中共对整个社会意识形态的重塑,另一方面也是对毛泽东在延安文艺座谈会上所创立的文艺服务于政治的模式的延循与发展。

第三,实行运动式改造,注重政策宣传与群众路线。这种群众运动的方式是党教育和动员群众的手段,同时也是贯彻党的方针主张的便利渠道。运动式改造主要在中共的领导下,制定形成相应的是非标准,一方面借助于群众动员的手段将其推而广之;另一方面依据标准来展现内部差别,以"宣传、说服、改造"的方式争取更多社会群体的认同,以实现整体"趋同"的目的。"戏剧工作的重点,是开展各种形式的农村剧运。不拘新旧啥形式。"③这种农村剧团的动员方式是"创办示范性的剧团—吸收群众中新创造的成果—加上剧团自己的创造—实现推陈出新",这也是群众普遍大胆创造与剧团集中示范相结合④。中共在根据地的剧运既是一种利用文艺形式开展的群众动员,同时也是中共推动文艺群众路线的方式,戏剧运动在中共的革命根据地广泛开展,陕甘宁边区、晋察冀革命根据地、华中抗日根据地等地的戏剧运动,发挥了有效的政治宣传和教育民众的目的。同时,陕甘宁边区的新秧歌运动、解放区的话剧运动都是中共运动式改造传统文化,增强政治动员效果的有效群众运动。

三、处理传统遗产与封建残余的"二元模式"

这种"二元"处理模式是指中共在一定历史时期内("文革"除外),意识到传统文化中存在着遗产与糟粕并存的局面。因此,中共对其采取了明显的"二

---

① 瞿希贤. 展开音乐战线上的批评与自我批评:在北京文艺界学习动员大会上的发言[N]. 人民日报,1951-12-15.

② 钟洛. 从上海戏曲界的一些不良倾向谈戏曲改革领导工作中的几个问题[N]. 人民日报,1953-06-08.

③ 中共冀鲁豫区党委宣传部关于改造民间艺人、旧艺人和民间艺术、旧剧的一封信[M]//中共冀鲁豫党史工作组文艺组. 冀鲁豫文学史料. 石家庄:河北教育出版社,1989:11.

④ 张庚. 关于戏剧创作及形式问题[J]. 文艺报,1949(1).

元处理"模式,对于传统遗产部分,中共主要采取有选择地继承和发扬的处理模式,而对于传统文化中部分封建思想残余以及传统文化研究与创造中的非马克思主义倾向,则采取了严厉的批判和整肃。

新中国成立之初,中共基于革命年代文化工作的基本经验,以及建政之初凝聚人民共识,提高文化认同的需要,对于传统文化遗产例如戏曲、音乐,都主张在接收民族遗产的基础上继承与发展,反对全盘否定传统文化的片面的、形而上学的处理方式。这是基于中共在执政之初坚决抵制资产阶级作风,增强民众对马克思主义意识形态认同的时代背景。传统文化遗产成为一种抵制资产阶级思想冲击无产阶级主流价值观的有力武器。新中国成立之初文艺界的整风学习运动就对忽视民族遗产、崇拜西方文化进行了批判:"(北京)文艺工作者中间也严重存在着盲目崇拜西洋与轻视民族艺术遗产的思想作风,甚至有人认为中国文艺有没有民族遗产还值得怀疑。这些错误的文艺思想都在整风运动中受到批判。许多文艺工作的领导人都带头作了检讨,因而推动广大文艺工作者的思想改造运动。"①华东、上海文艺界在整风学习中,也检讨了处理民族遗产中的态度偏差。当时的中央音乐学院上海分院院长贺绿汀在会上反思了自己在创作上的错误:"不重视接受民族遗产,不重视学习政治……用小资产阶级的感情空喊革命口号;以及在接受民族遗产方面,接受了许多士大夫和小市民的东西。"②在文艺界整风运动的同时,中共对于传统遗产的继承和发扬亦蔚为大观。1950 年 11 月全国第一届戏曲工作会议召开,会上指出"新的人民戏曲的建设必须批判地吸收丰富的民族文化遗产和各种艺术的成就,在这个大会中有着尽可能收集到的中国戏曲史料文物及一般现代戏剧资料的展览"③。关于民间音乐遗产方面,亦主张汲取中国传统说唱音乐的艺术精华,尤其是"有些古曲世代相传,其中有些是封建社会兴旺时期多少带有积极性的东西,有些是在音乐形式上带有革新因素的东西,这其中也有值得借鉴的东西"。"当我们作为遗产来学习它的时候,也要看出它的不足,接受其优秀的部分,发挥扩大它的健康开朗的部分,使之发展成为能表现今天革命现实的

---

① 北京文艺界整风学习运动基本结束[N]. 人民日报,1952-07-21.
② 刘衡. 华东、上海文艺界开展整风学习运动:文艺领导干部带头进行检讨[N]. 人民日报,1952-06-27.
③ 田汉. 迎接全国戏曲工作会议胜利召开[N]. 人民日报,1950-11-25.

思想情感，和生活需要的新东西。"①针对古迹、珍贵文物、图书和稀有生物保护，中央人民政府政务院特颁发《古文化遗址及古墓葬之调查发掘暂行办法》，规定"我国所有名胜古迹，及藏于地下、流散各处的有关革命、历史、艺术的一切文物图书，皆为我民族文化遗产。今后对文化遗产的保管工作，为经常的文化建设工作之一"②。陆定一指出："对我国的文化遗产，我们提议采取这样的方针：要细心地选择、保护和发展它的一切有益成分，同时要老老实实地批判它的错误和缺点。"③当社会主义改造在全国基本地区取得胜利，而知识界的思想政治情况也普遍倾向于马克思主义时，"双百"方针的出台使得"二元处理"模式得到进一步发扬。

"二元处理"模式还体现在对于传统文化中落后的封建习俗与价值观念的改造，继承与改造实则是中共二元处理模式一体两面的集中展现，这其实是"破与立"的两相并举。新中国成立初期对于封建迷信、封建习俗的革除以及取缔一贯道、会道门运动，实际上是中共贯彻肃清封建时代陋习旧俗的突破，从而革除利用一切封建元素进行反政权活动的基础。同时，在肃清封建残余之外，中共尤其注重对传统文化领域内非马克思主义思想的批判，注重用马克思主义的世界观与方法论全面改造传统文化领域。这既反映在学术研究领域，如《红楼梦》研究中对于俞平伯古典文学研究中"资产阶级唯心论"的批判以及对胡适"资产阶级"思想权威的全面清算，也体现在对文化创作方面的整肃，包括对电影《武训传》通过改良过高颂扬武训地位的抨击以及对胡风民族形式的"小资产阶级"文艺思想的彻底扫荡④，以此树立起马克思主义在文化界的主导地位。

四、强化民族性的"重整创新"模式

在批判继承传统文化的基础上，形成具有民族特色和民族气派的新文化，

---

① 李凌. 关于继承民族音乐遗产问题[N]. 人民日报,1952-08-11.
② 中央人民政府政务院规定办法：保护古迹文物图书及稀有生物[N]. 人民日报,1950-07-08.
③ 陆定一. 百花齐放,百家争鸣：1956 年 5 月 26 日在怀仁堂的讲话[N]. 人民日报,1956-06-13.
④ 李希凡,蓝翎. 胡风在文学传统问题上的反马克思主义观点[N]. 人民日报,1955-02-01.

这是中共在抗战时期新启蒙运动的核心。这种民族的"新文化"一方面服务于抗战时期的爱国宣传、增加民族凝聚力,另一方面也成为中共对待传统文化的又一种模式。这种模式立足于赋予传统文化以民族性、本土性的特征,在抗战时期起到了弘扬爱国主义和政治动员之功效。新时期这种整合与创新模式又以传统文化为纽带,以及时纠正文化工作中的偏误为补充,在继承传统文化精髓的基础上,加入马克思主义指导下的时代精神的内涵,运用现代文化理念,借助互联网与现代传媒手段,增加感官体验与互动方式,创新传统文化的传播路径与产品形态,增强大众对民族与国家的心理认同。

抗战时期,中共为增加传统文化的号召力,就要构建一种民族形式的新文化,其中在1936年起源于知识界的新启蒙运动就是中共塑造民族新文化的典型运动。正如张申府所描述的:"这是一个真正新的文化运动,所要造的文化,不应该只是毁弃中国传统文化,而接受外来西洋文化。当然更不应该是固守中国文化,而拒斥西洋文化。乃应该是各种现有文化的一种辩证的或有机的综合 。一种真正新的文化的产生,照例是由两种不同文化的结合。一种异文化(或说文明)的移植,不合乎本地的土壤,是不会生长的。"①

新中国成立后,在对待传统文化的处理方式及态度方面,中共一度出现了一些工作层面的偏差,首先就体现在对于传统文化资源的重视程度不足。正如文化部部长沈雁冰在第一届全国人民代表大会第三次会议上的发言所示:"在整理和发扬民族遗产的工作,十分不能令人满意……我们的有些领导工作者在推动国画家和民族音乐家的积极性、在发挥他们的潜在力量,等等工作上,显然是做得很不好的。不但如此,还因为对于民族遗产缺乏深入的研究和全面的知识,以致领导思想不明确;还因为思想方法的主观主义,以致工作方法流于粗暴、武断;其结果将是主观意图虽然是要发扬传统,而客观效果却成为废绝传统。"②其次,在处理少数民族传统文化遗存方面还带有一定的大汉民族主义作风,这为少数民族文化遗产的发扬带来了阻力。有一些汉族的文艺工作者认为,少数民族的文化艺术是贫乏的、落后的,他们在搜集、整理工作中,采取了无视各民族艺术传统的粗暴态度,随便地"加工""提高"丢掉原有的

① 张申府.五四纪念与新启蒙运动[M]//认识月刊:思想文化问题特辑.北京:读书生活出版社,1937.

② 文学艺术工作中的关键性问题:文化部长沈雁冰的发言[N].人民日报,1956-06-20.

风格和特色,引起少数民族人民的不满。对少数民族的群众的民间的传统文化活动,有一些汉族干部不是认为"提倡迷信"就是认为"有伤风化",进行无理的干涉和禁止。① 另外,在"文化大革命"时期,传统文化被视为"四旧"而扫入了历史的垃圾堆,这期间对传统文化的打击与排斥致使其一度没落沉寂。

面对以上问题,中共对待传统文化的"重整创新"模式发挥了重要的纠偏作用,"重整"尤其体现在对文化工作出现的问题加以反思与调整。1956年12月在北京召开的全国省市文化局(厅)长会议上,中共文化工作的负责人对之前音乐、戏曲、美术工作中轻视民族遗产的错误思想做了批判②。其后,面对忽视少数民族文化遗产的问题,中共在1957年召开的全国少数民族文化工作会议上,对之前的大汉主义思想也加以尖锐地否定。再之后,中共主张全面恢复"双百"方针的正确举措,提出要根据实际情况适当安排传统文化的重整工作,切忌"一刀切"和"一窝蜂",并尤其强调发掘传统文化要素中鲜明的民族特色:"民族特色是本民族人民的生活所赋予的,同时又是本民族的传统文化的陶冶下形成的。作为反映社会生活的文学艺术作品中的民族特色,不是人为的,外加的,也不是可有可无的,它的存在是每个民族的历史与现实,文化传统与社会变革所决定的。"③由此,中共对于传统文化民族性的挖掘及其时代性的重塑,在对"文化大革命"的纠偏以及复归民族传统的创新模式作用下,赋予了传统文化以革故鼎新的意蕴。尤其是在新时期关于提升文化自信的发展战略中,中华传统文化的内在价值受到前所未有的关注,"中华优秀传统文化是中华民族五千年文明发展的结晶,是中华文明对人类思想文化的独特贡献,是我们党治国理政、推进理论创新的深厚沃土。坚定文化自信,就要加强对中华优秀传统文化的挖掘和阐发,推动中华优秀传统文化创造性转化、创新性发展"④。中共中央、国务院印发了《关于加强和改进新形势下高校思想政治工作的意见》,着重强调要弘扬中华优秀传统文化和革命文化、社会主义先进文化,实施中华文化传承工程,推动中华优秀传统文化融入教育教学,加强革命

---

① 正确开展少数民族文化工作的关键[N]. 人民日报,1957-01-05.
② 解决加强农村文化工作问题 全国省市文化厅(局)长会议在京举行[N]. 人民日报,1956-12-14.
③ 玛拉沁夫. 民族精神与时代特色[N]. 人民日报,1984-12-24.
④ 曹小文. 用文化自信提振民族复兴精气神[N]. 人民日报,2017-03-03.

文化和社会主义先进文化教育①。不仅在高等教育层面中共注重发掘传统文化资源,构建富于民族特色的思想教育体系,同时在提升文化软实力、建设文化强国的进程中,传统文化亦成为一张中国亮相世界舞台的名片。推动文化品牌化发展,必须充分挖掘中华优秀传统文化元素,并赋予其新的时代内涵,使之与现代文明相融合,打造中国特色、国际知名的文化品牌。② 可见,发掘、重整传统文化的遗产要素,推动传统文化的创造性转化,已成为新时期中共提升文化自信、走好中国道路的关键环节。

五、结语

中共对传统文化认识发展经历了从革命到执政的历史变迁,这其中对于传统文化在不同历史背景下的功用性价值考量一直是贯穿中共对传统文化态度转变的基本动因,中共对传统文化的利用由此衍生并固化成为一套典型的模式。无论战争年代革命与传统相嫁接的农民动员模式,还是通过树立典型、思想教育与传统改造同步并举、实行运动式改造以及注重政策宣传与群众路线的改造模式,无论是和平年代对于传统文化的"二元处理"模式,抑或强化民族性的"重整创新"模式,中共对待传统文化的认识与处理一直延循着继承与改造、批判与创新的变奏之路。及至十八大以来的新时期,中共对于传统文化的认识逐渐突破韦伯所言的"工具理性"的考量,开始注重对传统文化内在价值即其"价值理性"的重新发掘,赋予传统文化在当代以新的生机,因此中共处理传统文化模式的研究仍然具有一定的创新性、必要性和时代性意义。这种模式的运行虽可以进行总体性概括,但其在具体历史时期内的实践与发展依然复杂多彩、富于变化,这也正是中共对待传统文化模式研究的价值及其魅力所在。处理好传统与现代、传承与创新、内容与形式这三种关系,充分发挥党在革命时期以来形成的对待传统文化的一整套模式,对于不断探寻传统文化的时代价值并使之应用于国家治理现代化的实践、对于实现"两个一百年"的奋斗目标依然具有深远的理论与实践意义。

---

① 中共中央国务院印发.关于加强和改进新形势下高校思想政治工作的意见[N].人民日报,2017-02-28.

② 张雯雯.加强传统文化品牌化建设[N].人民日报,2017-02-24.

共产党人价值观的历史生成、 时代发展与现实意义*

中国共产党人价值观是中国共产党政治文化的核心内容,反映党的价值目标与价值取向,是党的立党之本、执政之基。习近平总书记在十八届中纪委七次全会讲话中强调"要坚持共产党人价值观,不断坚定和提高政治觉悟",对党的建设与国家的发展具有十分重大的意义。

一、中国共产党人价值观的历史生成

中国共产党人价值观是在民族精神及近代中国变革浪潮的推动与马克思主义影响下,随着马克思主义中国化实践而形成与发展起来的。

（一）中华民族精神与近代中国变革浪潮是共产党人价值观生成的社会基础

中华民族五千年来积淀了深厚的传统文化与民族精神。长期占文化主导地位的儒家思想强调伦理道德、家国一体与社会责任,追求"天下大同"的理想社会和"成圣"的最高人格,使中国的知识分子有一种自发的义务观和责任感,"天下兴亡,匹夫有责"成为一种共识,深深影响了大众的生活、思考和言说,实践中形成了爱国主义为核心,勤劳勇敢、热爱和平、不屈不挠、自强不息的民族精神。正是这种"伟大创造精神""伟大奋斗精神""伟大团结精神"与"伟大梦想精神",使中华民族成为一个历经磨难而自强不息的民族,也为中国共产党

＊ 本文作者郭维平:嘉兴学院。
基金项目:2017 年浙江省社科规划重点课题"红船精神与社会主义核心价值观培育研究"(编号 17NDJC008Z)成果之一;教育部 2017 年度中国共产党革命精神与文化资源研究中心基地重大项目"习近平总书记关于社会主义核心价值观的理论与实践研究"(17JJD77016)成果之一。负责人均是郭维平。

人价值观生成奠定了社会基础。1840年鸦片战争后,中国沦为半殖民地半封建社会,实现民族复兴很快成为中华儿女最迫切的愿望和最伟大的梦想,无数仁人志士"以爱国相砥砺,以救亡为己任",力图变革社会,写下了不朽的历史篇章。这期间,一批先进的知识分子开始从精神文化层面寻找中国一再失败的原因与可能的出路,对中国落后的体制展开了犀利的批判,对西方的学习从器物走向制度走向思想,五四运动"德先生"与"赛先生"受到拥戴,社会价值观发生变化。但是,学习西方与西方对待中国的侵略现实大相径庭,而且洪秀全、康有为、严复和孙中山等的革命、抗争以及对西方的学习都失败了,于是先进的中国人对西方资产阶级文明、资产阶级共和国方案的"怀疑产生了,增长了,发展了"①。中国的出路在哪里? 中国到底应该归于何处? 这成为中国民众尤其是知识分子最为关注的话题。共产党人价值观的生成与民族复兴的历史脚步是一致的,中华民族中一批最优秀分子开始了对中国道路的全新思考和探索,开始追求新的价值信仰与目标,奋起担当改变社会、民族复兴之重任,共产党人价值观在变革浪潮中酝酿生成。

(二)马克思主义的广泛传播与接受是共产党人价值观生成的思想基础

1917年爆发的俄国十月社会主义革命,给中国带来了马克思主义。面对时代提出的资本主义向何处去、人类向何处去的课题,马克思、恩格斯提出了与资产阶级思想家完全不同的基本立场、观点和方法,提出了无产阶级争取自身解放和整个人类解放的科学理论。马克思主义理论是指路明灯,给正在苦苦思索救国救民真理、因找不到正确道路而茫然无措的中国先进分子指明了方向。以陈独秀、李大钊等为代表的先进知识分子马上掀起了传播马克思主义的热潮,成为中国共产主义运动的重要起点。陈独秀创办的《新青年》成为当时宣传马克思列宁主义的主阵地;李大钊作为宣传马克思列宁主义的先驱者,在1919年《新青年》的"马克思主义专号"上发表长文《我的马克思主义观》,在中国第一次系统、全面介绍了马克思主义基本原理。马克思主义与中国传统文化有很多相合之处,比如"天人合一"的辩证法思想、"大同世界"的社会理想等。马克思主义的广泛传播并与中国工人运动相结合、被中国人民所接受,是中国革命发生历史性转折的重要环节。它在中华民族文化中植入了全新的世界观、价值观,引发了一个宏大的社会文化融合与变迁的历程,唤起

---

① 毛泽东.毛泽东选集:第4卷[M]. 北京:人民出版社,1991:1470.

了中华民族的觉醒,一种新的革命文化开始萌发。随着各地研究马克思主义团体的出现,信仰马克思主义的知识分子群体开始形成。尤其是当时关于"问题与主义"、关于社会主义以及与无政府主义者的三场论战,深入探讨了解决中国社会政治问题的根本方法,使一大批先进分子认识到:中国不能走资产阶级改良主义的道路,而要走无产阶级彻底革命的道路,只有社会主义才能救中国。坚定马克思主义价值信仰,为中国共产党的创立奠定了组织基础,也为共产党人价值观的形成奠定了思想基础。

(三)马克思主义中国化的建党进程是共产党人价值观生成的实践基础

中国共产党的诞生是马克思主义中国化的重大成果。对于早期共产党人来说,从理论上去认识马克思主义是重要的,但更重要的是把这种认识与中国的现实结合起来。马克思、恩格斯创建了世界上第一个无产阶级政党,并提出了党的性质与目标,奠定了无产阶级政党建设理论的基石,中国共产党是将马克思主义与中国实际相结合的产物。1921年中国共产党的诞生,标志着党的核心价值观基本形成。虽然在建党的文件中没有关于核心价值观的字眼,但在党的一大纲领中已明确提出"推翻资本家阶级的政权","消灭资本家私有制","承认无产阶级专政,直到阶级斗争结束,即直到消灭社会的阶级区分"①等。从中可见中国共产党成立之时对党自身要实现的价值目标已有明确的认知,有着清晰的价值追求。这就是以马克思主义为指导思想,以实现共产主义理想为根本使命,以坚持人民至上为根本价值准则,为人民的幸福与民族的复兴而奋斗。共产主义的信仰已经生成,而信仰的本质就是价值观。从此,中国共产党人作为一个特殊的群体,开始以自己的价值信仰与追求出现在中国的政治舞台上。他们之所以称之为共产党人,是因为他们已把党的核心价值观融入自己的思想结构中,自觉为党的事业而奋斗与献身。可见,共产党人价值观是在党的诞生过程中生成的,具有集体意义与个体意义,既体现中国共产党政党的性质、宗旨与整体价值观念,又包括各个党员个体符合共产党人要求的价值观念。其中,中国共产党的价值观侧重于整体与组织,展现组织的价值目标与价值取向;共产党人价值观则侧重于党员个体本身,展现党员与组织一致的价值目标、价值取向和价值规范,二者是普遍与特殊的辩证统一关系。

---

① 中央档案馆.中共中央文件选集:第1册[M].北京:中共中央党校出版社,1989:5.

二、中国共产党人价值观的特征与时代发展

（一）中国共产党的性质决定了共产党人价值观的特征

追本溯源,中国共产党是为了消灭剥削制度,谋求人民幸福,实现共产主义而奋斗的政党,党的性质决定了共产党人价值观的主要特征:一是政治坚定性,对党忠诚。马克思主义认为,无产阶级政党作为政治组织,归根结底是要维护自己所代表的阶级与广大劳动人民的利益,这种政治上的坚定性是共产党人价值观的首要属性,具体表现为对党对人民的忠诚。如习近平总书记所说:"我们共产党人的根本,就是对马克思主义的信仰,对中国特色社会主义和共产主义的信念,对党和人民的忠诚。"[①]党的一大纲领规定,"凡接受我党的纲领和政策,愿意忠于党,均可成为我们的同志"[②],把对党忠诚作为党员的必要条件,最初的入党誓词就有"永不叛党",可见,绝对忠诚于党,是建党之初就定下的政治规矩,也是共产党人价值观的基本内容与党性特征。二是先进性,理想信仰崇高且坚定。价值观的最高层面是理想信仰,中国共产党是中国工人阶级先锋队,在价值目标、价值取向、价值标准等方面必然高于普通群众。马克思认为:"如果我们选择了最能为人类而工作的职业,那么……我们的幸福将属于千百万人,我们的事业将默默地、但是永恒发挥作用地存在下去……高尚的人们面对我们的骨灰将洒下热泪。"[③]正是青年马克思这种"最能为人类而工作"的先进而高尚的价值观,使他成为一代伟人。中国共产党从建党之日起,就把共产主义理想和为绝大多数人谋利益作为根本政治立场和核心价值追求,这是中国共产党人"初心"所在,反映了中国社会最先进分子群体的价值诉求,具有崇高性与先进性。三是人民性,天下为公。中国共产党代表的是无产阶级和广大人民群众的根本利益,因而,人民立场是中国共产党的根本政治立场,把"人民高兴不高兴、满意不满意、答应不答应"作为检验工作的标准,合人民利益性成为共产党人价值观的主要特征,坚持以人民为中心,贯穿于党的过去、现在与未来,忠实地代表人民利益,服务群众,无私奉献,保持人民公仆本色,是共产党员的本分和最基本的价值规范。四是务实性,求

---

① 习近平在中共中央政治局第二十六次集体学习时讲话[N]. 人民日报,2015-09-13.

② 中央档案馆. 中共中央文件选集:第1册[M]. 北京:中共中央党校出版社,1989:5.

③ 马克思,恩格斯. 马克思恩格斯全集:第40卷[M]. 北京:人民出版社,1982:7.

实奋斗。实事求是，一切从实际出发，坚持马克思主义中国化，探索符合中国实际的革命、建设、改革道路，我们党才能不走弯路而保持正确的前进方向，求实奋斗是全党理应秉承的价值取向。近百年来，我们党正因为始终保持着求实奋斗、百折不挠的姿态，才能不断发展壮大，昂然挺立于天地之间。

(二)中国革命、建设与改革的历史进程推动共产党人价值观的时代发展

价值观具有时代性。近百年来，中国共产党领导人民取得了新民主主义革命、社会主义革命与建设、改革开放和民族复兴的伟大成就，我们党也从革命党转变为执政党，从一个小党变为世界第一大党。虽然共产党人价值观的本质内容从未改变，但其具体内涵也在围绕党的阶段性目标发生历史演进，远大理想转化为具体价值目标而得以实现。在新民主主义革命时期，党的阶段性价值目标是"推翻三座大山"、建立新中国。面对严酷的斗争形势，共产党人价值理念中比较突出的是革命、忠诚、解放，共产主义，敢于斗争、敢于牺牲，夺取政权，平等、民主等，无数共产党人为崇高的理想抛头颅洒热血。进入社会主义革命与建设时期，建设一个强大的社会主义新中国，尽快地从落后的农业国变为先进的工业国成为全党的阶段性价值目标，从"一化三改"到"四个现代化"的初步提出，共产党人价值理念中较突出的是工业化，是建设、发展、强国，是热爱祖国、热爱人民、全心全意为人民服务，是大公无私、艰苦奋斗，雷锋、焦裕禄、王进喜等就是杰出代表。改革开放以来，党开辟了中国特色社会主义道路，提出"逐步实现工业、农业、国防和科技四个现代化，把我国建设成高度文明、高度民主的社会主义国家"的阶段性目标，领导全国人民实现了从"富起来"到"强起来"的飞跃，正在走向"两个一百年"价值目标，走向中华民族伟大复兴。共产党人价值理念中更为突出的是改革创新、敢于担当、民富国强，是以人为本、文明和谐，是公正公道、忠诚老实、敬业奉献，孔繁森、孙家栋、李保国、张瑞敏等成为杰出代表。2017年中共中央办公厅发文明确要求"大办弘扬忠诚老实、光明坦荡、公道正派、实事求是、艰苦奋斗、清正廉洁等共产党人价值观"，实际上是对共产党员提出了忠、公、清、实、明等道德价值标准。但无论怎么演进，共产党人价值观的核心要素是不会变的，那就是马克思主义的核心价值追求:造福人民和为绝大多数人谋利益，最终实现共产主义。共产党人价值观的时代发展充分彰显了历史与现实的统一性。

（三）中国特色社会主义新时代共产党人价值观的集中表现

党的十九大报告做出了"中国特色社会主义进入新时代"的重大判断，新时代我国社会主要矛盾已经转化为人民日益增长的美好生活需要和不平衡不充分的发展之间的矛盾，党提出社会主义现代化强国目标，"美好""美丽"等成为更高的价值追求。与之相应，思想文化层面必然有新的时代要求。党的十九大把坚持社会主义核心价值体系作为必须坚持的基本方略之一，要求培育和践行社会主义核心价值观，并要求共产党员"弘扬忠诚老实、公道正派、实事求是、清正廉洁等价值观"，可见，新时代对共产党人价值观的现实要求也有提升。第一，应进一步坚定马克思主义信仰与共产主义远大理想，因为这是共产党人价值观的精髓灵魂，是共产党人经受住任何考验的根本所在，若是丢掉了这个灵魂，就称不上共产党人。无论走到哪里，都不能忘记我们为什么出发。第二，要坚定中国特色社会主义共同理想，更加自觉地增强"四个自信"，明确新时代中国特色社会主义就是当今中国马克思主义的价值实现形态，自觉为决胜全面小康、实现中国梦而努力奋斗，成为追梦路上的领头人。第三，要坚持全心全意为人民服务的根本宗旨，牢固树立以人民为中心的发展思想，践行"忠诚老实、公道正派、实事求是、清正廉洁"的基本价值规范，依法用权、正确用权、干净用权，以道德示范匡正社会风气，为人民创造美好生活。第四，要坚守对党对人民绝对忠诚的政治品质，即"忠诚老实、光明坦荡"。共产党人的忠诚，体现在对党的信仰党的组织的忠诚上，体现在对党的理论和路线方针政策的忠诚上，具有实际行动的坚定性，能在中国特色社会主义实践中，为信仰而奋斗，为使命而献身。显然，共产党人价值观与社会主义核心价值体系的四个方面完全吻合，和社会主义核心价值观内涵高度一致，而且提出了更高的党性要求。也就是说，共产党人价值观是在遵循社会主义核心价值体系和核心价值观的基础上，对共产党人提出的更高的价值目标、价值取向与价值规范。

三、中国共产党人价值观的现实意义

（一）是保持党的先进性、加强党的领导的迫切需要

中国共产党是中国特色社会主义伟大事业的领导力量和领导主体，办好中国的事情，关键在党，这是历史的结论。然而，我们党要担当时代先锋、民族脊梁，自身必须始终过硬，时代要求中国共产党必须保持自身的先进性和

纯洁性。而党的先进性与纯洁性很大程度上通过广大党员的价值观自觉、自信与自为来实现,这种自觉、自信与自为源自对马克思主义的自觉信仰和坚定信念;源自对新时代中国特色社会主义的深刻认识;源自对历史使命的无畏担当。这正是共产党人价值观的本质所在,可见共产党人价值观就是共产党先进性的重要内容。但是,党面临复杂的执政环境,面临着"四大考验"和"四种危险",影响党的先进性、纯洁性的因素普遍存在。随着社会的转型与环境的变化,在物质利益诱惑下,一些党员与干部对共产主义的理想信仰产生动摇,价值观扭曲,缺乏对中国特色社会主义的自信,不愿担当、贪图享受、消极懈怠,有的甚至以权谋私、违法乱纪。究其原因,就在于丢失了共产党人价值观,忘记了作为一个共产党员的核心价值追求。"如果没有共同的核心价值观,一个民族、一个国家就会魂无定所、行无依归。"①对于政党和个人也是这样,价值信仰与价值目标是一个政党的"维"和"纲",是一名党员的思想灵魂,只有加强共产党人价值观的培育与践行,牢记共产党人初心与使命,从内心坚定对党的价值目标、价值取向和价值标准的信仰与认同,才能保持党的先进性,真正挺起共产党人的精神脊梁,夯实党的执政之基;才能"把党建设成为始终走在时代前列、人民衷心拥护、勇于自我革命、经得起各种风浪考验、朝气蓬勃的马克思主义执政党",担当起中华民族伟大复兴的历史重任。

(二)是加强党内政治文化建设、提升政治文化认同的需要

党的政治建设是党的根本性建设,其中一项重要任务就是党内政治文化建设。习近平总书记在党的十八届六中全会上指出:"政治文化是政治生活的灵魂,对政治生态具有潜移默化的影响。"中国共产党的党内政治文化,是党在近百年实践中积淀与形成并被广大党员普遍接受的政治信仰、政治认知、政治立场、政治情感、政治价值等,它以马克思主义为指导、以中华优秀传统文化为基础、以革命文化为源头,具有鲜明的党性与政治性。价值观是文化的内核,显然,共产党人价值观是党内政治文化的核心与灵魂,大力弘扬共产党人价值观可以厚植党内政治文化的思想内核和精神实质。因为共产党人价值观承载着共产党人的价值信仰与精神追求,体现着共产党人判断是非曲直的价值标准,指引党员应该追求什么、舍弃什么、遵循什么、反对什么,所以它决定着党

① 中宣部. 习近平总书记在文艺工作座谈会上的重要讲话学习读本[M]. 北京:学习出版社,2015:24.

内政治文化的性质和方向,决定着广大党员与干部的思想境界、精神气质与行为方式,从而直接影响着党内政治文化的生命力、凝聚力和感召力。坚持共产党人价值观,就是坚持马克思主义信仰和共产主义理想,就是坚持造福人民和为绝大多数人谋利益,就是保持对党和人民的赤子之心。今天若缺乏共产党人价值观的支撑,一些落后的政治文化包括"官场文化"等便会滋生蔓延,将严重影响党内政治生态。坚持共产党人价值观,就是要为党员与干部提供区分是非、辨别真伪、厘清善恶的评价标准,让广大党员进一步增强对党的政治文化认同,增强"四个意识",反对腐朽庸俗的政治文化,切实做到对党忠诚、为党分忧、为党担责、为党尽责,不忘初心,不断前进。

(三)是推进中国特色社会主义事业、共筑中国梦的需要

共产党人价值观具有强大的凝聚力、号召力、吸引力,它所体现出来的是正义的力量,是道德的力量,是天地正气。物质决定精神,精神对物质对生产力发展具有能动的反作用。共产党人价值观强大的力量不仅激励着共产党人奋勇向前,而且感动和召唤着千千万万人民大众,在党的领导下众志成城、共同奋斗,去推进中国特色社会主义事业,去实现民族复兴中国梦。正是在共产党人价值观主导下,党发动和领导了新的革命——改革开放。40年来,中国共产党开创、坚持与发展了中国特色社会主义道路,带领全国人民从"富起来"走向"强起来",推动着中华民族复兴梦进入了快车道,使我们比历史上任何时期都更接近中华民族伟大复兴的目标。中国共产党的成功,中国特色社会主义的成功,不仅深刻改变了中国,也深刻改变了世界,为解决人类问题贡献了中国智慧和中国方案。在这个过程中,中国共产党作为中流砥柱,共产党人价值观是巨大的精神支撑,在党中央、国务院表彰的100名改革开放杰出贡献人员中,中共党员占了八成就是明证,共产党人是中国40年改革开放最为中坚的力量。但必须看到,当代中国迎来了难得的发展机遇,也面临严峻的现实考验,经济发展尚在转型期,改革开放进入了深水区与攻坚期,社会各种矛盾凸显,"全党必须准备付出更为艰巨、更为艰苦的努力"①。在这船到中流浪更急、人到半山路更陡的时候,更需要党的坚强领导,更需要全体党员发挥先锋作用。坚持共产党人价值观,就是要求广大

---

① 习近平. 决胜全面建成小康社会 夺取新时代中国特色社会主义伟大胜利[N]. 人民日报,2017-10-19.

党员坚定理想信念,并善于把共产主义远大理想和现实任务结合起来,面对改革深化期的各种风险和机遇,深刻认识自身所担负的历史使命,保持高度的自律意识,"赴汤蹈火,竭诚为民",为党和人民勇于担当、甘于奉献,进而形成雁阵效应,更好地构筑中国精神、中国价值、中国力量,为实现民族复兴中国梦提供精神动力和道德滋养。

新中国推进"一国两制"和祖国和平
统一的宝贵经验*

实现祖国的完全统一,是海内外中华儿女的共同心愿,是中华民族的根本利益所在。新中国成立以来,中国共产党、中国政府、中国人民始终把实现祖国完全统一作为矢志不渝的历史任务。70年来,我们顺利推进"一国两制"和祖国和平统一进程,不仅对香港、澳门恢复行使主权,确保香港、澳门的繁荣和发展,而且推动两岸关系不断取得突破性进展。我们之所以能够顺利推进"一国两制"和祖国和平统一进程,就在于坚持正确的原则方针政策。这些原则方针政策,不仅是我们推进祖国统一的宝贵经验,而且是新时代推进"一国两制"和祖国和平统一的基本遵循。

一、毫不动摇坚持一个中国原则

任何事物都有自己的基础,都是在一定的基础上存在和发展的。一个中国原则,是实现和平统一的基础和前提。"欲致其高,必丰其基;欲茂其末,必深其根。"习近平指出:"'一国'是根,根深才能叶茂;'一国'是本,本固才能枝荣。"[1]我们党提出"一国两制"的出发点就是为了实现和维护国家统一、领土完整。"一国两制"的"一国"就是讲国家主权具有完整性、不可分割性。1982年,具有"铁娘子"之称的英国首相撒切尔夫人,挟与阿根廷马岛海战余威赴华谈判香港问题,试图拒绝归还香港。邓小平斩钉截铁地说:"关于主权问题,中

---

* 本文作者孙存良。

[1] 习近平. 在庆祝香港回归祖国二十周年大会暨香港特别行政区第五届政府就职典礼上的讲话[N]. 人民日报,2017-07-02.

国在这个问题上没有回旋余地。坦率地讲,主权问题不是一个可以讨论的问题。"①这一表态,让撒切尔夫人认识到了中国共产党和中国政府维护国家主权的坚定态度,为顺利推进谈判进程奠定了重要基础。香港回归祖国之后,我们坚决反对"港独",为香港繁荣发展提供了保障。香港特别行政区、澳门特别行政区是国家不可分离的部分,是直辖于中央人民政府的地方行政区域。《香港特别行政区基本法》和《澳门特别行政区基本法》分别在开篇写道:香港特别行政区是中华人民共和国不可分离的部分,澳门特别行政区是中华人民共和国不可分离的部分。第23条都规定特别行政区应自行立法禁止叛国、分裂国家、煽动叛乱、颠覆中央人民政府及窃取国家机密等危害国家安全的行为。近年来,香港少数人闹"香港独立",发动非法"占中"活动、制造"旺角暴乱"事件、出现"港独"议员宣誓风波等,都是挑战中国主权的行径。针对香港特别行政区第六届立法会议员宣誓过程中极少数候任议员宣扬"港独"等违法言行,2016 年 11 月十二届全国人大常委会第二十四次会议通过《全国人民代表大会常务委员会关于〈中华人民共和国香港特别行政区基本法〉第一百零四条的解释》,明确依法宣誓的含义和要求,表明中央政府反对"港独"的坚定决心和意志,维护了基本法的权威和香港法治,顺应了包括香港同胞在内的全体中国人民的共同愿望。

一个中国原则是两岸关系的政治基础。没有一个中国原则,就没有两岸关系和平发展。任何背离一个中国原则的言行,都不利于两岸关系和平发展,都不利于增进两岸同胞福祉。大陆和台湾虽然尚未统一,但中国的主权和领土完整从未分裂。两岸同属一个国家、两岸同胞同属一个民族,这一历史事实和法理基础从未改变,也不可能改变。基础不牢,地动山摇。体现一个中国原则的"九二共识",明确界定了两岸关系的根本性质,是确保两岸关系和平发展的关键。承不承认"九二共识",关系着认定两岸是一个国家还是两个国家的根本问题。在这个大是大非问题上,我们的立场不可能有丝毫模糊和松动。2015 年 11 月 7 日,习近平同台湾方面领导人马英九会面时指出,两岸关系能够实现和平发展,关键在于双方确立了坚持"九二共识"、反对"台独"的共同政治基础。没有这个定海神针,和平发展之舟就会遭遇惊涛骇浪,甚至彻底

---

① 邓小平. 邓小平文选:第 3 卷[M]. 北京:人民出版社,1993:12.

颠覆①。

"台独"分裂活动是对一个中国原则的挑战,"台独"分裂势力及其活动损害国家主权和领土完整,企图挑起两岸民众和社会对立、割断两岸同胞精神纽带,是两岸关系和平发展的最大障碍,是台海和平稳定的最大威胁。"台独"问题由来已久,在"两蒋"统治期间,由于对"台独"活动的强力压制和打击,"台独"势力受到压制。1986年台湾开放党禁报禁,民进党成立,"台独"活动公开化。2005年3月14日十届全国人大三次会议通过《反分裂国家法》,首次明确提出了用"非和平手段"处理台湾问题的底线,对于反对和遏制"台独"分裂行径、维护台海和平稳定、促进两岸关系和平发展等方面,发挥了十分重要的作用。2016年5月以来,针对民进党上台后拒不接受"九二共识",不认同两岸同属一个中国,我们从国际国内果断采取一系列措施,对民进党施加压力,充分展现了坚决反对和遏制"台独"的决心、意志和能力。

二、充分考虑和尊重港澳台的现实情况

"一国两制"是在坚持一个中国原则的前提下,国家主体实行社会主义制度,香港、澳门、台湾等区域实行资本主义制度,享有高度自治权。这是充分尊重和考虑香港、澳门、台湾的历史和现实,符合我国优秀传统文化中求同存异的精神,是对和平共处原则的创造性运用和发展,体现了坚持一国原则的坚定性与尊重两制差异的灵活性的有机统一,彰显了中国共产党的政治智慧。1984年6月,邓小平会见香港人士时强调,我们恢复行使对香港的主权后,香港现行的社会、经济制度不变,法律基本不变,方式不变,香港自由港的地位和国际贸易金融中心的地位也不变,香港可以继续同其他国家和地区保持和发展经济关系。② 回归以来,中央政府始终全面贯彻"一国两制""港人治港""澳人治澳"、高度自治的方针,香港、澳门特别行政区享有包括行政管理权、立法权、独立的司法权和终审权的高度自治权,还享有自行制定货币金融政策等许多联邦制国家的州所没有的自治权。考虑到台湾不同于香港、澳门,"两制"的台湾方案,将拥有比港澳更多更大的自治权。"一国两制"的构想最初就是着眼于解决台湾问题,为了照顾台湾现实情况,维护台湾同胞利益福祉。在确保

---

① 习近平. 习近平谈治国理政:第2卷[M]. 北京:外文出版社,2017:429.

② 邓小平. 邓小平文选:第3卷[M]. 北京:人民出版社,1993:58.

国家主权、安全、发展利益的前提下,和平统一后,台湾同胞的社会制度和生活方式等将得到充分尊重,台湾同胞的私人财产、宗教信仰、合法权益将得到充分保障。

三、把立足点放在大陆自身发展进步上

落后就要挨打,富强才能安邦。国家强大是国家统一和领土完整的保证。香港、澳门、台湾问题的产生,都是旧中国发展落后造成的。解决香港、澳门问题和推动两岸关系发展,关键也在于祖国大陆的发展进步。习近平强调:"从根本上说,决定两岸关系走向的关键因素是祖国大陆发展进步。我们要保持自身发展势头,同时采取正确措施做好台湾工作。"①70年来,我们始终坚持以我为主,不断推动大陆发展进步,为推进"一国两制"和祖国和平统一进程奠定了坚实基础。特别是改革开放以来,中国大陆经济持续增长,经济实力、科技实力、国防实力、综合国力进入世界前列,国际地位实现前所未有的提升,不仅使香港、澳门顺利回归祖国,而且确保了香港、澳门的繁荣和发展。香港回归后不久,就遇到了亚洲金融危机的严重冲击和国际经济环境变化的不利影响,港元受到国际投机势力狙击,香港金融市场动荡,与美元挂钩的联系汇率制度遭受冲击,金融体系的稳定受到严重威胁。在中央政府的有力支持下,香港沉着应对,妥善处理了一系列社会和经济问题,维护了金融和社会的稳定。正是有祖国发展雄厚实力的支撑,港澳经济社会保持长期稳定发展,港澳同胞国家认同不断增强。现在,中国大陆已经成为世界第二大经济体,经济实力远远超过台湾,2017年广东、江苏、山东、浙江、河南等省的经济总量都超过了台湾。在科技教育文化方面,大陆正急速缩小同台湾的差距。在军事实力方面,大陆更是远远超过台湾。2017年,大陆的军费预算是1517亿美元,台湾的军费预算100亿美元左右。随着两岸综合实力对比的日益悬殊,大陆的优势越来越明显,影响力、吸引力不断增强,推动两岸距离越来越近。

四、不断深化大陆与港澳台的交流融合

沟通有助于互信,交往有利于融合。70年来,香港、澳门、台湾与祖国风雨

---

① 习近平. 坚持两岸关系和平发展道路,促进共同发展造福两岸同胞[N]. 人民日报,2015-03-05.

同舟、命运相依,同祖国内地联系不断密切。

新中国成立以来,香港就是我国对外经济交流的"窗口"和"通道"。改革开放之后,内地与香港建立了日益密切的交流合作关系。港澳回归以来,为内地与港澳的合作交流提供了更为便利的条件。2003 年 6 月,内地与香港签署了《内地与香港关于建立更紧密经贸关系的安排》(CEPA),随后又签订了一系列补充协议。CEPA 及其补充协议的实施,有力消除了香港、澳门与内地在贸易、投资等方面的制度性障碍,深化了香港、澳门与内地的经贸关系,拓宽了合作领域。2003 年,实施内地居民赴香港、澳门"个人游"政策,为港澳发展增添了新动力、拓展了新空间。2017 年 7 月《深化粤港澳合作 推进大湾区建设框架协议》签署,2019 年 2 月中共中央、国务院印发《粤港澳大湾区发展规划纲要》,这是我国"一国两制"优越性的生动体现,对于充分发挥粤港澳综合优势,深化内地与港澳合作,进一步提升粤港澳大湾区在国家经济发展和对外开放中的支撑引领作用,具有重要意义。2018 年 10 月建成通车的港珠澳大桥,东接香港、西接珠海和澳门,全长 55 千米,是世界最长的跨海大桥,极大便利了粤港澳的交流。中央政府和内地省市一直为香港运送"数量足、质量优、价格平"的食品,支持香港改善民生。当前,香港 99% 以上的生猪和活牛、85% 以上的活鱼以及约 50% 的面粉来源于内地,香港市场上约 90% 的蔬菜及 60% 以上的淡水由内地供应。大亚湾核电站每年向香港供电量占全港电力总消耗的 25%;东江水每年对港供水量占全港用水总需求量七至八成。中央还支持香港与内地高校开展跨地招收学生、合作办学,师生交流、文化交流合作更加广泛。

1949 年国民党败退台湾之后,以所谓的"防谍保密""保卫台湾安全"为名封锁台湾海峡,禁止两岸间任何形式的往来,两岸长期处于对峙状态。一湾浅浅的台湾海峡,成为两岸同胞难以逾越的天堑。由于两岸的对峙,双方几乎没有什么交流。1979 年全国人民代表大会常务委员会发表的《告台湾同胞书》,宣布和平统一祖国的方针,希望国共能够展开和谈,呼吁两岸"双方尽快实现通航通邮,以利双方同胞直接接触,互通讯息,探亲访友,旅游参观,进行学术文化体育工艺观摩"。同时,在"和平统一,一国两制"方针的基础上,大陆采取一系列灵活积极的对台政策和措施,大大推动了两岸关系的全面发展与祖国的和平统一进程。但台湾当局将我们党"和平统一"方针诬蔑为"统战阴谋",提出顽固的不妥协、不接触、不谈判的"三不政策",这引起台湾民众和国际社会的强烈不满。在祖国大陆的努力推动下,在台湾民众强烈要求发展两岸交流的压力下,1987年10月台湾当局被迫开放民众赴大陆探亲,隔绝38年的民间关系实现了重大突破。两岸关系的大门打开之后,两岸人员往来和经济、文化等各项交流随之发展起来。2008年台湾政党轮替,中国国民党再次上台执政。在国共两党携手共同推动下,两岸关系实现了历史性转折,取得了突破性进展,两岸关系走上了和平发展道路,发生历史性的深刻变化,形成了大交流、大合作、大发展的格局。2008年11月,海协会与海基会达成海运、空运、邮政、食品安全等协议,两岸同胞期盼30多年的全面、直接、双向"三通"变成现实,过去的"咫尺天涯,重重阻隔"变成"天涯咫尺,处处通途"。据统计,1987年两岸人员往来不足5万人,两岸贸易额仅有15亿美元;2016年两岸人员往来达到939万人次,两岸贸易额达到1796亿美元,分别增长了187倍和120倍,两岸形成了大交流、大合作、大发展的格局,增进了两岸同胞的亲情和福祉。

正因为大陆与香港、澳门、台湾沟通交流不断加深,越来越成为紧密的共同体,有效奠定了祖国统一大业的基础。

五、高举中华民族伟大复兴的旗帜

实现中华民族伟大复兴,是近代以来中华民族最伟大的梦想,是激励中华儿女团结奋进、开辟未来的精神旗帜,是中华民族的根本利益所在。海峡两岸暨香港、澳门同胞,同根同源、同文同种,心之相系、情之相融,同属于中华民族大家庭,是命运与共的骨肉兄弟,是血浓于水的一家人。不论是几百年前跨越"黑水沟"到台湾"讨生活",还是几十年前迁徙到台湾,广大台湾同胞都是我们的骨肉天亲。大部分港澳台同胞也认同自己属中华民族,愿意为中华民族伟大复兴贡献力量和智慧。家国一梦,是凝聚两岸同胞的一面精神旗帜,反映了两岸同胞的共同心声,是全国各族人民共同的奋斗目标。中国梦既是国家、民族的梦,也是包括两岸同胞在内的每个中华儿女的梦,同每个人对美好生活的向往紧密相连,每个人都是中国梦的参与者、书写者、获益者。中华民族伟大的革命先行者孙中山先生曾经讲过:"'统一'是中国全体国民的希望。能够统一,全国人民便享福;不能统一,便要受害。"①保持香港、澳门长期繁荣稳定,实现祖国完全统一,是实现中华民族伟大复兴的必然要求。可以说,没有实现

---

① 习近平.在纪念孙中山先生诞辰150周年大会上的讲话[N].人民日报,2016-11-12.

祖国完全统一,就谈不上真正意义上的中华民族伟大复兴,中华民族所企盼的中国梦也不圆。70年来,我们党始终高举中华民族伟大复兴的旗帜,团结凝聚海内外中华儿女共同为推动祖国统一而奋斗,为顺利推进"一国两制"和祖国和平统一汇聚了强大力量。

六、坚决反对外部势力干涉

香港、澳门和台湾都是中国领土不可分割的一部分。香港问题、澳门问题和台湾问题,完全是中国的内政,决不允许任何外国干涉。香港回归以来,少数国家利用香港存在的问题,打着"言论和结社自由""司法独立"等幌子,干涉香港事务和中国内政,蓄意破坏香港繁荣稳定。对此,我国政府表达了强烈不满和坚决反对,强调香港是中国的香港,我们绝不允许任何外国政府、机构和个人以任何形式干涉中国内政和香港事务。台湾问题至今没有得到解决,很大程度上是外国势力干涉造成的。新中国成立以来,我们一再强调,台湾问题是中国的内政,事关中国核心利益和中国人民民族感情,不容任何外来干涉。只要与中国建立外交关系,必须断绝与台湾官方往来,这是我国坚持的一条根本原则。我们不承诺放弃使用武力,保留采取一切必要措施的选项,一个重要的原因也是针对外部势力的干涉。特朗普上台以来,美国进一步加强同台湾的联系,干涉中国内政,这遭到中国政府的强烈反对。正是因为我们坚决反对外部势力干涉,减少了复杂性和外部阻力,才顺利推进了"一国两制"和祖国和平统一进程。

切实提升批判历史虚无主义的实效性探讨*

党的十九大以来,加强习近平新时代中国特色社会主义思想学习,推进社会主义核心价值观为主体的文化建设,是当今理论工作者的重要任务。然而,社会上存在着一股不容忽视的历史虚无主义思潮,存在时间长,波及面广,影响至深,集中体现在中国近现代史、中华人民共和国史、中共党史等领域。党中央高度重视意识形态领域的斗争,高度重视对历史虚无主义的批判,学术界发表了诸多批判性文章,涌现出了大批批判性成果①。朱佳木明确表态,"同历史虚无主义思潮作斗争是当今马克思主义史学工作者的一项重要任务"②。如何做到批判有的放矢,切实提升批判的实效性,有几个问题值得探讨。

一、要高度重视批判历史虚无主义的必要性

龚自珍说,"灭人之国,必先去其史",道尽了国史与国运的相互依存关系。维护正统史学地位,是一个国家和社会正常发展的必要条件。尤其是中国近现代史、中共党史、中华人民共和国史等严谨的历史科学,其研究内容、研究话语、研究立场更应符合执政党的意识形态需要与政治安全。新近以来,中国的学术界、思想界与传媒平台不同程度出现了历史虚无主义的声音,违背近代中国历史发展的革命主旋律,颠覆历史人物盖棺定论的评价,甚至怀疑中国新民主主义革命的必要性,影响巨大,危害深远。对此,要高度重视批判的必要性。

首先,历史虚无主义是带有一定政治目的的思潮。随着近代中国的思想

＊ 本文作者刘大禹:江南大学。

① 据中国知网统计,2013 年至 2017 年以历史虚无主义为篇名的文章非常多,其中,2012年 14 篇,2013 年 51 篇,2014 年 87 篇,2015 年 169 篇,2016 年 233 篇,2017 年 222 篇。

② 朱佳木. 同历史虚无主义思潮作斗争是当今马克思主义史学工作者的一项重要任务[J]. 史学理论研究,2015(4).

解放运动与对西学的接受,西方各种涉及意识形态的思潮纷纷传入中国,如新自由主义、民主社会主义、普世价值观、历史虚无主义等。这些主张形式各异,都有其政治诉求,尤以历史虚无主义为甚。在西方自由主义思想的鼓噪下,一些历史虚无主义者企图颠覆中国共产党的执政地位,否定新中国所取得的巨大历史成就。① 梁柱提出,历史虚无主义不尊重历史事实,片面引用史料,根据他们的政治诉求,任意打扮历史、假设历史,胡乱改变对近现代历史中重大事件、重要人物和重要问题的科学结论。"这股思潮表面看是一种学术性的思潮,实质上是一种政治思潮,是毫无底线地违宪违法,企图改变中国的社会主义发展方向。"② 中国史学会前会长张海鹏说,历史虚无主义在中国近代史、中华人民共和国史、中共党史上大做文章,并非"发思古之幽情",而是打着"重新评价"和"还原历史"旗号,攻击、否定中国共产党的历史,试图以历史为切入口,来质疑、削弱中国共产党执政的历史合法性,从历史依据和逻辑前提下否定马克思主义在当代中国的指导地位,否定中国共产党在现实政治中的执政地位,否定中国的社会主义制度。其名在历史,其剑锋却指向当今社会现实。③ 历史虚无主义在国史领域主要集中在三个方面:虚无新中国建立的历史正义性、合理性、合法性;虚无新中国的成立及其对中国乃至世界发展进步的伟大意义;虚无新中国改革开放前后两个历史时期的内在一致性。④

其次,历史虚无主义是一种"告别革命论"的翻版。革命是中国社会与历史发展的主线,革命是推动历史前进的火车头和社会发展的动力。中国共产党领导全国人民,经过了民族民主革命,推翻了帝国主义、封建主义和官僚资本主义三座大山,建立了中华人民共和国,实现了人民当家作主的夙愿。革命文化在人民心中打下了深深的烙印,如邓小平指出,改革也是一场革命。张海鹏指出历史虚无主义否定革命,认为革命是一种破坏性力量,只起到破坏作用。对中国近现代史进行"两个否定"和"一个肯定":否定中国人民反抗外国侵略和封建压迫的革命斗争历史;否定中国共产党领导中国人民进行的革命

---

① 穆艳杰. 当代历史虚无主义批判[J]. 政治学研究,2011(5).
② 梁柱. 历史虚无主义的政治诉求及其危害[J]. 思想理论教育,2016(2).
③ 张海鹏. 对历史虚无主义,我们要敢于"亮剑"[EB/OL]. 光明网,2015-04-25.
④ 朱佳木. 国史研究要重视同历史虚无主义思潮的斗争[J]. 当代中国史研究,2015(6).

斗争史和社会主义建设史;肯定近代中国剥削阶级的统治。① 显然,否认革命或质疑革命的必要性,与中国历史发展的客观进程并不相符。

再次,历史虚无主义有形式多样的传播载体。历史虚无主义之所以盛行,形式多样的传播载体发挥了极其重要的功能。从传统媒介的通俗性著作、论文、影视,到新兴媒介的网络、微信、微博等,无不是历史虚无主义传播的载体。朱佳木指出,历史虚无主义以伪造、篡改、歪曲、恶搞历史或将历史碎片化、片面化为手段,借助网络、报刊、书籍、讲堂、舞台等媒介加以流传。② 譬如,历史虚无主义指责毛泽东延安整风运动的阴谋论、权力斗争论,否定毛泽东的历史贡献,妖魔化毛泽东形象等,这些内容在有些论文、网站上广泛流传。对毛泽东及毛泽东思想的评价是关乎中国共产党举什么旗、走什么路的问题,历史虚无主义通过无中生有、捏造事实等手段,歪曲与丑化党、国家和军队的缔造者毛泽东,其危害之深是不难想象的。而且,长期以来刘胡兰、董存瑞、黄继光、邱少云、雷锋等英雄模范人物被肆意攻击、篡改,而早有定论的汉奸、卖国贼或其他反面历史人物却时不时被翻案或被美化,如马步芳居然被认为是"禁绝鸦片,兴办教育"的"环保先驱""抗日英雄"。至于刘文彩、周扒皮等人物形象被有些媒体完全颠覆,并在一些历史类、文化类的微博、微信公众号、直播平台等大肆传播。历史虚无主义屡禁不止,新媒体网络空间扮演了极其重要的角色,它们时有转载海外某些小报小刊、网站颇有偏见的文章,造成了较大的负面影响。

最后,党和国家领导人高度重视历史虚无主义之危害。针对历史虚无主义思潮的流传,党的最高领导人反复指出其危害性,如任其流传,将严重威胁到执政党的地位与执政安全。早在邓小平主持起草《中共中央关于建国以来党的若干历史问题的决议》期间,就多次指出否定毛泽东思想就是否定党和国家的历史、抹黑毛泽东就是抹黑党和国家的错误实质。③ 党的十八大以来,批判历史虚无主义思潮形成了一场强大的反击战、攻坚战,党的各级部门大力整顿网络、报刊、电台、电视台等媒体,通过理论宣讲、集中批判等手段,深刻揭露

① 张海鹏,龚云. 马克思主义是历史虚无主义吗?[J]. 红旗文稿,2014(16).
② 朱佳木. 同历史虚无主义思潮作斗争是当今马克思主义史学工作者的一项重要任务 [J]. 史学理论研究,2015(4).
③ 王爱云. 党和国家领导人论反对历史虚无主义[J]. 毛泽东邓小平理论研究,2016 (6).

历史虚无主义思潮的表现、本质及其危害。2013 年 1 月,习近平总书记在新进中央委员会的委员、候补委员学习贯彻党的十八大精神研讨班上深刻指出:"苏联为什么解体?苏共为什么垮台?一个重要原因就是意识形态领域的斗争十分激烈,全面否定苏联历史、苏共历史,否定列宁,否定斯大林,搞历史虚无主义。"①在 2013 年中央政治局第七次集体学习会上,他又指出:"历史虚无主义的要害,是从根本上否定马克思主义指导地位和中国走向社会主义的历史必然性,否定中国共产党的领导。"②无疑,理论界与学术界应该对批判历史虚无主义予以积极响应。

二、要明确批判历史虚无主义的主要指向

大凡批判一种思潮,必须有明确的指向,有具体的批判对象,以使批判有的放矢,引起思想界与理论界的共鸣,实现主流意识形态入脑入心,提升受众的思想认识。历史虚无主义存在于诸多党史国史研究及舆论媒体领域,批判指向应着重在以下几个方面。

一是批判历史虚无主义颠覆马克思主义指导地位。政党首要执政安全是指导地位思想的奠定与维护。历史虚无主义是要从根本上否定马克思主义指导地位。前几年某些杂志发表一些观点颇为偏激的文章,名为学术创新,实则蕴含别样的政治意味,对历史虚无主义的批判提出了反驳,认为马克思主义为指导的历史认识体系,是教条主义历史虚无主义,对马克思主义史学家认为否定中国共产党的历史,人民革命史和毛泽东、斯大林等观点是历史虚无主义的问题提出质疑。龚云旗帜鲜明予以反驳,指出究竟什么才是真正的历史虚无主义,那就是包括替中国近代统治阶级翻案、否定革命,借中国共产党的错误而否定其全部历史,借毛泽东晚年的错误而否定毛泽东的一生,等等诸多方面。③

二是批判历史虚无主义丑化革命或反对革命。如前所述,革命是近现代

---

① 齐彪. 深入理解和全面把握反对历史虚无主义的重大课题[J]. 中共党史研究,2016(4).

② 朱佳木. 以习近平总书记系列重要讲话精神为武器同历史虚无主义思潮做斗争[J]. 前线,2016(6).

③ 龚云. 谁是真正的历史虚无主义者:与尹保云、马龙闪等学者商榷[J]. 马克思主义研究,2014(9).

中国历史的主线,历史虚无主义借需要"重新审视中国近代史",极力否定革命,力主改良。如关于辛亥革命,有人鼓吹《清帝退位诏书》是"宪法性文件",丑化或歪曲孙中山领导的辛亥革命,贬低南京临时政府的历史作用。《走向共和》的电视剧,更被视为历史虚无主义的代表,或拔高慈禧、曾国藩、李鸿章、袁世凯,却贬斥孙中山、谭嗣同等。而且,片中一些台词对现实政治与社会含沙射影,指桑骂槐,故被有关部门紧急叫停。至于有不少罔顾事实的抗日神剧,全剧或嬉笑怒骂,或花前月下,或手撕鬼子,或施展神功,或粗制滥造,虚无抗战历史,滥造抗战故事,造成了极坏的社会影响,甚至成为日本舆论界与学术界的笑柄。

历史虚无主义为弱化革命或反对革命,也主张用"现代化史观"取代长久以来的"革命史观",将革命与现代化予以对立。对此,梁柱指出,"革命是现代化最重要、最强劲的推动力量;如果没有革命为现代化创造民族独立、人民解放这个前提条件,中国的现代化就永无实现之日"。梁柱说,持"现代化史观"者往往是以否定争取民族解放和人民民主这一近代中国主旋律为前提的,这就从根本上违背了近代中国的历史实际和首要的历史要求①。

三是批判历史虚无主义的翻案风。近年来,随着新材料开放、新观点形成与新方法的运用,与党史国史极为密切的民国史研究,很快成为中国近现代史的显学,由此形成了"民国热""民国风"。长期被视为反面人物的蒋介石已完成了由"鬼"到"人"的华丽转变。蒋介石领导抗战的相关研究,更是冲击了长久以来形成的中国共产党是抗战中流砥柱的论断。因为"民国热"的存在,有人刻意追求创新,虚无历史真实的现实,开始走向翻案风,如有出版物描绘民国时期住房、薪酬、饮食、娱乐、男女等方面安逸、浪漫的社会生活,使人觉得"活在民国也不错",仿佛革命是革错了。梁柱说翻案文章的特点是:他们颂扬改良,否定革命的历史进步性;宣扬民族虚无主义;颂扬侵略有功,否定中国人民反侵略的救亡;颠倒历史人物功过是非评价;否定共产党领导的革命和建设的成就②。梁柱还说,有学者对蒋介石日记评价说"可以改写中国近代史",否认蒋介石代表反动统治阶级,否认中国革命的必要性及其伟大胜利,这是地地

---

① 梁柱. 历史虚无主义的政治诉求及其危害[J]. 思想理论教育,2016(2).
② 梁柱. 历史虚无主义思潮的泛起、特点及其主要表现[J]. 马克思主义研究,2013(10).

道道、不折不扣的历史虚无主义！①

四是批判历史虚无主义妖魔化毛泽东及其时代。毛泽东对中国革命与社会主义道路探索的贡献是不容置疑的，是任何人所不能比拟的。历史虚无主义集中表现在对毛泽东历史地位的全盘否定。梁柱说，有境外个别研究延安整风的书，把延安整风描绘成党内的残酷斗争，把毛泽东写成一个踩着别人往上爬、擅于权力斗争的小人。正是这样一部夸大错误、歪曲真相的书却受到国内少数人的极力吹捧，冠之以"史诗之作"，是迄今为止研究延安整风"最全面系统并独具匠心的大作"。无疑，梁柱所批剑指已逝的学者高华的《红太阳是怎么升起的——延安整风运动的来龙去脉》一书。李方祥也撰文称，肆意贬低、全盘否定革命领袖毛泽东，丑化毛泽东这个中国共产党的主要领袖、中华人民共和国的主要开创者、人民军队的主要缔造者，并将主要矛头集中攻击毛泽东思想，掀起了一股"非毛化"暗流②。

从上可知，批判历史虚无主义的指向主要是为少数历史翻案、非毛化、历史碎片化与片面化的观点与研究，而民国史、党史、国史研究的主流则并非其批判所指。

三、要正确掌握批判历史虚无主义的武器

习近平同志在《在纪念毛泽东同志诞辰120周年座谈会上的讲话》中曾经指出："历史就是历史，历史不能任意选择，一个民族的历史是一个民族安身立命的基础。国家与民族的合理的史观与史学话语体系，关乎国家与民族的未来与命运。"针对历史虚无主义思潮的大肆传播，为提高批判的实效性，批判者应该坚持与合理运用批判的武器。

一是批判历史虚无主义要坚持马克思主义唯物史观的立场。历史观是分析历史与评价历史的态度与观点。就中国的史学话语体系而言，唯物史观占据了我国历史研究的主体地位，它强调历史进程的客观规律与人民群众创造历史的能动作用，强调历史发展的必然性。唯物史观强调历史研究的目的在于求真，忠于事实，忠于真理；研究历史除弄清客观历史事实，更要掌握历史规

---

① 梁柱．评蒋介石研究与评价中的历史虚无主义[J]．思想教育理论导刊，2014(10)．
② 李方祥．维护毛泽东的历史地位是抵制历史虚无主义思潮的关键[J]．思想理论教育导刊，2013(12)．

律,总结历史经验,论证历史发展的必然性。张海鹏指出,以马克思主义为指导的历史认识体系,实现了历史认识的伟大革命,使人类可以最大限度地实现还原历史真相,科学地探究历史的规律①。

在唯物史观中,有一个重要的研究方法,就是阶级分析方法,长期以来被史家奉为圭臬。就对客观历史发展进程的判断而言,《中国共产党章程》(党的十九大部分修改)明确指出,"由于国内的因素和国际的影响,阶级斗争还在一定范围内长期存在,在某种条件下还有可能激发",就中国历史进程而言,"革命终结论"并不存在,革命道路任重道远。这就是要高度重视马克思主义阶级分析方法的事实与理论依据②。在重视阶段斗争继续存在的前提下,唯物史观将继续成为指导学术界与理论界的根本方法。这是因为,一方面,唯物史观是一个开放的科学体系,研究理论与方法的与时俱进,有助于唯物史观不断拓展。另一方面,阶级与阶级斗争在一定范围内虽然长期存在,但不是中国社会的主要矛盾,批判者要避免犯阶级分析的教条主义错误。如果将本属于学术问题的争论上升为阶级斗争,并进而发展为人身攻击而大加挞伐,这绝不是真正的唯物史观。

二是批判历史虚无主义要突出学术性与政治性相结合。历史研究固然是学术、学科与学问问题,但它同时具有向公众叙述历史和解释历史的功能,直接关系到政权存在的合理性和正当性,带有强烈的政治性③。历史研究尤其是党史、国史研究应高度强调学术性,也不能忽视政治性。由于政治性的存在,必然存在诸多研究盲区或雷区,当然,盲区或雷区的存在并不能由此否认主流历史或历史进程客观存在的真实。学者有权探求历史真相,无限接近真相,探求真相的学术努力不应当成为历史虚无主义批判所指,探求真相的学术研究也不应被贴上"翻案"的标签。

不过,学术无禁区,宣传有纪律,这是一条颠扑不破的真理,是学术性与政治性的有机统一。譬如,一些研究者试图通过对"民国"时期共产党的活动来探讨党史人物的性格或人际关系,对党的领导人予以权威解构,使之由"神"转化为"人",或将历史上的某些人物一分为二地看待,形成由"鬼"转化为"人",

---

① 张海鹏,龚云. 马克思主义是历史虚无主义吗? [J]. 红旗文稿,2014(16).
② 程恩富. 要高度重视马克思主义阶级分析方法[J]. 天府新论,2017(1).
③ 朱佳木. 同历史虚无主义思潮作斗争是当今马克思主义史学工作者的一项重要任务 [J]. 史学理论研究,2015(4).

这并无可非议。然而,有研究者在研究或评价毛泽东时,不是突出毛泽东领导革命与探索社会主义道路的伟大贡献,而是热衷探讨党内的权力斗争或权谋,甚至涉及毛泽东一些子虚乌有的私生活,且借助某些平台大肆传播,这使读者无所适从。故而,如以探求所谓真相为幌子,不顾政治立场,不顾历史发展主流,片面肢解历史或盲目阐释历史,任意打扮历史,忽视历史研究所应具有的资政功能,此非真正意义的学术研究。

对此,批判历史虚无主义者应坚持学术性与政治性的有机结合。在坚持正确政治立场的基础上,占有与使用充足资料,大力凸显学术性,重视历史逻辑、理论逻辑与实践逻辑的有机统一,对历史虚无主义的突出问题予以深层反驳。如一味强调政治性,甚至将一些本属正常学术争论的内容冠以历史虚无主义,即使有海量的批判文章,也是雷声大,雨点小,不但不能产生应有的说服力,反而会阻碍学术研究的正常发展。

三是批判历史虚无主义要高度重视摆事实与讲道理。摆事实,讲道理,是批判历史虚无主义的最大武器。历史学是一门强调实证性的科学,史料或史实是历史研究的基础。研究者要全面客观把握历史材料,从历史的实际出发,在特定的历史条件下,正确评价历史事件和历史人物,把历史现象个别性、独特性与历史规律性统一起来,做到"把历史的内容还给历史"。习近平在对如何深入开展抗日战争研究时强调,"让历史说话,用史实发言""抗战研究要深入,就要更多通过档案、资料、事实、当事人证词等各种人证、物证来说话。要加强资料收集和整理这一基础性工作,全面整理我国各地抗战档案、照片、资料、实物等,同时要面向全球征集影像资料、图书报刊、日记信件、实物等"①。引导党和人民在各种错误思潮面前,要旗帜鲜明地敢于表明我们的态度,敢于"亮剑"。这种对包括历史虚无主义在内的各种错误思潮的批判,是摆事实、讲道理的②。因此,批判历史虚无主义应尽可能通过耐心细致的学术爬梳,强调理论联系史实、理论联系实际,摆事实,讲道理,才能提高批判的时效性。有些批判历史虚无主义的文章正因摆事实充分,讲道理到位,从而起到了批判的效果,如刘书林针对微博上有关日军在抗战期间死于共军之手851人之说,就用

---

① 习近平.深入开展中国人民抗日战争研究[N].人民日报,2015-08-01.
② 朱佳木.以习近平总书记系列重要讲话精神为武器同历史虚无主义思潮做斗争[J].前线,2016(6).

了非常详尽的史料予以批驳,起到正本清源的作用①。

四、结论

历史研究应立足于正确的史观,坚持正确的政治方向。党中央高度重视意识形态领域安全,批判历史虚无主义是非常必要的。习近平指出:"一个抛弃了或者背叛了自己历史文化的民族,不仅不可能发展起来,而且很可能上演一场历史悲剧""哲学社会科学要有批判精神,这是马克思主义最可贵的精神品质"②。近年来,批判历史虚无主义指向非常明确,就是批判历史虚无主义否定马克思主义唯物史观的指导地位、否定革命、对民国人物的颠覆性评价、妖魔化毛泽东及其时代等诸多方面,取得了不少成果,但还有待继续改进。为切实提高批判历史虚无主义的有效性,批判者应坚持马克思主义唯物史观,维护正统史学地位,突出学术性与政治性的有机结合,本着实事求是的科学精神,充分发挥批判精神,避免混淆正常的学术争论,注重摆事实,讲道理,由此历史虚无主义便会逐渐偃旗息鼓,败下阵来。

---

① 刘书林. 用史实揭穿历史虚无主义歪曲抗战史的谎言[J]. 思想理论教育导刊,2015(11).

② 习近平. 习近平谈治国理政:第2卷[M]. 北京:外文出版社,2017:339,341.

从青年毛泽东的思想转向
看五四时期先进知识分子的抉择*

百年前的五四运动,标志着中国民主革命进入了一个崭新的历史阶段。五四运动告诉国人,反帝反封建是中华民族救亡图存的必由之路;爱国、进步、民主和科学,是民族复兴的基本精神支柱;马克思主义的传播、社会主义道路的选择,标志着国家发展的前途与方向。在这一进程中,作为"首先觉悟的成分"①,知识分子在其中起了重要的引领作用。而此时的毛泽东,正值人生观、价值观、世界观形成的重要时期,其思想转向某种程度上可以代表其时一代青年的价值抉择,也正印证了20年后他在《新民主主义论》中的这句话:五四运动,"在思想上和干部上准备了1921年中国共产党的成立"②。

一、从湖南到北京——思想的"大杂烩"

1911年,已经18岁,读过《盛世危言》,知道了康有为、梁启超的变法,读过梁启超《新民丛报》的毛泽东到了长沙,考入湘乡驻省中学堂读书。在这里,毛泽东首次看到了中国同盟会办的《民立报》,知道了孙中山和中国同盟会的纲领,了解了黄兴在广州领导的反清武装起义和黄花岗七十二烈士的英勇事迹,开始拥护孙中山等革命党人。他的第一篇发表政见的文章就主张由孙中山、康有为、梁启超组织新的政府,反对专制独裁的清王朝。武昌起义后,毛泽东加入新军,从《湘江日报》上看到了"社会主义"这一新名词,读了江亢虎写的一些关于社会主义及其原理的小册子,对社会主义问题产生了浓厚兴趣。之后,

---

　* 本文作者史春风:北京大学。
　① 毛泽东.毛泽东选集:第2卷[M].北京:人民出版社,1991:558.
　② 毛泽东.毛泽东选集:第2卷[M].北京:人民出版社,1991:700.

在历经退伍、上学、自主退学的曲折经历之后，开始认真考虑"前途"的毛泽东，认为自己最适宜的工作是教书。1914 年，他考入湖南省立第一师范学校。

湖南一师是当时一所较为开明民主，办得比较好的学校。学校的课程很多，毛泽东专心于哲学、史地、文学等。他注重自学，精心安排自学计划，读书不倦，有时通宵不眠。对于所学，力求深入，融会贯通。这一时期，毛泽东读书、思考、参加社会活动，兴起于北京的新文化思潮开始对毛泽东产生深刻影响，他开始阅读《甲寅》，阅读《新青年》。"我非常钦佩胡适和陈独秀的文章。他们代替了已经被我抛弃的梁启超和康有为，一时成了我的楷模。"①1917 年，毛泽东还在《新青年》上发表了自己的文章《体育之研究》。

开始热衷时事问题的毛泽东此时对中国社会改造的希望一度寄托于心理层面"大本大源"处的变革："欲动天下者，当动天下之心，而不徒在显见之迹。动其心者，当具有大本大源。"他认为，"今日变法，俱从枝节入手，如议会、宪法、总统、内阁、军事、实业、教育，一切皆枝节也"，应当以"以大本大源为号召"，通过改造和普及哲学、伦理学来变换全国的思想，这是毛泽东当时认为的救国救民的根本道路："当今之世，亦有大气量人，从哲学、伦理学入手，改造哲学，改造伦理学，根本上变换全国之思想，此如大纛一张，万夫走集；雷电以一震，阴曀皆开，则沛乎不可御矣！"②不过，随着经历的日益丰富，毛泽东的思想也在发生变化。1918 年 4 月，他与周围志同道合者组成新民学会，以"革新学术，砥砺品行，改良人心风俗为宗旨"。该会的会务报告第一号讲到新民学会的缘起，特别提及新思潮的影响："这时候国内的新思想和新文学已经发起了，旧思想、旧伦理和旧文学，在诸人眼中，已一扫而空，顿觉静的生活与孤独的生活之非，一个翻转而为动的生活与团体的生活之追求——这也是学会发起的一个原因。"③

"在这个时候，我的思想是自由主义、民主改良主义、空想社会主义等思想的大杂烩。我憧憬'十九世纪的民主'、乌托邦主义和旧式的自由主义，但是我反对军阀和反对帝国主义是明确无疑的。"毛泽东后来评价道："我的政治思想

---

① 埃德加·斯诺. 西行漫记[M]. 北京:东方出版社,2010:139.
② 毛泽东.致黎锦熙信(1917 年 8 月 23 日)[M]//中共中央文献研究室. 毛泽东早期文稿. 北京:中共中央文献出版社,1990:85—86.
③ 新民学会会务报告第 1 号[M]//中国革命博物馆,湖南省博物馆. 新民学会资料[M].北京:人民出版社,1980:3.

在这个时期开始形成。我也是在这里获得社会行动的初步经验的"①。

1918年10月,为组织湖南青年赴法留学,已从师范毕业的毛泽东第一次到了北京,在北京大学担任图书馆助理员。在此期间,毛泽东读到了许多过去从未读到过的书刊,接触到了包括谭平山、王光祈、陈公博、张国焘这些后来在中国近现代历史上颇有影响的人物,并与来自湖南的北大中文系学生邓中夏结下了深厚的友谊。他还积极参加了北京大学的两个学术团体活动,一是由《京报》社长邵飘萍发起组织并主讲有关办报业务知识的新闻学研究会,一是1919年1月由杨昌济、梁漱溟以及胡适、陈公博等人发起组织的哲学研究会。在北大期间,毛泽东认识了陈独秀和李大钊,亲耳聆听了李大钊《庶民的胜利》的演讲,他"对政治的兴趣继续增长",思想也"越来越激进"②。在其后不久陈独秀被捕后,毛泽东慷慨而言:"我们对于陈君,认他为思想界的明星。陈君所说的话,头脑稍为清楚的听得,莫不人人各如其意中所欲出。""陈君之被逮,决不能损及陈君的毫末,并且是留着大大的一个纪念于新思潮,使他越发光辉远大。政府决没有胆子将陈君处死。就是死了,也不能损及陈君至坚至高精神的毫末。陈君原自说过,出试验室,即入监狱。出监狱,即入试验室。又说,死是不怕的。陈君可以实验其言了。我祝陈君万岁!我祝陈君至坚至高的精神万岁!"③新思潮的印迹在毛泽东身上显然可见。

但是,正如毛泽东所言,自己这个时候的思想依然相当"混乱",还在"找寻出路"。"读了一些关于无政府主义的小册子,很受影响",经常与人"讨论无政府主义和它在中国的前景",也"赞同许多无政府主义的主张"④。其时的毛泽东,与瞿秋白等激进青年的处境类似,"社会主义的讨论,常常引起我们无限的兴味。然而究竟如俄国19世纪40年代的青年思想似的,模糊影响,隔着纱窗看晓雾,社会主义流派,社会主义意义都是纷乱,不十分清晰的。正如久壅水闸,一旦开放,旁泉杂出,虽是喷沫鸣溅,究不曾自定出流的方向"。找不到出路的瞿秋白"离中国,入饿乡,秉着刻苦的人生观",求满足自己"内的要求"⑤。

① 埃德加·斯诺. 西行漫记[M]. 北京:东方出版社,2010:139-140、135.
② 埃德加·斯诺. 西行漫记[M]. 北京:东方出版社,2010:143.
③ 中共中央文献研究室. 毛泽东早期文稿[M]. 北京:中共中央文献出版社,1990:305-306.
④ 埃德加·斯诺. 西行漫记[M]. 北京:东方出版社,2010:143.
⑤ 瞿秋白. 饿乡纪程[M]//瞿秋白散文名篇. 长春:时代文艺出版社,2003:19-20.

青年毛泽东则选择了另外一条路,即如其后在给周世钊的信中所写:"吾人如果要在现今的世界稍为尽一点力,当然脱不开'中国'这个地盘。关于这地盘内的情形,似不可不加以实地的调查及研究。这层工夫,如果留在出洋回来的时候做,因人事及生活的关系,恐怕有些困难。不如在现在做了,一来无方才所说的困难;二来又可携带些经验到西洋去,考察时可以借资比较。"①

二、从北京返回湖南——"呼声革命""无血革命"

1919 年 4 月,因母亲病重,毛泽东返回湖南,一个月之后,五四运动爆发。毛泽东开始积极参与实际斗争。

其一,积极参与筹组湖南学生联合会,响应北京学生运动。

五四运动爆发后,五月中旬,北京学生联合会派邓中夏到湖南联络,邓中夏向毛泽东、何叔衡等介绍了北京学生运动的情况,商量改组现在的湖南学生联合会,以便发动湖南学生响应北京的爱国运动。据当时已参加新民学会的蒋竹如回忆:"五月二十三日晚上,我正在一师十三班的自习室里复习功课,忽然毛泽东同志把我叫了出去。并告诉我:北京派来了两个代表……现在要商量一下怎样响应北京的学生运动。于是,他邀我和陈书农、张国基等几个人,到一师后山操坪里,在月光下商谈了一阵。决定通过新民学会会员的活动,每个学校举一个或两三个代表,于二十五日上午到楚怡小学开会。第二天,我们便分途进行,通知各校推派代表。"②之后,毛泽东连续几日到一师、商业专门学校、明德中学等校进行活动,向学生骨干提出:(1)反帝爱国方向要明确,力争山东主权完整,反对北京政府卖国政策;(2)要有统一组织,使力量集中;(3)要准备对付张敬尧所施加的压迫。5 月 28 日,新的湖南学生联合会成立,毛泽东经常赴学联与其他负责人商量问题,指导学联工作。6 月,学联干部利用暑期放假,组织青年学生到城乡、车站、码头,进行爱国反日宣传③。在毛泽东等人的推动下,湖南学生运动有声有色。

其二,创办学联刊物《湘江评论》。

---

① 中共中央文献研究室. 毛泽东早期文稿[M]. 北京:中共中央文献出版社,1990:474.
② 蒋竹如. 湖南学生的反日驱张斗争(1962 年 2 月 24 日)[M]//中国革命博物馆,湖南省博物馆.新民学会资料. 北京:人民出版社,1980:580-582.
③ 中共中央文献研究室.毛泽东年谱:修订本(上)[M]. 北京:中央文献出版社,2013:40-41.

1919 年 7 月 14 日,湖南省学联创办刊物《湘江评论》,毛泽东为主编和主要撰稿人。《湘江评论》"以宣传最新思潮为宗旨"。与之前毛泽东主张的从精神方面探讨宇宙的"大本大源"不同,在五四思潮的冲击下,毛泽东开始注目整个社会的改造问题,"自'世界革命'的呼声大倡,'人类解放'的运动猛进,从前吾人所不置疑的问题,所不遽取的方法,多所畏缩的说话,于今都要一改旧观,不疑者疑,不取者取,多畏缩者不畏缩了"。毛泽东在创刊宣言中写道:"世界什么问题最大?吃饭问题最大。什么力量最强?民众联合的力量最强。"他反对各种强权,但是又提出,对于社会上提出打倒强权的马克思的"急烈的"和克鲁泡特金的"温和的"两样方法,要有一番选择。"(一)我们承认强权者都是人,都是我们的同类。滥用强权,是他们不自觉的误谬与不幸,是旧社会旧思想传染他们遗害他们。(二)用强权打倒强权,结果仍然得到强权。不但自相矛盾,并且毫无效力。"毛泽东所主张的是平民主义,用群众联合的方法,向强权者做持续的"忠告运动",实行"呼声革命""无血革命"。这样不至于"张起大扰乱,行那没效果的'炸弹革命''有血革命'"①。《湘江评论》对华南学生运动起了广泛的影响,但"阶级革命""阶级斗争"的思想和理论,在这时还没有被毛泽东认同。不过,就在《湘江评论》的创刊号上,毛泽东还是提出了研究"过激党"的问题。"过激党这么利害!各位也要研究研究,到底是个甚么东西?切不可闭着眼睛,只管瞎说,'等于洪水猛兽''抵制''拒绝'等等的空话。一光眼,过激党布备了全国,相惊而走,巳〈已〉没得走处了!"②

毛泽东回到湖南后,虽然一直忙于学生运动和办刊物,但在北京期间所受无政府主义思想的影响仍然存在。毛泽东还草拟了一个颇为详尽的"新村"建设计划,作为他改造社会的一种构想。1919 年 12 月 1 日,毛泽东将自己计划的一部分《学生之工作》一章公开发表在《湖南教育月刊》上。他是这样来设计自己的理想社会蓝图的:创造新学校,实行新教育,让学生们在农村半工半读;再由这些新学生,创造新家庭,"学校之学生渐多,新家庭之创造亦渐多",把若干个新家庭合在一起,即可创造一种新社会;在这个社会里,设立公共育儿院,公共蒙养院,公共学校,公共图书馆,公共银行,公共农场,公共工厂,公共剧

---

① 中共中央文献研究室. 毛泽东早期文稿[M]. 北京:中共中央文献出版社,1990:292-294.

② 中共中央文献研究室. 毛泽东早期文稿[M]. 北京:中共中央文献出版社,1990:310.

院,公共病院,公园,博物馆,等等;再把这些一个个的新社会连成一片,国家便可以逐渐地从根本上改造成一个大的理想的新村。这种主张同他提倡的"呼声革命""无血革命"是一脉相承的。毛泽东认为,岳麓山一带,是实施新村建设的最适宜之处。他把《学生之工作》公开发表出来,目的是希望得到社会的关注。"倘有同志,对于此问题有详细规划,或有何种实际的进行,实在欢迎希望的很。"①但是,他的理想很快被残酷的现实切割殆尽。

三、第二次到北京再返湖南——徘徊后的抉择

1935 年与斯诺的谈话中,毛泽东这样描述自己接受马克思主义的过程:"1920 年冬天,我第一次在政治上把工人们组织起来了,在这项工作中我开始受到马克思主义理论和俄国革命历史的影响的指引。我第二次到北京期间,读了许多关于俄国情况的书。我热心地搜寻那时候能找到的为数不多的用中文写的共产主义书籍。有三本书特别深地铭刻在我的心中,建立起我对马克思主义的信仰。我一旦接受了马克思主义对历史的正确解释以后,我对马克思主义的信仰就没有动摇过。这三本书是:陈望道翻译的《共产党宣言》,考茨基著的《阶级斗争》,柯卡普著的《社会主义史》。到了 1920 年夏天,在理论上,而且在某种程度的行动上,我已成为一个马克思主义者了,而且从此我也认为自己是一个马克思主义者了。"②

这篇多年以后的回忆中,显然有因年代久远所致不太确切之处。陈望道翻译的第一本《共产党宣言》出版于 1920 年 8 月,毛泽东在北京期间不可能读到这本书,有学者指出,毛泽东看到的可能是亢慕义斋油印的刘仁静翻译的《共产党宣言》③。而 1920 年的毛泽东,从现有文献资料来看,虽然不再坚持主张"无血革命""呼声革命"了,但显然还在改造中国的道路上取"温和"抑或"激进"的两难中举棋不定。

毛泽东强烈希望通过教育和舆论鼓吹改造中国,但军阀统治下的现实,却绝不"温和"。1919 年 8 月中旬,《湘江评论》第五期刚刚印出,便遭到湖南督军张敬尧的查禁,罪名是宣传"过激主义",《湘江评论》被迫停办,同时湖南学

---

① 中共中央文献研究室. 毛泽东早期文稿[M]. 北京:中共中央文献出版社,1990:454,449.

② 埃德加·斯诺. 西行漫记[M]. 北京:东方出版社,2010:147.

③ 金冲及:毛泽东传[M]. 北京:中央文献出版社,2011:59.

联也被强行解散。1918 年 3 月开始主持湘事的张敬尧主政期间已是作恶多端，"张毒不除,湖南无望",湘省人民对这个皖系大军阀早已恨之入骨,毛泽东的思想与行动也日趋激烈。在他的积极推动下,湖南驱张运动愈演愈烈。长沙中等以上学校罢课,各地驱张代表团纷纷成立,12 月 18 日,驱张请愿代表团到北京,"一面发电分致大总统、国务院、各省、各团体、各报馆声罪致讨,一面举出代表六人于昨二十号亲到总统府、国务院、教育部,请求撤张。二十一日在北大开慰劳湖南代表大会,旅京各学校学生代表及湖南代表到者约二百人,演说甚多,均慷慨激昂。"①毛泽东后来回忆,"我前往北京,代表新民学会,在那里组织反军阀运动。新民学会把反对张敬尧的斗争扩大成为普遍的反军阀的宣传",虽然这个运动取得了一些成功,在各方一致声讨下,张敬尧四面楚歌,日子越来越不好过。但迫使张氏被驱出湖南的,实际上最终靠的还是直系军队和湘军的武力威胁。1920 年 6 月 17 日,湘军总司令、湖南督军兼省长谭延闿进入长沙。

驱张运动期间,毛泽东把湖南改造的希望寄托于"自治"。"那时候,我是美国门罗主义和门户开放的坚决拥护者。"②谭延闿进入长沙的同日,毛泽东在上海《时事新报》发表《湖南人再进一步》。文章指出,湖南驱张运动将要完结,"湖南人应该更进一步,努力为'废督运动'。怎样废去督军,建设民治,乃真湖南人今后应该积极注意的大问题"。"湖南人有驱汤芗铭、驱傅良佐、驱张敬尧的勇气,何不拿点勇气把督军废去"。文章提出中国民治的总建设,要先由一省一省的人民各自解决,合起来便可得到全国的总解决。"我愿湖南人望一望世界的大势,兼想一想八九年来自己经过的痛苦,发狠地去干这一着。"③6 月 18 日,毛泽东在上海《时事新报》发表《湖南人民的自决》,指出:"社会的腐朽,民族的颓败,非有绝大努力,给他个连根拔起,不足以言摧陷廓清。这样的责任,乃全国人民的责任,不是少数官僚政客武人的责任。""湖南的事,应由全体湖南人民自决之。赞助此自决者,湖南人之友。障碍此自决者,湖南人之

---

① 中国革命博物馆,湖南省博物馆.新民学会资料[M].北京:人民出版社,1980:179.
② 埃德加・斯诺. 西行漫记[M].北京:东方出版社,2010:146.
③ 中共中央文献研究室.毛泽东早期文稿[M].北京:中共中央文献出版社,1990:483-484.

仇。"①追求湘人治湘，湘省自治，成为这段时期毛泽东在文章中反复强调的观点。但是理想如何变成现实，这是毛泽东等人首先面临的问题。

为筹划驱除湖南督军兼省长张敬尧后的改造湖南大计，此前，由彭璜、毛泽东等新民学会会员发起成立了湖南改造促成会，但是，其改造方法如何实现，湖南改造促进会提出的所有军政、财政、教育等办法实际上全是纸上谈兵。1920年2月，毛泽东在给陶毅的信中写出了自己的困惑："我觉得好多人讲改造，却只是空泛的一个目标。究竟要改造到那一步田地（即终极目的）？用什么方法达到？自己或同志从那一个地方下手？这些问题，有详细研究的却很少。"②3月12日，就驱张之后怎么办，毛泽东致信黎锦熙，在附上"湖南建设问题条件"文稿之后，其信中也明确表明了此时自己的"选择困难"，"稍有觉悟的人，应该就从如先生所说的'根本解决'下手，目前状况的为善为恶，尽可置之不闻不问，听他们去自生自灭""这样支支节节的向老虎口里讨碎肉""论益处，是始终没有多大的数量的"，但还是说"这一回我们已经骑在老虎背上，连这一着'次货'——在中国现状内实在是'上货'——都不做，便觉太不好意思了"③。"无血"还是"流血"革命，此时的毛泽东依然拿不定主意。两天后，在给周世钊的信中，毛泽东再次提到，"现在我于种种主义，种种学说，都还没有得到一个比较明了的概念"，所以希望"从译本及时贤所作的报章杂志，将中外古今的学说剌取精华，使他们各构成一个明了的概念"④。

湘人治湘，湘省自治，终成泡影。在北京参加驱张运动期间，毛泽东再次与李大钊、陈独秀等人建立了联系。毛泽东后来说："我在李大钊手下做图书管理员时，已经很快地倾向马克思主义了，而陈独秀对于引导我的兴趣到这方面来，也大有帮助。""当我在北大的时候，他给我的影响也许比那里任何人所给我的都大。"⑤加之再返湖南后毛泽东在推动湘省自治的同时又力主推进的另一项文化事业——文化书社的创办，让毛泽东对俄罗斯、对马克思主义有了更深一步的了解和认识。书社创办缘起中毛泽东等人表达了对俄罗斯新文化

① 中共中央文献研究室. 毛泽东早期文稿[M]. 北京:中共中央文献出版社,1990:486-487.
② 中共中央文献研究室. 毛泽东早期文稿[M]. 北京:中共中央文献出版社,1990:464.
③ 中共中央文献研究室. 毛泽东早期文稿[M]. 北京:中共中央文献出版社,1990:470.
④ 中共中央文献研究室. 毛泽东早期文稿[M]. 北京:中共中央文献出版社,1990:474.
⑤ 埃德加·斯诺. 西行漫记[M]. 北京:东方出版社,2010:146.

的向往，"一枝新文化小花发现在北冰洋岸的俄罗斯，几年来风驰雨骤"，他们也曾心存困惑，这朵花到底"成长得好，成长得不好，还依然在未知之数"①。但随着书社的创办，《新俄国之研究》《劳农政府与中国》《马克思资本论入门》《社会主义史》等译著，以及上海共产主义小组编辑的刊物《劳动界》的陆续刊印，都让毛泽东对"新文化"有了更深层次的认识和理解。正是在这一过程中，随着湘省自治无望，在残酷的斗争实践中，毛泽东也"越来越相信，只有经过群众行动取得群众政治权力，才能保证有力的改革的实现"②。至 1920 年年底，毛泽东终于坚定了自己的选择。

1920 年 11 月 15 日，毛泽东致信向警予："教育未行，民智未启，多数之湘人，犹在睡梦。号称有知识之人，又绝无理想计划。……几个月来，已看透了，政治界暮气已深，腐败已甚，政治改良一途，可谓绝无希望。吾人惟有不理一切，另辟道路，另造环境一法。"③半个月后，在给蔡和森、萧子升等人回信中谈到改造中国与世界的方法，毛泽东提出："我觉得教育的办法是不行的。我看俄国式的革命，是无可如何的山穷水尽诸路皆走不通了的一个变计，并不是有更好的方法弃而不采，单要采这个恐怖的方法。""凡是专制主义者，或帝国主义者，或军国主义者，非等到人家来推倒，决没有自己肯收场的。""用和平方法去达共产目的"是不可行的。"我对于绝对的自由主义，无政府的主义，以及德谟克拉西主义，依我现在的看法，都只认为于理论上说得好听，事实上是做不到的。"④

1921 年 1 月 2 日，毛泽东出席新民学会第二日会议，讨论新民学会的建立目的，为达到目的应采取的方法，以及方法如何着手。在讨论方法时，毛泽东提出："社会政策，是补苴罅漏的政策，不成办法。社会民主主义，借议会为改造工具，但事实上议会的立法总是保护有产阶级的。无政府主义否认权力，这种主义，恐怕永世都做不到。温和方法的共产主义，如罗素所主张极端的自由，放任资本家，亦是永世做不到的。激烈方法的共产主义，即所谓劳农主义，

———————

① 中国革命博物馆，湖南省博物馆.新民学会资料[M]. 北京：人民出版社，1980：250.

② 毛泽东. 毛泽东自传[M]. 解放军文艺出版社，2001：37，35.

③ 中共中央文献研究室. 毛泽东早期文稿[M]. 北京：中共中央文献出版社，1990：548.

④ 中央文献研究室.毛泽东书信选集[M]. 北京：人民出版社，1983：5-8.

用阶级专政的方法,是可以预计效果的,故最宜采用。"①

毛泽东属于五四运动时期"英勇地出现于运动先头"②的数十万学生之一,经受五四大潮洗礼的毛泽东在新思潮的鼓舞下进一步开始了其对"改造中国与世界"道路的艰难探索。与其时大多数先进知识分子一样,也曾历经迷茫与徘徊,但最终坚定了自己的信仰。虽然毛泽东的选择中不乏个人因素的影响,但毋庸置疑,那个时代给了毛泽东"寻路"的环境与可能,"中国人找到了马克思列宁主义这个放之四海而皆准的普遍真理",从此,"从思想到生活,才出现了一个崭新的时期"③。

① 新民学会会务报告(第二号)[M]//中国革命博物馆,湖南省博物馆.新民学会资料.北京:人民出版社,1980:23.
② 毛泽东.毛泽东选集:第2卷[M].北京:人民出版社,1991:558.
③ 毛泽东.毛泽东选集:第4卷[M].北京:人民出版社,1991:1470.

论延安时期毛泽东对政治经济学的态度*

　　延安时期,全党开展了包括政治经济学在内的马克思主义理论学习高潮,通过经典著作的翻译和系统学习,提高了全党政治经济学理论水平。毛泽东和张闻天等领导人带头学习政治经济学,鼓励和推动全党开展政治经济学学习,延安形成了良好的学习氛围。同时,毛泽东针对陕甘宁边区经济建设的实际,直接决策和指导边区干部开展经济工作,派出主要干部解决边区经济问题,提出了一系列符合边区经济发展的政策,保证了边区经济稳定。在理论学习与经济建设过程中,毛泽东及时发现存在的教条主义与本本主义问题,指出理论学习不能脱离实际,为政治经济学的学习研究指明了方向。当然,由于他在延安时期学习兴趣和关注焦点不是政治经济学的理论问题,使政治经济学的理论学习与研究未能在延安时期得到充分全面展开。

一、"我也要读十遍"——毛泽东对政治经济学著作的学习

　　毛泽东喜欢读书,尤其是对马克思主义经典著作的学习,党内皆知。在学习与接受马克思主义信仰过程中,毛泽东看过一些与马克思主义政治经济学有关的著作,如《共产党宣言》、考茨基的《马克思的经济学说》,李汉俊翻译的《马格斯(克思)资本论入门》等书。不过,毛泽东把这些政治经济学著作都看作是马克思主义理论的一部分而接受的。在到延安前,由于革命斗争尤其是武装斗争的紧迫性和残酷性,只有少数领导者保持着对经典著作的学习兴趣。由于很难获得理论学习的系统资料,难以了解当时国内有多少经典著作得到

　　* 本文作者贾后明:延安大学。
　　江苏省社科基金重点项目(17DDA001)和江苏省高校社科重点项目(2018SJZDI018)阶段性成果。

翻译出版,只能是得到什么就看什么。1932 年毛泽东在漳州得到过一批马克思主义著作,如获至宝,其中《反杜林论》一书就基本不离身,在长征途中生病躺在担架上还看这本书①。同时,经过长征后,中共才认真总结革命经验教训,对理论与实践的矛盾有了较深入的认识,开始思考经典著作的学习应该从何入手,学习的主要内容应该是什么。

到延安后,学习条件改善,经典著作得到系统翻译,政治经济学相关的经典著作的获取已经不难。政治经济学是延安干部学习的内容之一,毛泽东作为领导者关注并加以学习是肯定的。如有回忆提到,毛泽东在延安一次小型座谈会上就说过,李达寄给他的《社会学大纲》,他已经读了十遍,他寄来的《经济学大纲》也读过三遍半,还准备也读它十遍②。这说明,毛泽东对政治经济学内容的学习也是十分重视的。李达的这本《经济学大纲》和他的《社会学大纲》(实际是哲学内容)类似,被称之为"中国人自己写的第一本马克思主义经济学教科书和专著"③,是中国人尝试用马克思主义基本观点、原理和方法与中国实际相结合来讲解马克思主义经济的著作。除了《反杜林论》和这本书外,延安时期中央还组织编译出版过《政治经济学论丛》、苏联编印的政治经济学教材、《联共布党史简明教程》等,毛泽东可能对这些著作都有所涉猎。《联共布党史简明教程》是延安时期干部学习的必读书目,这本书虽然没有对《资本论》中的观点进行论述,但对社会主义经济建设做了大量的描述,是社会主义政治经济学在苏联应用的一个事实论证,对认识社会主义经济建设规律有着重要启示。

当然,延安时期干部理论学习没有把《资本论》列为学习内容,这不仅由于《资本论》篇幅巨大,内容较为艰深,对当时普通党员干部文化水平和理论水平来说都不是特别适合;另一个重要原因是《反杜林论》等著作已经对政治经济学内容做了较为全面的论述,当时的革命斗争也没有迫切要寻求经济理论的

① 于俊道. 毛泽东实录[M]. 北京:中国工人出版社,2014:170. 也有说,他在漳州获得的书中也有陈启修 1930 年翻译的《资本论》第一卷第一分册。曾志回忆说:"我同他一同去龙溪中学翻书,在图书馆里他一边翻一边说,这个好,那个好,找了好多书,恐怕有好几担书,是用汽车运回中央苏区的。他很可能就是在这里找到《资本论》《两种策略》、《'左'派幼稚病》《反杜林论》等书和经济之类书的。"但未有确切的记载说他这次确实获得了《资本论》并进行阅读与讨论。

② 郭化若. 在毛主席身边工作的片断:纪念毛主席八十五诞辰[M]. 解放军报,1978-12-28.

③ 李达. 经济学大纲[N]. 武汉:武汉大学出版社,2007:3.

指导,因此没有必要将此书列为学习的必读书目。

毛泽东反复强调对经典著作的学习要管用,即从革命现实需要出发,而不是只从书本中的理论体系出发。《反杜林论》被称之为"马克思主义百科全书",是按马克思主义三个组成部分来写的,政治经济学编在其中占有十章内容,其中关于经济思想史的内容还是马克思亲自撰写的。党的领导干部,除了在苏联或日本留过学的系统学习过政治经济学外,对于政治经济学的学习还是融入整个马克思主义理论的学习之中的,并没有区分哪一部分是哲学、哪一部分是政治经济学或科学社会主义。因此,包括《反杜林论》中的经济学论述和其他论述,中共领导者也是从当时革命需要来进行重点的理解和强调。在《反杜林论》的学习中,主要强调的还是哲学内容和社会主义内容,政治经济学内容只作为历史唯物主义的论证来看待。所以,《反杜林论》的学习与研究,强化了党内对于经济对政治的决定性作用,尤其是历史上社会制度变革中的决定作用的理解,也增加了劳动价值论、剩余价值论、地租剥削论等理论科学性的理解和认识。不过,《反杜林论》总体上还是从唯物史观角度对政治经济学的性质和基本观点进行论述,对经济规律,对社会经济活动和经济发展的一般性演变规律的论述就相对较少。1940年初,延安还专门成立了"《反杜林论》读书会",徐特立、艾思奇、何思敬、于光远等人都经常参加活动。在解放区由《反杜林论》引论的第一章和第三编的第一、二章汇编而成的《社会主义从空想到科学的发展》一书被列为"干部学习丛书",1949年又被规定为"干部必读书"①。这说明,《反杜林论》长期是作为马克思主义理论学习的教科书在党内得到广泛的学习。

当然,在延安理论学习的良好氛围下,延安组织的许多读书会和研究会也把政治经济学学习作为主要内容。其中最为突出的是张闻天组织的《资本论》学习小组和陈云在中央组织部组织的学习小组。张闻天这个小组参加者众多,王首道、王学文、吴亮平、艾思奇、邓力群等十余人都参与其中②。"小组隔周讨论一次,从不间断,整整一年多时间把《资本论》第一卷的二十五章全部学完。这个小组因为学得好,当时曾受到毛泽东的表扬"③。有的回忆文章还提

---

① 姚颖.恩格斯《反杜林论》研究读本[M].北京:中央编译出版社,2014:58.

② 谭虎娃.延安时期马克思主义大众化研究[M].北京:人民出版社,2014:90.

③ 吴介民.延安马列学院回忆录[M].北京:中国社会科学出版社,1991:16.

到，延安时期中山图书馆开展的读书活动中，"张闻天领导了《辩证唯物主义和历史唯物主义》学习小组，陈云领导了《政治经济学》学习小组，于光远领导了《自然辩证法》学习小组，胡乔木则领导了《资本论》学习小组"①。这个回忆是否准确难以确定，但是当时张闻天的小组以《资本论》为主，前后对《资本论》的学习持续较长时期是肯定的，也有可能是学习内容并不局限于《资本论》，有时主持也不都是张闻天，也有其他人担当。陈云在中央组织部组织了学习小组，学习的内容也比较广泛，当然政治经济学学习是其中重要内容，还专门请王学文等专家讲过政治经济学，使用的教材可能并不是《资本论》，但也是介绍《资本论》或政治经济学内容的类似教材。延安出版的《共产党人》月刊还专门刊发了王学文编撰的以延安政治经济学研究会名义发布的《政治经济学研究大纲》，反映了延安政治经济学研究水平和学习讨论的主要内容，其中阅读参考书目中多次提到了三卷本的《资本论》，说明三卷本《资本论》的出版已经广为人知，获取并不困难。

不过，这些活动都没有记载说毛泽东参加过。当然，毛泽东没有参加这些学习，不等于他没有学习资本论或政治经济学的相关内容。对于资本论，虽然有人提到过他在漳州得到的马克思主义理论著作中有就《资本论》，但如果属实也只是《资本论》的第一卷的第一册，不是完整的《资本论》。到延安后，郭大力翻译的三卷本《资本论》已经出版，也是可以获得的，不过也没有记载说他去寻找全本或与其他同志研究学习讨论《资本论》。毛泽东在延安时期没有系统地阅读《资本论》，这个问题应该一分为二地看②。作为马克思主义经典著作，毛泽东不会反对学习《资本论》，他在讲话中提到并引用过《资本论》，他说：

---

① 胡乔木传编写组．胡乔木传：上［M］．北京：当代中国出版社，2014：58．原作称此说法来源于于光远、武衡、工仲方所著《延安中山图书馆》第1−5页，存胡乔木档案1986年9月17日来往书信的附件。

② 王占仁．毛泽东读《资本论》相关史实考证［N］．光明日报，2011−11−30．逄先知说："毛主席有一本解放前出版的《资本论》第1卷。毛主席在扉页写了两个年代：'1938年'、'1867——在70年之后中国才出版'。在《资本论》第1卷第2页上写着：'1867年距今87年'。书内有毛主席用红蓝铅笔画的线，没有批语。"这本书现在保存在中央档案馆。见逄先知，吕澄，沈栋年所著揭穿《戚本禹回忆录》中的谎言（上）——关于《在中南海工作的日子》部分．根据这一说法，即1867距今87年，应该是1954年，说明这本书并不见得是中华人民共和国成立前买的，尤其不能证明是该书初版翻译后就有的，他在这本书上只是画了线，并没有批语，也说明他对这本书中的观点没有提出更多的意见，学习阅读没有反复进行。

"马克思不但参加了革命的实际运动,而且进行了革命的理论创造。他从资本主义最单纯的因素——商品开始,周密地研究了资本主义的经济结构。商品这个东西,千百万人,天天看它,用它,但是熟视无睹。只有马克思科学地研究了它,他从商品的实际发展中作了巨大的研究工作,从普遍的存在中找出完全科学的理论来。他研究了自然,研究了历史,研究了无产阶级革命,创造了辩证唯物论、历史唯物论和无产阶级革命的理论。这样,马克思就成了一个代表人类最高智慧的最完全的知识分子。"①这段话并不见得是他直接从读《资本论》而来,这个观点是各种《资本论》介绍上都读过的。1942 年 2 月的延安干部会上,毛泽东发表了《反对党八股》的演讲,主张写精粹的短文章,反对写空话连篇的长文章。但是他说:"或者有人要说:《资本论》不是很长的吗? 那又怎么办? 这是好办的,看下去就是了。……我们反对的是空话连篇言之无物的八股调,不是说任何东西都以短为好。"②不过与张闻天等人通过《资本论》来学习不同,这里他把《资本论》的研究作为唯物史观的具体体现,论述了《资本论》在马克思主义经典著作中的地位和作用。

毛泽东之所以没有参加《资本论》学习小组,因为他关注的和感兴趣的还是哲学和方法论,而不是政治经济学。他在延安时期发表过哲学研究的专门文章,但没有发表过有关政治经济学的研究性专门文章。经过土地革命,中共到延安后深感理论学习和研究的重要性,而对马克思主义理论的学习,要注重学习马克思主义哲学,尤其是方法论,消除教条主义和主观主义的影响,解决过去革命中存在的"左"或右的问题。他和《反杜林论》的译者吴亮平交流的是哲学,而吴的专长是经济学③。1941 年 9 月,毛泽东和王稼祥给中央研究组及高级组的同志发通知,要求看圈定的中共六大以来的 70 篇文章,理论方面首先看《共产主义运动中的"左派"幼稚病》、艾思奇译《新哲学大纲》第八章、李

---

① 毛泽东. 毛泽东选集:第 3 卷[M]. 北京:人民出版社,1991:744-745.
② 毛泽东. 毛泽东选集:第 3 卷[M]. 北京:人民出版社,1991:834.
③ 吴亮平.《反杜林论》中译本五十年[N]. 文汇报,1982-05-12. "在延安时期,毛主席经常在油灯下同我谈《反杜林论》,讨论哲学问题。毛主席经常说:'读书是为了更好地解决实际问题。''不解决实际问题,读书干什么。'毛主席就是从《反杜林论》和马克思恩格斯列宁一系列其他著作中学习马克思主义的立场、观点、方法的。1937 年七、八月毛主席在写作《实践论》《矛盾论》时,常常参阅这些马列的书。特别是在《矛盾论》中还引用了《反杜林论》的两段话。1939 年在延安我又把《反杜林论》重新校阅了一遍。这主要是受到毛主席的鼓励。"

达译《辩证法唯物论教程》第六章和河上肇的《经济学大纲》的"序说"等著作①。河上肇的《经济学大纲》序说也是以讲方法论为主,实际上包括他的那本《马克思主义经济学基本原理》著作也主要是讲唯物史观和辩证法的,经济学内容只是作为一种运用,没有脱离对马克思《资本论》的框架介绍。

同时,毛泽东没有把主要精力投入《资本论》学习和政治经济学研究,主要原因是恩格斯在《反杜林论》明确讲,科学的政治经济学还没有出现。其中对于政治经济学的性质的说法当然更进一步加深了对政治经济学专业研究的质疑:"政治经济学作为一门研究人类各种社会进行生产和交换并相应地进行产品分配的条件和形式的科学——这样广义的政治经济学尚待创造。"②这句话的意思是说,目前包括过去的政治经济学都不是科学,或未达到科学,而对此进行专业性的科学研究还十分困难,连马克思恩格斯这样的导师对此都表示还没有实现。李达也说,"适合于一定经济形态的法则,决不能适合于别种经济形态。即是说,无条件的适合于一切经济形态的发展法则,只是一个抽象"③。马克思也明确讲《资本论》是研究资本主义生产关系的,所揭示的规律和结论只适用于资本主义。而作为反剥削的革命理论,《资本论》在革命上的意义比在经济学一般规律理论上的意义更大。苏联社会主义建设证明,《资本论》并不是苏联经济建设的指导性理论来源,最多只是方法性的指引。而延安时期面对的革命形势和任务都不是《资本论》所提出的,如果不是纯粹的文本考据研究,在这种形势下把精力放在《资本论》的学习上就存在学不致用的本本主义问题了。

二、"我们也应该会办经济"——毛泽东亲抓延安经济建设

党中央进入延安之后,初期实行的是休养生息的政策,鼓励各种经济资源发展经济。自1938年秋,抗日战争进入相持阶段后,日本帝国主义把主要兵力压向解放区战场,连续向我抗日根据地发起大规模的扫荡,实行野蛮的"烧光、杀光、抢光"的"三光"政策,妄图从根本上摧毁根据地军民生存的条件。1940年后,尤其是"皖南事变"后,国民党政府停发抗战经费和服装,还调集大批军

---

① 中央文献研究室.毛泽东书信选集[M].北京:人民出版社,1983:189.
② 马克思,恩格斯.马克思恩格斯选集:第3卷[M].北京:人民出版社,1995:492.
③ 李达.经济学大纲[M].武汉:武汉大学出版社,2007:9.

队对边区实行全面经济封锁和军事包围,以战时经济货物"统制"管理为名,对运往边区的棉花、布匹等日用品进行查扣,而又通过对边区非必需品如纸烟、迷信用品和质量差的土布大量放行进入边区,以图破坏边区的货币流通和物资供给,抗日根据地遇到了极大困难。1941年和1942年,"曾经弄到几乎没有衣穿,没有油吃,没有纸,没有菜,战士没有鞋袜,工作人员在冬天没有被盖"①的境地,共产党人受到了历史上最严峻的挑战,毛泽东由此还尖锐地提出革命队伍是"饿死呢?解散呢?还是自己动手呢?"②毛泽东是党中央的核心,党的重大政策和延安重大经济问题都要经过他的决策。他在强调延安干部学习教育的重要性的同时,还特别强调了经济工作的基础性地位。认为"中心的或第一位的工作,就目前边区条件说来,就大多数同志说来,确确实实地就是经济工作与教育工作,其他工作都是围绕着这两项工作而有其意义。……我们必须弄饭吃,我们必须注意经济工作。离开经济工作而谈教育或学习,不过是多余的空话"③。

他还从党的执政地位巩固的角度强调说:"就目前陕甘宁边区的条件说来,就是组织人民、领导人民、帮助人民发展生产,增加他们的物质福利,并在这个基础上一步一步地提高他们的政治觉悟与文化程度。……只有在做了这一方面的工作,并确实生了成效之后,我们去做第二方面的工作——向人民要东西的工作时,我们才能取得人民的拥护,他们才会说我们要东西是应该的,是正当的。"④此外,经济工作的重要性还在于体现执政能力与水平,是与国民党进行斗争的重要领域。"我们不但应该会办政治,会办军事,会办党务,会办文化,我们也应该会办经济。如果我们样样能干,唯独对于经济无能,那我们就是一批无用之人,就要被敌人打倒,就要陷于灭亡。"⑤

如何把边区的经济搞好,实现保障供给、发展经济的目的,是考验毛泽东和共产党人执政水平的重要内容。而发展陕甘宁边区经济举措并不能从马克思主义经济学经典著作和苏联政治经济学教科书中获得。《资本论》是讲资本主义生产方式,没有明确对经济规律的一般性概括,没有理论指导的普遍性作

① 毛泽东.毛泽东选集:第3卷[M].北京:人民出版社,1991:892.
② 中共中央文献研究室.毛泽东文集:第2卷[M].北京:人民出版社,1993:460.
③ 中共中央文献研究室.毛泽东文集:第2卷[M].北京:人民出版社,1993:465.
④ 中共中央文献研究室.毛泽东文集:第2卷[M].北京:人民出版社,1993:467.
⑤ 中共中央文献研究室.毛泽东文集:第2卷[M].北京:人民出版社,1993:466.

用,只有方法论意义。对于革命者来说,《资本论》是一部革命理论著作,学习《资本论》就是学习其是如何批判资本主义的,不能把它看作一部总结经济规律、指导经济建设的教科书。毛泽东在延安经济建设中遇到的问题,《资本论》确实无法起到理论指导作用。

经济建设中的问题确实不能停留在对马克思主义经典著作的学习上,而是要在实践中结合经济工作的问题和生产发展的问题来学习、思考和调查研究。"从群众中来,到群众中去,实践、认识、再实践、再认识",这一马克思主义认识论的指导思想在毛泽东领导陕甘宁边区经济建设方面确实发挥了作用。政治经济学的研究就应该深入基层一线了解经济工作的具体过程,针对经济中存在的问题进行研究和思考,寻求对经济工作的规律。经济工作的实践性与政治工作的实践性有着更加鲜明的特点,就是经济工作可以以生产产量和经济效益更加充分显示其实践成效。因此,政治经济学的实践学习不是以知道和了解经典著作的内容作为标准,而是要看通过对马克思主义经济理论的学习后能否有效推进经济工作成效。这就明显不同于一般的理论学习,而是更加落实到与工作和实践的结合,体现了经济活动的实践性。要实现这一点,就需要既要有政治经济学理论的知识,又要在经济工作中摸索经济工作的特点和规律,真正理解和运用政治经济学的原理和方法,而不能照搬经典著作中的观点,而且经典著作也没有直接可以照搬的地方。

延安经济工作中,不仅是征收公粮和盐业专营和运输中的仁政问题,公营经济中的工人与企业矛盾问题、合作社的官办与民办问题、大生产运动的全面化问题、边区对外贸易与边币的稳定问题,这些问题都不可能从《资本论》这样的经典著作中获得直接的理论指导,而只能结合实践在实践中摸索并加以研究,这也影响了毛泽东对政治经济学理论的态度。毛泽东没有从经典著作中的论述出发寻求解决这些问题的办法,而是从实际出发。最为典型的是毛泽东深入研究边区经济工作,在1942年年底西北高干会上做的《经济问题与财政问题》的报告。该报告共有14万多字,是毛泽东在深入调查研究的基础上,总结边区财经工作的实践经验和集体智慧,经过一个多月的思考、酝酿写成的。在写作过程中,他一方面让在重庆的周恩来代购《四川经济参考资料》《中华民国统计提要》《中国工业资本问题》《银行通报》《农村报告》等反映国民党统治区的"各种统计公报及经济书籍"①,通过国统区的经济资料了解边区经济的外部环境和整个形势。另一方面,又与边区政府、银行、财政、西北局和中央财政委员会、八路军后勤部领导等各方领导交流看法,收集资料②。此外,他还特别重视具体负责财经工作同志的意见③,结合会议要求,要求他们对财经工作的政策和问题提出看法④。最后成书的内容十分丰富,只能在高干会的第三阶段时以书的方式发给大家,供大家讨论研究⑤。

由此可见,一方面毛泽东十分重视边区的经济与财政问题。另一方面,他坚持用调查研究的方法来解决边区经济问题,而不是闭门造车。他广泛深入地听取各方意见,详细地占有材料,并经过认真思考和梳理,才写出了《经济问题与财政问题》这样的历史文献。当时兼任陕甘宁边区财政经济委员会副主任的贺龙在高干会上就说,"毛泽东真正实际解决了边区当前最重大的问题。他比我们负责领导财经工作的任何同志,更懂得边区情况。这是马列主义经

---

① 顾龙生.毛泽东经济年谱[M].北京:中共中央党校出版社,1993:151-152.

② 中央文献研究室.毛泽东书信选集[M].北京:人民出版社,1983:176-178.6日的信说:"谢老:近日我对边区财经问题的研究颇感兴趣,虽仍不深刻,却觉其规律性或决定点似在简单的两点,即(一)发展经济;(二)平衡收入口。……我前信未蒙林老复示,似以所提各点为不切肯要。然区区之意,在使此问题得到合理解决,以达意志统一与行动统一之目的。……故就感想所及,提出如上论点,就正于你及林老。"

③ 他在1941年8月19日致信陈正人时说:"在起草此文件前,请与南汉宸,高自立,叶季壮,朱理治及粮食局贸易局诸人加以研讨,他们是实际经手人员,从他们收集各方面确实的材料与意见,起草的东西方更准确。"中央文献研究室.毛泽东书信选集[M].北京:人民出版社,1983:184.

④ 中央文献研究室.毛泽东书信选集[M].北京:人民出版社,1983:211.他在高干会召开期间,从1942年12月8日至20日三次写信给边区政府财政厅厅长南汉宸,请他写出财经方面的书面材料,补充到《经济问题与财政问题》中去。如12月20日的信说:"我要的是关于粮草、税收、金融、贸易4部分,每样要说政策,说工作,是向广大的干部说话,使他们看了懂得政策的方向,懂得工作的作法。在说政策说工作时要批评错误意见,批评工作缺点,使他们有所警惕。每样要有点历史,有点分析,又有1943年应如何作法。"

⑤ 毛泽东这个报告是一本十三四万字的书,他没有讲什么话,只是把这个报告发给到会者。他为西北局高干会所没有讨论的财政问题、经济问题,花了很多的时间写这本书,直到西北局高干会开到最后一个阶段,他才把这本书发给到会者,并且在书的末了写了一句"本书原计划写的税收、节约两章,因为高干会闭会,没有时间写了,只好……"在毛泽东报告后,高干会又进行了一轮讨论,会议就是在热烈讨论边区经济工作的气氛中闭幕的。于光远.我的编年故事1939—1945抗战胜利前在延安[M].郑州:大象出版社,2005:152.

济学在边区的具体运用,是活的马列主义经济学。他不是夸夸其谈地提出一般的方针与任务,而是对于每个问题都经过周密的调查研究,总结了过去的经验教训,实事求是地确定今后能做应做的事,并详细指出如何实现的办法。他解决了摸索几年的众说纷纭的许多财经问题上的原则问题,实际问题。他明确地指出了边区经济与财政的大道,提高了全体人民的信心。他真正能使我们克服困难,渡过难关去争取抗战胜利。他不仅解决了边区的经济问题与财政问题,并且给各个抗日根据地和全国都提供了解决问题辉煌的模范的例子。"①毛泽东在讲话中没有从《资本论》等经典著作中引经据典,这与他讲话与写作风格有关,也是经济工作的现实特点所决定的。如果他想从《资本论》的一些论述上为自己的观点提供一定的理论依据,这样做也是完全可以做到的,但是他没有这样做。这不仅仅因为资本论的有关论述毕竟不是可以直接用于指导工作的,而且这样的引用并没有必要,也不利于提高政治经济学的地位和影响。

解决延安时期的经济问题,毛泽东不仅亲自进行决策还为解决这一问题派出了陈云这样的得力干将去参加领导经济工作。陈云之前在中央组织部任部长,主要从事党务工作,转入经济工作,一是他自己出身店员,有经商的经历;二是他在干部学习时比较重视政治经济学的学习,有一定的理论基础;三是他对延安经济建设有自己的见解,比较实事求是;四是全局落实能力强。他进入西北财经办事处任副主任后,很快开展工作,较好地贯彻了毛泽东的思想和意图,在边币稳定、对外贸易和保障供给方面取得了巨大成绩,解决了延安经济困境。陈云在西北财经办事处时就明确讲,边区的经济发展不能从书本出发,而是要立足延安实际。"从延安出发还是从上海出发,或者从伦敦出发?伦敦是英国的首都,为什么从那里出发?在世界上有过一个马克思,著了《资本论》,讲了许多英国问题。还有一本《政治经济学》,是列翁节夫著的,讲了许多经济问题,都是讲外国的事。我们是从《资本论》出发呢,还是从《政治经济学》出发?第二条,从上海出发,就要和外国的银行一样,各地都搞办事处,搞什么彩票,头彩多少万,二彩多少万,这都是从上海出发。我们这里土里土气,这样搞不对头。我们不要那些洋的,要那些土气的,要向土的学习,向自己的历史学习,向自己的经验学习。我们要从土的出发,从延安出发,不从伦敦出

---

①　金冲及.毛泽东传 1893—1949[M].北京:中央文献出版社,1996:622- 623.

发,不从上海出发。"①他在解决边币与法币的关系上,在利用市场价格波动来维护和实现边区利益上,既有原则又充分展现了灵活性,从现实经济状况出发,体现了马克思主义者"不唯上、不唯书,只唯实"的务实作风。他在对边区经济政策的多次讲话中也很少引用经典著作,而是努力分析经济活动的内在机制和规律,为陕甘宁边区经济建设做出了突出贡献,也为新民主主义革命和新中国经济建设奠定了理论和实践基础。

三、"言必称希腊"——毛泽东对政治经济学学习中本本主义的反对

延安时期在理论学习中比较突出的问题是教条主义与本本主义,这主要表现在两个方面:一是一些同志对现实问题不感兴趣,对现实工作不热心,关注的是理论问题,只顾埋头学习经典著作,把经典著作的本本学习作为学习的根本内容和基本方法,表现出本本主义的作风;二是学习一些经典著作后照搬照套著作中的概念和观点,用经典著作中的概念理解和争论当前政策和行动,表现为教条主义的倾向,影响了当前政策认识和工作开展。在延安开展全党学习运动的高潮中,既表现出一种人人读书学习经典的喜人一面,也必然会出现这种死抱书本的"书呆子"的教条主义和本本主义的问题。在马克思主义理论学习中,这种现象普遍存在,可能政治经济学学习中存在的问题比较突出。

张闻天和王学文等人的《资本论》研究小组虽然获得过学习表彰,但长时间系统学习《资本论》著作中的问题,肯定会忽视对现实问题的关注与研究。这个学习小组中的张闻天、王学文、王思华、何思敬、何亮平等都是具有丰富经济学知识和修养的理论家,经常在外给别的学习班辅导政治经济学,他们当然不满足于只是了解资本论观点的一般性学习,而是希望全面系统地对《资本论》展开学习。邓力群参加这个小组,在《邓力群自述》中就描写他1938年在延安马列学院工作学习和读书过程时说:"这些老师为了深入理解《资本论》,不仅拿中文版同德文版《资本论》对照研读,还把当时能够收集到的英、俄、法、日文的版本对照,分析和研究。"②他们全面研读《资本论》,仅仅在《资本论》第一卷上就花了一年多时间,花这么多时间讨论的问题多集中在《资本论》和政

---

① 中共中央文献研究室.陈云文集:第1卷[M].北京:中央文献出版社,2006:398-399.

② 卢梦君.邓力群的不完全书单:"凡延安有的书,我几乎都看过了"[EB/OL].澎湃新闻网,2015-12-08.

治经济学理论问题上,这些问题与现实联系确实不密切。当然,这反映这个学习小组对政治经济学的学习已经相对系统全面,形成了与哲学学习相类似的专业风格,反映延安干部对马克思主义政治经济学的学习十分普遍和热烈,学习研究的深度和广度都达到了很高水平。不仅是党校、抗大、马列学院等高级学校,其他干部学校和干部业余时间,也有一些政治经济学的专业学习与研究。

参加这样的学习,也就会出现十五六岁学《资本论》和《反杜林论》的现象,也会有"言必称希腊"的问题。当时延安干部中有许多是知识青年,参加革命较早,年纪很轻,在全党学习热潮中热心学习经典著作是正常的。而一些干部没有哲学和经济学知识储备,上来就学《资本论》等经典著作,必然导致难以系统掌握。而学习者往往又想通过对经典著作的学习来解释和理解现实问题,这种没有深入理解下的字面运用必然表现出脱离现实的照搬照套理论问题。在1942年整风运动中,毛泽东就批评过学习《资本论》中的本本主义倾向,说"教经济学的不引导学生研究中国经济的特点"①。

有人认为,延安整风运动针对的对象就是张闻天,因为他的《资本论》学习方法就是典型的教条主义和本本主义。经典著作的学习和理论研究也需要一个科学方法,反对教条主义和本本主义只是反对在方法和态度上脱离实际引用和遵从经典著作的观点。教条主义和本本主义的问题不在于他们对经典著作的深入学习,而在于在中国革命斗争中不愿意或不善于从中国国情出发,不研究中国现实情况,不是用马克思主义理论去解决中国实际问题,而是要中国遵从马克思主义经典著作的要求,这必然在实际工作中碰壁。因为经典作家的著作只是他们从他们当时了解和关心的问题出发,从而得出具体的结论,不能把经典作家的观点看作放之四海而皆准的真理。正确的态度应该是通过经典著作的学习,了解经典作家结论的来由和方法的运用,并以此方法来研究中国革命的实际情况。陈云就说,"左"倾机会主义者"用切断历史和生搬硬套的办法,把书本子上的抽象概念套到中国来,把生动的中国看成僵硬的中国,把复杂的社会看成简单的社会,把广大的革命工作园地缩小到寸步难移,把容易深入的社会变成格格不入"②。张闻天在革命工作中,包括在马列学院领导上

---

① 毛泽东. 毛泽东选集:第3卷[M]. 北京:人民出版社,1991:756.
② 陈云. 陈云文选:第1卷[M]. 北京:人民出版社,1995:235.

和资本论学习小组上存在一定的教条主义倾向和问题,因此他在整风运动中对自己过去的教条主义问题进行过反思,他说:"犯教条主义,不是读书读多了,而是没有把书读好,没有正确理解马列主义的理论,没有把理论同实践结合起来。"①此后他主动提出到晋西北农村进行调查研究,深入农村了解农村阶级状况和经济发展趋势,为党的农村土地政策和农村工作提供了一手材料。

经典著作的学习方法确实在当时也引起了争议和讨论。这种争议和讨论不在于对经典著作的内容和观点的争议,而是应不应该全面系统地对经典著作进行深入全面的学习和研究,这种对经典著作的学习和研究会不会导致教条主义和本本主义? 应该说这样的担心不是没有理由的。王明等人对马克思主义经典著作的学习和了解确实比别人多一些,他们在一定的革命阶段在领导革命工作时确也犯过教条主义与本本主义的问题,也就是用经典著作中的观点来约束和规范现实的中国革命行动,并且给革命工作带来了损失和负面影响。在实践中,由于学习过一些经典著作,用经典著作中的观点来评价分析现实工作是正常而又容易的。因为经典著作在一个以理论为建党特色的政党来说,从经典中寻求工作理由和出发点是工作的特色和要求。不从经典理论中寻求依据,那往往就会从经验中去寻求,也会出现主观主义的问题。如果既不从理论,也不从经验,要想把理论与实践相结合来达到一个模式和路径,这必然是创新和独立的,而这不是一般人能做到的。一般人既不能深刻领会理论,又难以在实践中发现规律。要想提出一个不同于前人和古人的做法和思想,确实需要巨大的理论勇气和创新能力。而这正是在中国革命中,尤其是延安时期大家从革命历史经验中总结出来:只有毛泽东才能真正做到把中国革命与马克思主义理论结合起来,只有毛泽东思想才是中国革命富有创造性的全党指导思想。

毛泽东在延安时期处理经济建设问题,没有从书本出发,而是立足当时延安经济现实,从需要与资源的角度,针对问题进行解决。如对工商业,提出劳资两利,公私兼顾;对于财政困难,提出了大生产运动和精兵简政,对于公营企业,也是力求加强管理、提高效率,从公营性质上给予特殊待遇。在对待合作

---

① 吴黎平. 坚持真理修正错误的模范:学习张闻天同志的革命精神[N]. 北京日报,1981-06-26.

社、对待如何促进农业发展上，都是听取各方意见，从客观实际出发，而不是从理论出发。不拘于经典著作和理论，敢于创新。毛泽东从新民主主义的革命阶段出发，提出了新民主主义的经济思想和政策，适应当时革命与建设需要，充分体现了共产党在局部执政下解决经济问题的能力和水平。新民主主义经济思想虽然也受到苏联经济理论的影响，包括列宁新经济政策的影响，但是总体上是从革命的阶段和现实出发，敢于提出相应的政策，对这个革命阶段的经济结构和发展目标构建了一个较为现实的理论与政策体系。

四、"经济学家不懂边币"——毛泽东对政治经济学态度得失

作为一个以理论建党为特色的政党，经典著作的学习是一刻不能停止的。没有强大的理论学习和运用能力，就会陷入经验主义或教条主义之中，左或右的根源都在于没有对理论科学深入地学习和把握。当然通过延安整风运动的全党学习讨论，大家认识到经典著作的学习要和实践相结合，要学会从实际问题出发来学习研究经典著作，而不是盲目地只从书本概念出发，强调"必须抛弃教条主义，必须不停止在现成书本的字句上"①。克服教条主义的关键是理论联系实际。《资本论》的严密体系和政治经济学的学科特点决定了这一专业的学习需要长期坚持，为了理解和教学需要必须长期系统地进行学习和研究，要真正领会马克思资本论的思想和观点，就必须联系古典经济学和现代经济学的关系，涉及众多理论问题。把理论学习与研究都看作是本本主义或教条主义，必然导致对理论研究的忽视。虽然从一般的干部理论学习教育角度应该坚持理论联系实际，批判教条主义与本本主义，但这一问题也不能一概而论。毛泽东说，"经济学教授不能解释边币和法币"②，由此批评经济学家研究经济理论没有价值，延安整风运动中对经典著作的深入学习的批评有矫枉过正之嫌。

一是经济学教授不能解释边币与法币的现象是正常的。张闻天、王学文和吴亮平等人，在日本、法国或苏联留学，比较系统地学习过马克思主义经典著作和政治经济学课程，受过经济学专业训练，他们的专长是经济理论研究。

---

① 毛泽东．毛泽东选集：第3卷[M]．北京：人民出版社，1991：817．
② 毛泽东．毛泽东选集：第3卷[M]．北京：人民出版社，1991：756．

他们对于马克思货币理论及一般货币学理论有所了解是肯定的,但是现实中的边币与法币问题确实不是一个理论问题,其解决的办法也不是由理论能够完全说明的。陈云到西北财经办事处处理边区的经济问题,其中核心是边币稳定及与法币关系问题,他说:"我们要和法币斗争,要生产自主,贸易主动,金融稳定。我们种棉花就是斗争。在经济斗争中,要以经济为主,政治为辅。银行法币换不出来,你叫毛主席、总司令到那里去说:'你们拥护共产党,你们不要来换法币。'这行不行? 一定不行,一定要搞黑市。就是你枪毙一两个人,这里可以一时不搞,旁的地方还是会搞。经济斗争,我们同法币的斗争,要以经济为主,政治为辅。"①边区发行自己的边币是为了摆脱国民党经济上的控制,如何理解边币与法币的关系,摆正二者的关系,既保持边币的正常流通,又能打破国民党封锁,是边区政府面临的重大政治与经济问题。这里涉及不只是边币发行数量和边币与法币的比值问题,更是涉及一系列的边区重大政治与经济问题,如生产品种和数量问题,外部经济形势与流通体制等。陈云实际工作中更深刻认识到经济规律的客观性。他也自觉运用马克思主义政治经济学理论,深刻阐述了边币与法币的关系。"币制的关系就是生产品在交换中间的货币关系。实际上,是我们的生产品和国民党区的生产品交换,这在政治经济学上讲,就是生产以后交换,是抽象劳动的交换,是生产品和生产品的交换。交换的对象是国民党区域,是我们这里的生产品同他们那里的生产品实行交换。交换经过什么形式? 是经过贸易形式。"②他这样的论述没有马克思主义经济理论作为支撑能有说服力吗? 他在总结经济活动的规律性时说:"并不是我爱法币,而是把它当作手段来稳定金融。稳定金融先要增加生产,贸易自主。现在是什么状态? 现在还是入超状态。外汇还是要拿出去,每月还是要付,不付不行,等到什么时候不入超了,情况就变了。在陕甘宁尽管边币独占市场,但没有法币的准备就不行,经济是相当硬的东西。"③他有这样的感觉,当然是因为他在经济工作的一线,他和许多在延安和其他革命根据地从事经济工作的人才能拥有这样共同的感受,感受到经济规律的客观性。而这些感

---

① 中共中央文献研究室.陈云文集:第1卷[M]. 北京:中央文献出版社,2006:406.
② 中共中央文献研究室.陈云文集:第1卷[M]. 北京:中央文献出版社,2006:400.
③ 中共中央文献研究室.陈云文集:第1卷[M]. 北京:中央文献出版社,2006:403.

受并不是经济学家所直接能体会的,更不可能很快拿出一个以不变应万变的对策,必须要在实际工作中根据情况来进行处置,这根本不是经济学家的工作。没有一定的理论基础,没有对现实问题的充分了解和深入分析,是很难理解和解决边区货币与金融所面临的问题的。正是由于处在经济工作一线,自觉地运用政治经济学关于生产、贸易、货币等相关的理论,对经济关系进行科学认识,才能很好地揭示经济现象之间的相互影响。在理论运用中,首先是实践提出了问题,而灵活运用这些理论,不是照搬照抄,又是马克思主义者的一个十分重要的品质与要求。

二是应该科学对待经典著作的学习与研究。把经典著作过于神化或完全真理化的做法,以对经典著作的学习和了解作为判断工作对错的标准,当然是不科学的,应该反对,毛泽东提出要反对经典著作学习中的教条主义和本本主义是对的。他的"重点是针对王明的那一套,阐述理论必须联系实际,必须以解决中国革命问题为学习目的等等道理,因而对于另外一些问题没有展开论述,或者没有涉及。这种情况是可以理解的。但是,它却在一些同志中引起了一些误解。例如,有的同志以为,毛的报告是反对读书、反对谈经典著作的"。"在反对教条主义的整风运动中,那一年延安确实没有什么人再去读马列的经典著作了。'读经典著作就是教条主义'的看法,虽然没有人公开提出,实际上是流行起来了"①。"延安整风批了教条主义,当时有的人就错误地认为马列的书不要读了,甚至连《资本论》也扔掉了。"②刘少奇在 1941 年 7 月 13 日给孙冶方的信中说,"党员埋头读书研究,这一事实并不表现为'学院派',而是每一个党员在从事马列主义研究时所必需如此做的。任何比较有马列主义修养的人,都必须经过这样埋头读书与研究的阶段。马克思、列宁本人更是如此。过去有人指埋头读书为'学院派',是完全错误的。特别在学校中来强调,就更为有害。"而所谓的"学院派"的错误是,"他们并不以研究《资本论》的严肃态度来研究与解决这些问题。他们不知道(或忘记了)马列主义学说要成为解决这些问题(行动)的指南"③。但是,这个讲话没有得到广泛认可,延安整风运动

---

① 吴介民.延安马列学院回忆录[M].北京:中国社会科学出版社,1991:80-81.

② 吴黎平.坚持真理修正错误的模范:学习张闻天同志的革命精神[N].北京日报,1981-06-26.

③ 中共中央文献编辑委员会.刘少奇选集:上卷[M].北京:人民出版社,1981:219.

树立了毛泽东思想的地位,不过也使大家深入学习研究经典著作的风气受到影响。经济理论的研究需要长期积累,要想真正解决中国经济问题,不仅要对中国现实经济进行调查与深入研究,同时还要结合马克思主义经济学理论与方法,借鉴国内外经济理论研究成果和实践经验,才能提出有价值有针对性的思想理论和政策措施。孙治方等人在中华人民共和国成立初期基于《资本论》的学习而提出的价值规律问题,就是理论研究与实践结合的产物,而首先是理论研究的产物。改革开放以来的众多经济学家都从《资本论》为主要内容的政治经济学学习开始,之后走上为改革开放提供经济决策的理论依据的研究,促进了中国特色社会主义政治经济学的繁荣与发展。

三是遵循经济理论研究的历史态度和科学规律。即便经济学家不能解释或解决边币与法币关系问题,经济理论的研究依旧重要和必要。延安时期毛泽东主要关注的是马克思主义理论的现实应用性和解释力,但是专业学科的要求和不同专业之间的区分必然随着革命目标的转换而有不同的需要。哲学方法论在破除教条主义、树立实事求是的思想路线方面确实具有重要意义。在革命时期把政治经济学作为马克思主义理论的重要组成部分,从革命斗争理论来理解《资本论》也是可以的。但是,政治经济学毕竟是一门专业研究人类社会经济活动的理论领域,关系到政治经济学的这个学科特点和研究对象、研究方法和主要观点的内容,涉及马克思主义经济学与古典政治经济学的联系与区别,涉及与资产阶级经济学之间的分歧与对立,学科专业特点就比较明显。因此,系统学习与深入研究政治经济学尤其是《资本论》是必要的,这与教条主义或本本主义完全不同。应该更加深入地学习经典著作,了解和理解经典作家思想观点形成的来龙去脉,才能在实践中灵活加以运用。马克思在《资本论》中的主要观点可能在完整写作之前就已经有了,也写了许多手稿。他之所以始终想完成《资本论》著作,就是想全面掌握经济运行的规律,哪怕是他要批判的资本主义的经济规律。而毛泽东在新民主主义经济思想中提出了许多有创新意义的思想,《经济问题与财政问题》也有许多新观点,陈云在边区经济工作中也有许多新思想,但由于没有结合政治经济学理论进行阐发,没有总结和升华延安时期经济建设成就和政策措施的理论依据,仅仅从新民主主义革命的过渡性阶段来讲利用资本主义、实行劳资两利和公私兼顾政策、发展民生等提法的合理性,这样就随着新民主主义阶段的终结而使这些做法的理论价值失去了,一些提法甚至随着形势变化而不再被认为正确。这些经济实践中反映的政治经济学原理与方法,由于没有深入的理论研究支撑,没有被作为历史经验和理论创新受到应有重视。中华人民共和国成立后的经济建设,一方面模仿苏联,以苏联政治经济学教科书作为经济建设的指南;另一方面是在实践中主观摸索,政策不断调整,变化频繁,缺乏理论上对经济问题和规律的深入研究与探讨,政治经济学理论的突破和创新始终难以实现。

"登高一呼群山应，从此神州不陆沉"

——李大钊与马克思主义的传播*

中国共产党已经走过 98 年光辉历程，在这个具有不寻常的历史意义的时刻，我们不能不首先想到在中国率先举起马克思主义旗帜，率先发起创建中国共产党的两位历史伟人。"北大红楼两巨人，纷传北李与南陈；独秀孤松①如椽笔，日月双悬照古今。""北李南陈，两大星辰；漫漫黑夜，吾辈仰承。"这两首诗把陈独秀、李大钊比拟为"悬照古今"、被一代人仰承的"日月星辰"。"南陈北李"成为 20 世纪 20 年代对陈独秀、李大钊的称谓，形象地记录了他们在中国建党实践中的地位与功勋。

一、马克思主义与中共建党思想

政党政治是近代政治发展的重要产物，其发展演变，在风起云涌的近代中国政治舞台上构成了一道独特的风景。李大钊很早即对政党问题比较关注，由于对当时社会上的各派别政党所作所为的失望，促使李大钊开始追求和探索新的政治力量的出现，即"新的中心势力"。1917 年 11 月 7 日，俄国发生十月社会主义革命，李大钊开始注意并搜集资料，潜心研究法俄革命之不同，同时阅读和思考了《共产党宣言》《社会主义从空想到科学的发展》《国家与革命》等马克思、恩格斯和列宁的著作，十月革命的胜利和布尔什维克的各项主张深深引起李大钊的共鸣，其政党思想也开始进入一个新的重要阶段。

（一）马克思主义成为建党理论基础

十月革命后李大钊政党思想的转变，主要来源于他本人及他同时代的人

　＊ 本文作者田超：河北省委党史研究室。
　① 孤松是李大钊笔名之一。

参加政治斗争、工人运动的直接实践,同时也源于他潜心研究理论、吸取他人和前人研究成果的间接实践;既有基于国内政局发展变化给他带来的思想碰撞,也有国外因素即苏俄政府与共产国际的影响。可以说十月革命的成功,加速了李大钊新型无产阶级政党思想的形成。

与当时一些具有初步共产主义思想的先进知识分子相比,李大钊更加注重对马克思主义的理论研究,把理论研究与革命实践看得同等重要,甚至甘于"为主义而牺牲"。他希望通过系统研究得出正确结论,正确把握马克思主义理论精髓,再去指导建党实践。

1918年三四月间,李大钊与林伯渠通信,介绍十月革命的现实意义和马克思主义。多年后林伯渠回忆:"通过大钊几次通信关于十月革命和中国形势的现状分析,使我得到很大启发,如何联系群众,如何组织军队,在实际生活中有些新的认识。"[1]在改良主义道路已破产,旧民主主义革命也几近绝境,革命人民在困惑中苦于求索革命新道路的时候,李大钊首倡必须走十月革命的道路,具有重大的启蒙作用和历史价值,引起了中国先进知识分子的极大兴趣和热烈呼应。他特别告诫人们,这种潮流"是只能迎,不可拒的"[2]。李大钊正是在率先迎受这种新潮流中,才为中国革命开辟了新纪元。

(二)马克思主义的捍卫者

在旧中国,如何对待十月革命就成为区分各种政治派别的重要标志。马克思主义在中国的传播,必定会遇到来自各方面的反应,针对当时的反动统治阶级有意污蔑马列主义是"过激主义"为"共产公妻"的行径,李大钊勇敢地拿起手中的笔更广泛地宣传马列主义。从1918年7月开始,李大钊相继发表《法俄革命比较观》《庶民的胜利》《布尔什维克的胜利》《新纪元》《战争之社会潮流》等热情歌颂十月社会主义革命的文章,他不仅旗帜鲜明地驳斥了反动派对十月革命的污蔑和攻击,而且也排除了当时一些人对十月社会主义革命的疑虑,认为十月革命是"20世纪中世界革命的先声"。在为广泛传播马克思主义而奔波的过程中,促使李大钊基本完成了从民主主义者向共产主义者的转变,成为一名真正的马克思主义者。据不完全统计,李大钊从1918年发表《法俄革命之比较观》到1921年7月中共一大召开前这三年,共在《新青年》《每周评

---

① 阎稚新,李善雨,肖裕声.李大钊与中国革命[M]. 北京:国防大学出版社,1989:3.

② 河北省李大钊研究会.李大钊研究:第1辑[M]. 石家庄:河北人民出版社,1991:22.

论》等进步刊物发表文章181篇①,平均不到一周就一篇。这些文章的发表,对于促进马克思主义的传播和中国先进分子的觉醒,具有非常重要的指导作用。

(三)马克思主义的传播者

五四运动后,中国青年要求改造社会的呼声响彻祖国大地,各地青年纷纷成立社团,宣传新思潮、新文化的刊物如雨后春笋,大量涌现,仅一年时间,就出现400多种,其中具有不同程度的社会主义倾向的刊物就有200多种。当时,对青年有影响的几种报刊,都加强了对马克思主义的宣传。以李大钊为代表的先进知识分子,做了大量翻译、宣传等传播工作。《新青年》《每周评论》成为五四运动后宣传社会主义的主要刊物。中国第一篇系统介绍马克思主义的《我的马克思主义观》②,在《新青年》杂志上连载两期,这是李大钊成为马克思主义者的重要标志。这篇文章充分体现出李大钊对马克思主义的深刻理解,为培养创建中国共产党的先进分子提供了最重要的教材。该文的发表,标志着马克思主义在中国进入比较系统的传播阶段。

中国共产党的创建,首先需要产生一批具有初步共产主义觉悟的先进分子。这种先进分子的最突出表现,就是接受最新最活的马克思主义,也就是接受俄国十月革命新潮流的一整套思想理念。李大钊、陈独秀不仅承担起上述任务,而且,他们还使这些先进分子初步地了解了马克思主义的思想理论。

二、"直接行动"口号的提出

怎样认识帝国主义和对帝国主义战争抱什么态度,这是衡量一个民族是否觉醒的标志,也是共产主义知识分子与资产阶级知识分子的重要区别。毛泽东曾指出,中国人民对于帝国主义本质的认识,"是从1919年五四运动前后才开始的"③。

(一)催生五四运动

1918年11月,李大钊在《庶民的胜利》和以后发表的一系列文章中,初步运用马克思主义基本原理,正确地分析了第一次世界大战的起因、性质和结

---

① 《李大钊传》编写组.李大钊传[M].北京:人民出版社,1983:251—259.
② 《我的马克思主义观》共11部分,前7部分刊载在《新青年》6卷5号上,后4部分刊载在6卷6号上。
③ 毛泽东.毛泽东选集:第1卷[M].北京:人民出版社,1991:266.

果。李大钊这些崭新的观点、精辟的论述、深刻的揭露,使那些寻求真理的先进分子逐步觉悟起来,逐渐抛弃了资产阶级民主共和的思想,走上十月革命的道路。李大钊的文章受到青年学生的热烈欢迎,青年学生"对政治开始有了兴趣,从死书本里钻出来"①。唤起了广大青年学生的爱国热情。所以当巴黎和会外交失败的消息传到北京,广大北平学生决定组织大规模的集会和游行示威。

1919年5月1日,李大钊发表了《五一节杂感》,指出这个日子是工人阶级"直接行动"取得成功的日子,是工人的庆典日。在五四前夕,李大钊的文章第一次把"直接行动"公开提出来,为即将来临的五四革命风暴发出了战斗讯号。李大钊被称为"催生五四运动的人"②。

(二)要靠自己的力量

五四运动期间,李大钊在北大图书馆的主任办公室,成为学生爱国运动的司令部,他常与学生领袖们在这里交流运动进展情况。为更好地引领五四运动的斗争方向,李大钊相继在《每周评论》上发表了《大亚细亚主义与新亚细亚主义》《秘密外交与强盗世界》《黑暗的东方》《太上政府》等揭露帝国主义列强侵略阴谋和秘密外交实质的有关文章,这就给五四运动指明了新的斗争方向,使五四运动具有了明显的反帝反封建的性质。

特别是1919年5月18日,李大钊撰写的《秘密外交与强盗世界》一文,分别抨击和会、威尔逊、日本三个卖国贼之后,提出三大信誓:"改造强盗世界,不认秘密外交,实行民族自决。"这为五四运动的深入开展提出了明确目标。他指出:我们的目的绝不"单是打死几个人,开几个公民大会,还是没有效果",而是要以"民族自决、世界改造的精神,把这强盗世界推翻"③。李大钊教育学生和青年切莫对反动派产生幻想,引导大家坚持斗争,把反帝反封建的革命进行到底。他说:"真正的解放,不是央求人家'网开三面',把我们解放出来,是要靠自己的力量。"在五四运动尚在如火如荼地进行之中,像这样运用马克思主义观点,明确提出民族自决、反对一切帝国主义,只有李大钊一人。

---

① 李权兴. 李大钊研究辞典[M]. 北京:红旗出版社,1994:412.
② 李大钊.李大钊文集:上册[M]. 石家庄:河北人民出版社,1984:4.
③ 李大钊发表在《每周评论》第22期。

(三)青年的良师益友

与传统的知识分子不同的是,李大钊不仅注重理论研究,同时还非常注重理论与实践相结合。他始终坚信青年是国家之魂,只要有青年,国家就能觉醒,民族复兴、国家富强都寄托在青年身上①。李大钊对革命青年寄予无限殷切希望,他说:"新世纪的曙光现了! 新世纪的晨钟响了! 我们有热情的青年啊! 快快起来!"②激励青年乘风破浪,奋勇前进。他因其坦诚谦逊的性格和对学生的关心帮助,成为深受广大进步青年欢迎的良师益友。直接受李大钊影响而转变为共产主义知识分子的,是北京一批进步学生和青年。其中许多人(如邓中夏、黄日葵、高君宇、许德珩等)都是五四运动中的骨干,在斗争中发挥了重要作用。一位当事人说,"当时帮助我们了解十月革命和国内外局势的人主要是李大钊同志""我们从他那里得到思想和行动的启发"③。当时的学生领袖匡互生说:"有了《新青年》《每周评论》等带强烈刺激性的出版物作晨钟暮鼓,一向消沉的青年,也就不能不从睡梦中惊醒,思想解放自是当然的结果了。"④同时,一大批在五四运动中涌现出来的先进分子如李达、蔡和森、瞿秋白、张太雷、王尽美等先后走上革命道路,成为马克思主义者。

在争取知识青年团结在马克思主义旗帜下,李大钊发挥了重要的、不可替代的组织领导作用。正是因为在这些思想斗争中马克思主义取得胜利,大批进步青年深受教育,将其确立为共同的理想和信仰,并通过各种社团组织有效整合社会重建力量,形成了马克思主义者的先进群体,为培育创建中国共产党的骨干,做好了建党干部的准备工作。在此过程中,李大钊始终坚定地以马克思主义作为建党的指导思想和理论基础。

三、以马克思主义指导建党的实践活动

追溯中国共产党的起源,有一个从理论探索到社会实践的历史过程。五四运动以后,在全国范围内掀起了一个为追求民族独立和国家富强而积极寻

---

① 王艳萍.李大钊在唐山[M].北京:中央文献出版社,2012:115.

② 李大钊选集:第1卷[M].北京:人民出版社,1991:158.

③ 中国社会科学院近代史研究所《近代史资料》编译室.五四运动回忆录[M].北京:知识产权出版社,2013:256.

④ 中国社会科学院近代史研究所《近代史资料》编译室.五四运动回忆录[M].北京:知识产权出版社,2013:249.

求真理的热潮,这是中国先进知识分子思想发生剧变的时期。中国工人阶级以巨大的声势参加到五四运动中,开始作为一支独立的政治力量登上历史舞台,这对先进知识分子认识工人阶级的历史作用和强大力量,并到工人群众中去开展宣传活动、促进马克思主义同中国工人运动结合,都有重要的影响。

(一)寻找革命基础

随着帝国主义的入侵和现代工业的发展,中国产生了无产阶级和资产阶级,在资产阶级有所发展的同时,无产阶级的队伍也在不断扩大,无产阶级与资产阶级的斗争是和它的存在同时开始的①。中国无产阶级同各国无产阶级一样,不占有任何生产资料,同最先进的经济形式相联系,富于组织性和纪律性。中国无产阶级的这些特点,必然使他成为近代中国一个特别能战斗的最革命的阶级。马克思主义一经和当时中国正在发展起来的工人运动相结合,中国革命就发生了历史性的变化。

(二)用先进的思想教育工人阶级

凄苦的童年生活、传统的家庭教育,使李大钊非常同情下层人民,关心民生困苦,从而发出"寻着那苦痛悲残的声音走"②"到农村里去""非把知识分子阶级与劳工阶级打成一气不可"的时代呼声③。正如马克思、恩格斯所指出的,科学社会主义在创建过程中,是把社会主义和工人运动结合,把革命知识分子和工农相结合,"决不能把新的科学成就写成厚厚的书,只向学术界吐露"。这在当时不能不说是一种英明的政治远见。更难能可贵的是,李大钊清醒地认识到:"要在中国传播马克思主义,要想把现代的新文明,从根底输到社会里面,非把知识阶级与劳工阶级打成一气不可。"④为此,五四运动得到工人阶级的支持,遍及全国20多个省,100多个城市的工人、学生、商人先后罢工、罢课、罢市,工人阶级的参加使五四运动的主力由学生转为工人阶级,使运动发展到一个新阶段。

实践证明,知识分子走向工农,不但增进同工农的感情,唤醒工农的阶级觉悟,充实了建党的阶级基础,而且使知识分子自身在向工农群众宣传马克思

① 马克思,恩格斯. 马克思恩格斯选集:第1卷[M]. 北京:人民出版社,1995:280.
② 李大钊.现代青年活动的方向(1919年3月14—16日)[M]//李大钊文集. 北京:人民出版社,1959:161.
③ 李权兴,等. 李大钊研究辞典[M]. 北京:红旗出版社,1994:267.
④ 李权兴,等. 李大钊研究辞典[M]. 北京:红旗出版社,1994:216.

主义的同时,也得到锻炼和改造,提高了马克思主义水平,充实了建党的思想基础,从根本上加速了中国共产党的诞生。这就是中国马克思主义思想运动一开始就具有的一个特点和优点。为此,李大钊多次明确指出:"共产党人的运动,是劳工阶级的运动。"①

(三)唤起工农群众

近代中国是一个两头小中间大的社会,工农群众占全国人口之绝大多数,要解决近代中国社会的主要矛盾,完成反帝反封建的革命任务,就必须唤起广大工农群众。中国无产阶级工人大多数出身于破产的农民,具有与农民群众天然的历史联系,因而他们能够充分了解在中国劳动人民中占绝大多数的农民的痛苦和要求。李大钊对中国农民问题有比较深刻的认识,并号召知识青年们到农村去,走与工农相结合的道路。如1919年2月发表的《青年与农村》一文,就深刻阐述了农民问题在中国的重要性,这是中国最早提出这个思想的文章。在李大钊号召和带领下,北平学生发起"平民教育演讲团"活动,开始把马克思主义从城市延伸到工厂和农村,开启了马克思主义与中国工农群众实际相结合的伟大探索。

(四)北方劳动界的一颗明星

当时的河北产业工人(包括北京、天津)在数量上,除上海以外,比任何一个省份都多。在20世纪初期的中国,铁路工人是当时比较先进的群体,是集中的产业军之先锋。长辛店距北平城20千米,是京汉铁路北段的一个大站,有3500多名工人,是中国北方最大的工厂区之一,很早就与外部世界建立了联系。1920年3月,北京"马克思学说研究会"建立之后,李大钊开始与工人群体加强联系。在与长辛店工人的接触中,北京的早期共产主义者越来越认识到工人阶级的重要性。为了实践革命理论,共产党人选定长辛店作为一个突破点,将其作为一个固定的基地进行长期的经营。

1921年1月11日,长辛店劳动补习学校正式开学,这个学校成为北京共产主义小组组织工人活动的主要纽带,开始了马克思主义与中国工人运动相结合的历程。这正如邓中夏在《中国职工运动简史》中所述:"这个学校当然只是我们党在此地工作的入手方法,借此以接近群众,目的在于组织工会。"②

---

① 中国李大钊研究会. 李大钊全集:第4卷[M]. 北京:人民出版社,2006:6.
② 邓中夏. 中国职工运动简史[M]. 北京:新华出版社,1950:16.

1921年五一劳动节,在北京支部的组织下,1000多名工人在长辛店集会,宣布成立长辛店工人俱乐部(为了与过去工头组织的工会区别开来)。上海的《共产党》月刊热烈欢呼,称它"不愧乎北方劳动界的一颗明星",新生的共产党和年轻的共产党员,也第一次从工人运动中开始收获政治威信,早期共产党人的这种设计最终实现了。

四、中国共产党早期组织的创建

在宣传俄国十月革命经验和马克思主义过程中,李大钊逐渐认识到:中国要走俄国十月革命的道路,就必须建立一个像俄国布尔什维克那样的党,组建共产党的任务因此被提上了日程。李大钊与中国共产党创建的关系,老革命家林伯渠用"登高一呼群山应,从此神州不陆沉"①的诗句来形容,应是比较深刻而准确的。

(一)南陈北李 相约建党

在中国共产党的创建过程中,李大钊、陈独秀起着非常重要的作用,上海和北平成为全国各地共产主义者进行建党活动的联络中心。在新文化运动中并肩战斗,以及对马克思主义的共同信仰,促使李大钊和陈独秀对中国革命有了更多的共识、更多的筹划、更多的合作。同时,从1919年9月到1920年4月,李大钊多次同俄共(布)或共产国际的代表接触,并介绍俄共代表维金斯基赴上海与陈独秀会晤,这些活动为中国共产党的创建创造了条件。

(二)共产党早期组织

1920年6月,陈独秀在上海决定成立共产党组织,并初步定名为"社会共产党"。此后不久,围绕着是用"社会党"还是用"共产党"命名的问题进行商讨,当陈独秀向李大钊询问党的名称时,李大钊明确地回答应叫"共产党"②。当时,李大钊主张党的名称叫"共产党"而不叫"社会党",这"不只是一个形式问题,而且是具有重大意义的政治问题"③。面对当前种种希望的破灭,在李大钊徘徊彷徨苦闷困惑之际,摆在面前的有两种选择。一是德国社会民主党的道路,但李大钊研究发现,德国社会民主党代表的是中、小资产阶级的利益,

---

① 这是1958年10月林伯渠为出版的《李大钊选集》题诗的前两句。
② 阎稚新,李善雨,肖裕声.李大钊与中国革命[M].北京:国防大学出版社,1989:80.
③ 周子信.中国共产党命名经过[J].四川党的建设,2017(13).

是为有产者服务的,该党主张通过"劳资合作""议会斗争""国家主义"等"合法"斗争手段来实现目标。李大钊认为后者违背了马克思主义的建党原则,也不适合半殖民地半封建社会的中国政治现实,因此坚决不能步第二国际修正主义后尘,走德国社会民主党的道路。二是俄国十月革命的道路。在各国罢工浪潮和工人运动中形成了无产阶级政党,其中布尔什维克党领导了俄国十月革命并取得胜利,建立了世界上第一个社会主义国家,这使李大钊看到了曙光,也引起了他对新型无产阶级政党的系统考察。从此,中国无产阶级政党即定名为共产党,南陈北李相约建党,进入具体实施阶段。

同年8月,"中国的第一个共产党组织"①在上海法租界老渔阳里2号《新青年》编辑部正式成立,陈独秀任书记。1920年10月,李大钊、张申府、张国焘在北大图书馆正式成立北京共产党早期组织,不久更名为中国共产党北京支部,李大钊随即筹备建立社会主义青年团。在党组织领导下北平各大学青年团组织发展很快,这对长江以北广大地区共产党和青年团早期组织的建立和发展,以及工人运动的开展,起了重要的推动作用。

年底,由于社会主义流派繁杂,李大钊、陈独秀等马克思主义者与罗素和张东逊、梁启超等伪社会主义者,展开了一场关于社会主义的大讨论。这是继1919年夏秋"问题与主义"之争后,又一次事关中国前途和命运的论战。在这场讨论中,李大钊、陈独秀通过组织演讲及撰写文章,用马克思主义观点,集中回答了当时中国社会主义大讨论的中心问题,这为共产主义者在思想上和组织上建立中国共产党,用社会主义指导工人运动,创造了有利条件。

(三)北方党组织的创建

按照中共一大通过的《中国共产党纲领》第七条"凡有党员5人以上的地方,应成立委员会"的规定,中共北京地方委员会(简称"中共北京地委")成立,直属中共中央领导,李大钊任书记②。为加强对组织工作、学生运动和工人运动的领导,中共北京地委先后建立起四个支部:中共东城支部(设在北京大学)、中共西城支部(设在北京师范大学)、中共西山支部(设在中法大学陆漠克学院)、中共长辛店机车厂支部。李大钊除领导中共北京地委的工作外,还负

---

① 党史界称为中共上海共产党早期组织。

② 李权兴. 李大钊研究辞典[M]. 北京:红旗出版社,1994:177.

责直隶①、鲁、豫、晋、陕、内蒙、东北等地区宣传马克思主义、建立党的各级地方组织等工作。为此，李大钊通过北京党组织先后派遣大批党、团员到北方各地建立组织。各地共产党早期组织的建立及其活动，成为创建中国共产党的重要基础。

（四）中共北方组织的发展

在党的自身建设过程中，李大钊非常重视北方党的领导机关成员的教育，时常向他们强调：北京的党组织应该把活动视野放宽，要把革命的种子撒遍北方各地，使它遍地开花，这是我们北京全体党员应尽的责任。他还指导同志们利用各种社会关系，以教书或其他职业作掩护，进行宣传和组织活动。1922年初，中共早期工人党员邓培发展唐山铁路工人积极分子入党，中共京奉铁路唐山制造厂支部成立；直隶其他各市也相继发展起党小组；同年春，中共陇海铁路徐州站支部成立；不久，王尽美领导的中共济南支部、张昆弟领导的中共开封车头厂支部相继成立；1923年8月，安平县台城特别支部（简称"台城特支"）成立，这是中国共产党在农村成立的第一个党支部；1924年中共太原支部成立；同年秋中共哈尔滨特支成立后，奉天、大连、吉林、长春、牡丹江等东北地区相继建立起党组织；1925年中共豫陕区委、内蒙古人民革命党、中共甘肃特支成立。截至1925年年底，直隶、山西、河南、东北、西北等地区相继建立起百余个独立支部（或特支），有党员近千人②。中国共产党北方组织在李大钊的领导下从无到有、由小到大，每一步发展无不饱含着他的心血。

李大钊是在中国大地高擎马克思主义大旗的第一人，他系统研究并宣传马克思主义，推动其得到广泛传播。李大钊作为青年学子的良师益友，在社团运动特别是在五四运动中，直接指导运动发展，他经常教导学生走出象牙塔，深入人民群众当中，走与工农大众相结合的道路。从历史逻辑、理论逻辑、实践逻辑、现实逻辑来看，李大钊围绕建党所展开的活动，贯穿其中的一条主线就是中国共产党的初心和使命。为中国人民谋幸福是核心立场，为中华民族谋复兴是奋斗目标。

---

① 直隶明朝时称北直隶，清顺治二年（1645）改称直隶，康熙八年（1669）称直隶省。1928年6月20日，直隶省改名为河北省，旧京兆区20县并入河北省，北京改名北平。

② 本书编写组.中共北方区委历史[M].北京：中共党史出版社，2013：105.

《星期评论》对马克思、恩格斯、马克思主义的介绍和评说[*]

《星期评论》是学界公认的五四时期宣传新文化、提倡社会主义的重要刊物。近年来,先后有一些学者研究该刊对马克思主义在中国早期传播中的贡献①,但由于多种原因,这些研究大多比较疏阔。有鉴于此,笔者拟专门探讨一下该刊对马克思、恩格斯以及马克思主义的介绍和评说。

一、《星期评论》提及马克思恩格斯及马克思主义的情况

一般研究者都知道《星期评论》刊登过威廉·李卜克里希的《马克思传》(戴季陶译、注),但对其他提及马克思恩格斯的文字,往往语焉不详,这是由于该刊有 76 张、近百万的文字量,加上缩小影印的旧刊字迹小、模糊不清。为了全面了解该刊介绍马克思、恩格斯及其学说的情况,笔者把所有 54 号(共 76 张)《星期评论》全部数字化,然后通过检索得到表 1。

---

* 本文作者杨宏雨:复旦大学

① 近年来学界研究《星期评论》的文章,一般都承认该刊是五四时期在中国宣传马克思主义的重要刊物之一。专门研究该刊对马克思主义在中国早期传播贡献的文章主要有:张忠山,费讯.《星期评论》与五四时期的马克思主义传播[J]. 扬州大学学报,2011(1);邓亦武,魏少伟.《星期评论》与马克思主义在中国的传播[J]. 湖南工程学院学报,2011(1);滕峰丽. 关于五四时期《星期评论》《建设》对马克思主义传播的评析[J]. 信阳师范学院学报,2012(4);张忠山. 论《星期评论》从民主主义向马克思主义的转轨[J]. 社会科学论坛,2014(6);江巍. 中共创建时期传播马克思主义主要刊物的比较:以《新青年》和《星期评论》为中心[J]. 现代哲学,2016(3).

表 1 《星期评论》提及马克思、恩格斯及马克思主义的情况

篇 目	作者	马克思	恩格斯	马克思主义	期号	出版日期
对付"布尔色维克"的方法	季陶	3	0	2	第 3 号	1919.06.22
白乐天的社会文学	季陶	1	1	0	第 4 号	1919.06.29
竞争与互助	玄庐	1	0	0	第 6 号	1919.07.13
德国社会民主党的政纲	季陶译	2	2	0	第 10 号	1919.08.10
怎么样进化	先进	1	0	0	第 11 号	1919.08.17
可怜的"他"	季陶	11	1	4	第 14 号	1919.09.07
"世界的时代精神"与"民族的适应"	季陶	15	0	8	第 17 号	1919.09.28
唯物史观的解释	云陔	19	10	0	双十纪念号（第 1 张）	1919.10.10
英国的劳动组合	季陶	5		1	双十纪念号（第 3 张）	1919.10.10
改造日本的奇论	季陶	1	0	0	第 23 号	1919.11.09
新旧文学一个大战场	玄庐	2	0	0	第 24 号	1919.11.16
I. W. W. 的沿革	先进	2	0	1		
意大利的"赤色化"与其反动	季陶	2	0	1	第 28 号	1919.12.14
介绍"工读互助团"	玄庐	1	0	0	第 29 号	1919.12.21
美利坚之宗教新村运动	李大钊	1	0	0	第 31 号（新年号）第 1 张	1920.01.03
马克斯传	威廉·里布列希著，季陶译、注	65	19	1	第 31 号（新年号）第 2 张	1920.01.03
马克斯逸话一节	T. T. S.	30	0	0		
新年告商界诸君	季陶	5	0	0	第 32 号	1920.01.11

篇 目	作者	马克思	恩格斯	马克思主义	期号	出版日期
I. W. W. 概要	北泽新次郎著,汉俊译、注	1	0	0	第 33 号	1920.01.18
中国劳动问题的现状	季陶	3	0	0	第 35 号	1920.02.01
劳农政府治下的俄国	季陶	4	0	1	第 39 号（第 1 张）	1920.02.29
主义的研究与禁止	仲九	4	0	0	第 40 号	1920.03.07
国家论（七）	克鲁泡特金著,苏中译、跋	4	0	0	第 42 号	1920.03.21
德国革命的因果	季陶	7	1	4	第 43 号	1920.03.28
"五一"May Day 运动史	李大钊	3	0	0	第 48 号（劳动纪念号）第 1 张	1920.05.01
关于劳动问题的杂感（一）	季陶	2	0	0	第 48 号（劳动纪念号）第 4 张	1920.05.01
国际劳动问题的现势	森户辰南著,苏中译	1	0	0	第 48 号（劳动纪念号）第 5 张	1920.05.01
强盗阶级的成立	汉俊	1	0	0	第 48 号（劳动纪念号）第 10 张	1920.05.01
兵的变态心理	执信	1	0	0		
《新青年》的"劳动节纪念号"	季陶	1	0	0	第 49 号	1920.05.09
劳动者与"国际运动"（上）	汉俊	14	0	0	第 51 号	1920.05.23
劳动者与"国际运动"（中）	汉俊	3	0	2	第 52 号	1920.05.30
合计		216	34	25		

从表 1 可以看出:(1)《星期评论》共有 32 篇文章提及马克思、恩格斯的名字,约占《星期评论》文章总数(490 篇)的 6.5%;(2)在这 32 篇文章中,提及马

克思 216 次①,恩格斯 34 次,马克思主义 25 次;(3)《星期评论》提及马克思频次在 5 次以上的文章有 9 篇,作者是戴季陶、T. T. S.、林云陔和李汉俊,其中戴季陶 6 篇,T. T. S.、林云陔和李汉俊各一篇;(4)戴季陶先后在 15 篇文章中共提及马克思 127 次,恩格斯 24 次,马克思主义 22 次,是《星期评论》上述说、评论马克思恩格斯文章篇数最多、频次也最多的人;(5)《唯物史观的解释》和《马克斯传》是《星期评论》上介绍马克思、恩格斯及其学说分量最重的两篇文章,前者由林云陔撰稿,后者由戴季陶译、注;(6)沈玄庐、李汉俊是《星期评论》社的重要成员,也是中共上海早期组织的成员,但从《星期评论》上的发文数量看,他们对马克思、恩格斯及其学说的宣传力度远不及戴季陶。江巍认为"该刊传播马克思主义的核心人物是李汉俊"②,可能是受杨之华回忆的误导③,带有想当然的成分。

二、《星期评论》对马克思、恩格斯以及马克思主义的介绍和评说

下面我们来具体看看《星期评论》对马克思、恩格斯以及马克思主义的介绍和评说。

《星期评论》提及马克思的名字共 216 次,如果除去马克思主义这一固定名词中的"马克思"的次数,还有 191 次。《星期评论》对马克思的介绍和评说主要包含以下几个方面。

(1)马克思的生平和活动:由戴季陶译注的《马克斯传》介绍了马克思的生卒日期、家庭和婚姻状况、办报活动、参加共产主义同盟、组织和领导第一国际、声援巴黎公社,以及写作《共产党宣言》《资本论》《法兰西内战》等著作的情况。《马克斯传》原著者为德国著名社会主义者威廉·李卜克里希,原文近 8000 字。为了让中国读者明白,戴季陶在正文前为著者李卜克里希写了 500 多字的小传,又在正文中加了 7 条注释,约 1500 多字。

---

① 马克思主义这一名词中的马克思也统计在内。

② 江巍. 中共创建时期传播马克思主义主要刊物的比较:以《新青年》和《星期评论》为中心[J]. 现代哲学,2016(3).

③ 杨之华在 1956 年的回忆中把李汉俊称为星期评论社的"思想领导中心"(杨之华.杨之华的回忆[M]//中国社会科学院现代史研究室,中国革命博物馆党史研究室."一大"前后(二).北京:人民出版社,1980:25.),显然和当时的时代背景有关,这一论断抬高了李汉俊,贬抑了戴季陶、沈玄庐,明显不符合历史事实,经不起推敲。

（2）马克思的人格：在《星期评论》上，林云陔和 T. T. S. 都高度赞扬了马克思的人格。林云陔说："当马克斯竭心著述的时候，也历尽许多辛苦磨折和困乏，本来他要财富或名誉，尽可以由他自取，但他偏偏不要财富，有人说当时俾斯麦曾拿最高的俸金来买马克斯的著作，但是他当时只管在那最困苦的境遇，他亦不肯卖去。那马克新（应为马克斯之误——引者）自己，总已晓得个人的理想主义，一定比物质的利益和各级的环状，更有力了。马克斯究竟拿着他这不屈的意志，成功了一个大社会家。"①T. T. S. 在《马克思的逸话一节》中称赞马克思是"富贵不能淫，贫贱不能移，威武不能屈"的大丈夫②。他写了几个马克思的故事，这些故事显然是道听途说的大杂烩，他用"逸话"做标题也表明了这些故事并不可信。

（3）马克思与德国文化：马克思和恩格斯都出生在德国，这使得当时的中国学者开始关注德国文化。戴季陶认为："德国的民族，是一个科学的民族，也是一个哲学的民族。"③科学的本质是求真，因而具有客观性和实证性的特点；哲学一词源出希腊语 philosophia，意即"爱智慧"，哲学的特点是自由、思辨、深邃。重科学和哲学的德国给人类贡献了不少伟大的人物，"康德、赫格儿、赫克儿这些哲学家科学家不用说了，支配近代思想界、政治界及一切社会生活的社会主义，在科学上、哲学上集大成的马克司、因格尔都是德意志民族里产生出来的"④。

（4）马克思对社会主义运动的贡献：在《星期评论》上，戴季陶对马克思在社会主义运动史上的地位和作用做了非常肯定的表述。他认为马克思主义的诞生实现了社会主义从空想到科学的转变。"马克斯以前，许多社会主义的河流都流到'马克斯'这一个大湖水里面。有许多时候，好像说起社会主义，就是指马克斯主义，讲马克斯主义，就无异是说社会主义。所以大家都承认这马克斯是社会主义的'集大成者'，是社会主义的'科学根据'的创造者。"⑤林云陔高度评价由马克思、恩格斯奠立的科学社会主义的价值，他指出："社会主义在于近世，有科学的意味，系社会进化的最高原理。此原理的应用，所以使将来

---

① 云陔. 唯物史观的解释[J]. 星期评论,双十纪念号.
② T. T. S. 马克思的逸话一节[J]. 星期评论,第 31 号(新年号).
③ 季陶.德国社会民主党的政纲[J]. 星期评论,第 10 号.
④ 季陶.德国社会民主党的政纲[J]. 星期评论,第 10 号.
⑤ 季陶."世界的时代精神"与"民族的适应"[J]. 星期评论,第 17 号.

世界安静,人类互相提携,不互相陵轹。"①马克思去世以后,他在世界社会主义运动史上的崇高地位得到了各国社会主义者的一致认同,1893 年,各国社会民主党人在瑞士的苏黎世召开第二国际第三次代表大会时,代表们"先对马克斯的像唱了'万国的劳动者! 团结起来!'之后才入议事"②。十月革命以后,俄国的布尔什维克党人把马克思的肖像和自己的领袖列宁的"一同悬挂起来"③。1918 年 5 月 1 日,俄国莫斯科盛况空前,非常热闹,布尔什维克党人在这里隆重地"举行马克思铜像除幕式"④。

(5)马克思的历史地位:在《星期评论》对马克思的历史地位做过评价的有沈玄庐、T. T. S. 和戴季陶三人。沈玄庐在《竞争与互助》一文中,把马克思和"果苦鲁泡金、勒氏肯"等世界社会主义运动史上的重要人物称为"大学问家",发明了"互助""这种造福世界的主义"的"先觉"⑤。T. T. S. 在《马克斯逸话一节》中称他是"十九世纪后半的大思想家大革命主义者"⑥。戴季陶是在《星期评论》上对马克思的历史地位评说最多的一个。他先是在第 14 号称马克思"是一个近代经济学的大家","近代社会运动的先觉"⑦,接着在第 17 号称颂他"是社会主义的'集大成者',是社会主义的'科学根据'的创造者"⑧,后来又在第 43 号上说:"学问上的马克斯、因格尔,实际运动上的拉萨尔、威廉·里布奈希、奥鸠斯特·伯伯尔这五个人,都不仅是德国一国的人,实在是世界社会运动史上的人物!"⑨大思想家、大学问家、科学社会主义的创始人和社会主义运动的先觉者,这大体上就是五四时期进步知识分子对马克思的历史定位。

在《星期评论》上,戴季陶和沈玄庐都用社会主义运动的"先觉"来评价马克思。这个评价应该来源于恩格斯。马克思去世当天,恩格斯在给威廉·李卜克里希的信中称颂马克思的功绩说:"我们之所以有今天的一切,都应当归功于他;现代运动当前所取得的一切成就,都应归功于他的理论的和实践的活

---

① 云陔.唯物史观的解释[J]. 星期评论,双十纪念号.
② 汉俊.劳动者与"国际运动"(中)[J]. 星期评论,第 52 号.
③ 季陶.劳农政府治下的俄国[J]. 星期评论,第 39 号.
④ 李大钊."五一"May Day 运动史[J]. 星期评论,第 48 号(劳动纪念号).
⑤ 玄庐.竞争与互助[J]. 星期评论,第 6 号.
⑥ T. T. S. 马克斯逸话一节[J]. 星期评论,第 31 号(新年号).
⑦ 季陶.可怜的"他"[J]. 星期评论,第 14 号.
⑧ 季陶."世界的时代精神"与"民族的适应"[J]. 星期评论,第 17 号.
⑨ 季陶.德国革命的因果[J]. 星期评论,第 43 号.

动;没有他,我们至今还会在黑暗中徘徊。"①恩格斯的这封信被威廉·李卜克里希收在《马克思传》中,作为该文的结尾。1920 年 1 月 3 日,《星期评论》第31 号(新年号)第二张全文刊载了由戴季陶译、注的这篇经典的马克思传记。马克思去世以后,恩格斯在马克思的葬礼上发表演说,高度评价了马克思的历史功绩。恩格斯说:"正像达尔文发现有机界的发展规律一样,马克思发现了人类历史的发展规律。"林云陔把恩格斯的这段翻译为马克思"在历史上用如此工夫来做,就像达尔文原理有造于博物学一样"。《在马克思墓前的讲话》很短很精彩,从林云陔的文章看,五四时期不少中国知识分子可能阅读过这篇文章。

《星期评论》上提及恩格斯名字的文章共 5 篇,频次 34 次,著译者为戴季陶、林云陔。其中戴季陶 4 篇,林云陔 1 篇。对恩格斯的介绍主要集中在戴季陶译、注的《马克斯传》一文中。该文介绍恩格斯说他比马克思小两岁,在马克思主编的《德法年鉴》停刊后不久与他相识。"以后他们两个人结极可羡慕的友情,相依相信,长短相助,在政治上,在学问上,互相提携,始终无渝,一同发达,一同增大。"他们两人一起起草了《共产党宣言》这一社会主义运动史上划时代的文献。宣言"里面那一部分是马克斯作的,那一部分是因格尔著的"无从知晓也无须知晓,因为"马克斯和因格尔这两个人,是一心同体的,和他们两人的事业计划至死是一体一样,在这《共产党宣言》上,也是一体的"。马克思死的时候,他的名著《资本论》只出版第一卷,"其他一卷,虽是马克斯死的时候,还没有完成,但是已经到了勉强可以付印的程度,为他的半身又是他造言执行者的因格尔,校订之后,公之于世"②。

戴季陶在《星期评论》第 10 期为自己翻译的《德国社会民主党的政纲》写的介绍和第 31 期为威廉·李卜克里希的《马克斯传》所做的注释 7 中,都说恩格斯在 1891 年为德国社会民主党起草了《爱尔福特纲领》,但证诸史实,这是一个错误。该纲领在起草过程中曾得到过恩格斯的指导,与 1875 年的《哥达纲领》相比是一个进步,但起草者为当时德国社会民主党著名理论家考茨基和伯恩斯坦。

---

① 恩格斯.致威廉·李卜克里希[M]//马克思,恩格斯.马克思恩格斯选集:第 4 卷[M].北京:人民出版社,1995:655-656.

② 威廉·李卜克里希.马克斯传[J].星期评论,第 31 号(新年号).

《星期评论》上提及"马克思主义"的文章共有 10 篇,著译者为戴季陶、李汉俊,其中戴季陶 8 篇,李汉俊 2 篇。

这些文章对马克思主义的述评主要包括:

(1)马克思主义是科学的社会主义:这部分内容已经在前文"马克思对社会主义运动贡献"中做了详细介绍,此处不再重复。

(2)马克思主义是与无政府主义截然对立的两种思潮。戴季陶说:"马克斯的社会主义,自来就是与无政府主义,立于不两立的地位。只要看一千八百七十二年海牙万国劳动者同盟大会马克斯与巴枯宁的分道扬镳,及以后两派学者和实际运动家互相攻击的事实,已经可以明白的。"①"马克斯一生一世一面和资本家阶级奋斗,一面和巴枯宁奋斗"②。李汉俊介绍了马克思和巴枯宁在第一国际里的斗争情况,他援引威廉·马尔的话说"革命家只在否定的方面能够一致"。马克思主义和无政府主义的分歧不在推翻现存制度和现存阶级的统治上,而在关于未来的社会建设问题上。"马克斯派说:由'综合的财产'与'共同劳动生产组织'而成的社会主义的社会,如果没有万能的中央政权,一定是不能建设、不能维持的。……巴枯宁派说:'这就是古专制制度及奴隶制度的再生,而更具得有更极端的形体的。'……他们只希望以劳动者底群众或团体的共产组织占有财产,实施生产。但是这个团体,是不能用社会的或政治的强制使他集合的,是要他们自由任意集合的。"③

(3)马克思主义需要与具体国情相结合。戴季陶在《"世界的时代精神"与"民族的适应"》一文中说,"马克斯主义是世界的不是国家的",因此,"信奉马克斯主义的人遍布全世界"。在马克思的故乡德国,信奉马克思主义的社会民主党人在 1898 年的总选举中得票数"加到二百十万票",此后德国的社会民主党虽发生分裂,"发生了'修正派'和斯巴达加斯团",但两派都尊奉马克思为鼻祖;在法国,马克思的学说和法国的国情相结合"产生出劳动组合主义(Syndicalism)";在英国,马克思主义和"他传统的惯习主义和自由主义"结合起来,"造成'组合社会主义'(Guild Socialism)";在俄国"有多数派(Bolshevism)的发展,把马克斯的教义变成'苏域'(Soviet)的组织"。戴季陶认为,马克思主义在

---

① 季陶.劳农政府治下的俄国[J].星期评论,第 39 号.
② 季陶.关于劳动问题的杂感(一)[J].星期评论,第 48 号(劳动纪念号).
③ 汉俊.劳动者与"国际运动"(上)[J].星期评论,第 51 号.

世界各国的发展、演变,"可以叫作'马克斯主义的分化'",他探讨这种分化的原因说:"为甚么会有这样的分化发生出来呢? 不用说这就是各民族历史的精神及现代境遇不同的结果了。"①戴季陶所说的马克思主义的分化其实就是今天所说的马克思主义要与各国具体国情相结合。戴季陶肯定"马克斯主义的分化"即马克思主义与各国国情的结合的意义,指出:

"'社会主义'这个主义,照我看来并不是一个严格的主义,只是一个世界的时代精神。这一个时代精神,是普遍的照住全世界。全世界的民族,各有各的历史的精神,各有各的现在境遇,于是便各有各所理想的世界。这各民族特殊的质性,在世界的时代精神笼照下面,都各自自由发展起来,去迎合这世界的时代精神。所取的趋向,虽是在世界的协同进化,所用的方法——就是进行的途径——却是都现出一种差别的形体。好像同是一种'达利亚花',培植在欧洲的就现出欧洲的色采,培植在亚洲的就现出亚洲的色采。同是一样的鲈鱼,生在松江的,就是松江的特殊形体,生在日本的,就现出一种日本的特殊形体。全时代精神的进化,是社会进化的真意义。一民族适应全时代精神的进化,是社会进化部分的过程。离开了全时代的精神,便失却向上的反射力。除却了适应的方法,一切动作都变成无意识的盲动。"②

戴季陶的"马克思主义分化说"直接的思想来源是日本社会主义者堺利彦的文章③。堺利彦对李大钊的马克思主义观也有很大的影响④。李大钊被学界公认为是倡导马克思主义中国化的先驱,他在1920年就明确说:社会主义的理想"因各地、各时之情形不同,务求其适合者行之,遂发生共性与特性结合的一种新制度(共性是普遍者,特性是随时随地不同者),故中国将来发生之时,必与英、德、俄……有异。"⑤他的这一思想,可能也受到了堺利彦《马克思主义的分化》一文的影响。

---

① 季陶."世界的时代精神"与"民族的适应"[J].星期评论,第 17 号.
② 季陶."世界的时代精神"与"民族的适应"[J].星期评论,第 17 号.
③ 戴季陶发表在《星期评论》双十纪念号第 3 张上的《英国的劳动组合》一文,在文末的参考文献中提及堺利彦在日本《社会主义研究》杂志上发表过题为《马克思主义的分化》的文章.
④ 李海春.浅谈堺利彦与李大钊思想的关系[J].湖北社会科学,2010(1).
⑤ 李大钊.社会主义与社会运动[M]//李大钊文集:下.北京:人民出版社,1984:376.

三、结语

综上所述,不难看出,《星期评论》是五四时期介绍马克思、恩格斯及其学说的重要刊物。

《星期评论》是五四时期国民党人创办的宣传新文化新思潮的刊物。在《星期评论》的作者群中,戴季陶、林云陔是该刊宣传马克思主义的重量级人物,其地位超过了沈玄庐、李汉俊,历史的事实就是如此,我们不必忌讳这个真实的历史。正确的态度首先是承认这个史实,然后合理地解释这个史实。五四时期是中国思想解放的年代,此时马克思主义是作为西方新思潮的一种进入中国的,因而受到了中国追求进步要求变革的知识分子的极大欢迎。当时中国共产党尚未成立,代表中国社会进步力量的知识分子不仅有陈独秀、李大钊等后来成为中共早期党员的革命者,而且还应包括孙中山、戴季陶、胡汉民、林云陔、朱执信等辛亥革命事业的维护者,胡适、傅斯年为代表的自由主义者……此外,梁启超、张东荪、张君劢等研究系知识分子也不是落伍者。大家都在探索、找寻中国的出路。"那时,求进步的中国人,只要是西方的新道理,什么书也看。"①正是当时中国知识界这种"什么书都看"、什么书都译,什么学说都介绍的态度,导致"各种西方思潮大量涌入中国",导致了五四时期马克思主义传播的春潮。学者蔡丽指出:"马克思主义的春潮正是在共产党人、国民党人与其他进步知识分子共同推动下,才形成了澎湃汹涌之势。"②这是一个符合历史实际的结论。

---

① 毛泽东. 论人民民主专政[M]//毛泽东选集:第4卷[M]. 北京:人民出版社,1991:1469.

② 蔡丽. 马克思主义在中国初期传播的多元性探索:以共产国际、国民党人为对象的分析[M]. 武汉:华中师范大学出版社,2014:141.

五四运动与长沙中国共产党
早期组织的建立*

　　20 世纪初的中国,国家四分五裂,军阀连年混战,纷繁复杂的社会环境中,需要一种政治力量来整合社会力量,挽救国家命运。1919 年巴黎和会上中国外交的失败,引发了伟大的五四运动,并迅速演变为声势浩大的反帝反封建革命风暴,建立工人阶级政党的任务被提上了日程。在中共一大前,全国成立了六个共产党早期组织和两个海外共产党早期组织。长沙中共早期组织以新民学会为依托在湖南乃至全国广泛地开展党团活动,在思辨和指导湖南革命运动实践中培养锻炼了一批信仰坚定的马克思主义者,以文化书社、俄罗斯研究会、社会主义青年团等组织形式发展基层组织,最终在新民学会内部秘密建立起长沙共产党小组并赴会中共一大。

一、五四时期湖南学生运动的积极实践

　　五四运动爆发后,长沙的报纸冲破湖南督军张敬尧的新闻封锁,报道了北京学生的爱国运动。北京学生联合会派邓中夏回到湖南发动湖南学生响应北京五四运动,5 月下旬,通过新民学会会员的联络,湖南学生联合会成立。6 月3 日,在湖南学生联合会的组织下,长沙 20 所学校同时罢课,向北京政府提出拒绝巴黎和约、废除一切不平等条约的要求。在五四大潮下,湖南学联创办《湘江评论》,毛泽东担任主编,"浩浩荡荡的新思潮业已奔腾澎湃于湘江两岸了! 顺他的生,逆他的死"①。长沙学生的爱国运动迅速得到各界响应,7 月,

---

　　＊ 本文作者朱静、胡子祥:西南交通大学。
　　① 中共中央文献研究室. 毛泽东早期文稿(1912. 6—1920. 11)[M]. 长沙:湖南人民出版社,1990:294.

湖南各界联合会成立,并发展了各种基层组织。张敬尧于 8 月中旬强迫解散湖南学生联合会,并查封《湘江评论》,一场声势浩大的"驱张"运动展开了。长沙各中等以上学校一致举行罢课,被激怒了的湖南人民,与张敬尧展开了激烈的斗争。其间,长沙的"驱张代表团",分赴北京、上海、广州、常德等地请愿联络。1920 年 4 月,上海的湖南人士组成了"湖南改造促成会",毛泽东到上海商讨下一步的行动计划,其间,拜访了在上海筹建共产主义发起组的陈独秀,毛泽东后来回忆说:"他对我的影响也许超过其他任何人。"①毛泽东的思想开始由民主主义转向马克思主义。

1920 年 6 月 26 日,张敬尧的部队被迫全部撤出湖南省,"驱张"运动胜利后,进入湖南的军阀谭延闿打出"湖南自治"的旗号,企图用湖南籍的官僚统领湖南。毛泽东利用这个口号,组织各界发起请愿活动,希望把"湖南自治"搞成自下而上的政治运动。11 月下旬,湘军总司令赵恒惕取代谭延闿执掌湖南,湖南自治运动迅速流产。现实的残酷打击使毛泽东的思想发生了重大的转变,湖南的改造不是"几篇文章所能弄得好的",要"另想办法,另造环境,长期的预备,精密的计划"②。毛泽东为代表的湖南早期先进分子终于摆脱了对社会改良道路的最后一点幻想,由主张社会改良到坚持社会革命,成为严格意义上的马克思主义者。

二、五四运动影响下的湖南地区进步社团的建党探索

五四运动的剧烈社会震荡下,组党建社成为一种趋势。在中国共产党的早期创建史中,"党团不分"是一个普遍存在的现象,党、团、研究会常是一套班子,类似的功能。在前五四时期,社团大多政治形态模糊,波及范围局限,五四运动后,社团内部和社团之间的交流和辩争中,建党的重要性已被充分认识。在思辨和实践中,马克思主义在众多的社会思潮中脱颖而出,成为中国共产党的建党思想。

在湖南省立第一师范学校就读期间,受新文化运动思潮影响,毛泽东与同学蔡和森、萧子升等于 1918 年 4 月组建新民学会。建立初期,学会重点强调

---

① 埃德加·斯诺. 西行漫记[M]. 董乐山,译. 北京:生活·读书·新知三联书店, 1979:130.

② 中共中央文献研究室. 毛泽东早期文稿(1912.6—1920.11)[M]. 长沙:湖南出版社, 1990:557.

"革新学术,砥砺品行,改良人心风俗"①,政治性还比较含糊。但是,面对国内外风云突变的政治形势,会员们逐渐开始探求中国的出路问题,"成为我国在俄国十月革命以后成立的影响最大的革命社团之一"②。在新民学会的组织下,湖南赴法青年达50多人,蔡和森便在其中。新民学会后期曾召开过两次重要会议。一次是1920年7月巴黎蒙塔尔纪会议,出现了以蔡和森为代表的革命派和以萧子升为代表的温和派的分歧;另一次是1921年元月在长沙召开的新年大会,毛泽东对旅法会友提出的五种方法进行了精辟分析,认为社会民主主义、无政府主义、温和方法的共产主义等是"永世做不到的",因此"激烈方法的共产主义,即所谓劳农主义,用阶级专政的方法,是可以预计效果的,故最宜采用"③。"同一学会,则以奉同一主义为宜",表决时18位与会者中赞成布尔塞韦克主义者达12人④。在毛泽东和蔡和森领导下,新民学会发展为以马克思主义为主要信仰、以"改造中国和世界"为宗旨的革命团体。"影响最大,与建团建党工作关系最密切的则莫过于创办'文化书社'这件事"⑤。文化书社先后在湖南设立多个分社或代销处,有组织地促进马克思主义和新文化在全省各地的传播。毛泽东同方维夏、彭璜、何叔衡等还在文化书社的基础上建立湖南俄罗斯研究会,发起留俄勤工俭学运动。"书社不仅是宣传新思想新文化,宣传马克思主义的一个重要阵地,而且是留法会员与国内会员,湖南的具有初步共产主义思想的先进分子与国内其他省区县有初步共产主义思想的先进分子的联络站。"⑥

新民学会成为革命团体后,把"组织社会主义青年团"作为"着手方法"之一。1920年10月,在收到北京、上海寄来的社会主义青年团章程后,在毛泽东直接领导下,湖南社会主义青年团于1921年1月13日正式成立,有团员16人,毛泽东任书记。毛泽东认为,"青年团此时宜注重找真同志,只宜从缓,不可急进"⑦。到7月份发展到团员39人,到1923年发展到700多人,成为全国

---

① 中国革命博物馆,湖南省博物馆. 新民学会资料[M]. 北京:人民出版社,1980:3.
② 中国革命博物馆,湖南省博物馆. 新民学会资料[M]. 北京:人民出版社,1980:455.
③ 中共中央文献研究室.毛泽东文集:第1卷[M]. 北京:人民出版社,1993:2.
④ 中国革命博物馆,湖南省博物馆. 新民学会资料[M]. 北京:人民出版社,1980:169.
⑤ 中国革命博物馆,湖南省博物馆. 新民学会资料[M]. 北京:人民出版社,1980:470.
⑥ 中国革命博物馆,湖南省博物馆. 新民学会资料[M]. 北京:人民出版社,1980:470.
⑦ 中共中央文献研究室. 毛泽东早期文稿(1912.6—1920.11)[M]. 长沙:湖南出版社,1990:703.

团员人数最多的省份之一。以新民学会为引领和依托,湖南先后成立了多种社团组织,在建党和革命道路上做出了有益的探索。

三、长沙中共早期组织的形成及特点

(一)长沙中共早期组织的形成

在五四运动的影响和共产国际的指导下,一大召开前,上海、北京、武汉、长沙、济南、广州六地建立了共产党早期组织,旅日、旅法建立了海外共产党早期组织。长沙中共早期组织的创建过程大致可分为 3 个阶段。第一阶段为创建新民学会,以新民学会为依托开展广泛的爱国主义运动,从一个爱国救亡的五四进步社团逐步向一个具有政党性质的革命团体发展,体现出五四时期政党性质的社团组织的共性;第二个阶段学习和传播马克思主义并以理论指导湖南的现实斗争的尝试,其间缺乏共产国际的直接指导,接受上海中共发起组间接指导,主要为湘籍早期马克思主义者的独立探索;第三个阶段新民学会内部出现分裂,"温和派"与"革命派"决裂 ,1920 年初冬,在长沙新民学会中信仰共产主义的先进分子秘密创建长沙中共早期组织并秘密开展工作。

(二)长沙中共早期组织创建的主要特点

1. 以新民学会为依托,党团活动融合创建

被誉为"建党先声"的新民学会是五四前后"一个有相当社会影响的进步团体"①"在五四运动以后,中国共产党成立以前,新民学会在湖南地区的革命运动中起着核心领导作用"②。新民学会成立之初,只是一个小资产阶级知识分子要求向上、互助的学术团体。五四运动后,大多数会员接触到马克思主义和劳工运动,新民学会由学术团体向革命团体转变。对于新民学会与湖南建党的关系,毛泽东在延安时期曾对萧三说:"新民学会实际上起了联共小组的作用。"③新民学会在很大程度上就是长沙中共早期组织的前身。④ 此后建立的湖南地区有影响力的社团和学会,多以新民学会为依托,其中长沙学生联合

---

① 中共中央党史研究室 . 中国共产党历史:第 1 卷上册[M]. 北京:中共党史出版社,2002: 78 .

② 中国革命博物馆,湖南省博物馆 . 新民学会资料[M]. 北京:人民出版社,1980:454-455.

③ 肖甡 . 中共党史百人百事[M]. 上海:上海人民出版社,2006:11.

④ 李锐 . 早年毛泽东[M]. 北京:人民出版社,1997:374.

会成为湖南五四运动的直接领导团体。

2. 将传播马克思主义思想与现实斗争相结合,由湖南早期马克思主义者独立创建

对于新文化,毛泽东认为"不但湖南,全中国一样尚没有新文化。全世界一样尚没有新文化。一枝新文化小花,发现在北冰洋岸的俄罗斯"①。宽泛的"新思潮"向马克思主义和俄国革命经验聚焦。五四运动引领下,湖南"驱张运动"胜利后,全国各地的湖南籍马克思主义者返乡进行现实斗争。值得一提的是,长沙中共早期组织建立与其他中共早期组织受共产国际指导不同,主要渠道是通过留法勤工俭学中的先进分子与国内的新民学会先进分子以通信的方式酝酿推进的。毛泽东在党的七大准备会上说过:"这次大会发给我一张表,其中一项要填写何人介绍入党。我说我没有介绍人,我们那时候就是自己搞的。"②在中央档案馆保存的一份毛泽东亲自填写的中共八大代表登记表中,毛泽东填写的入党时间是 1920 年。

3. "革命派"与"温和派"分裂,受发起组委托秘密创建

湖南地区在反动军阀的残暴统治下,长沙中共早期组织的建立和活动十分隐蔽。萧子升回忆说:"1920 年,学会出现了分裂。在毛泽东领导下那些热衷共产主义的人,形成了一个单独的秘密组织。"③1920 年 11 月,受上海共产党发起组的正式委托,新民学会中坚定的革命派毛泽东、何叔衡、彭璜等 6 人在建党文件上签了名,创建了长沙共产党小组。由于是秘密组织,长沙中共早期组织创建的具体时间、地点、名称、组成人员等都没有保存文字资料。留法的蔡和森提出要"明目张胆正式成立一个中国共产党",毛泽东复信对蔡和森的建党主张"表示深切的赞同",并告诉蔡和森:"党一层,陈仲甫先生等已在进行组织。"④毛泽东和蔡和森的多封书信印证了长沙中共早期组织的创建。此外,陈潭秋、董必武、包惠僧、李达、张国焘、周佛海等人的回忆材料,均提到长沙"共产主义小组"。

---

① 中共中央文献研究室. 毛泽东早期文稿(1912.6—1920.11)[M]. 长沙:湖南出版社1990:498.

② 于化庭. 毛泽东与长沙中共早期组织的创建[J]. 党史纵横,2011(2).

③ 中共中央党史资料征集委员会. 共产主义小组(下)[M]. 北京:中共党史资料出版社,1987:575.

④ 中央文献研究室.毛泽东书信选集[M]. 北京:人民出版社,1983:11.

四、五四运动在长沙中共早期组织的创建中发挥了奠基作用

（一）五四运动为长沙中共早期组织的创建奠定思想基础

五四时期是中国社会变革最为剧烈的时代，也是中国思想领域最为活跃的时期。"主义譬如一面旗子，旗子立起来了，大家才有所指望，才知所趋赴。"①在五四运动前后，对于马克思主义基本理论的理解非常模糊，蔡和森和毛泽东关于建党问题的通信，内容涉及党的性质、指导思想、组织原则等许多有关党的建设的重大问题。毛泽东在"南陈北李"的影响下，投身湖南的革命运动，逐渐建立起马克思主义世界观，坚信"唯物史观是吾党哲学的根据"②。在不同派别思想的论战中，早期的共产党人在经历改良性质的运动无果的基础上总结了革命斗争的经验，"政治改良一途，可谓绝无希望。吾人惟有不理一切，另辟道路"③。蔡和森用世界眼光强调成立中国共产党的重要性，更坚定了国内新民学会会员成立共产党组织的决心和信心，在新民学会内部以布尔什维克主义为达到目的的方法达成了共识。

（二）五四运动为长沙中共早期组织的创建奠定组织基础

五四时期，在湖南地区的运动中，新民学会发挥出巨大的能量，以一个地方性的社团产生了全国性的影响。五四运动后，新民学会除了开展自身的活动外，还以此为依托组建了马克思主义研究会、文化书社、俄罗斯研究会、社会主义青年团等一系列团体。湖南乃至中国的建党建团的进程几乎是同时展开的，活动也往往是联合进行的。陈独秀是党员也是团员，毛泽东在陈独秀的指导下将长沙建团作为新民学会活动的重要抓手和建党的基础，不少党员都是从团员转过来的或者同时为党员和团员。新民学会和以新民学会会员为核心的众多进步团体的成立，为湖南地区早期党团组织的建立奠定了组织基础。

（三）五四运动为长沙中共早期组织的创建奠定人才基础

五四时期，爱国青年"外争国权，内惩国贼"，体现了伟大的抱负和强烈的使命担当。长沙中共早期组织的创建人中，毛泽东便是一个典型。他曾接受

---

① 中共中央文献研究室. 毛泽东早期文稿（1912.6—1920.11）[M]. 长沙：湖南出版社，1990：554.

② 中共中央文献研究室.毛泽东文集：第1卷[M]. 北京：人民出版社，1993：4.

③ 中共中央文献研究室. 毛泽东早期文稿（1912.6—1920.11）[M]. 长沙：湖南出版社，1990：548 .

过社会改良主义、无政府主义、新村主义等多种思想,受五四运动洗礼,他与这些思想决裂而成长为马克思主义者。蔡和森赴法勤工俭学期间刻苦钻研马克思主义著作,与毛泽东通信讨论建党问题,二者的世界观互为促进,并最终定型。长沙中共早期组织的党员彭璜、何叔衡、易礼容、陈子博等均是湖南青年运动的领袖。诚然,在那个大动荡大分化大组合的年代,孕育了长沙中共早期组织的新民学会内部不可避免地发生分裂,但它的主体通过艰辛的比较鉴别,最终选择了马克思主义,另外,还有多人长期从事教育和科学事业,并同情革命,也有极少数人后来叛变了革命。

五、结束语

历经五四运动洗礼的长沙中共早期组织以积极的社团活动、严密的组织网络、秘密的党建行动,在革命斗争中显示出坚强的战斗力。湖南地区中国共产党早期党员做了大量开拓性的实际工作,将长沙中共早期组织发展成为一个思想先进、组织严明、人才辈出的中国共产党早期基层党组织,为中国共产党的创建做出了不可磨灭的贡献。1921 年 6 月毛泽东接到上海发起组通知,于月底同何叔衡作为代表赴上海参加中共一大,大会宣告中国共产党成立,中国革命由此进入了一个新的时代。

因缘际会:五四运动后期恽代英与泸州青年团组织的创建*

一、"新泸州、新川南"与恽代英赴泸

川南长江边的重镇——泸州,位于四川盆地南部,境跨长、沱二江,境内土地肥沃,溪河纵横,盛产稻谷,素有"川南粮仓"之称,泸地经济开发较早,史志中亦称泸城扼川滇黔陆路要冲,具长江水运之便,"商贾辐辏,五方杂处",社会较为富庶,在素有"天府之国"美称的四川,也一向被视为繁华重镇①。然而,民国前期的巴蜀大地,陷于各路军阀争斗不休、画地为牢的混乱境地,名为"自治"、实为割据的防区制度便逐渐形成②。泸州地区在民初的连绵战火中也多次易手,1920年前后为新崛起的川中枭雄杨森所占据。杨氏时任川军第九师师长兼永宁道尹。其幼年受过传统与现代间杂的新式教育,曾师从川中名绅张澜,向有"趋新"之名。杨氏自称"余幼读经史子集,对于以遂生行仁为中心之中国传统学术思想,即有深刻认识。嗣入顺庆府中学,暨陆军军官速成学堂,于科学新知,及军事韬略,亦薄有造诣"③。他在泸任永宁道尹期间,大谈"时新、进步",四处延揽人才,提出"建设新川南"的口号。后来曾担任四川财政厅厅长一职的泸州人刘航琛也曾回忆此时"杨森做了第九师师长,再兼永宁道尹,驻节泸州,自此展开其个人在四川的一番作为。杨氏手下多蓄各式人

---

① 泸县地方志办公室.泸县志:第1卷[M].成都:四川科学技术出版社,1993:1-2.

② 吴光骏.四川军阀防区制的形成[M]//四川省文史研究馆.四川军阀史料:第2辑.成都:四川人民出版社,1983:204.

③ 杨森.九十忆往[M].上海:龙文出版社,1990:15.

物,……后来的四川建设厅厅长卢作孚,在当时是他道尹公署的教育科科长"①。杨森据有泸州地区时,正是五四新文化运动从倡言思想革命向实践社会改造蓬勃发展之际。作为在川军中初步崭露头角的人物,杨森希望借助新文化人士与新的社会资源来为自己博取声名,尝试一些自身能够容忍的社会革新,以巩固自身的地位。虽然其未必是真心希望进行彻底的社会改造,但这种攀附新文化资源的举动一时间也为进步力量在泸州的聚合,乃至社会主义青年团(S. Y.)组织的建立提供了平台与机缘。

恽代英,原籍江苏武进县,1895 年 8 月 12 日出生于湖北武昌,1913 年考入私立武昌中华大学预科学习,1915 年转为正式生攻读中国哲学。1918 年夏,恽代英大学毕业,先担任了中华大学附中教务主任,后又在湖北、安徽辗转多地从事中等教育改革活动。五四新文化运动中,恽代英十分活跃,成为武汉学生爱国运动的领导者和组织者,尤其是发起组织了互助社、觉社、利群书社等在当时广为知名的新青年互助社团,以自我改造与团体改造为期许,更让他在五四青年中声名鹊起。1919 年 10 月,恽代英正式成为少年中国学会成员,学会创始人曾琦在致王光祈的信中称:"武昌新会员恽代英君,确系鄂中青年界之精华。"②1920 年年底,恽代英受陈独秀委托,翻译了考茨基的《阶级斗争》,该书后来传播甚广,深受广大革命青年的欢迎。凭借扎实的学问功底以及优秀的品格与涵养,恽代英很快便在包括少年中国学会在内的五四式革新知识青年群体中赢得了广泛的信任与尊重。

1921 年 10 月底,在五四运动中声名鹊起的恽代英受聘赴泸州川南师范学校担任教务主任,主持进行新式教育改革工作,直到 1923 年 1 月春节前夕辞职离泸。来川前从事组织知识青年进步社团与新式教育改革活动的经验,在崇尚新文化的知识精英中积累的广泛人脉,以及与党团中央领导者的私人联系,都为他在泸州乃至整个川南地区的进步活动打下了坚实的基础。

二、江滨播火:恽代英在泸州地区的进步活动及其具体语境

恽代英在泸州地区从事教育改革与新文化传播工作的一年多时间,在川南乃至整个四川的青年学生与新知识界中都留下了深刻的印记。恽代英的在

① 沈云龙,张朋园. 刘航琛先生访问记录[M]. 北京:九州出版社,2012:10.
② 李良明,钟德涛. 恽代英年谱[M]. 武汉:华中师范大学出版社,2006:166.

泸州开展的进步活动，以川南师范学校的校务改革为主要依托，以校内外的新思想传播、新青年聚合、新组织创建为主要内容，在地域上辐射到川南地区大多数县域。

（一）恽代英在泸州开展进步的主要活动

作为整个川南地区最高学府的川南师范学校，始建于1913年，该校前身与清末时即以"求新于旧"为办学宗旨，开川南教育界文化界一时之风气。作为四川最早的新式学堂，吸引了包括吴玉章、谢持等大批四川的有志青年前来就学。然而，该学堂到了五四新文化运动时期已显得有些落后于时代了，其传统思想观念依然浓厚，管理及教学都暮气沉沉、守旧因循，一方面日常教学仍以传统经史为主，另一方面严禁学生阅读课外书，师生间壁垒森严①。

恽代英到泸后，即与王德熙等人一起，向地方行政当局建议改革各中学教育行政、教育内容、教育方法，着力贯彻充满民主平等精神的"学校公有"新思想新制度。他身体力行在川南师范学校推动进行一系列校政改革措施，如学生自治，校政公开，以及师生平等，实现了学校管理民主化、人事财务信息公开化等，大大提升了学生的权利与主体意识，使他们在校政上拥有了以往不曾有过的参与权和话语权，这种变化也进一步提高了学生对恽代英的拥护。"学行励进会"骨干成员，后来担任泸县青年团书记的曾润百称："恽老师关心我们，真像是我们的父母兄长一样。"②而仅与恽代英有过短暂接触的阳翰笙也发现他"生活俭朴，穿普通学生装，跟学生同甘共苦，爱劳动，自己洗衣服，自己扫地"，尤其关心同学疾苦，"他周围团结了二三十个学生，完全跟着他"③。

除了校务改革外，恽代英到泸州不久，就利用自己曾经在武昌组织学生社团的丰富经验，在校内外创立"社会科学研究会""通俗讲习所"等团体，传播新思想新文化。尤其是在县城白塔寺民众通俗教育馆设置的定期讲习会，吸引了大量校内外青年以及市民、农民等群体参加。据时任川南师范附小教师的秦德君回忆，"泸县的市民、学生、中小学教员等，每逢周末，都喜欢到白塔寺'通俗教育馆'的大会场听恽代英演讲"。恽代英的演讲大受群众欢迎，"他讲

---

① 四川省泸州师范学校校史组. 泸州师范（川南师范）校史：1901—1949[M]. 四川省泸州师范学校校史组编印，1991：16–17.

② 曾润百传编写组. 曾润百传[M]//泸州文史资料选辑：第21辑. 泸州：政协四川省泸州市文史资料委员会，1992：2.

③ 阳翰笙. 风雨五十年[M]. 北京：人民文学出版社，1986：60.

的每个问题都分析得很清楚。他一口湖北话,口齿清晰,言辞通俗易懂,态度和蔼可亲,吸引力极大"。最后听讲的人越来越多,以至于会场都容纳不下,群众情愿站在会场外面隔窗倾听,"那时没有扩音设备,好在恽代英嗓音宏亮,谈吐从容,即使隔窗很远的人也听得清楚"①。

1922年5月5日,马克思诞辰这一天,恽代英在川南师范主持成立了"马克思学说研究会",制定简章,开展读书活动,章程中规定:学会以"研究马克思学说,搜集、贩卖关于马克思学说之书报,并刊行本会会员及会外关于研究马克思学说之论文"②。不久之后又在此基础上吸收余泽鸿、陈江、曾润百等部分青年骨干成立了"学行励进会"。借助这些以进步学生为核心的青年社团,此时已成为共产党员的恽代英,开始大力开展马克思主义思想的传播活动,从个人修养途径到社会现状分析,再到个人、国家前途命运的探求,将青年学生引向对社会整体改造终极问题的思考。恽代英吸引了数十名矢志追求救国救民的校内外知识青年牢牢聚集在自己的身边,为青年团的成立打下了基础③。除了辅导青年学习《共产党宣言》《共产主义ABC》《阶级斗争》《新青年》等较浅显的马克思主义理论书刊外,在寒假期间,恽代英还组织进步青年以巡回讲演团的方式到川南多个县去巡回讲演,传播新思想,并要求讲演团"多注意鼓吹社会主义"④。

1922年5月,中国社会主义青年团正式成立。不久之后,团中央即从上海寄出书面通知,要求恽代英在泸州组建社会主义青年团支部,并由团中央书记施存统和他直接联系⑤。大约在1922年的六七月份,恽代英在泸州正式建立了社会主义青年团组织,并与团中央取得了直接联系⑥。8月,恽代英借为川南师范购买图书仪器之机会来到上海,拜访了邓中夏、高君宇、施存统等团中

---

① 秦德君,刘淮. 火凤凰:秦德君和她的一个世纪[M]. 北京:中央编译出版社,1999:18.

② 泸县马克思学说研究会简章[M]//中央档案馆,四川省档案馆. 四川革命历史文件汇集:甲1. 51.

③ 张济民. 忆恽代英同志在川南师范[M]//本社编辑部. 回忆恽代英[M]. 北京:人民出版社,1982:284-288.

④ 李良明,钟德涛. 恽代英年谱[M]. 武汉:华中师范大学出版社,2006:206.

⑤ 李良明,钟德涛. 恽代英年谱[M]. 武汉:华中师范大学出版社,2006:201.

⑥ 中共四川省委组织部,中共四川省委党史研究室,四川省档案馆. 中国共产党四川省组织史资料(1921—1949)[M]. 成都:四川人民出版社,1995:31.

央领导人,并向他们汇报了泸州青年团的建设发展情况①。

1923 年 1 月,也就是恽代英离泸前夕,泸州地方团第一次给团中央汇报工作,介绍自身的成立过程:"我们依照你们去年五月间代表会议议决通行的简章,在此地(四川泸县)组织了一个泸县地方社会主义青年团。因为团员很少,所以只选一书记暂主其事。"并向团中央请教活动开展与组织建设方法,身处川南一隅的学生团员希望中央常告知外面消息、多介绍书报、彼此各地一致联络、不客气指导社会运动进行方法等等②。这个新生的僻处川南的青年团虽尚幼稚,但火种已然被先行者播下,演成星火燎原之势已只是时间问题。

(二)恽代英在泸州开展进步活动的地方语境

恽代英能够在泸州进行一年多的教育、社会改造实践依赖的主要是地方实力派提供的稳定小环境及其人际网络的支持。1920 年年底,在"靖川之役"中取胜后,杨森率部进驻泸州,被北京政府任命为管辖下川南的泸永镇守使兼永宁道尹,集军民财政于一身,成为四川防区制中的地方实力派③。杨氏在任道尹期间,大谈"时新""进步",延揽人才,提出"建设新川南"的口号④。首先,他于 1921 年年初委任了抱持"教育救国"理念的卢作孚担任永宁道尹公署教育科科长。⑤ 卢氏此前长期从事教育、新闻事业,属于四川新文化阵营中较有代表性的新派人物,他在民初即称:"惟吾亦留心教育之一人,且始终认教育为救国不二之法门,……民意民力,尤复薄弱,不有教育以扶持,富强之效,亦如捕风。"⑥恽代英对他也做出了积极评价:"川南道属教育科长卢思(卢作孚),人更可注意,真可谓济济多贤。"⑦卢上任后对以川南师范学校为代表的整个泸州教育界进行了大刀阔斧的改革,他多年后回忆道:"本人任川南永宁道教育科长时,对于教育上有两种理想,第一为改革学校教育,第二为建设社会教育。学校教育打算从改革川南师范着手,为使他人了解或博得他人同情起见,

---

① 冯资荣,何培香.邓中夏年谱[M].北京:中国文史出版社,2014:113、114.

② 中央档案馆,四川省档案馆.四川革命历史文件汇集:甲 1[M].47-48.

③ 四川省文史研究馆.四川军阀史料:第 3 辑[M].成都:四川人民出版社,1985:230.

④ 马宣伟,肖波.杨森[M].成都:四川人民出版社,1989:21.

⑤ 张守广.卢作孚年谱长编(上)[M].北京:中国社会科学出版社,2014:58.

⑥ 凌耀伦,熊甫.卢作孚集[M].武汉:华中师范大学出版社,2011:1,3.

⑦ 恽代英.恽代英文集:上卷[M].北京:人民出版社,1984:317.

乃召集川南师范各教员,提出自己的教育理想。"①1921 年 8 月,卢作孚代表道尹杨森邀请在重庆参加暑期夏令营的新文化人士邓中夏、杨效春、金海观等人前往泸州讲演。邓中夏等人本经商议应允当月 16 日搭乘"蜀通轮"赴泸州,后来因故未能成行②。接着卢氏又聘请"少年中国学会"会员、东南大学毕业的王德熙出掌川南师范学校,并经王推荐力邀在新文化运动中声名鹊起的进步青年领袖恽代英任川南师范教务主任。经由这些趋新青年编织的人脉网络,李求实、谢啸仙、穆济波、刘愿庵、胡兰畦、秦德君、陈慧人等反对旧礼教、提倡新文化的革新派知识分子纷纷汇聚于泸州,任教于川南师范学校及其附属小学。由此,以泸州为中心的川南地区在文化教育上呈现一派除旧鼎新的氛围。此外,在卢作孚、王德熙、恽代英等人的襄助下,诸如修建公路、搞展览会、建运动场、设通俗教育馆、办川南二十五县运动会等各项公共事业也搞得有声有色的,泸州地区一时涌动起难得的新鲜气息③。

崇尚"时新"并高举"新川南"建设旗帜的杨森当局,对恽代英等人推动的一系列教育和社会革新建议基本都予以采纳,客观上为新文化运动在川南的传播,乃至于马克思主义思想的渗透与共产主义组织的初步建立都营造了一个较为有利的政治生态与舆论环境④。恽代英初到泸州时便感觉到"校长德熙勤朴真诚,出我意外。校内气象颇好"。他也认识到川南师范"经费全靠杨森保障",同时外边"反对此校的很多,杨若动摇,将成不了之局"。但幸运的是虽"外面反对很多",但"幸杨森一力翼护,德熙与学生感情极好",因此局面不算差,仍大有可为⑤。教育行政当局的鼎力支持,让恽代英怀抱希冀,在致友人书信中多次表达要借机将教育理念付诸实践的期望,"在此军长杨森,教育科长卢思,再加校长王德熙都可谓好勇过我。只要他们是不倒翁,此间事本有可望。……川南以改造教育、改造社会或竟闹得成功。此不能说非'利用已成势

---

① 卢作孚.一段错误的经历[M]//凌耀伦,熊甫.卢作孚集.武汉:华中师范大学出版社,2011:364.

② 冯资荣,何培香.邓中夏年谱[M].北京:中国文史出版社,2014:90.

③ 本书编写组.杨森在泸县活动记略[M]//泸州文史资料选辑:第 14 辑.泸州:政协四川省泸州市文史资料委员会,1988:32.

④ 本书编写组.杨森在泸县活动记略[M]//泸州文史资料选辑:第 14 辑.泸州:政协四川省泸州市文史资料委员会,1988:29.

⑤ 恽代英.恽代英文集:上卷[M].北京:人民出版社,1984:317、318-319.

力'"①。因此,恽代英积极为当地介绍援引人才,曾力邀挚友萧楚女前来任教,也在书信中动员友人杨效春"我望你决然到四川吧! 他们希望得很!"由此,泸州地区便逐步聚集了一批有志于革新教育与传播新文化的知识青年。这个过程中,恽代英所在的五四时期最知名社团——少年中国学会,发挥了重要的人脉网络搭建与资源聚合作用。不仅王德熙、恽代英、穆济波、周晓和等川南师范教师是少中学会总会或成都分会会员,而且试图继续延聘或请到泸州演讲的邓中夏、杨效春、萧楚女等人,均是学会中人。值得一提的是,1922年年初,川南教育界实际负责人卢作孚也经王德熙、恽代英、穆济波、彭云生等人介绍正式加入少年中国学会,成为该会历史上全部112名会员之一②。这为我们呈现了五四时期具体历史场域中个人、学会与革新事业之间紧密互动的一面。

　　然而,依靠个别"趋新"军阀提供的舞台也随时可能因在战争中失利而迅速崩塌。1922年7月,川省内战再次爆发。8月20日,杨森就兵败退至湖北宜昌境内了③。四川边防军赖心辉部张英旅进占泸州后,在安民布告中对新文化、新教育大肆进行攻击,还要通缉新派人物,"这一来,新派的事业无法存在,新派人物也被迫离开泸州",恽代英、卢作孚等人所开创的革新局面也随即陷入停滞④。恽代英不仅被撤销了川南师范代理校长的职务,还在当年9月由沪返泸后遭地方军阀以"贪污公款"的罪名无端扣押,由此引起了当地学生以援助恽代英为目标的"学校公有"运动,后来经成都高等师范学校校长吴玉章等社会知名人士保释出狱,并被礼聘为该校教育学讲师⑤。此后,川南师范的大批进步师生随之被遣散,恽代英也率领一批骨干学生于1923年春节前后离泸赴蓉,川南泸州的革新事业受到了一定的打击。不过,恽代英在川南活动期间播下的火种却呈燎原之势,他引导大批青年们走出了狭隘的个人境界,走向了马克思列宁主义的革命道路,留下了深刻的历史印迹⑥。

---

① 恽代英.恽代英文集:上卷[M]. 北京:人民出版社,1984:321-323.
② 少年中国学会消息:四川会员近况[J]. 少年中国,1922,3(7).
③ 吴祖沅.一、二军之战[M]//四川省文史研究馆.四川军阀史料:第3辑.成都:四川人民出版社,1985.
④ 胡兰畦. 胡兰畦回忆录(1901—1936年)[M]. 成都:四川人民出版社,1985:51.
⑤ 刘文耀,杨世元. 吴玉章年谱[M]. 成都:四川人民出版社,1998:100.
⑥ 李畅培.恽代英在四川[M]//四川省政协文史资料研究委员会.四川文史资料选辑:第28辑.成都:四川人民出版社,1983:68-83.

（三）恽代英在泸州开展进步活动的个人条件

作为外来"新文化""新思想"的化身与传播者，恽代英本身在全国趋新青年之中就具有一定的号召力。早在学生时代，恽代英便在著作、演讲等方面表现出相当的天赋，尤其勤于作文。1914 年 10 月，19 岁的恽代英在《东方杂志》刊文《义务论》，此为恽代英首次在报刊发表论述文章，"为投稿之一新纪元"①。值此之后，恽代英一发不可收拾，其文论常常在当时流通甚广的《东方杂志》《妇女杂志》《教育杂志》《学生杂志》《中华教育界》《妇女时报》《大中华》等商业性报刊登出，前后总计刊文 50 余篇，其论域广泛涉猎世界局势、国家政治、社会改良、教育改革、家庭生活、青年思想、妇女解放等多个方面②。这给他在新知识界带来了相当的名气。当时与恽代英共同活动多年的廖焕星曾回忆道："恽代英同志不仅赋有说服人的天才，且是一个能诗能文的作家。由于家庭清苦，在学生时代，他就必须自给和养家（父老而兄疯痴）；这样便迫使他勤于投稿卖文。当时的《东方杂志》《教育杂志》《学生杂志》的前列论文，有很多是他的著作，内容是以爱国主义精神教育青年，号召青年救国。因之，他当时已是国内著名的政论家和教育家。"③因此，当 1921 年秋颇具才情与社会名气的恽代英西赴川渝地区时，在当地教育知识界还曾引起不小的震动。

1921 年 10 月下旬，恽代英在重庆短暂停留期间，应邀在重庆联中和川东师范发表讲演，大声抨击了四川地区兵匪横行、秩序混乱、经济崩溃的现状，号召青年学生们"应该于一般人不注意的地方注意，觉悟一般人所不觉的，努力的下手'蛮做'"，靠自己的力量去改变中国④。恽氏的演讲震动了川东学生界，以至次日重庆联中"教务主任偕学生代表十余人"，欲"拦劫"他留校担任训育主任，被其婉拒⑤。同时，在恽还未到泸州时，川南师范的学生就私下里议论

① 中央档案馆,中国革命博物馆,中共中央党校出版社.恽代英日记[M].北京:中共中央党校出版社,1981:7.
② 中央档案馆,中国革命博物馆,中共中央党校出版社.恽代英日记[M].北京:中共中央党校出版社,1981:242-252.
③ 武昌利群书社始末[M]//张允侯,洪清祥.五四时期的社团:第 1 辑[M].北京:生活·读书·新知三联书店,1979:203.
④ 恽代英先生演说词(10 月 24 号在重庆联中演说)[M]//中共四川省委党史工委.五四运动在四川[M].成都:四川大学出版社,1989:425.
⑤ 恽代英.恽代英文集:上卷[M].北京:人民出版社,1984:316.

称:"新来的教务主任名气更大,有的甚至早就从刊物上读过他挥洒自如的文章。"①据当时在川南师范学校附小任教的胡兰畦回忆,恽代英初到学校时他们正在用餐,"一桌的人都以惊讶、敬佩的眼光看着这位来客"。在当晚的欢迎会上,恽代英就在讲话中痛骂湖北、安徽军阀的横暴,令听者亦觉痛快淋漓。恽代英到校以后,竭力提倡白话文,排斥文言文、八股文,强调学生品德的修养,注意培养他们为改造社会而献身的精神。他深入学生,亲自编选教材。并指导学生办自治会,办平民夜校,办读书会,开辟阅览室。他还亲自带领学生进行各种劳动,以至平操场,扫大街,什么都干。在他的带动下,川南师范确实变得更加生动活泼,各方面都有明显的进步②。

女教师秦德君亦回忆到,那时"当教务长的恽代英一直过着繁忙而又刻苦的生活,不管春夏秋冬,都穿他那件粗灰布长衫,他兼教了很多的课,还时常出去作通俗演讲,进行各种社会活动,把革命的种子,撒播到青年们心中去。他的劳动所得,大多用来帮助贫穷学生。川南师范有一部分学生,就是在他的教育培养之下光荣地参加了共产党"③。家住宜宾的阳翰笙因在成都参与学潮而失学,并感到苦闷无比的时候,也想到了去泸州找恽代英请教人生未来的方向。"他当时是泸州川南师范学校的校长。他有学问,有新思想,全川闻名。我何不去请教他呢?"在不到20岁的中学生阳翰笙眼中,只比他大7岁的恽代英已是"全川有名的人物",是一个"完全新式的知识分子",一个"堪称表率的革命者"④。1923年春季恽代英到成都后,与他共同从事革命活动的成都青年团负责人王右木,在给团中央施存统的报告中谈到,马克思读书会已举办一年多,恽代英的到来使其"为之一振","彼本能讲书者,颇能引动一般崇拜名士者之拜倒,彼之赤诚热情,亦可感也"⑤。当年5月6日,也即马克思诞辰次日,恽代英受邀于西南公学给学生讲授马克思事迹及其思想。后来成为四川綦江县党团创始人的成都蚕桑专门学校学生邹进贤,听完演讲后在当日的日记中记道:"今日会恽代英先生于西南公学。余所希望事,君皆承诺。其人格为吾侪

① 张羽,铁凤. 恽代英传[M]. 北京:中国青年出版社,1995:268.
② 胡兰畦. 胡兰畦回忆录(1901—1936年)[M]. 成都:四川人民出版社,1985:41.
③ 秦德君,刘淮. 火凤凰:秦德君和她的一个世纪[M]. 北京:中央编译出版社,1999:17.
④ 阳翰笙. 风雨五十年[M]. 北京:人民文学出版社,1986:59,61.
⑤ 王右木给施存统的六封信(1923年夏)[M]//四川革命历史文件汇集:甲 1,115.

模范之处甚大。"①不几日后,邹进贤便被恽代英介绍入团,积极投身于家乡的社会改造运动,后来曾担任土地革命时期四川地下党省委秘书长等重要职位,直到 1930 年时为革命牺牲②。可以说,几乎每位在四川与恽代英有过接触的进步青年,都对他留下了良好深刻的印象。

由上述诸多史料可见,恽代英突出的个人魅力、全国性声望和宽厚坚韧的性格,对身边人形成了强大的感染力与号召力,这对于他在泸州开展新文化活动与建立全川首个得到团中央认可的青年团组织,起到了不可忽视的促进作用。

三、小结——因缘际会下的地域社会与革命萌芽

泸州社会主义青年团的出现,无疑是多重因素作用的结果。一方面是 20 世纪早期时代演变大背景的产物,比如中国国家命运多舛、俄国十月革命爆发、巴黎和会外交失败、五四新文化运动发生与传播、社会主义思潮风行全国等宏大历史背景,另一方面也包括地方政治生态变化、社团人际网络互动、趋新知识分子的风云际会等局部性偶发性的主客观因素。最后一个,或许也是最关键的一点,就是如恽代英这样具有全国性影响的青年领袖人物的出现,及其致力于新思想传播与教育改造社会的主观实践,恰似诸多相关网线的汇聚点,将上述各种因素勾连起来,在川南泸州这个地域社会塑造了适合早期共产主义组织诞生发展的进步氛围与良好土壤。

然而,我们要看到,恽代英的个人魅力及少年中国学会诸同人间的人际网络,只是川南新文化运动与新教育改革取得成效的重要因素之一,对已有政治势力的利用也是当中重要的一环。恽代英曾明确表达过这样的想法:"我以前亦有一种错见解,以为我们只有用自己的力量创造自己的事业,然而结果只有挫折与失败,办社会运动,用我们少数的人、少数的钱,很不容易作一点有效力的运动。况且我们手侧边本来有硕大可以利用的力量,我们却只知走那样的窄路死路,岂不是太呆笨?"③然而,对现成势力的运用,往往会因为双方诉求

---

① 中共重庆市委党史研究室. 邹进贤日记[M]. 重庆:重庆出版社,1997:28.
② 曹步一. 邹进贤烈士传略[M]//中共綦江县委党史工委. 中共綦江县党史资料汇编:第 1 辑. 中共綦江县委党史工委编印,1986:82.
③ 恽代英. 为少年中国学会同人进一解(1922 年 6 月 1 日)[M]//张允侯,洪清祥. 五四时期的社团:第 1 辑[M]. 396-397.

与最终目标的根本不同,或是局势的剧烈变化,而致功亏一篑或分道扬镳。例如,杨森的败退就使得川南新文化运动戛然而止,对于新生的泸州青年团,"军阀官吏自然是一样的压迫禁止"①。不过,即使杨森的割据统治继续存在,双方的分手或者破裂也是迟早的事。在离开泸州后,恽代英便坦言:"靠自己的力量去创造事业,出尽了穷气力,还维持不住,靠人家的力量去改良事业,又常常因人家的兴会与机运而常受变迁,他们的志愿,又每把我们所视为生命的事业,只作一种应有尽有的装饰品。"②因此,与地方既有势力合作,并不是只能被动地随波逐流甚至同流合污,恽代英对此有着清醒的自觉。当他仍在泸州依靠地方实力派提供的平台进行新式教育改革时,就已经清醒地意识到了对于"武人的力量"不能轻易地利用,因为"武人是粗暴而浅见的",他们重视的是自己的私利与虚荣,"他将要利用人家,不肯受人家利用"。那么,有志改造社会的青年到底可以凭借什么力量呢?"什么力量能抵抗而压服贵族资本家乃至武人的力量,他能够受我们的利用呢?"恽代英铿锵有力地表示:"我可以说,这只有群众的力量。群众集合起来的力量,是全世界没有可以对敌的。"此时的恽代英已经充分意识到群众力量的宝贵及其根本性质,所以他在泸州时便以摩顶放踵的"清教徒"式精神严以律己,与青年学生及底层群众打成一片,深深扎根于普通民众中。这说明,他在泸州时期就已经从简单信奉"教育救国"理念转变为"教育改造与社会改造打成一片",并逐渐向更彻底的社会改造乃至于社会革命的路径进发③。

在五四后期社会变革诉求日益激烈的时代氛围下,恽代英、卢作孚、王德熙、李求实、胡兰畦、秦德君等一批以改造社会为目标的知识青年汇聚于川南泸州地区,虽然他们并不全都是倾向于共产主义的革命青年,但无疑都是以救国救民为己任,态度鲜明地趋向于教育革新与社会改造的有志之士。这批趋新知识青年因缘际会地聚合在一起,虽然其最终诉求未必一致,但以恽代英为

① 泸县地方团给高君宇的信:关于团的成立和团证问题(1923年1月3日)[M]//四川革命历史文件汇集:甲1,47.

② 李畅培.恽代英在四川[M]//四川省政协文史资料研究委员会.四川文史资料选辑:第28辑.成都:四川人民出版社,1983:76.

③ 关于恽代英在五四时期的思想转换轨迹,可参看邓军.从"良心"到"主义":恽代英与五四时期知识分子的社团组织困境[J].中共党史研究,2016(4);凌兴珍.由改良到改造:五四前后恽代英教育思想变迁轨迹:兼论其对1921—1922年川南师范学校校务改革的贡献[J].西南民族大学学报(人文社科版),2010(12).

核心的革新群体的实践行动,产生了深远的影响与传递效应,对于五四新文化理念与革命思想在川南辽阔地域社会的广泛传播,乃至于共产主义组织在四川的建立、发展,无疑起到了非常重要的作用。

总而言之,在内外多种因素共同作用之下,恽代英在川南泸州地区的革命播火行动取得了不俗的成就,其影响不仅仅局限于川南,而是随着进步青年们的流动遍布整个四川乃至全国。例如,在恽代英主持成立的"马克思学说研究会"首批会员中,余泽鸿、张霁帆、曾润百、陈江、陈泽煌等人,于1922年夏纷纷入团成为泸州社会主义青年团最早的团员。这批由恽代英亲手培养的新生力量,成为从五四学生辈中涌现的巴蜀大地革命事业第二梯队核心骨干,他们在此后的革命生涯中,均表现出了相当坚定的革命信仰与高尚的革命素质,并先后为革命事业牺牲了自己的宝贵生命①。在此后的民主革命进程中,受过恽代英影响教诲的大批四川青年前赴后继地做出了自己的贡献。

可以说,恽代英虽在泸州停留的时间前后仅仅一年有余,却对早期川内的革命人才培养与共产主义运动做出了卓越的历史贡献。其留下的宝贵精神财富与历史经验,值得处于中国特色社会主义新时代这一重要历史方位上的今人,加以认真研究与继续传承。

---

① 谢守清.川南师范:所富有革命传统和教育特色的学校[M]//泸州文史资料选辑:第6辑.泸州:政协四川省泸州市文史资料委员会,1985:49.

中国梦视阈下五四精神的时代价值[*]

一百年前轰轰烈烈的五四运动掀开了新民主主义革命的序幕,掀起了反帝爱国的救亡运动,形成了以爱国、进步、民主和科学为核心的五四精神,再一次点燃了民族复兴的中国梦想。2012 年 11 月 29 日,习近平总书记在参观复兴之路展览时第一次提出"中国梦"。梦想体现的是一种理想,反映的是一种价值追求。实现中华民族伟大复兴是中华民族最伟大的梦想。中国梦所追求的复兴,不仅是物质文明等硬实力的复兴,更是文化软实力的复兴。站在新的历史起点上,弘扬五四精神,激发、凝聚全民族的力量,对实现中华民族的伟大复兴有着十分重要的现实意义。

一、弘扬五四运动的爱国主义精神,增强全民族凝聚力

爱国主义是千百年来人们在社会实践中世代积累、演化、提炼、升华的一种强烈的对祖国的最深厚的感情和高度责任感,它是任何一个国家、民族的立国之本和精神支柱。纵观中国几千年的文明史,不难发现,历史上爱国主义精神往往体现在抵抗外族侵略、奋力戍边、英勇杀敌和富国强兵、变法自救等方面。尽管不同时期的仁人志士以不同的方式来体现爱国主义精神,但其共同之处是把国家的前途、民族的命运同个人的生命及其价值融为一体从而体现出一个民族的意志、坚韧、尊严、自信以及凝聚力和向心力。五四时期的先驱者和觉醒者们继承和发扬了这种爱国主义精神。当巴黎和会上中国外交的失败以及帝国主义国家继续瓜分中国的消息传到国内后,国家的危亡、民族的耻辱,驱动着先驱们的爱国之情。"天下兴亡,匹夫有责"和"苟利国家生死以,岂

---

　　* 本文作者舒醒:江西科技师范大学。

因祸福避趋之"的人格精神再次化为人们行动的动力,于是人人挺身而出,个个揭竿而起。一时间"还我青岛""拒绝在巴黎和会上签字""外争国权,内惩国贼"的口号,从北平开始响彻了全中国。地无分东西南北,人无分男女老幼,所表现出来的爱国主义激情是历史上罕见的。这场斗争的胜利,使人们相信,唯有"直接行动"和"牺牲的精神",才能达到改造社会的目的。"直接行动"就是投身社会实践,"牺牲的精神",即"从我做起"。这是人们把国家与个人视为一个生命整体的传统信念的延续,是对悠久的中华民族爱国主义传统的继承。

习近平总书记强调"实现中华民族伟大复兴的中国梦,是当代中国爱国主义的鲜明主题。要大力弘扬伟大爱国主义精神,大力弘扬以改革创新为核心的时代精神,为实现中华民族伟大复兴的中国梦提供共同精神支柱和强大精神动力"[1]。"实现中华民族伟大复兴的中国梦,是爱国主义在奋斗目标上的体现,对于当代中国人的爱国情感、爱国精神和爱国力量具有突出的凝聚和引领作用。"[2]随着改革开放与市场经济的深化发展,各种思想交汇激荡带来了价值多元,科学技术的飞速发展给人类社会各个领域带来了深刻变化,影响着人们的思想观念和生活方式。当前青年一代的思想状态总体上是积极向上的,对国家前途充满信心,市场经济使他们竞争意识、效率意识增强,能自觉调整自己的知识结构,不断充实自己以适应社会需要。但是,"90后""00后"大多缺乏艰苦环境的磨炼,缺乏对国情的深刻了解,缺乏政治上的鉴别力和坚定性,虽然有爱国热情,但表达方式往往是冲动的,满足于个人感情的宣泄,很少考虑客观效果和个人应承担的责任。另外,他们的职业选择,处事交往等问题上,多少存在着功利的色彩,考虑眼前利益,追求实惠,缺乏远大的理想抱负。部分青年过多地强调个人的权利、个人的尊严、个人的价值以及个人利益的获取,导致一些人认为自己的成长完全是个人的事情,与社会无关。2013年,习近平总书记在给华中农业大学"本禹志愿服务队"的回信中指出:"历史和现实都告诉我们,青年一代有理想、有担当,国家就有前途,民族就有希望,实现中华民族伟大复兴就有源源不断的强大力量。"青年一代决定了国家和民族的未来。因此,我们有必要弘扬五四爱国主义精神,培养青年一代坚定的理想信念和强烈的社会责任感;树立民族自尊心和自信心,增强民族自豪感,把大家聚

---

① 习近平主持中共中央政治局第二十九次集体学习[EB/OL]. 人民网,2015-12-30.
② 刘建军. 中国梦是当代中国爱国主义的鲜明主题[N]. 人民日报,2016-05-10.

集到积极参与和推动中国特色社会主义建设事业之中,担负起振兴中华的历史使命,树立远大理想,把实现自身价值和服务祖国人民统一起来。爱国这种高尚的道德情操,形成信念,就会产生激励人的巨大力量,成为人民奋斗不息的精神力量,人们就会产生巨大的热情。有了爱国之心,就能使个人与祖国同呼吸,共命运,根据祖国人民的需要选择自己的职业和道路,更重要的是,有了爱国之心,就能在关键时刻听从祖国的召唤,不惜一切代价为祖国贡献自己的聪明才智。正如 2018 年 5 月 2 日,习近平在北京大学师生座谈会上所说:"要时时想到国家,处处想到人民,做到'利于国者爱之,害于国者恶之'。爱国,不能停留在口号上,而是要把自己的理想同祖国的前途、把自己的人生同民族的命运紧密联系在一起,扎根人民,奉献国家。"

二、弘扬五四运动所倡导的民主和科学精神,实现中华民族的伟大复兴

当 1840 年鸦片战争的炮声把中国人从中央帝国的迷梦中唤醒时,中国开始发现自己落伍了,复兴和强盛中华民族成了首选的课题,并且这个主题贯穿在以后的全部历史进程中,即使在辛亥革命推翻了二千余年的帝制后,复兴与强盛仍是瑰丽的梦想。五四运动从近代历史的曲折中超出了先人的功利性眼界,《新青年》的斗士们具体提出了要用科学和民主来"救治中国政治上、道德上、学术上、思想上一切的黑暗"。把民族复兴第一次提升到隐藏在经济功利背后的文化价值层面,使中华民族走向现代化的努力从直接功利转移到思想文化领域,科学和民主是物化的现代化的思想前提,不打破农业社会孕育出来的封建文化,我们的民族就不可能走向现代化。中国由于几千年的封建统治,人们形成了顽固的封建专制主义政治制度和意识形态,使中国从娘肚子里一生下来就没有民主。五四的先驱们针对辛亥革命后中国还没有民主政治,还是孔家店统治中国的现象,以及中国群众思想蒙昧和落后的状况,提出为科学民主而战斗的口号,彻底破除迷信,使中国人民的思想受到一次空前的现代化的洗礼,登上了一个新的台阶,全面推进了中国人的现代化,为马克思主义在中国的传播开辟了广阔的道路。

回顾我们走过的道路,不难发现,凡是正确、胜利的时候,都是民主和科学精神得到尊重和实行的时候;凡是受挫折、走弯路的时候,都是轻视了民主和科学精神的时候。在 21 世纪的征程中,继续弘扬民主和科学精神,具有十分重要的意义。

　　五四先驱们认为,科学首先是一种"步步皆踏实地""事事求诸证实"的思维准则和认识态度。科学还是"发明真理的指南针""进步轨道上唯一重要的工具"。唯有科学,方能扫除学术上的"乌烟瘴气",结束"愚昧劣等之生活状态",提高"人间精力效率"。唯有科学,方能使人脱离"蒙昧时代,羞为浅化之民"。陈独秀在《新青年》发刊词中明确地说:"科学者何? 吾人对于事物之概念,综合客观之现象,诉之主观理性而不矛盾之谓也。"可见,五四运动之所以倡导科学,不仅是因为中华民族的振兴需要科学知识,更重要的是中华民族的觉醒需要科学知识,中华民族的觉醒需要科学精神。科学精神包含着唯物主义客观的评价准则,实事求是、去伪存真的方法和脚踏实地的处世态度。在改革开放的今天,当"科学技术是生产力"已被人们广泛接受时,科学精神是否也在人们的头脑中扎下了根呢? 不能否认,社会上有些人盲从权威、盲从流行观点和时髦观点;有些人信奉"权力即真理"的哲学,不做深入细致的调查研究,随便做出缺乏充分客观根据的判断;还有些人出于私利考虑,违反科学精神去臆造为自己利益辩护的道理。这些势必会给我国的现代化建设带来严重的危害。中国的历史进程呼唤科学精神,改革开放事业、建立社会主义市场经济新体制需要科学的指导。在社会主义条件下建立市场经济体制,在落后的经济文化基地上建设社会主义,在拥有 14 亿多人口的大国中进行改革开放事业,所有这些都是前无古人的重大尝试,尽管邓小平理论为我们完成这些课题绘制了蓝图,指明了方向,但必须看到,我们面临的毕竟是一个全新的事业,而且新情况、新问题层出不穷,适应形势的需要,克服前进中出现的种种问题,必须依靠科学精神。一个富强、民主、文明的崭新形象,有赖于科学精神的弘扬,有赖于"东方之舟"人群科学素质的提高。

　　五四先驱们呼唤民主,号召人民参政,才能使"个人政治"成为"国民政治",使"伪共和"变成"真共和",才能打破死水一样的"静的生活",创造一种生机勃勃的"动的生活",也才能使人的精神获得真正的解放。现代民主作为一种政治制度,需要法律的保障,但它又绝不是有了若干法律条文就能实现的。对一个国家来讲,民主政治需要建立在法治基础上。法治的根本原则就是宪法和法律至上,人和个人的权力都不能高于宪法。十八届四中全会在我党历史上第一次以"依法治国"为主题并出台《中共中央关于全面推进依法治国若干重大问题的决定》,确立了建设中国特色社会主义法治体系、建设社会主义法治国家的总目标,形成了坚持中国共产党的领导、坚持人民主体地位、坚持法律面前人人平等、坚持依法治国和以德治国相结合、坚持从中国实际出发等重要原则。鉴于历史的教训,十一届三中全会以来,我们党把建设民主政治的任务提到战略高度,并采取了一系列有力措施来恢复和发展民主化进程,开辟多种参政议政的渠道,扩大人民的直接民主权利,完善法律、法规并加强监督力量。民主同时也是一种文化精神,需要全民族上上下下都养成一种民主意识。但当前我国生产力水平还不发达,全民的科学文化水平还比较低,还有一部分文盲和半文盲,列宁说过:文盲是站在政治之外的①。在改革开放的今天,之所以还要弘扬民主精神,是因为改革需要民主,不仅决策需要民主化、科学化,而且还要激发人民的民主意识。没有全民的民主意识和理性思维,民主制度就会枯萎,没有广大人民主动性、创造性的行动,改革就没有动力。只有当人民的确享有民主权利的时候,才会充分发挥积极性。

三、弘扬五四运动所体现的开拓精神,提升国家文化软实力

文化是一个民族悠久历史的传承,是一个民族精神面貌的核心、是一个民族发展壮大的灵魂、是一个民族进步力量的源泉,是人类社会发展与进步最重要的精神支撑。五四时期是中国历史上继春秋战国以来第二次百家争鸣时代,学术的自由和思想的解放是前所未有的。以陈独秀、李大钊、鲁迅、胡适等为代表的启蒙思想家提出"文化革命"和"社会革命"的口号,清算旧文化,呼唤新文化。陈独秀在《敬告青年》中提出"世界的而非锁国的",就是要青年树立起开拓意识。这个时期各种信息交汇,各种思想武器争锋比锐,各种思潮互相激荡,从古希腊的柏拉图到中国的孔子,从启蒙思想家伏尔泰到无政府主义者克鲁泡特金,从圣西门到马克思,统统摆在中国人的面前,它们使中国人大开眼界,在短短的十几年中看到了西方工业文明的信息流,对我国本土文明无疑是一次破天荒的大冲击,使中国人民获得一个全新的参照系,从而选择自己的前程和出路。当时各种社会思潮开展"大规模之自由研究",探讨改造中国的途径和方法。他们面对"君道臣节、名教纲常"不可改变的国粹派和"无知开新,道德复旧"的调和派的错误偏见,提出"打倒孔家店",打倒"吃人的礼教"的响亮口号,批判旧思想、旧道德、旧文化,剖析了传统文化价值体系的不合理性,在提倡白话文、新教育、新文学,主张女子解放、男女平等、婚姻自由等方面

---

① 中央编译局. 列宁全集:第42卷[M]. 北京:人民出版社,2017:188.

做了开创性的工作,体现了敢说、敢想、敢做的创新精神。五四运动开拓创新精神的伟大,就在于使中华民族一个屡遭外侮的民族,以前所未有的历史自觉性愤然而起,扭转了由征服者强迫自己接受异族文化的悲惨局面,主动打开文化的大门,引进和吸收那些优秀的文化,革新传统文化中的不合理性,使自己的民族文化赶上时代的潮流,进入现代化的轨道。

习近平总书记在中共中央政治局第十二次集体学习时指出:提高国家文化软实力,关系"两个一百年"奋斗目标和中华民族伟大复兴中国梦的实现。文化的力量,深深熔铸在民族的生命力、创造力、凝聚力中,成为促进我国综合国力的重要标志。人类文明进步的历史充分表明,没有先进文化的积极引领,没有人民精神世界的极大丰富,一个国家、一个民族不可能屹立在世界先进民族之林。每一个国家的文化都以各自方式为世界文明做出贡献,都是人类共同的精神财富。只有兼纳百家之精华,融合各种文化之所长,才能更好地促进本国文化的发展。如今中华民族来到一个新的历史转折点上,我们正告别传统社会,走向现代社会;我们正告别贫穷、落后、愚昧,走向富强、民主、文明。随着经济全球化进程的不断加快,世界多元文化之间的冲突也越演越烈,不同文化群体之间相互影响,互相交织的文化观念和价值信仰体系不断冲击着我国的主流价值观念,各种社会思想意识交流、交融、交锋,特别是随着互联网、多媒体技术的扩展,新一轮的文化冲击将对我国的文化安全、意识形态安全带来新的挑战。美国著名政治学者亨廷顿在《变化社会中的政治秩序》一书中说:"对一个传统社会的稳定来说,构成主要威胁的,并非来自外国军队的侵略,而是来自外国观念的侵入,印刷品和言论比军队和坦克推进得更快、更深入。"我们要坚持道路自信、理论自信、制度自信,最根本的还有一个文化自信。文化自信,是更基础、更广泛、更深厚的自信。在和平与发展成为时代主题的今天,文化软实力已经成为国家综合国力的重要组成部分。文化软实力的提升,能为经济的发展提供精神动力和智力支持,为经济的发展提供良好和谐的环境。从古丝绸之路到"一带一路"倡议体现了我国优秀传统文化中开放、进取、合作、共赢的积极精神,有力彰显出中华民族的文化自信。党的十九大报告将文化建设的意义提到了前所未有的高度。"文化是一个国家、一个民族的灵魂。文化兴国运兴,文化强民族强。没有高度的文化自信,没有文化的繁荣兴盛,就没有中华民族伟大复兴。"如果说,五四时期吸收外来文化、开拓创新仅仅是先驱者的自觉,那么在今天经济全球化和我国对外开放不断扩大的情况下,更应该以开阔的视野、博大的胸怀对待外来文化,以博采众长的心态参与文明交流互鉴,积极参与世界文化的对话与交流,大胆吸收借鉴一切有利于我国文化建设的有益经验和优秀成果。在习近平新时代中国特色社会主义思想体系中,文化自信是一种"基本的""基础的""深厚的""深层的""广泛的""持久的"精神力量。文化自信是对中华优秀传统文化、革命文化和社会主义先进文化的尊重及肯定。党的十八大以来,习近平总书记多次在不同的场合,就国家文化软实力阐发了一系列重要论述。党的十九大报告就提高国家文化软实力提出"推进国际传播能力建设,讲好中国故事,展现真实、立体、全面的中国,提高国家文化软实力"。今天,只有用世界的眼光看待外来文明的价值和本民族传统文化的价值,古为今用,洋为中用,才能"外之不后于世界之思潮,内置仍弗失固有之血脉"。在提高国家文化软实力的过程中,大力传承弘扬中华优秀传统文化,使优秀传统文化与当代文化相适应、与现代社会相协调、与时代精神相结合,担当起实现中华民族伟大复兴的历史使命。

井冈山斗争时期中国共产党加强
凝聚力建设研究[*]

党的凝聚力是党的先进性和纯洁性的重要体现,是党富有生命力和战斗力的重要保证。井冈山斗争时期是中国共产党将党的工作重心从城市转向农村,探索中国革命崭新道路的伟大开篇时期,也是中国共产党在农村环境下探索中国化的政党建设,加强党的凝聚力和战斗力的重要时期。为了解决党所面临的客观环境与自身建设中存在的各种问题,中国共产党在艰苦卓绝的井冈山斗争时期,通过统筹党的自身建设与党群关系构建,缔造了"强有力的布尔什维克党"以适应斗争需要。本文拟从严肃党内政治生活、强化党的思想领导、坚持群众路线、完善制度建设等方面对中国共产党增强凝聚力的历史路径进行探讨。

一、开展认真严肃的党内政治生活,维护党的团结统一

开展严肃认真的党内政治生活是党的优良传统和政治优势①。井冈山时期中国共产党通过严格执行党规党纪、厉行民主集中制、反腐倡廉等方式开展认真严肃的党内政治生活,维护党的团结统一,在群众中树立威信,凝聚革命力量。

第一,严格执行党规党纪。井冈山根据地通过坚决维护党的团结统一增

---

* 本文作者肖发生、孙浩程:井冈山大学。

肖发生,男,1975 年生,博士,副教授,井冈山大学中国共产党革命精神与文化资源研究中心副主任,长期从事中共党史与红色文化资源研究;孙浩程,男,井冈山大学马克思主义学院中共党史专业本科生。

① 关于新形势下党内政治生活的若干准则[M]. 北京:人民出版社,2016:1.

强凝聚力。一是建立请示与报告制度。中共中央规定各根据地要定期汇报工作,井冈山地处偏僻、联络不畅,"对外面的政治情形既不了解,又得不到上级的指示,连报纸都难得到①"。同时许多重要问题需中央决断,毛泽东在给中央的报告中曾多次提到"中央……尤盼飞速指示"等语②,如1928年11月所写文章《井冈山的斗争》全面向中央报告了当地实际情况并提出了要请示和解决的问题,成为执行请示报告制度、维护党的领导的典范。二是同破坏党的团结统一的行为做坚决斗争。毛泽东鲜明指出:"共产党与红军,对于自己的党员与红军成员不能不执行比较一般平民更加严格的纪律。"③井冈山根据地对违犯党规党纪的行为坚决惩处,绝不因党员的资历、官职和功绩而姑息或宽恕,如红军团长陈皓等人贪污腐化、变节投敌,毛泽东在获悉情况后亲赴茶陵将叛徒处决,在党内树立了权威,在百姓中获得了口碑,赢得了支持。

第二,厉行民主集中制。民主集中制是党的根本组织原则和领导制度,是党的最大制度优势④。井冈山时期中国共产党厉行民主集中制主要体现在三个方面。一是确保民主决策。如党的决议发布、政策的制定都必须经过集体的商讨后才能够决定,要让"党的意志伸张,个人意志缩减,一切问题都要在各级党的会议席上议决之后,才许党员个人依照决议去执行工作"⑤。二是加强集体领导。井冈山根据地党的各级机关一切权力集中于常委会,反对个人领导,要求"党的一切方针政策都要党员热烈讨论,深切了解,使党员群众能依据政策制定工作计划"⑥。三是反对极端民主化。党在提倡民主的同时针对极端民主化进行纠正,要求"党的领导机关要有正确的路线,遇事要拿出办法,以建立领导的中枢"⑦,党的上级机关要了解下级机关和群众生活的情况,强调"党的各级机关解决问题,不要太随便。一成决议,就坚决执行"⑧。明确井冈

① 井冈山革命博物馆.井冈山革命根据地:上[M].北京:中共党史资料出版社,1987:246.

② 井冈山革命博物馆.井冈山革命根据地:上[M].北京:中共党史资料出版社,1987:289.

③ 中共中央文献研究室.毛泽东文集:第2卷[M].北京:人民出版社,1993:39.

④ 习近平.始终坚持和充分发挥党的独特优势[J].求是,2012(15).

⑤ 中共中央文献研究室.毛泽东文集:第1卷[M].北京:人民出版社,1993:67.

⑥ 井冈山革命博物馆.井冈山革命根据地:上[M].北京:中共党史资料出版社,1987:189.

⑦ 毛泽东.毛泽东选集:第1卷[M].北京:人民出版社,1991:89.

⑧ 中共中央文献研究室.毛泽东文集:第1卷[M].北京:人民出版社,1993:82.

山前委是根据地党的最高领导机关,"不但领导军队,而且领导地方"①。在充分发扬党内民主的前提下,进行认真严肃的党内政治生活,突出党的集体领导原则,达到党内思想认识的高度统一。

第三,整饬党风,反腐倡廉。"廉者,政之本也。"中国共产党作为执政党面临的最大威胁就是腐败。井冈山时期中国共产党为加强廉政建设采取了以下四种措施。一是严明铁的纪律。井冈山根据地创建之初,共产党内便特别强调要实行"铁的纪律"②,体现布尔什维克党的精神,通过制定《井冈山反腐败训令》惩治腐化分子。二是强化清廉教育。中国共产党高度重视军队和党政机关工作人员的清廉教育,通过开办党政军培训班教育学员。三是领导率先垂范。井冈山斗争条件艰苦,领导人带头克服困难,像张子清献盐、"朱德的扁担"、毛委员带头吃苦菜、"三根灯芯"这样反映共产党人清正廉洁、大公无私的故事在井冈山流传很多,毛泽东曾这样形容:"好在苦惯了,而且什么人都是一样苦,从军长到伙夫,除粮食外一律吃五分钱的伙食。因此士兵也不怨恨什么人。"③他自己经常深入连、排、班的战士当中了解部队情绪,关心战士生活。领导人与根据地军民同甘共苦,对广大军民是极大的精神鼓舞,他们的革命立场更为坚定。四是严惩贪污腐败。中国共产党对于腐败现象严加惩处,绝不姑息。如红四军第二十八团司务长古某贪污购买牲畜的经费,事情查实后遭到处决。坝上乡苏维埃政府李某伙同秘书贪污公款 20 块银洋,长溪乡苏维埃政府委员、赤卫队队长谢某染指被关押的土豪女眷,工农兵政府立即撤销了这几个人的职务并向群众公布其丑行,以上几件事使军民看到了共产党反腐倡廉的决心。"为政清廉才能取信于民,秉公用权才能赢得人心。"④井冈山时期中国共产党通过反腐倡廉整顿党风的行动净化了党的政治生态,赢得了群众的肯定与信赖,使得党内有力量,群众有信仰,使根据地军民自觉团结在党的周围。

---

① 井冈山革命博物馆. 井冈山革命根据地:下[M]. 北京:中共党史资料出版社,1987:81.

② 井冈山革命博物馆. 井冈山革命根据地:下[M]. 北京:中共党史资料出版社,1987:189.

③ 毛泽东.毛泽东选集:第 1 卷[M]. 北京:人民出版社,1991:65.

④ 习近平. 习近平谈治国理政[M]. 北京:外文出版社,2014:385.

二、坚持"思想建党,政治建军"原则,凝聚思想共识

思想建设是党的基础性建设①。井冈山时期中国共产党秉持"思想建党,政治建军"原则,强化对党员的理想信念教育,加强无产阶级思想领导,宣扬革命意识形态,凝聚思想共识。

强化对党员的理想信念教育。理想信念是共产党人精神上的"钙",理想信念不坚定,精神上就会得"软骨病",经不起政治风浪。毛泽东针对根据地党内的错误思想,开展党员教育以凝聚党内共识。一是创办军官教导队,以军事技术与政治工作为重点培训红军军官和政工人员。二是设立党代表制度。党代表兼任党支部书记,采取小组会、支部会等形式教育党员②,督促士兵委员会进行政治训练,联系党员和士兵群众的思想上党课讲解斗争形势,增强革命信心。三是开办政治训练班和党团训练班。政治训练班以学员集体讨论的方式学习党的基本理论知识,提高对于"家族党"错误的认识,培养学员大局意识。党团训练班明确规定党团员训练要达到的基本目标:"竭力铲除一般同志的机会主义思想和封建小资产阶级思想,确定无产阶级革命的人生观。"③授课内容主要有马列主义理论教育,阶级和阶级斗争教育;授课方式主要有官兵谈心、文艺会演、党团生活会等,对提高党员的思想认识,团结全党进行革命斗争起了重要作用。

推动军队党组织建设,维护党对军队的绝对领导。"中国的红军是一个执行革命政治任务的武装集团。"④井冈山时期中国共产党高度重视对军队的绝对领导,中共中央密切关注井冈山根据地的红军建设,在给边界特委的指示信中明确"军队的组织与指挥必须统一",明确"红军须有一健全的军事委员会",并指定由毛泽东担任军委主席,要求朱德袁文才等人配合⑤,从而确立了军队

---

① 习近平. 决胜全面建成小康社会 夺取新时代中国特色社会主义伟大胜利:在中国共产党第十九次全国代表大会上的报告[N]. 人民日报,2017-10-28.

② 井冈山革命博物馆. 井冈山革命根据地:下[M]. 北京:中共党史资料出版社,1987:84.

③ 井冈山革命博物馆. 井冈山革命根据地:上[M]. 北京:中共党史资料出版社,1987:193.

④ 毛泽东.毛泽东选集:第1卷[M]. 北京:人民出版社,1991:86.

⑤ 总政治部办公厅. 中国人民解放军政治工作历史资料选编:第1册(土地革命时期)[M]. 北京:解放军出版社,2002:144.

中党的领导核心。通过统筹枪支分配、个别照顾等方法克服红军内部的"分团主义";通过三湾改编、水口建党等一系列举措,建立自军委、营团党委、连党支部到班党小组的军队各级党组织,确立党对军队的绝对领导。连队党支部通过树立党员模范教育官兵,激励斗志,发展优秀士兵入党。成立士兵委员会,首创军队内部的民主主义制度,实行政治、经济民主,保障官兵平等,形成了革命军队的组织、制度和作风,即"红军中官兵夫衣着薪饷一样,白军中将校厨饮食起居不同"。每次战斗结束,红军官兵便进行互相评议,"好的进行表扬,最好的作为党员发展对象,对于不够的就批评,最坏的就予以处分"①。这些新式军制军规具有极强的吸引力,甚至出现了国民党军成建制加入红军的情况。"有的白军士兵过来没几天,打仗就很勇敢,有的甚至还当了干部。"②这些情况反映出官兵对红军的信任与归属感。红军中还执行严格的纪律检查制度,由各连队党代表执行监督检查,"看到谁违犯了群众纪律,就要立即加以阻止和劝说"③,从而有效减少了违纪现象的发生。党指挥枪原则的确立使红军"不光是从组织上整编,最重要的是健全党的组织,进行了政治思想上的建军"④,塑造了人民军队的政治灵魂,成为共产党推进革命的利器。

三、坚持走群众路线,保持党同人民的血肉联系

坚持群众路线是党从胜利走向胜利的重要法宝⑤。井冈山时期中国共产党保持同人民群众的血肉联系,通过制定正确的革命纲领、构建和谐的党群关系、加强无产阶级思想领导、宣扬革命意识形态打造利益共同体,动员群众参加革命。

第一,制定正确的革命纲领。中共八七会议确立了土地革命和武装反抗国民党反动派的总方针,明确"土地革命问题是中国资产阶级民权革命中的中

---

① 井冈山革命博物馆.井冈山革命根据地:下[M].北京:中共党史资料出版社,1987:435.

② 井冈山革命博物馆.井冈山革命根据地:下[M].北京:中共党史资料出版社,1987:349.

③ 井冈山革命博物馆.井冈山革命根据地:下[M].北京:中共党史资料出版社,1987:427.

④ 井冈山革命博物馆.井冈山革命根据地:下[M].北京:中共党史资料出版社,1987:81.

⑤ 苏小康.坚持不懈践行党的群众路线[N].学习时报,2018-11-09.

心问题",明确"要引进群众来斗争,只有在农村依据土地革命"①。毛泽东遵循中央指示精神,带领工农革命军初到井冈山,经过调查研究决定先开展"打土豪、分浮财"斗争,惩处横行乡里的土豪劣绅,将他们的财产分给贫苦农民,获得了农民的欢迎。帮助绿林武装袁文才、王佐进行整训,赠送枪支,派遣何长工协助王佐消灭尹道一的靖卫团,成功在井冈山扎稳脚跟,消解了党内、军内对上山的担忧。针对井冈山农村土地平均65%在地主手里这种分配极为不均的情况,毛泽东坚决贯彻中央"没收土地,推翻地主制度和封建的关系,建立工农独裁的苏维埃政权"的政策②,开展广泛的"打土豪、分田地"斗争,在宣布一切土地归苏维埃所有基础上,形成了以区乡为单位,以人口和劳动力为标准,男女老幼平均分配,以土地个人耕种、农民共同耕种、苏维埃政府组织模范农场耕种为主要方式的土地分配模式③。满足了农民的土地需要,极大提高了农民的生产积极性,提高了党和政府的威信,促进井冈山军民团结一致,形成利益共同体,对中国革命道路进行了成功探索。

第二,构建和谐的党群关系。"人民群众是我们力量的源泉。"④井冈山时期中国共产党的首要任务就是发动群众。毛泽东同志把党、军队和群众的关系看成鱼和水的关系,在每次战斗结束后都要将部队分到附近各地去发动群众,要求所有的军队干部一到宿营地就到老百姓家去访贫问苦,宣传群众,组织群众,武装群众,帮助群众建立革命政权。为了防止侵害群众利益的事情发生,毛泽东制定了严格的"三大纪律、六项注意"规范红军的行动。红军军纪严明且爱护群众,在井冈山影响很大,"不但军队搞的地方掀起了轰轰烈烈的革命群众活动,就是军队没有搞的地方,群众也会自发地搞起来"⑤。发动群众参加革命,就要不断满足群众的需求。毛泽东非常重视农村党支部建设,他从红军中抽调一批具有政治工作经验的党员干部到农村基层开展建党工作。毛泽覃同志领导创立的乔林乡党支部就是其中的代表。1927 年年底,经过培养

① 中央档案馆. 中共中央文件选集:第 3 卷[M]. 北京:中共中央党校出版社,1989.

② 井冈山革命博物馆. 井冈山革命根据地:上[M]. 北京:中共党史资料出版社,1987:
114.

③ 井冈山革命博物馆. 井冈山革命根据地:上[M]. 北京:中共党史资料出版社,1987:
211.

④ 习近平. 习近平谈治国理政[M]. 北京:外文出版社,2014:5.

⑤ 井冈山革命博物馆. 井冈山革命根据地:下[M]. 北京:中共党史资料出版社,1987:
347.

和考察,有十多个农民积极分子加入了中国共产党,成立了乔林乡党支部,在毛泽覃同志领导下,该支部通过召开群众大会,向群众做革命宣传、帮助群众解决生活困难等实际措施密切党群关系,成为湘赣边界党支部的一面旗帜。农民渴望获得土地,党在调查研究的基础上开展分田运动,颁布《井冈山土地法》为农民获得土地提供法律支持。为了保障工农群众的基本权益,苏维埃政府特别制定纲领和文件,如遂川县工农兵政府制定的《遂川县工农兵政府临时政纲》就明确规定从事劳动和不剥削他人的工人、农民、士兵都有参与政治的权利。党和政府的举措满足了群众的利益诉求,获得了群众的支持与信任,建立了牢固持久的和谐党群关系,形成了革命利益共同体,从而增强了根据地的内部凝聚力。

第三,加强无产阶级思想领导,宣扬革命意识形态。毛泽东曾指出:"革命要靠二杆子,枪杆子和笔杆子。"井冈山时期中国共产党通过加强无产阶级思想领导掌握意识形态工作主动权,坚定军民的革命信念,凝聚斗争力量。一是撰写标语楹联。标语一般简短有力,言简意赅,通俗易懂,让人看后印象深刻。以井冈山的行洲为例,红军在这里留下了大量的宣传标语。代表性的有"红军是工人农民的军队""红军是为劳苦大众谋利益的先锋队"等。楹联多反映历史事件,如遂川县工农兵政府成立时门前的楹联:"想当年,你剥削工农,好就好,利中加利;看今朝,我斩杀土劣,怕不怕,刀上加刀。"表现了工农翻身做主人的畅快感。又如1928年在庆祝红四、五军会师大会上,陈毅题写对联一副:"在新城,演新戏,欢迎新同志,打倒新军阀;趁红光,当红军,高举红旗帜,创造红世界。"把两军会师时的惬意表达得淋漓尽致,让军民直观地了解到共产党的宗旨。二是编创歌谣戏曲。井冈山的斗争波澜壮阔,诞生了许多脍炙人口的音乐佳作,歌曲如《十送红军》《八角楼的灯光》《送郎当红军》《八月桂花遍地开》等,戏曲如《王尔琢大战五斗江》《杨如轩带花》等,极具艺术感染力和鼓动性,体现了军民鱼水情。三是传播红色故事。井冈山斗争留下了许多感人至深的故事,如《朱德的扁担》《张子清献盐》《毛委员带头吃苦菜》等。这些故事广为传颂,为根据地军民树立了榜样,示范作用极强,无产阶级意识形态深入人心,使根据地军民能有效应对国民党的敌对宣传,密切了党群关系,凝聚了革命力量,激励更多人献身革命。

四、强基固本,完善党内制度建设

"不以规矩,不能成方圆。"党的制度建设是党的事业顺利发展的重要保障。井冈山时期中国共产党通过加强基层党支部制度建设、建立调查研究制度以领导群众开展革命斗争,运用巡视制度以加强政治监督,充分发挥党组织的政治功能。

第一,加强基层党支部制度建设。井冈山时期中国共产党明确"一切工作归支部",认为"每个党员不仅是模范战士,而同时是非党群众的领导者"①,并要求党支部在斗争中布置党员做好三件工作——学习形势、掌握群众思想、注意培养发展新党员②,发挥教育党员、联系群众和战斗堡垒作用。具体表现在:一是教育党员的学校。井冈山时期党以支部为单位开展党员教育,由支部书记牵头通过上党课、开小组支部会等方式讲解国内外形势以增强党员革命信心,同时选拔支部先进分子参加党政培训,"使每一个支部都能训练出10至20个干部成为党及群众的中心"③。二是团结群众的核心。党支部通过组织农民协会、农民夜校,帮助农民破除封建迷信,领导土地革命,发展优秀工农分子入党,建立革命政权;三是攻坚克难的堡垒。党支部书记带领党员学习革命形势,帮助群众解决生活困难,对于革命意志坚定、工作认真又遵守纪律的同志,就积极教育、培养并介绍其入党。以上做法既能使党员数量增多又能够让现有党员得到实际锻炼,从而有效发挥堡垒核心作用④,即一个支部一个堡垒,一名党员一面旗帜。针对斗争中蜕化变质的党员与党组织,中国共产党厉行"洗党",坚决裁汰不合格者,如"九月洗党"中永新、宁冈两县党组织全部解散,重新登记,同时大力发展工农优秀分子入党。这次清洗后虽然党员数量大为减少,党组织转为秘密状态,但是坏分子被清洗出党,犯错误的同志受到了教育,党的组织得到了巩固,政策执行力、凝聚力、战斗力反而明显增强。实践证明

---

① 中共中央文献研究室,中国人民解放军军事科学院 . 毛泽东军事文集:第2卷[M]. 北京:军事科学出版社,中央文献出版社,1993:501.

② 井冈山革命博物馆 . 井冈山革命根据地:下[M]. 北京:中共党史资料出版社,1987:179.

③ 井冈山革命博物馆 . 井冈山革命根据地:上[M]. 北京:中共党史资料出版社,1987:120.

④ 井冈山革命博物馆 . 井冈山革命根据地:下[M]. 北京:中共党史资料出版社,1987:179.

只有符合标准的党员才有凝聚力、战斗力,起到先锋队作用,否则数量再多,也只是徒有其名。正如列宁所说:"徒有其名的党员,就是白给也不要。"①

第二,运用巡视制度,加强党内监督。巡视是党内监督战略性制度安排②。井冈山时期的巡视员会定期或不定期到所辖地区开展巡视,督促落实中央的路线、方针、政策及上级指示,加强对地方党组织和红军的指导以及时发现问题并解决问题。在党处于秘密状态、红军处于分散游击、交通通信不便的特殊条件下,巡视制度在传达落实上级的指示方面起到了十分重要的作用,如周鲁、杜修经、彭清泉是到井冈山执行巡视任务、传达中央精神的代表性人物,也客观上加强了井冈山根据地与湘赣省委和中共中央的联系。中共湘赣边界二大决议案指出,"特委县委都需有四个以上的巡视员,经常指导下级工作,帮助各级党部改造"③,要求上级巡视和检查下级工作时要注意宣传工作的检阅,特委县委每周都应有宣传大纲发给下级党部。上级巡视员在检查各级工作中,亦须留心团的工作④。正是巡视制度的运用,才使得根据地党政军各系统的建设更有效进行,减少了不良政治现象的发生,使根据地军民更加拥护党的领导,为革命胜利积蓄了更大的力量。

第三,建立调查研究制度。调查研究是谋事之基、成事之道。井冈山时期中国共产党将调查研究制度化。一是调查研究就是解决问题。"中国革命斗争的胜利要靠中国同志了解中国情况。"⑤针对当时存在的脱离实际、迷信马列主义教条的现象,毛泽东规定行军途中所有干部都要到百姓家访贫问苦,宣传红军宗旨,要让"每个红军都是组织员、宣传员、战斗员"⑥。每到一个地方宿营,连党代表就要把敌情、本地土豪劣绅的情况和群众对土劣的反映,填表送交毛泽东同志做综合研究以成为决策的依据。二是调查研究要有科学的态度。针对脱离群众的官僚主义行为,毛泽东要求党员保持谦虚谨慎的态度,把

① 中央编译局. 列宁全集:第37卷[M]. 北京:人民出版社,1986.
② 习近平. 习近平谈治国理政:第2卷[M]. 北京:外文出版社,2017:170.
③ 井冈山革命博物馆. 井冈山革命根据地:上[M]. 北京:中共党史资料出版社,1987:188.
④ 井冈山革命博物馆. 井冈山革命根据地:上[M]. 北京:中共党史资料出版社,1987:195.
⑤ 毛泽东.毛泽东选集:第1卷[M]. 北京:人民出版社,1991:115.
⑥ 井冈山革命博物馆. 井冈山革命根据地:下[M]. 北京:中共党史资料出版社,1987:77.

调查研究做到百姓家里,田间地头,不管是什么人都认真询问、耐心请教以融入群众中去,不摆官架子,和群众做朋友。三是调查研究要掌握一定技术。毛泽东认为最主要的调查方法是访谈法和调查会,他经常下到农村基层和群众同吃同住,和群众交朋友,向不同职业、不同社会阶层的人虚心请教。"没有调查就没有发言权",这是毛泽东同志的著名论断。他还深刻指出,"不做正确的调查同样没有发言权"。"共产党的正确而不动摇的斗争策略,绝不是少数人坐在房子里就能产生的,它是要在群众的斗争过程中才能产生的。"①调查研究制度化,让广大党员贴近生活,贴近实际,贴近群众,也让群众加深了对共产党的理解与信任,有助于党的政策推行。

①　毛泽东.毛泽东选集:第 1 卷[M]. 北京:人民出版社,1991:115.

党群关系视域下中央苏区查田运动研究*

  1933 至 1934 年中央苏区开展查田运动,旨在肃清残余的地主、富农势力,维护人民群众利益,发动群众支援革命战争和经济建设。因此,广大群众成为查田运动的关键,能否正确处理党与群众、党员干部与群众的关系,能否激发群众的革命热情和生产积极性,都在很大程度上影响查田运动的成效。在当时复杂的政治和革命背景下,党群关系在查田运动的各阶段呈现出不同的特点,并推动查田运动的调整与发展。在党的发展历程中,党高度重视党群关系。当前,中国特色社会主义进入新时代,实现中华民族伟大复兴的中国梦需要始终坚持党的领导,需要全国人民团结在党的周围共同奋斗。党群关系在新的历史条件下仍然是党的重要课题。研究党群关系视域下的查田运动便于我们总结经验教训,为今天党更好地贯彻群众路线、维护人民群众利益提供历史借鉴。

一、查田运动前中央苏区的党群关系问题

  1933 年至 1934 年,中央苏区开展了大规模的查田运动。在当时激烈的革命环境下,查田运动作为之前土地革命的延续,它的发端有复杂的现实原因。这些原因归结到一点,便是党群关系出现问题,具体表现在以下几个方面。

  一是土地革命不彻底,引发群众不满。自 1929 年赣南、闽西革命根据地开辟以来,党先后发动了两次土地革命。但由于分田速度过快,方法粗糙,两次分田的效果均不理想。当时,瑞金县云集区苏维埃政府主席朱开铨在做群众工作时了解到:"原来大家对 1930 年和 1931 年两次分田运动不满意。1930 年

---

  * 本文作者刘继华、张淑芳:兰州大学。
  本文是兰州大学全国重点马克思主义学院建设项目阶段性成果。

6月那次分田,真正的穷人田分得少,又远,还是三等田,而隐瞒成分的地主、富农这些假穷人,田分得又多、又近、又好。这年年底政权丧失后,穷人连分得的坏田也失掉了。1931年3月,政权重新恢复后,6月份又进行了一次分田,群众反映跟上次一样。"①人民群众对两次分田不满,革命热情和积极性不高,直接影响了革命工作的成效,比如在1932年的红五月扩军运动中,瑞金县云集区有28000多人口,却仅扩充了9名红军,且上级下达的其他任务也完成得不好②。

二是革命组织不纯,损害群众利益。前两次土地革命并没有彻底清除地主、富农势力,一些地主、富农混进区、乡党、政、军、人民团体等革命组织中,搞破坏活动。他们写状子、写诬告信,向上级机关检举告发积极分子和党员干部,削弱了党的革命力量。在这种形势下,积极分子和人民群众不敢表达真实想法,党的工作得不到落实,群众很难发动起来。此外,有些地主、富农混入合作社并成为主要负责人。中央苏区的合作社运动原本是为了解决劳动力、农具、耕畜不足等问题,鼓励人们互帮互助,发展农业生产,结果却被地主、富农利用,成为他们谋利的工具。这种"伪"合作社没有使群众受益,反而挫伤了群众的生产积极性,不利于中央苏区的经济建设。

三是土地政策不当,影响群众团结。1931年党的六届四中全会召开后,王明等人掌握了党中央的领导权,在全党推行"左"倾盲动主义,在土地问题上则表现为"地主不分田,富农分坏田"的土地政策。事实上,"他们不仅采取地主不分田,不给地主生活出路,富农分坏田,不给富农经济出路的政策,而且实际上还采取了中农分中田的政策,侵犯了中农利益"③。这种"左"的土地政策不仅将地主、富农逼到反革命队伍,也影响了同中农的联合,使贫雇农孤立无援,没有把人民群众团结起来。由于对地主、富农的过火打击以及中农的利益受损,中央苏区的生产力下降,人民生活困难。

土地革命不彻底、革命队伍不纯、土地政策不当严重影响了党群关系。其中,土地革命不彻底是根本原因。"左"倾土地政策虽然在一定程度上打击了残余的地主、富农,分给贫雇农土地,但由于阶级策略过于激进,侵犯了中农的利益,没有取得显著效果。因此,党急需明确革命路线,发挥群众作用,联合中

---

① 人民出版社编辑部. 革命回忆录[M]. 北京:人民出版社,1982:15.
② 人民出版社编辑部. 革命回忆录[M]. 北京:人民出版社,1982:15.
③ 河东,清庆瑞,黄文贞,等. 中国新民主主义革命时期的农民土地问题[M]. 北京:中国人民大学出版社,1983:218.

农,清查地主、富农,从而进一步解决土地问题和清除党内异己分子。

二、查田运动对党群关系的冲击与调适

不和谐的党群关系为查田运动提供了现实原因,未被纠正的"左"倾错误路线则直接推动了查田运动的开展。1933年年初中共临时中央从上海迁往中央苏区后,博古便下令在中央苏区开展查田运动。不久,毛泽东被任命为查田运动的主要负责人。在整个运动中,王明等人的"左"倾路线一直在党内占统治地位,影响了查田运动的整体走向。当时毛泽东在党内丧失了核心领导权,但他从实际出发,开展查田运动试点,制定查田的策略与方法,纠正查田运动的错误,最大限度地维护人民群众利益。在王明等人"左"倾错误路线与毛泽东的正确思想相互交叉与影响下,查田运动中的党群关系呈现阶段性特征。

(一)查田运动试点阶段——党群关系开始好转

由于中央苏区的土地革命存在许多问题,毛泽东也赞成开展查田运动。但他在领导查田运动时,不是全面推进,而是先在问题突出的地区做试点工作,继而逐步展开。朱开铨以及云集区各乡的积极分子在这一过程中发挥了重要作用。

朱开铨自1932年4月担任瑞金县云集区苏维埃政府主席以来,一直无法解决云集区群众积极性不高、工作难开展等问题。1933年2月,他写信向毛泽东报告了这些情况,并在两天后做了口头汇报。毛泽东听完汇报后,将问题概括为三点:第一,1930年和1931年的两次分田不合理、不彻底,没有清除地主、富农势力;第二,没有深入群众,没有广泛发动群众开展阶级斗争;第三,一些地主、富农混入党的革命组织,破坏革命活动。他气愤地说:"阶级敌人控告积极分子就是向革命队伍的进攻。"①随后,毛泽东在听取各乡积极分子的工作总结后,决定在问题最集中的叶坪乡开展查田运动试点,由他亲自指导。

毛泽东在领导叶坪查田时从党和群众着手,重视党群关系的处理。他主张"在斗争中明确阶级路线,分清敌我,依靠群众自己起来解决自己的问题,帮助、培养和教育当地干部,使之带动群众完成任务"②。在他的带领下,叶坪乡查田一方面注重培养积极分子,净化、充实党的组织;另一方面注重向群众宣

---

① 人民出版社编辑部 . 革命回忆录[M]. 北京:人民出版社,1982:20.

② 徐向前,张际春 . 星火燎原全集:第2卷[M]. 北京:解放军出版社,2009:215.

传、解释查田政策,联合中农,团结贫雇农,充分发动群众。

叶坪乡的查田运动在一个月之内就基本完成了,不仅查出隐藏的28家地主、富农,清除了党组织中的破坏分子,培养了一批优秀干部,纯洁并壮大了革命队伍,还调动了人民群众的积极性和主动性。群众参与各项建设的热情空前高涨,"党的关怀激发了群众支援革命战争的积极性,扩红、借粮、退还公债票、做军鞋等工作都十分活跃,文化教育工作也开展起来了"①。叶坪乡查田的初步试验带动了云集区其他乡开展查田运动并同样取得显著成效,云集区群众积极支援革命。比如由于战事需要,1933年4月云集区开展三升米运动(每人捐献三升米),支援前线一千多担粮食;再如云集区在1933年红五月扩红中,有1020人参加红军,取得远超预期的成绩②。

在叶坪乡查田运动中,毛泽东领导党员干部团结群众、发动群众,开展阶级斗争。查田运动激发了群众的革命热情和生产积极性,也扫除了混入党政组织的"伪革命"分子,党的工作得到有效落实,党群关系开始好转。

(二)查田运动全面开展阶段——党群关系出现波折

叶坪查田取得初步胜利后,中共中央决定在全中央苏区开展查田运动。1933年6月1日和2日中共中央分别发布的《关于查田运动的训令》和《关于查田运动的决议》标志着查田运动的全面开展。两个文件都指出,中央苏区的大部分地区仍未彻底解决土地革命问题,要求依靠群众开展查田运动。事实上,"查田运动前,各苏区一般都进行了多次的土地分配,这已经足以保证土地占有的相对公平"③,土地问题仅存在于部分地区。但这两个文件却夸大问题的范围,使查田运动在实际工作中出现盲目与冒进的倾向,也影响到党与群众的关系。

毛泽东作为查田运动的主要领导者,从一开始就极力避免"左"倾错误的影响。他根据土地革命和叶坪查田的经验教训,从实际出发,在八县查田运动大会上提出了查田运动的阶级策略和群众路线。

查田运动的阶级策略,是以工人为领导,依靠贫农,联合中农,削弱富农,

---

① 中国中共党史人物研究会. 中共党史人物传:第16卷[M]. 北京:中国人民大学出版社,2017:252.
② 朱开铨. 六十六年之革命生涯[M]. 南昌:江西人民出版社,1993:41-42.
③ 孙启正. 略论查田运动的策略性转向[J]. 历史教学(下半月刊),2015(4).

消灭地主①。这就要求党员干部对各阶级应有明确的认识,分清敌友,区别对待,防止过激行为。在各阶级中,毛泽东着重强调中农的重要地位。他指出,中农是土地革命的核心力量,中农的向背,决定土地革命的成败。查田运动必须始终维护中农的利益,将其紧密团结在贫农周围②。关于查田运动的群众路线,毛泽东在大会上指出:"一切脱离群众的官僚主义命令主义工作方式,是查田运动最大的敌人,查田运动的群众工作,主要是讲阶级,通过阶级,没收分配,及对工会、贫农团的正确领导等。"③(其实,还包括查阶级这一阶段)。其中,讲阶级是查田运动的基础和前提,是在群众中宣传查田运动的阶级策略。查阶级是查田运动的中心内容,是领导群众查地主、富农,不是查所有阶级,也不是重新分配土地。通过阶级是查田运动的关键环节,是在广泛听取群众意见的基础上决定阶级成分,不可仓促决定。没收分配是查田运动的最终环节,该阶段影响群众的利益所得,必须公开、公正,党员干部不能中饱私囊。讲阶级、查阶级、通过阶级和没收分配这四个阶段相互衔接,缺一不可,构成查田运动的全过程。每一阶段都要求做好群众工作,使群众成为查田运动的参与者、见证者和受益者。查田运动在发动群众的同时,也应发挥好工会和贫农团的领导、示范作用。

毛泽东制定的阶级策略与群众路线紧密联系。只有明确阶级策略,清楚各阶级的特征,知道该联合谁、打击谁,群众路线才能得到有效贯彻。查田运动的阶级策略和群众路线都注重发挥群众作用,实事求是,循序渐进,防止扩大打击对象。但由于受"左"倾错误的影响,"各地的查田形成了竞赛。哪里查得多,哪里就被称为'模范'"④。查田运动没有充分发动群众,在福建就出现这样的情形,"除宁化的淮土、南城以及长汀的濯田区、大埔区等外,一般的都没有依靠群众、经过群众来进行查田查阶级的斗争,有的仅经过党的支部会通过没收;有的是由政府命令的方式执行(汀州及宁化某某部),更有仅由土地部长或主席个人去封房子没收家财的(汀州及古城)"⑤。结果,查田运动不仅严

---

① 毛泽东.论查田运动[M].晋察冀新华书店,1947:6.

② 毛泽东.论查田运动[M].晋察冀新华书店 1947:6-7.

③ 毛泽东.论查田运动[M].晋察冀新华书店 1947:6.

④ 刘秉荣.中国工农红军全传[M].北京:人民出版社,2007:3119.

⑤ 中国社会科学院经济研究所中国现代经济史组.第一、二次国内革命战争时期土地斗争史料选编[M].北京:人民出版社,1981:763.

厉打击地主、富农、中农,甚至贫雇农也受到不同程度的打压。

在查田运动中,地主的土地和财产被没收,失去生活来源,宁都县甚至出现地主乞讨;地主、富农有的被杀害,有的逃往"白区",走上反革命道路。一些中农尤其是富裕中农被错划为富农,例如"有些是把仅仅放几百毫子债,请过年把长工,或收几担的谷,而极大部分靠自己劳动过活的中农,当富农打了;有些甚至完全没有剥削别人,仅仅是多有几十担田山,生活比较富裕的中农,也当富农打了①。有的中农为了躲避查田,要求将阶级成分降为贫农;有的则放弃田地,逃往山林。查田运动也使贫雇农受到牵连,例如"有将中农、贫农认作地主、富农没收的,以及没收工人、雇农、红军家属的财产(如汀州)。对阶级分析有争论⋯⋯还有将查田查阶级的斗争,变成了普遍的调查户口,清查田亩的算账,所以汀州市的查田委员会坚决地要没收贫农多分的一点田②。可见,全面开展的查田运动没有严格遵循阶级策略和群众路线,各阶级的利益均受到不同程度的损害。

查田运动的初衷是消灭地主、富农势力,维护人民群众利益。然而,查田运动却打乱了革命阵线,没有真正做到依靠群众、服务群众,挫伤了中农、贫雇农的积极性,党群关系再次出现问题。

(三)查田运动调整阶段——党群关系逐渐和缓

毛泽东分析查田运动出现的诸多错误,对党的工作、阶级策略和群众路线进行了反思与总结,进一步细化了党的工作、明确了阶级划分的标准,以改善党群关系,调整查田运动。这些内容体现在他的以下两篇文章中。

第一篇是《查田运动的初步总结》(以下简称《总结》)。在《总结》中,毛泽东肯定了查田取得的成果,但主要指出了查田运动的失误。其中,对中农利益的侵犯是最大的不足。对此,毛泽东强调"侵犯中农的倾向是最严重的危险"③,要求查田的工作人员"已经做了错误,如已经没收了中农的土地财产的地方,苏维埃人员要向当地中农群众公开承认自己的错误,把土地财产赔还他"④。此外,他也指出了查田运动领导组织的不当之处,例如在一些地方党

---

① 刘少奇.农业工会十二县查田大会总结[N].斗争,1933-11-12.
② 中国社会科学院经济研究所中国现代经济史组.第一、二次国内革命战争时期土地斗争史料选编[M].北京:人民出版社,1981:764.
③ 毛泽东.论查田运动[M].石家庄:晋察冀新华书店,1947:20.
④ 毛泽东.论查田运动[M].石家庄:晋察冀新华书店,1947:21.

组织还未开展查田运动,工作迟缓;贫农团缺乏雇农的领导,没有充分团结雇农;工农检查部存在贪污行为等。毛泽东在批评党组织失责的同时,对党员干部做好群众工作提出了更高要求,以更好地领导查田运动。

毛泽东在《总结》的基础上,通过调查研究,起草了《中华苏维埃共和国中央政府关于土地斗争中一些问题的决定》(以下简称《决定》)。《决定》具体分析了农村各阶级,提供了划分各阶级的方法,尤其对地主、富农和富裕中农做了详细界定。对于地主和富农的区分,之前仅简单地将劳动与不劳动作为标准,毛泽东则用劳动时间、劳动量来定义有劳动和附带劳动。"在普通情形下,全家有一人每年有三分之一时间从事主要的劳动,叫做有劳动。全家有一人每年从事主要劳动的时间不满三分之一,或每年虽有三分之一时间从事劳动但非主要的劳动,均叫做有附带劳动"①。该规定使地主和富农有了可量化的指标,防止对富农的过火打击。毛泽东对富农和富裕中农也做了说明。富裕中农是有少量剥削的中农,不属于富农。富裕中农一年的剥削收入一般不超过总收入的15%,富农则超过15%,这根据暴动前三年的收入来统计②。富裕中农和富农的界限更加明确,有利于保障富裕中农的利益。《决定》与毛泽东之前写的《怎样分析阶级》(后改为《怎样分析农村阶级》)一起成为划分农村阶级的依据。这两个文件使各阶级的定义更加明晰,操作性更强,对于党理清阶级策略、纠正查田运动的错误具有重要意义。

在毛泽东的正确引导下,查田运动在10月之后速度逐步放缓,开始对阶级进行复查,并取得一定成效。例如在闽赣省,"这个时期的工作,表现在改正过去的错误有成绩。……经过了与过去错误作斗争的阶段,查田查阶级便更快地深入,斗争也积极地开展,查出的地主、富农也较前一期多了,共计查出地主五十余家,富农六十余家,共查出田二千三百余担"③。复查不仅纠正了之前错划的阶级,也查出了漏划的地主、富农,查田运动逐渐走向正轨。党的工作合理、有序,人民群众的积极性重新恢复,他们自觉参加红军和农业生产,党群关系得到缓和。

---

① 中共中央文献研究室,中央档案馆. 建党以来重要文献选编:第10册[M]. 北京:中央文献出版社,2011:547.

② 中共中央文献研究室,中央档案馆. 建党以来重要文献选编:第10册[M]. 北京:中央文献出版社,2011:550-551.

③ 邵式平. 闽赣省查田突击运动的总结[N]. 红色中华,1934-04-28.

然而,没过多久,查田运动再次遭到"左"倾错误的干扰。对阶级的复查被认为是查田运动的停顿,被纠正的阶级又重新被错划。最后,查田运动在第五次反"围剿"中渐渐落下帷幕。

三、党群关系视域下查田运动的启示

中央苏区的查田运动是党领导的一次阶级斗争、一场群众运动。在整个过程中,党群关系贯穿其中,影响查田运动的成效。在当时特定的革命和政治背景下,查田运动以失败告终,但其中体现的党群关系对党今天坚持群众路线、做好群众工作有重要启发。

(一)树牢人民立场,一心为民谋利

查田运动基于土地革命存在的问题,从人民群众的立场出发,反对残余的地主、富农,以维护中农、贫雇农的利益。然而,由于各种原因,党在实际工作中偏离了"人民"这一中心,没有正确处理好党与群众的关系,引发群众不满。人民群众是党和国家发展的主体力量,党在任何时期、在任何工作中都必须坚持以人民为中心的发展理念,全心全意为人民群众服务。当前,我国的发展环境、社会主要矛盾发生深刻变化,对党做好群众工作提出更高要求。党应该继续坚持群众路线,倾听群众呼声,从人民群众的需求出发,着力解决发展的不平衡不充分问题,提高发展的质量和效益,不遗余力地为人民谋幸福。

(二)加强党的建设,密切党群关系

在查田运动中,王明等人的"左"倾错误路线一直在党内占主导地位,这是查田运动失败的重要原因。党的政治路线决定党的方向、道路和前途,党必须不断加强政治建设,确保政治路线的正确性。今天,党面临复杂的国内外形势,党员干部应牢固树立政治意识,保持政治定力,防止犯原则性、颠覆性错误。此外,查田运动中部分党员干部存在贪污、官僚主义和命令主义等不良行为。例如在福建查田的土地没收与分配阶段,"有的由政府直接没收,不分给群众而拿来拍卖(如才溪)……有的没收以后由查田委员会自己分得了如汀市"①。这些行为影响了党在人民心中的威望,有损党的形象。党群关系关键在党,核心是人民群众,党员干部必须不断改进工作作风,扎根群众,服务群

---

① 中国社会科学院经济研究所中国现代经济史组. 第一、二次国内革命战争时期土地斗争史料选编[M]. 北京:人民出版社,1981:763.

众。在党面临多重考验的今天,党的作风建设至关重要。党必须紧密联系群众,坚持群众路线这一"传家宝",真正做到"从群众中来,到群众中去",并将党的作风建设融入党的其他建设中,将作风建设落到实处。

回顾中央苏区的查田运动,党群关系贯穿查田运动的全过程,对查田运动的开展、调整和结果产生了重要影响。虽然查田运动失败了,但却为后来土地革命和党的建设提供了经验教训,其中体现的党群关系更对党今天坚持群众路线、加强党的建设、密切党群关系具有重要意义。

延安时期中国共产党马克思主义话语权的社会建构及其当代启示[*]

"话语权"作为一种权力,离不开一定的政治统治权力。正如在福柯看来,知识话语的策略集中地表现了一定历史时代的社会权力关系①。延安时期,中国共产党如何在纷繁复杂的各种社会权力关系中建构马克思主义话语权,成为中国共产党必须面对的重大问题。当时中国的政治舞台上主要活跃着三支力量,一是以马克思主义为指导的中国共产党,二是以法西斯独裁主义为指导的国民党,三是一部分信仰自由主义和资产阶级改良派的民族资产阶级和上层小资产阶级、开明绅士、地方实力派等中间集团。在这种政治背景下,马克思主义先进话语要想在中国取得统治地位,离不开与其他两支政治力量的话语交锋与话语较量。科学总结中国共产党马克思主义话语权的社会建构,可为当今中国共产党马克思主义话语权建构提供重要的现实启示。

一、分化与批判:与国民党意识形态话语交锋中凸显马克思主义话语的科学性

一直以来,无论是国共两党之间不同的指导思想,还是各自的建国方案,由于其阶级属性的根本不同,在具体内容上有很大的不同,决定了国共两党之间意识形态争夺战此起彼伏,集聚在国共两党意识形态话语权建构的根本冲突中。加之在特殊的革命年代,决定了论战必然成为国共两党争夺意识形态话语权的重要手段。最典型的话语冲突集中表现在国共两党围绕三民主义展开的激烈论战。正是在这种激烈的论战中,中国共产党实现了对国民党意识

---

* 本文作者漆调兰:西北师范大学。

① 冯俊. 后现代主义哲学讲演录[M]. 北京:商务印书馆,2003:444.

形态话语的成功分化,全面阐释了真三民主义的科学实质,赢得了马克思主义先进话语的绝对优势。

(一)国民党对"三民主义"的阐释及对马克思主义的否定

三民主义作为国民党的指导思想,一直以来备受关注。国民党的御用文人为了更好地宣传三民主义,他们一方面大力阐释三民主义的内涵,另一方面,一直没忘记对马克思主义的攻击与否定。

自大革命之后,国民党始终认为三民主义才是唯一指导中国革命走向胜利的理论,对三民主义进行大肆宣扬与阐释。进入抗战以来,蒋介石对三民主义进行了新的阐释,集中体现在 1939 年 9 月 30 日《三民主义之体系及其实行程序》中。该文全面阐述了蒋介石对三民主义的认识,利用"民族的"一词,建构了其完整的三民主义革命话语体系,形成了以"行动哲学"为基础的法西斯主义话语模式。该文首先指出了我们国家成这个样子,就是因为不懂或者违反三民主义所致。他荒唐地指出,"异说纷纭,首先杂乱,结果弄得强寇侵破,国亡无日"①。其次,为了着实研究一番三民主义,蒋介石制定了一张表来全面分析三民主义博大精深的思想。其主要内容如下:一是三民主义的哲学基础就是民生哲学,他强调,"以民生哲学为基础的民生史观,或以民生史观为出发点的民生哲学,不偏于精神,亦不偏于物质,唯有精神与物质并存,才能说明人生的全部与历史的真实意义"②。二通过对民生主义、共产主义和法西斯主义对比,居然得出了三民主义最完美的结论,因为它以"公"字为出发点,"无丝毫偏颇之嫌"③,而其他都是偏而不全,尤其是在蒋介石看来,共产主义"近于民生主义,却不重视民族和民权主义,而且共产党人倡导民主,亦只重视一个阶级的利益,而不兼顾全民的利益"④。三是强调了主义的重要性之后,论述了革命的原动力问题,就是一个字——"诚",并强调了"力行"的重要性。四是强调了"以党治国"思想。没有党就没有一切。五是分别谈到了军政时期、训政时期和宪政时期,具体就训政时期的五项建设进行了阐述。总之,这个三民主义体系就是国民党的全部哲学体系。蒋介石荒唐地认为,全党只要按照孙中山学说的来行动,就能达到最终的目的。由此我们不难看到,在实践中,三

---

① 蔡尚思. 中国现代思想史资料简编:第 4 卷[M]. 杭州:浙江人民出版社,1983:326.
② 蔡尚思. 中国现代思想史资料简编:第 4 卷[M]. 杭州:浙江人民出版社,1983:328.
③ 蔡尚思. 中国现代思想史资料简编:第 4 卷[M]. 杭州:浙江人民出版社,1983:329.
④ 蔡尚思. 中国现代思想史资料简编:第 4 卷[M]. 杭州:浙江人民出版社,1983:329.

民主义已经随着时间的流变,在不同政治人物手中有着不同的诠释,"仅仅成为国民党意识形态的符号"①。

同时,国民党的御用文人也是大力宣扬三民主义,彻底否定马克思主义。最具代表性的就是以理论健将著称的叶青,他的一系列文章的背后,都有一个共同的目的,就是彻底否定马克思主义,否定共产党的存在,更不用说什么马克思主义中国化了。如1939年的《论学术中国化》和《三民主义与社会主义》,1941年《马克思主义中国化问题》等,都是以反对马克思主义为根本目的的。面对国民党及御用文人的发难和攻击,中国共产党不得不直面挑战,纷纷投入围绕三民主义问题的激烈论战中。

(二)中国共产党对真三民主义的创新及其对假"三民主义"的分化与批判

毛泽东1940年1月在《新民主主义论》中对新三民主义和真三民主义进行了内涵的阐释,指出联俄、联共、扶助农工的三民主义才是"和中国共产党在民主革命阶段中的纲领,即其最低纲领,基本上相同"②,可见,毛泽东区分了真、假三民主义,为中国共产党自身新民主主义理论的提出奠定了基础,借国民党三民主义话语,创新性地提出了中国共产党自身鲜明的政治思想话语。具体而言。

第一,以毛泽东为代表的中国共产党创新性地提出了"真假三民主义"的话语。在国民党高举三民主义的大旗,对马克思主义发起严重责难之际,以毛泽东为代表的中国共产党创新性地提出了"真假三民主义"的概念,从而为批判各种各样的假三民主义提供了理论依据。概念的提出是在1939年4月26日《中共中央委员会为开展国民精神总动员运动告全党同志书》中。首先该书指出了我党早在抗战以前就提出了总动员,抗日救国十大纲领的诞生就是例证,同时坚决拥护国民党提出"国家至上,民族至上,军事第一,胜利第一"的共同目标。特别强调了对三民主义要坚决实行,但是,"如果口称信仰民族主义而又企图与敌人妥协,口称信仰民权主义而又实行压制人民,口称信仰民生主义而又不顾人民生活的痛苦,都是假三民主义者"③。可见,中国共产党在这

---

① 崔之清. 国民党政治与社会结构之演变(1905—1949):下[M]. 北京:社会科学文献出版社,2007:1546.

② 毛泽东. 毛泽东选集:第2卷[M]. 北京:人民出版社,1991:693.

③ 中共中央文献研究室,中央档案馆. 建党以来重要文献选编(1921—1949):第16册[M]. 北京:中央文献出版社,2011:184.

里首次提出了"假三民主义"这个概念,接连用了三个排比,对"假三民主义者"进行了界定,并提出共产党员要成为实行真三民主义的模范。

注意提出这个概念并不代表全党上下都能正确区分两者的区别。为此,1939年5月17日,中央关于宣传教育工作的指示中,特别强调了宣传鼓动时应该注意的问题,"力争以革命的言行相符的真正三民主义去对抗曲解的与言不顾行的假三民主义"①。不到一个月,毛泽东在1939年6月10、13日,在高级干部会议上的报告中又一次提到了这个问题。针对党内党外许多人轻视三民主义的做法,毛泽东指出,"这种想法是由于没有把真三民主义与假三民主义加以区别而来"②,因此,明确提出了严正批驳"假三民主义或中间三民主义"③的任务。为此,理论界纷纷思考并积极撰文,使得一批关于真假三民主义的文章得以诞生。

第二,马克思主义理论工作者对真假三民主义的阐释。在毛泽东的指示下,马克思主义理论工作者对这一问题进行了全面深入的阐释。张闻天在《拥护真三民主义反对假三民主义》④中主要揭露了汪精卫、周佛海、陈公博之流,揭示他们假三民主义的真实面目,对国民党在揭露假三民主义上默不作声的态度给予了严厉的质问,指出了中共党人"在于努力保存与发展三民主义中的基本的革命精神"⑤。周恩来在《三民主义与共产主义》(提纲)⑥中对三民主义和共产主义做了严格的区分,强调不能将两者混淆起来,更重要的是,特别强调了"真正的三民主义是孙中山的三民主义"⑦。王稼祥在《关于巩固党的几个问题》中指出,"孙中山的三民主义与蒋介石等的三民主义其思想有很大的不同"。因此,要正确看待三民主义,切记不要与共产主义混同起来。"三民主义不是我们的信仰和思想体系。三民主义是我们的又不是我们的。"⑧其

---

① 中央档案馆.中共中央文件选集:第12册[M].北京:人民出版社,1991:71-72.
② 中央档案馆.中共中央文件选集:第12册[M].北京:人民出版社,1991:112.
③ 中央档案馆.中共中央文件选集:第12册[M].北京:人民出版社,1991:113.
④ 蔡尚思.中国现代思想史资料简编:第4卷[M].杭州:浙江人民出版社,1983:189-198.
⑤ 蔡尚思.中国现代思想史资料简编:第4卷[M].杭州:浙江人民出版社,1983:191.
⑥ 蔡尚思.中国现代思想史资料简编:第4卷[M].杭州:浙江人民出版社,1983:562-563.
⑦ 蔡尚思.中国现代思想史资料简编:第4卷[M].杭州:浙江人民出版社,1983:562.
⑧ 王稼祥.关于巩固党的几个问题[M]//王稼祥选集.北京:人民出版社,1989:213.

实,指出了加强党的工作,在自身理论体系建设方面的必要性。吴黎平的《叶青的假三民主义就是取消三民主义》,艾思奇的《关于三民主义的认识》和后来胡绳的《论"诚"》,都对真三民主义进行了新的阐释。

总之,正是在毛泽东创造性地区分真假三民主义中,在党的领袖群体和知识分子的全面阐述中,中国共产党成功地实现了对国民党意识形态话语的分化与整合,创造性地提出了具有马克思主义鲜明内涵的"新民主主义"这一科学概念。纵观这一意识形态话语的直接对决,正如有学者所指,国民党政权形成的"脆弱的三民主义意识形态的结构"①,决定了其理论与现实的严重脱节,"使得三民主义最终无法发挥整合社会的作用"②。究其失败的原因而言,"促使国民党集合的动力只是利益,而非意识形态"③。可见,中国共产党高度重视马克思主义意识形态话语的建构,相对国民党较弱的意识形态阐释而言,显示出了更强的科学性。也正是通过国共意识形态话语的较量与对决,共产党意识形态话语的优势得以呈现,实现了对马克思主义话语权的成功建构。这一切,也恰好印证了马克思著名的观点:只有"通过和这个敌对势力的斗争,主张变革的党才走向成熟,成为一个真正革命的党"④。

当然,当时对马克思主义的质疑、反驳,不仅仅是中国国民党的特权,也是各个民主党派反马克思主义话语的重要手段。

二、揭露与鼓动:与中间党派政治话语的较量中强化马克思主义话语的引导力

中国现有的民主党派绝大多数是在抗战时期和解放战争时期形成的,各民主党派在中国抗战中积极响应中国共产党抗日民族统一战线的政策与方针,为抗战贡献了自己的智慧和力量。但是,在20世纪40年代中后期,围绕建立一个什么样的国家问题,众多自由主义者纷纷抛出了自己的主张,一定程度上阻碍了中国共产党马克思主义的广泛传播,大大影响了中国共产党马克思主义话语权的成功建构。中国共产党只有通过对各民主党派政治主张进行科学批判,揭露其自由主义的缺陷,方能成功建构马克思主义话语权。

---

① 高华. 革命年代[M]. 广州:广东人民出版社,2010:28.
② 高华. 革命年代[M]. 广州:广东人民出版社,2010:33.
③ 高华. 革命年代[M]. 广州:广东人民出版社,2010:32.
④ 马克思,恩格斯. 马克思恩格斯选集:第1卷[M]. 北京:人民出版社,2012:445.

无论是马克思、恩格斯,还是列宁,都特别强调政治揭露和政治鼓动在话语建构中的重要性。在列宁看来,社会民主党政论家的任务,就是"要加深、扩大和加强政治揭露和政治鼓动"①。而这个政治揭露的主要目的,就是揭示对方政治话语背后的致命缺陷。中国共产党也不例外。1936年刘少奇就强调了对同盟者进行批评的重要性。在他看来,如果不批评的话,"无产阶级也无法在群众面前阐明自己的观点,加强自己在群众中的影响,并清除资产阶级的影响"②。可见,在刘少奇看来,无产阶级要想赢得自身的话语优势,离不开对同盟者的揭露与鼓动。

(一)自由主义者对马克思主义及其共产党的消解

与自由主义资产阶级的话语争夺,从建党初期的《问题与主义》之争开始,到延安时期发展成为重大的党派之争。尤其是抗战胜利后,1946—1947年、1948年的一段时间里,中国的自由主义者曾自信地认为他们的主张将起决定作用。他们的主张大致可以分为以下三类。

第一,对马克思主义的反对及质疑。作为中国民主社会党领袖的张君劢,于1938年12月16日写信于毛泽东,称"不如将马克思主义暂搁一边,使国人思想走上彼此是非黑白分明一途,而不必出以灰色与掩饰之辞"③。被国民党大肆利用与宣传,产生了极坏的影响。张东荪1948年3月1日在《由宪政问题起从比较文化论中国前途》中强调,社会主义不是个人主义的正反面,马克思主义只是个人主义的进一步,本质上马克思主义也是民主主义④。同时,在1948年8月10日《民主主义与社会主义》一文中,还直接否定了苏联社会主义的性质,认为它不是马克思主义,只能是马克思主义的"变例"而绝不是"正例"⑤。最荒唐的是,在该文中,作者不但证明了马克思主义是民主主义,而且还认为马克思主义"所包含的理想成分是和无政府主义一样"⑥。这些都是对

---

① 列宁.怎么办[M]//列宁.列宁选集:第一卷[M].北京:人民出版社,2012:356.
② 中共中央文献编辑委员会.刘少奇选集[M].北京:人民出版社,1981:51.
③ 张君劢.致毛泽东先生一封公开信[M]//蔡尚思.中国现代思想史资料简编:第4卷.杭州:浙江人民出版社,1983:144.
④ 李华兴.中国现代思想史资料简编:第5卷[M].杭州:浙江人民出版社,1983:217-218.
⑤ 李华兴.中国现代思想史资料简编:第5卷[M].杭州:浙江人民出版社,1983:222-223.
⑥ 李华兴.中国现代思想史资料简编:第5卷[M].杭州:浙江人民出版社,1983:229.

马克思主义的反对与极大的消解。

第二,对共产党的反对。储安平《论共产党》一文,曾将中国的前途寄托在共产党的身上,但是对共产党也提出了很多批评意见,比如对共产党"是否以中国为立场"[①]表示怀疑,认为中国或许成为苏联的工具与傀儡。比如对共产党以"拥军为自卫的论调"[②]表示反对,认为"共产党本身固不是一个能够承认人民有思想自由言论自由的政党"[③]。如此等等,反映了自主资产阶级对共产党的不满。1947年3月8日,他又在《中国的政局》一文中,一方面分析了国民党执政的严重危机,另一方面,对共产党也不看好,总是以"期望"这样的话语表示自己的"中间路线"。由此,也决定了他提出的真正的"诚意",应该就是"顾到自己,也顾到对方,更顾到国家"[④],并且对共产党有严重的误解,认为"共产党和法西斯党本无任何区别,两者都企图透过严厉的组织以强制人民的意志"[⑤]。张东荪1949年2月21日则在发表在《大公报》的文章《敬告中国共产党》中,指出了"容许一切异己者之存在"[⑥],指责"中共之滥用武力"[⑦]。

第三,呼吁自由知识分子担当起历史的责任,走一条中间路线的新路来。储安平在《中国的政局》中,呼吁中国的自由思想分子应积极主动地承担起历史的责任[⑧]。周绶章《政治自由与经济平等——新社会主义路线的提出》和《为真正的自由主义份子打气》提出了新社会主义的路线[⑨],才是世界与中国应走的路。张东荪的《理性与民主》一书,指出了中国必须走上渐进的"社会主义的民主主义"之途[⑩],赞成成立联合政府,走中间路线。同时,他对无产阶级专政和阶级斗争是完全反对的。在《思想与社会》中,张东荪直接指出,"无产阶级专政之实行的结果,必变成少数人的专制,而决不是无产者全体阶级的专

---

① 李华兴. 中国现代思想史资料简编:第5卷[M]. 杭州:浙江人民出版社,1983:22.
② 李华兴. 中国现代思想史资料简编:第5卷[M]. 杭州:浙江人民出版社,1983:25.
③ 李华兴. 中国现代思想史资料简编:第5卷[M]. 杭州:浙江人民出版社,1983:26.
④ 李华兴. 中国现代思想史资料简编:第5卷[M]. 杭州:浙江人民出版社,1983:31.
⑤ 李华兴. 中国现代思想史资料简编:第5卷[M]. 杭州:浙江人民出版社,1983:34.
⑥ 李华兴. 中国现代思想史资料简编:第5卷[M]. 杭州:浙江人民出版社,1983:79.
⑦ 李华兴. 中国现代思想史资料简编:第5卷[M]. 杭州:浙江人民出版社,1983:82.
⑧ 李华兴. 中国现代思想史资料简编:第5卷[M]. 杭州:浙江人民出版社,1983:40.
⑨ 李华兴. 中国现代思想史资料简编:第5卷[M]. 杭州:浙江人民出版社,1983:515-516.
⑩ 李华兴. 中国现代思想史资料简编:第5卷[M]. 杭州:浙江人民出版社,1983:196.

政"①。可见,张东荪的论断,是对马克思主义核心话语的消解,他不同意无产阶级专政,不同意阶级斗争,那这样的社会主义,正如胡啸指出,就"是社会改良主义"②。施复亮自1946年7月14日《何谓中间派》,到1947年3月14日发表的《中间派的政治路线》、1947年4月11日《中间派在政治上的地位和作用》、1948年1月24日发表的《论自由主义者的道路》系列文章中,都对中间派的作用评价很高,希望"发挥决定的作用"③。

(二)中共党人对自由资产阶级政治话语的揭露与鼓动

毛泽东七大政治口头中的论断,早就对自由资产阶级进行了深刻的剖析,认为"它有它独立的意见,它现在是'左右开弓'"④。因此,如何应对自由主义思潮,成为中国共产党马克思主义话语权建构的又一障碍。中国共产党人在毛泽东的指导下,开启了对自由资产阶级的揭露与政治鼓动。

苏平《关于"中间派政治路线"以外的话》一文专门就施复亮《中间派的政治路线》《再论中间派的政治路线》两文进行了科学的批驳,澄清了当时历史的事实。比如针对施复亮关于内战的责任归于国共两方的问题,苏平尖锐地指出,这是"帮助了反动派,模糊了一般人对于内战发动者和政协破坏者的认识"⑤。比如针对内战的国家背景问题,施复亮也是错误地认为内战"显然有美苏两国的国际背景"。苏平指出,承认苏联在精神上和道义上的援助是对的,但是"这并不限于苏联",英美也有,为此,不能说是"中共武装斗争的国际背景"⑥。苏平明确指出,目前中共并没有改变支持政协路线,只是改变了"实现政治路线的方法",以前是和平,现在是用武装的方式,政协路线就是一条革命的路线。苏平对施复亮的观点进行了彻底的批判。

马叙伦的《论第三方面与民主战线》,潘梓年的《谈民主须能认识人民的力量》,杜迈之的《法西斯帮凶的嘴脸》,胡绳的《论自由主义在中国》,华岗在《新华日报》发表的文章《第三方面的新生》中,都诚恳地告知第三方面的民主党派

---

① 张东荪. 思想与社会[M]. 长沙:岳麓书社,2010:260.
② 胡啸. 评张东荪反马克思主义的三次挑战[J]. 复旦学报(社会科学版),1983(2).
③ 张东荪. 思想与社会[M]. 长沙:岳麓书社,2010:310.
④ 中共中央文献研究室,中央档案馆. 建党以来重要文献选编(1921—1949):第22册[M]. 北京:中央文献出版社,2011:201.
⑤ 李华兴. 中国现代思想史资料简编:第5卷[M]. 杭州:浙江人民出版社,1983:532.
⑥ 李华兴. 中国现代思想史资料简编:第5卷[M]. 杭州:浙江人民出版社,1983:533.

们,"在民主与反民主的决斗当中,不可能完全中立,而且也不许中立"①,鼓动他们放弃幻想,和共产党一起为了反抗国民党而承担起历史使命。乔冠华1948年1月28日发表的《追击"中间路线"》一文,特别强调了批判自由主义者的重要性,分析了"中间路线"的实质,指出了思想斗争必须坚持的重要性。其实,乔冠华强调的思想斗争,内含了马克思主义话语权建构的重要方式,那就是必须坚持思想斗争,"真正追求真理和依靠群众的民主战士是不怕思想斗争的"②。只有坚定地进行思想斗争,才是中共最后夺得马克思主义话语权的根本方式。总之,以上这些文章,极大地反击了中国自由资产阶级的种种谬误,赢得了越来越多的中间派对共产党的支持,马克思主义话语也在诸多中间党派中赢得了相对优势,实现了中国共产党强有力的话语引导力。

三、当代启示

综上所述,主动与国民党进行意识形态话语权的论战,积极捍卫马克思主义的意识形态话语权,积极与各民主党派进行有效对话,进行政治批判,增强了共产党自身的话语引导力,成为中国共产党马克思主义话语权社会建构的最主要途径。当然,论战也不仅仅是中共取得马克思主义话语权的唯一方式。更值得一提的是,中国共产党为了更好地宣传自己的政治、思想主张,让更多的国统区人士和世界国际友人都能听到,分别采用了不同的方式进行大力传播。在国统区大力办报,掌握大众舆论话语权;在国际上讲好中国革命故事,以毛泽东为代表的中国共产党通过重视对外讲好中国革命故事,科学预见国际形势,让中国共产党的声音传出去,让世界了解中国共产党。最终使得马克思主义先进话语在社会各领域赢得了更为广泛的舆论话语权,所有这些,都是中国共产党马克思主义话语权社会建构的重要补充方式。

通过深入挖掘延安时期中国共产党在社会领域马克思主义话语权的建构可以得知,社会各领域的马克思主义话语权建构,与中国共产党党内自身马克思主义话语权建构完全不同,因为开展大量的思想理论教育是不可能的,只有针锋相对,科学批判;及时揭露,大力鼓动,才能最终取得马克思主义话语权。不难发现,当今中国,我们仍需在广大社会领域建构马克思主义话语权,因此,

---

① 刘石夷. 谷醒华先生纪念文集[M]. 内江:中国民主同盟内江市委员会,1990:24.
② 刘石夷. 谷醒华先生纪念文集[M]. 内江:中国民主同盟内江市委员会,1990:691.

重温历史,是为了更好地走向未来。延安时期中国共产党马克思主义话语权社会建构,带给今天我们众多的启示。

第一,始终高举马克思主义伟大旗帜,这是延安时期中国共产党能够成功建构的最重要经验。如果我们一味弱化马克思主义这个根本立场、观点和方法,其话语的创新将失去根本的方向。正如习近平强调,"话语的背后是思想,是'道'"①,可见,话语的创新植根于思想的创新,而马克思主义作为我们的指导思想,更是不容弱化。

第二,针锋相对,科学批判,敢于直面话语背后思想分歧的实质,不断实现自身的话语创新,这也是延安时期给予我们的最大启示。针对当今社会各领域思想纷繁复杂的局面,中国共产党及其理论工作者要勇于亮剑,善于挖掘话语思想背后的实质,在不断的科学分化中,创新自身的理论话语,从而成功建构马克思主义话语权。

第三,加强政治揭露,强化政治鼓动,提升自身话语影响力。针对各种主义思潮涌动,中国共产党及理论工作者要加强政治揭露,在揭露中指出话语背后的目的;同时,强化正面引导,用满满的正能量影响国人的社会舆论,从而提升中国共产党自身的话语影响力。正如习近平指出,针对一般性争论,我们要用"真理揭露谎言,让科学战胜谬误"②。

总之,正如福柯指出,话语产生于矛盾,话语正是为表现和克服矛盾才开始讲话的;矛盾作为它的历史性的原则随着话语进展而运转③。因此,中国共产党要在新时代高度重视话语的研究,澄清话语背后思想的实质,及时揭露话语背后的政治目的,加大正面鼓动与引导,不断加强马克思主义话语权。

---

① 中共中央文献研究室.习近平关于社会主义文化建设论述摘编[M].北京:中央文献出版社,2017:213.

② 中共中央文献研究室.习近平关于社会主义文化建设论述摘编[M].北京:中央文献出版社,2017:28.

③ 福柯.知识考古学[M]//谢强,马月.北京:生活·读书·新知三联书店,1998:193-194.

延安时期中国共产党创办革命教育事业的基本经验与历史启示

——以抗大为例*

延安时期中国共产党的革命教育事业,是在党中央和毛泽东的直接领导与亲切关怀下迅速发展起来的。抗战期间从海外各地、长城内外、大江南北和五湖四海,满怀救国激情投奔汇聚到革命"圣地"延安的大批知识分子和革命青年,为党抢抓这一千载难逢的人才发展机遇、创办各类学校培养革命的干部人才提供了充分可能。尽管客观条件极其困难,但党中央以炽热的愿望、坚定的意志与强烈的决心,经多方统筹规划和科学安排,举全党之力、集全党之智、汇全党之源,在延安及其周边地区先后创办了以抗大等为主要代表的 30 余所革命院校,从而建立起了较为系统、完善的革命教育事业体系,基本覆盖了抗战期间党和军队所急需的政治、军事、经济、管理、科技、文化、教育等主要人才类型,掀起了前所未有、如火如荼的大规模培养革命干部人才的高潮,党的战时革命教育事业进入了"全面开花"阶段。地旷人稀的陕甘宁边区,平均每0.56 万平方千米、每 8.3 万人就拥有一所高等学校。

---

* 本文作者张锋:扬州大学。

本文系教育部人文社科重点研究基地项目"延安时期党管人才战略研究"〔15HSJD-02〕的阶段性成果。

物质资源异常贫瘠的"红都"延安形成了人才云集、院校林立、名家辈出的空前繁荣局面。党在最大限度的能力范围内,采取"热炒热卖"的人才培养方针,通过"小步快跑"模式,超常规、迅速化地构建起了大规模、多层次、多领域、全天候的干部人才培养网络,针对不同的差异化人才需求"量体裁衣",有声有色地加强人才的精准应急培养,将延安建成了一座锻造革命干部的宏伟"大学城"、培养各类党政军人才的庞大"梦工厂",为抗日战争和解放战争的胜利造就了源源不断的治党治国治军人才,党领导下的陕甘宁边区由此成为全国众望所归的抗日热土。

一、承载重大历史使命：为取得全面抗战胜利培养造就了大批优秀骨干人才

随着日本帝国主义对华侵略活动的步步进逼和变本加厉，我国的政治形势已经从国内革命战争转向抗日民族革命战争，中国革命的性质和任务发生了重大深刻历史性变化。在中华民族面临着生死存亡的最危难之际，面对深重的民族危机和全国人民持续高涨的抗日热潮，延安时期中国共产党自觉地担负起拯救民族危亡、争取民族解放的崇高使命。新的巨大现实重任和强烈责任担当，要求党必须尽快培养造就出大批的优秀干部和骨干人才，使之能够真正发挥中华民族的中流砥柱作用、切实担负起领导抗日战争的伟大而艰巨使命，因此无论是数量上还是质量上党对各级干部的需求显著增加。然而在艰苦卓绝的万里长征中，党和军队付出重大牺牲、具有丰富革命斗争经验的红军干部战士大量减员，从而导致了干部数量严重不足、人才质量急待提升、队伍结构亟须大幅度优化。党的组织力量远远落后于党的政治影响力这一客观现状，使得干部人才队伍建设这一要求更具有紧迫性和沉重性。

正是基于对人才问题重要性和严峻性的深刻清醒认识，延安时期党中央审时度势，以强烈的忧患意识和高度的担当精神，从"干部决定一切"的思想高度，在党的六届六中全会后，根据当时独特的社会历史背景，经毛泽东提议、中央书记处研究决定，于1939年2月专门成立了由张闻天任部长、李维汉为副部长，统一负责全党干部教育工作的中央干部教育部，在党的历史上第一次单独组建起强有力的干部培养专业领导机构，成为党的干部人才建设工作中的一项重要制度安排，以进一步加强在职干部教育的统筹规划和领导。毛泽东还亲自指导干部教育工作，把办好干部学校作为事关党的事业发展全局的首要大事来抓。中共中央先后颁布了《关于延安干部学校的决定》等一系列重要制度性文件，以强大的政治气魄集全党之力之智，在办学条件极其艰苦的情况下，披荆斩棘，逐步创建了各级各类干部学校，着力加强人才的制度化、规范化和群体性培育，让人才培养与抗战活动保持"同频共振"。

1936年5月8日，在陕北延长县交口镇太相寺召开的中央政治局扩大会议一致通过了毛泽东关于举办红军学校的提议，做出了创办抗日红军大学的战略决策。会议结束后，党中央雷厉风行迅速行动，立即开始了紧锣密鼓的筹备工作,拟议中的红军大学很快得到实质性的组建落实。中央红军主力经过长征过程中的一系列血战,在绝处逢生中刚刚抵达陕北不久,而其他两支红军主力红二、四方面军尚艰难行进在漫漫长征途中,时刻面临着残酷的战争威胁和巨大的生存危机。在这样一个十分严峻复杂的困难时刻,中共中央迅速统一了思想,极富远见地下定决心创办红军大学,不失时机地抽调大批红军中高级干部进校学习,敏锐地把握和利用好全面抗战爆发前这一相对稳定、十分难得的"空档期"进行充电提升,在这一关键时间窗口预先做好人才的储备和训练提高工作,由此可见中央对办好红军大学的巨大魄力和坚定意志。这是党中央和毛泽东未雨绸缪厉兵秣马,针对即将全面展开的抗日战争准备干部人才力量、保障各个战线急需的指挥员而下的一步"先手棋",向全党全军释放出全面开启干部人才队伍建设的强烈信号。为切实做好紧随而来的红军大学招生宣传和全面动员工作,在太相寺中央政治局会议结束六天后,即5月14日,毛泽东主持召开了红军在陕北部队团以上干部会议并发表讲话。他严肃要求各部队党委必须统一思想,把选送干部入学作为一项战略任务来对待,保质保量地把优秀干部选送到红军大学培养、训练。面对参加会议的80余名红军师、团级干部,毛泽东极富远见地指出,各部队在干部人才队伍的建设上,应做到将立足长远和谋划当前相结合,既要考虑到当下干部使用的实际需求,更要从长远着眼于干部的培养和成长,必须杜绝政治上的目光短视行为,务必把眼光放远一点,按规划来加强红军队伍的干部人才培养。

经多方积极筹备与努力,党中央结合苏区时期干部教育工作的历史经验,在西北抗日红军大学的基础上,创办了"中国人民抗日红军大学"(简称"红大"),并对学校的领导层干部予以了高规格的人员配置,毛泽东亲自兼任红大政治委员,林彪担任校长,罗瑞卿任教育长,杨尚昆任政治部主任。作为学校的主要倡议者和筹办者,在6月1日的红大开学典礼讲话中,毛泽东深刻阐述了党中央创办红大的重要意义,是"为了促进和迎接抗日民族革命战争的到来",他热情鼓励大家:"第一次大革命时有一个黄埔,它的学生成为当时革命的主导力量。我们的红大要继承着黄埔精神,要完成黄埔未完成的任务,要在第二次大革命中也成为主导的力量,即是要争取中华民族的独立解放。"[1]红大从它的孕育诞生之日起,就与民族的存亡、国家的兴衰紧密地交织联系在一

---

① 夏明星,苏振兰. 罗瑞卿与抗大[J]. 纵横,2007(10).

起,担负起了抗日救国的重大历史责任,代表了中华民族的前进方向。1937 年 1 月 19 日,随着东北军的主动撤出,红大随中共中央一同进驻延安。为全面对接和适应全国各界抗日形势发展的需要,红大正式更名为"中国人民抗日军事政治大学"(简称"抗大"),从而进入了一个新的办学阶段,并开始面向全国招生。除继续培养红军干部人才外,这一时期抗大的主要教育对象与培养目标开始转移到投奔延安的进步青年学生身上,把培养革命知识青年作为抗大的一项最重要和最迫切的任务,着眼于为抗战活动培养出一大批高素质军政人才。

二、明晰抗大办学定位:是一所处于中国共产党坚强领导下的干部人才学校

抗大诞生于抗日战争期间高度复杂的国内政治大局之中。在创办初期,党内一些缺乏政治敏锐性的人士曾不恰当地提出,为了刻意保持和维护与国民党的统一战线关系,以便做到能够让蒋介石政府对中共的政治军事力量发展"不恐惧"、可以"放宽心",提出了"一切经过统一战线""一切服从统一战线"的错误口号,他们消极地认为中共应尽可能地切割和消解抗大的政治功能,淡化和模糊党的政治领导,妄图取消党的领导,改变抗大的性质,将其办成一座基于所谓"统一战线"性质、一般意义上的纯粹军事类学校。为此在这个根本性问题上,以毛泽东为代表的党中央与以王明为主要代表的党内机会主义路线进行了针锋相对的斗争,他多次严厉批驳、揭露了这种模糊政治认识,并公开鲜明强调,"抗大是中国共产党领导下的军事性质的学校,不是什么统一战线的组织"[①],抗大的性质绝不容许改变,在国共两党实际存在着的既联合又斗争的复杂政治环境下,抗大所培养的学员必将是党领导下的、忠实执行党的政治任务、积极为党做贡献的抗日骨干人才,全党在这个问题上的认识必须是毫无疑义的,没有任何讨论的空间和余地。党中央其他负责同志也旗帜鲜明地阐明了自己的观点。张闻天指出,"我们是抗日的人民统一战线的火车头与推动机"[②],强调必须使共产党成为统一战线的坚强核心。刘少奇在《领导权问题是民族统一战线的中心问题》一文中明确指出:"统一战线的进行,不

---

① 中共中央文献研究室.毛泽东年谱(1893—1949):中卷[M].北京:中央文献出版社,2002:86.

② 张闻天选集编辑组.张闻天选集[M].北京:人民出版社,1985:90.

限制无产阶级组织与斗争的自由,这种统一战线才是革命的"①,他们都对党内的右倾机会主义错误主张进行了坚决反对和抵制。

毛泽东深刻指出,党的坚强领导是抗大在错综复杂的斗争环境中能够得以成功办学的根本保证。从中国革命的根本目标和任务出发,同时基于抗大的实际人员构成和学校的办学性质与定位,必须坚持独立自主的办学原则,坚定党对抗大的全面、直接和绝对领导,将其整个领导权毫不动摇地始终牢牢掌握在共产党人的手中,确保党的路线、方针和政策在抗大得到不折不扣的贯彻实施。1939 年 7 月,中央军委《关于抗大工作的指示》也明确指出:我们举办抗大的根本目的,就是通过开展具有一系列针对性的教育引导活动,实现"把知识青年训练成为无产阶级的战士,或同情者,把他们训练成八路军的干部"②的育人目标,从而不断增强和扩展党领导下的革命阵营力量。与此同时,党中央和毛泽东以极大的热情关心呵护革命青年政治上的成长。为了加强和完善党对学校的领导,1938 年 5 月抗大召开了第二次党代表大会,深入总结领导青年知识分子的经验。毛泽东多次要求抗大要在积极加强对革命青年精心培育的基础上,大力吸引其加入党组织,尽快地将一批批热血青年锻造为坚定的无产阶级革命战士。

坚定抗大办学方向,构建起融政治方向、工作作风和战略战术三位一体的人才教育方针。毛泽东将指导抗大教育的思想精要地归纳为"政治方向""工作作风"和"战略战术"这三个方面,他明确指出抗大的教育方针必须由"坚定正确的政治方向,艰苦奋斗的工作作风,灵活机动的战略战术"③这三者相辅相成一体构成,从而为抗大的建设和发展指明了根本性方向,这也成为抗大精神最本质、最内核的因子。政治素质在人的素质结构体系中占据统领地位,要求抗大学员在错综复杂的革命斗争中把政治属性作为自己的第一属性,牢固树立坚定正确的政治方向,确立坚如磐石的政治信仰,这是培养新型革命人才的首要任务和重要保证,也是抗大的建校之基、育人之本,系抗大精神的根本灵魂所在;培养锻造抗大学员艰苦奋斗的工作作风,将其真正内化为自身素养

---

① 中共中央文献编辑委员会. 刘少奇选集:上卷[M]. 北京:人民出版社,1981:53.

② 中央档案馆. 中共中央文件选集:第 11 册(1939—1941)[J]. 北京:中共中央党校出版社,1986:124.

③ 中共中央文献研究室.毛泽东文集:第 2 卷[M]. 北京:人民出版社,1993:188.

体系的有机组成,并牢牢镌刻在心中,这是其从知识青年转型成长为无产阶级革命战士的必备基本条件;深入学习领会灵活机动的战略战术,这是成长为一名合格抗大毕业生和优秀前线指战员必须具备的军事素养。在指导抗大的办学活动和人才培养过程中,毛泽东精辟论述和回答了"为谁培养人、培养什么样的人、怎样培养人"这样一个事关中国革命事业前途命运的重大问题。

三、选优配强师资队伍:确保人才培养质量,开创抗大"越抗越大"局面

从确保抗大人才培养的质量要求出发,以便为抗战能够尽可能多地输送一大批优秀合格人才,党中央高度重视抗大的师资队伍组建工作,将其作为推进抗大建设的最重要一环,为抗大的发展倾注了大量心血,始终坚持"以最优秀的干部办学校当教员"的办学思路,在人才的选用上不拘一格,以"三管齐下"的"组合拳"举措来选优配强师资体系。

党中央和毛泽东精心选调了一批经过多次战争考验、具有丰富军事政治工作经验的红军干部到学校工作,把他们视为孵化抗战精英和领导骨干的"老母鸡",毛泽东郑重要求大家安心当好"母鸡",因为"母鸡"(教员)是"教育干部的干部"①;同时,想方设法把当时国内最知名的一批学者和文化界名流如艾思奇、任白戈、徐懋庸、张庆孚等请来当教员;此外,还积极动员抗大各期次中最优秀的毕业生留下来当教员,并把许光达、滕代远等一批高级将领动员来当兼职教员。通过一系列扎实、系统、多方位的师资队伍建设工作,形成了一支堪称"全明星"阵容的高素质教员队伍,从而构成了抗大教师队伍的领导群体和中坚力量,为优秀抗日人才的培养造就提供了充分可能。正是依靠着这样一支卓越的办学力量,抗大才在异常艰苦的办学条件下,通过精心施教,才以高昂的革命斗志,不断开创"越抗越大"的生动局面。

全面抗战爆发后,面对全国人民同仇敌忾进行的轰轰烈烈大规模抗日斗争,深受外部环境氛围的强烈刺激和感染,抗大的不少教员特别是一些原本就是红军著名军事将领的同志开始在思想和情感上出现了一些波动和不稳定情绪,他们不甘于长期做较为静态、单纯的学校"教书匠"工作,纷纷要求能够有机会下部队、上前线真刀真枪地同日本侵略者做面对面的坚决战斗,很多同志

---

① 中共中央文献研究室. 毛泽东年谱(1893—1949):中卷[M]. 北京:中央文献出版社,2002:73.

甚至慷慨激昂地表示宁愿"马革裹尸"也不愿再留在后方搞教育工作。在这种情况下,为了正确引导和保护教员们的革命热情,同时着力稳定和巩固好抗大的师资队伍,1938年毛泽东为此曾三次专门召开学校的干部与教员会议,在会上他反复阐明了干部教育培养工作在党和军队人才队伍建设中的重要意义与光荣使命,要求大家"不要妄自菲薄,不要看不起自己这个教员"①,指出能够为中华民族解放事业默默奉献,实现"桃李满天下""青出于蓝而胜于蓝",这是作为一名抗大教员的无比光荣。毛泽东并给教员们认真算了算这几笔细账,即抗大每培养出一名优秀指战员,出去能够迅速直接地影响带动多少同胞加入抗日队伍中、可以为抗战做出多少贡献产生多大社会影响。在此基础上,他呼吁教员们要静下心来"在此努力,不要五心不定",努力当一名模范的共产党员和抗大教师。在党中央和毛泽东的大力支持鼓励下,通过耐心细致的思想工作,抗大教员们很快稳定了情绪,增强了信心,进一步鼓足了干劲,下定了专心致志长期在抗大从事干部教育工作的决心,更加坚定地忠诚于党的革命教育事业。

延安时期党中央还积极倡导党内主要干部亲临各类干部人才学校上台授课,他们都把为抗大讲课作为一项自己必须履行的职责和义务,以高度认真严肃的态度来对待,上讲台活动可说是蔚然成风。日理万机、肩负着全党全军领导重任的毛泽东、张闻天、刘少奇、博古等中央主要负责同志率先垂范,亲执教鞭,责无旁贷地承担起教学任务。如张闻天讲授了中国革命基本问题,董必武讲授中国革命史,杨尚昆讲授各国论,他们都是学员们可以时常面对面探讨的教师,抗大成为当时中央领导同志宣传党的政治军事思想的一个重要讲坛。1937年七八月间全面抗战刚刚爆发之际,毛泽东废寝忘食呕心沥血撰写了《实践论》和《矛盾论》这两部光辉著作,并亲自给抗大学员讲授了100多个小时的两论,他讲课旁征博引、绘声绘色、幽默风趣,做到既高屋建瓴又细致入微,具有一种打动人心的深刻内在力量,深受学员们的欢迎。中央高层领导人深入教学一线,他们的高度重视对当时的干部教育与培养工作起到了巨大的示范和推动作用,也为尽快培育我党我军优秀人才打下了坚实基础。

党的六届六中全会后,随着全国抗日形势的发展和对抗战人才的急迫需求,同时国民党政府进一步加强了对陕甘宁边区的严密封锁,知识青年进入延

---

① 李志民. 革命熔炉[M]. 北京:中共党史资料出版社,1985:225.

安抗大学习的难度急剧加大,为了培养和训练大批能够带领群众深入敌后开展游击战争的军政干部,党中央果断做出了在各根据地迅速成立抗大分校的决定,以开拓抗大的办学渠道。毛泽东强烈要求,"每个根据地都要尽可能地开办大规模的干部学校,越大越多越好"①,在此他连用了三个"越",充分表达了对抗大事业发展的迫切之情。同时,党中央明确规定:"学校所在地的党的领导机关的负责同志,必须有计划地经常地到学校做报告,能够任课的必须担任教课。"②抗大这所中国共产党抗战时期创办的培养抗日干部的全新式革命学校,尽管办学条件空前简陋,但在其异常强大的师资队伍功能作用下,连同在根据地遍地开花的 12 所分校,成为一所遍及党的各主要抗日根据地的重要军政学府,使抗日的烽火遍及大江南北、黄河两岸,在华夏大地越烧越旺。在1938 年 6 月的抗大成立两周年纪念大会上,面对抗大事业蓬勃发展的大好局面,当时负责主持抗大日常工作的罗瑞卿副校长喜不自胜,他兴奋而自豪地做出了"抗大抗大,越抗越大!"这句后来脍炙人口的评价。

四、理论密切联系实际:坚持将实践作为造就人才的最有效手段,以丰富的革命实践活动推进抗大学员的成长发展

延安时期党中央坚持理论与实践相结合,把革命理论、先进教育思想同中国革命斗争具体实际有机融合,立足于革命工作实践,将实践活动作为发现人才、培养人才和锻炼人才的最好课堂。毛泽东一贯要求,必须在革命实践中发现和培养人才,他在《实践论》一文中强调"人的认识一点也不能离开社会实践,实践是认识的来源,是推动认识发展的动力,是检验认识的真理性的标准"③,充分揭示了实践对于人才成长的根本性和决定性作用。

1938 年 4 月,毛泽东在抗大第四期开学典礼上语重心长地指出:抗大学习有三个阶段,其中最重要的是第三个阶段,即要在革命斗争实践中加强和深化学习。1939 年 7 月,中央军委发布《关于抗大工作的指示》,在提及抗大及一切主要由知识青年所组成的军政学校及教导队的办学方针时强调指出:"我们应

---

① 毛泽东. 毛泽东选集:第 2 卷[M]. 北京:人民出版社,1991:769.
② 中央档案馆. 中共中央文件选集:第 12 册[M]. 北京:中共中央党校出版社,1986:302.
③ 中共中央文献研究室. 毛泽东年谱(1893—1949):中卷[M]. 北京:中央文献出版社,2002:7.

努力转变他们的思想,注意于领导他们思想转变的过程",在教育知识青年的四项原则中特别规定"教育他们决心深入下层实际工作,反对轻视实际经验"①。

在全面抗日战争的宏观历史背景下,抗大坚持一切从抗战实际出发,把积极培养适应抗战所急需的优秀合格人才,作为开展教育工作的根本立足点和出发点。罗瑞卿在《抗大工作的检查总结与今后方针》中强调指出:"在教授方法上,尤须注意理论与实际联系的原则。"②当时抗大的军事理论课教学,并不采用诸如著名普鲁士军事理论家克劳塞维茨《战争论》一类的具有很高理论水准、但与中国国情关联度相去甚远的经典权威教材,而是以直接产生和总结提炼于中国革命丰富实践、管用实用的毛泽东军事论著为主要学习内容。在抗大整个办学过程中呈现出的最显著特点,就是它极其注重畅通学校、课堂与部队、战场的交流渠道,始终与丰富的前沿作战实践活动紧密联系、融合在一起,一以贯之地坚持把课堂办到战场、办到阵地、办到前线的"三办"方针。遵循"理论与实际并重,前方与后方结合"的办学原则,抗大经常组织学员轮流下基层、一线作战部队代职,保持与部队的常态化交流,把从抗大课堂上学到的理论知识紧密浸透融入战争实践过程中,直接为提高部队战斗力服务,同时将这些最近总结、最为新鲜的战术战法带回到抗大的课堂里进行学习研讨,大大增强了教学活动的针对性和实效性。按照"在学习中战斗,在战斗中学习"的教育原则,实行学校与部队、学员与战士一体化的复合型教育模式,既是学习队同时又是战斗队,在教学计划中不断加大军事实践活动的比重,抗大学员们积极配合主力部队多次实地参加战斗。通过经受战火的洗礼,让技战术水平能够真正得到实战的检验,大大缩短了从课堂到战场的认知距离,学员们的军事素质得到迅速提高,使得抗大在战教合一的复合型环境中能够始终保持勃勃生机和活力。

---

① 中央档案馆.中共中央文件选集:第 11 册(1939—1941)[M].北京:中共中央党校出版社,1986:124-125.

② 罗瑞卿.抗大工作的检查总结与今后方针[J].解放,1939(73).

五、铸就光辉抗大精神:"一穷二白"的"窑洞大学"培育了蔚为壮观的治党治国治军栋梁之材

抗大诞生于严重的民族危亡之际,它在这个重大历史背景下应运而生,是伴随着隆隆抗日炮火建立与发展起来的。1939 年 6 月 1 日毛泽东在抗大成立三周年纪念大会上,充分肯定了抗大对中国人民抗日战争所做出的突出贡献,他热情赞扬道:三年来,抗大造就了很多的抗日干部,在前线打日本有很大的功劳①。抗大直接以"抗日"两个大字响亮冠名,它为抗日而生,更是与生俱来地为抗日而战。作为延安时期我党所创办的办学规模最大、成效最为显著、影响最为深远的干部学校之一,抗大坚持"抓紧培养一批,及时输送一批"的人才建设思路,以抗大为基点,整个全面抗战期间共计淬炼和培养了 10 万多名德才兼备的优秀军政干部,在险恶的战争环境中把大批来自不同阶层的革命青年和知识分子被培养造就成中共领导下的抗日骨干。抗大真正成为一所"为我党建军枢纽培养干部的学校"②,直接促成了我党我军干部队伍能力水平的提升。这 10 多万粒优良的革命火种,点燃起大江南北的燎原烈火,他们在各抗日根据地遍地开花结果、不断茁壮成长,成为力挽狂澜、抵抗侵略、战胜日寇的民族中流砥柱,极大地提高了自身威望,其中既有统领千军万马的八路军、新四军高级将领,也有驰骋疆场的基层指挥员。考虑到抗战结束时中共领导下的武装部队总体量约 120 万,其中正规军规模才不过 60 万人左右,可以想象出抗大在人民军队发展中所起的骨干和支柱作用是何等重大。在抗日战争炮火的洗礼中,中国共产党领导的人民军队迅速发展壮大为受到国内外广泛公认的一支举足轻重的抗日救国重要力量,圆满完成了党的六届六中全会提出的要使中共"发展成为能担当抗战建国大业中一部分光荣任务的伟大力量"③这一崇高政治任务。可以说,正是抗大培养出来的这支优良的"专业型"干部人才体系,才有效地支撑起迅速发展壮大的人民军队基本力量和主体骨架,极大地保障和提升了军队战斗力,从而在人才资源上保证了党领导下的抗日战

---

① 中共中央文献研究室. 毛泽东年谱(1893—1949):中卷[M]. 北京:中央文献出版社,2002:128.

② 中共中央北方局、八路军前方总部致各根据地电,1940 年 6 月 8 日。

③ 中央档案馆. 中共中央文件选集:第 10 册(1936—1938)[M]. 北京:中共中央党校出版社,1985:702.

争和解放战争的相继胜利。

在震惊中外的百团大战中,抗大学员是八路军队伍中作战最勇敢、最坚决的骨干力量。平型关大捷、阳明堡大捷和击毙日军"名将之花"阿部规秀的黄土岭之战等我军在抗日战场上所取得的一系列杰作,均出自抗大名将之手。一个个所谓的大日本帝国皇军名将,却接连成为抗大学员出身的"土八路"手下败将,纷纷损兵折将弃甲而归甚至命丧黄泉。在抗大根据党中央指示挺进敌后深入华北办学后,鉴于其培养出来的干部人才对日军造成的巨大现实威胁,慑于抗大毕业生的强劲战斗力,日寇在高度惧怕和极度憎恨之下,把抗大视为眼中钉、肉中刺,必欲置之死地而后快,在多次重兵频繁的"扫荡"中都把"消灭抗大"作为其重点目标。百般无奈之下,一向狂妄至极的日本中国派遣军总司令冈村宁次甚至发出了这样的哀叹:宁肯以阵亡 20 个日兵换 1 个抗大学员,阵亡 50 个日本兵换 1 个抗大干部①。这从另一个侧面印证了抗大干部学员对抗日所做出的突出贡献和发挥的中流砥柱作用。当时"一穷二白"、办学条件最为贫寒的抗大,这所主要由窑洞和古老关帝庙等简陋建筑构成的、让世人为之刮目相看的传奇式"窑洞大学""战火中大学",成为一座对整个中国革命进程产生极其深刻影响的军政名校,几乎获得了与美国西点军校等世界名校齐名的声誉,她身居偏隅,但闻名中外,具有强大的号召力和凝聚力,成为名副其实的红色熔炉和精神高地。在 1955 年的共和国首次授衔中,10 大元帅中 6 位具有抗大经历,10 位大将中有 8 位出自抗大之门,此外还有 26 位上将、49 位中将和 129 位少将曾在抗大工作和学习过,"抗大人"占整个授衔将帅总数的 88%,中国共产党领导下的几乎所有军队重要将领都曾在抗大回了一次炉,抗大的"窑洞"真正发挥了培养革命人才"大熔炉"的重大功能。至此,抗大成为实至名归的中共版红色"黄埔军校",为夺取革命战争胜利提供了充分而可靠的人才保证,形成了中共干部教育培养的"抗大模式",被公认是延安时期党所举办的各级各类干部人才学校中最负盛名的代表,其所铸造的享有高度社会声誉的"抗大精神"成为延安精神的灵魂。

针对"抗大为什么全国闻名、全世界闻名"这个国内外都十分感兴趣的问题,毛泽东给出了明确答案,他突出强调:"抗大的革命与进步,是因为它的职员教员与课程是革命的进步的,又因为它的学生是革命的进步的,没有这两方

---

① 毛炜豪. 吴起练起与抗大办学[N]. 中国国防报,2019-04-14.

面的革命性进步性,抗大决不能成为全国与全世界称赞的抗大。"①在抗日战争的历史时代背景下,在井冈山和中央苏区时期军事教育的优良基础上,党和人民军队立足于艰苦卓绝的革命斗争实践土壤,以"越抗越大"的中国人民抗日军政大学为直接载体,铸就了伟大而光辉的抗大精神。站在抗日战争最前沿阵地的抗大,以其热血所铸就的璀璨抗大精神,成为我党我军一手创造的弥足珍贵的标志性精神财富。深刻总结和凝练抗大精神的核心内涵,可以说集中体现在"三石"上。一是抗大像一块巨大的吸铁石。以它为桥梁和纽带,产生了强大的"磁场效应",吸引和鼓舞了国内外无数知识分子和进步青年,他们义无反顾地放弃优越生活环境,风尘跋涉投向中国革命的圣地延安,极大地扩充了革命阵营力量。二是抗大像一块坚硬的磨刀石。学员们进入抗大的第一堂课,就是通过历时 14 天步行 800 里黄土高坡从延安走到西安的艰苦征途,来实时磨炼知识青年们的革命意志,实地检验他们的革命热情,从而尽快地消磨其身上存在的一些浮躁和骄气;三是抗大像一块最好的试金石。通过抗大的严格教育培养与革命信仰考验,从中发现和挖掘出闪闪发亮的金子(人才),一大批文雅柔弱的"白面书生"纷纷成长为军政素质过硬的坚定共产主义战士,这批民族精英从此为国家和民族的前途命运全身心地发光发热。毛泽东在抗大三周年纪念大会上着重指出:"抗大三年来有其贡献于国家、民族、社会的大成绩,这就是它教成了几万个年轻有为与进步革命的学生。"②作为抗战历史时代的产物,抗大以其骄人的人才培养成效和显著的社会历史影响力,浓墨重彩地书写了我党我军教育史上的一个重大奇迹,为中国人民抗日战争的最终胜利和新中国的成立凝聚汇合了磅礴坚实力量,为中国革命伟业的成功实现锤炼和锻造了大批优秀人才,也为我党我军立于不败之地奠定了特有的人才资源优势。

1945 年 8 月 15 日,历时 14 年之久的中国人民抗日战争最终取得了伟大胜利,在此期间为中华民族复兴与解放建立了卓越功勋的抗大也圆满完成了其崇高而光荣的历史使命,但它的红色基因与革命血脉一直延续传承并发扬光大至当今时代。作为我军军校的母校,它在九年多鲜活的风雨历史征程中为党和军队进行大规模军政人才培养工作提供了宝贵成功经验和有效实践路

① 中共中央文献研究室.毛泽东文集:第 2 卷[M]. 北京:人民出版社,1993:187.
② 中共中央文献研究室.毛泽东文集:第 2 卷[M]. 北京:人民出版社,1993:187.

径,成为党和政府此后创办的诸多重要院校的主要支柱和基本来源。抗战胜利后,根据党中央和毛泽东高瞻远瞩做出的重大战略部署,奉中央军委的命令,抗大总校的主体部分很快又踏上了新的革命征程,于1945年10月在时任校长何长工的率领下整体向东北进军,经4个多月的长途跋涉于1946年2月底到达吉林通化,在此组建起由林彪兼任校长、彭真兼任政治委员、何长工为副校长的东北军政大学,培育了大批的东北知识青年,为我党解放全中国输送了可观的急需干部,提供了有力的人才支持,做出了重要历史贡献。新中国建立后,东北军政大学迁入首都北京,经过不断地发展演变成为今天的共和国最高军事学府——国防大学。习近平总书记明确指出,国防大学"传承着红大、抗大血脉,为党、国家和军队培养输送了大批优秀人才"①。此外,抗大三分校的俄文队,在经历了延安时期的军委俄文学校和外国语学校等阶段后,分别发展成为今天的黑龙江大学、北京外国语大学等知名高等学府。

事实证明,延安时期的革命教育工作成就斐然,培养了蔚为壮观的"延安造"治党、治军、治国杰出英才,党的干部人才资源库得到了极大的充实,形成了一支志存高远、信仰坚定、德才兼备、廉洁奉公的干部人才队伍。他们被及时选拔输送到党和军队的各个不同岗位,极大地充实和改善了干部人才队伍的有生力量,使党的政治路线、思想路线和组织路线得到了富有成效的贯彻执行,为圆满完成新民主主义革命的任务做出了重大贡献,为抗战胜利和全中国的解放完成了人才资源上的充分组织准备。延安时期党在人才培养与教育方面创造和积累了诸多宝贵经验和成功做法,为加强和推进党的人才科学化建设做出了不可替代的历史贡献,为新时代党的人才工作奠定了扎实而厚重的历史与现实基础,为丰富和深化新时代中国特色党管人才工作贡献了广阔的理论空间。

---

① 习近平在视察国防大学时强调:围绕实现强军目标推进军队院校改革创新为实现中国梦强军梦提供人才和智力支持[N]. 人民日报,2016-03-24.

中国共产党入党成分的调整与启示[*]

——以抗日战争胜利前的历史考察为例

通过调整吸纳不同阶层、不同成分的人入党来发展自己,是中国共产党98年来成长壮大的一条宝贵经验。抗日战争胜利之前是中国共产党生存与发展的关键时期,中国共产党通过入党成分的调整,不仅解决了自身的存在与发展问题,也促进了国家与民族的十四年抗战阶段性任务的完成。

一、中国共产党入党成分的三次历史性调整

自1921年中国共产党诞生之后,她便根据自身发展与形势任务变化及时调整入党成分,不断巩固和壮大自己的力量。至抗日战争结束之前,中国共产党入党成分大致经历了三次大的调整,具体情况如下。

(一)第一次国内革命战争时期入党成分多样化发展

中国共产党是在非常复杂的国际国内条件下创建的,知识分子在党的诞生及其前期发展中作用巨大。但是,中国共产党作为工人阶级的先锋队,其整体力量的提升决定了她必须注重吸纳工人力量,同时也要不断拓展自身的社会基础。所以,在中国共产党入党成分方面,前期由知识分子为主逐步发展到工人、农民和革命阶级并重。

1. 中国共产党成立之初,党员尤其是党的领袖大部分都是知识分子

虽然中国共产党一大党纲明确了党的性质,即"应当是无产阶级中最有革命精神的大群众组织起来为无产阶级之利益而奋斗的政党,为无产阶级做革

———————————

* 本文作者于学强:聊城大学。

本文山东省社科规划项目"中国共产党执政道路研究"(2014BZZJ02),聊城大学教改项目"学科交融背景下中共党史内容更新机制研究"(G201207)的阶段性研究成果。

命运动的急先锋"①,却没有具体规定加入这一政治组织必须具备什么样的社会成分。但是,中国共产党作为马克思主义与中国工人运动结合的产物,离不开马克思主义的传播,而传播马克思主义的前提是认识和接受马克思主义。所以,最早传播马克思主义的"我们党的领袖,绝大多数也是知识分子。正是由于他们的理论创造和革命实践,马克思主义才得以产生和发展,作为工人阶级先锋队共产党才得以建立"②。所以,早期的党员,尤其是党员领袖大部分是知识分子。资料显示:"出席中共一大的 13 位代表,都是或曾经是学校的教职员和青年学生,属于知识分子阶层,没有一位是工人。全党 57 名(一说 70多名)党员,由于缺乏确凿的统计资料,不能断定其中没有工人党员,可以确定的是,其中绝大多数是知识分子"③。实际上,这种情况也符合国际共产主义运动规律,"国际共产主义运动的历史经验告诉我们,各国共产党往往是由一些接受了马克思主义并代表了工人利益的本国先进知识分子创建的"④。

2. 中共二大后提出增加工人党员的比例问题

1922 年陈独秀在给共产国际的报告中明确提出,发展党员时应多收工人党员,务求居党员全数的一半以上。三大提出要把党建成一个强大政党的任务,而国共合作又为党组织的发展提供了良好的契机。鉴于当时党员队伍中知识分子成分较多而工人成分较少,以及要在国民革命运动中改造国民党的具体任务,三大及时提出大量在工人中培养发展党员的方针⑤。党的三大通过的党章修正案把社会成分区分为劳动者和非劳动者,开始强调党员入党的社会成分。但是,在国共合作正式促成以后,党的政策开始出现离开三大决议向右滑的倾向,甚至提出了所谓一切运动归国民运动、一切工作归国民党的错误方针,造成了党员队伍发展上的停顿与徘徊。1924 年 5 月召开第一次扩大执行委员会纠正实际工作中出现的右倾,要求应按照章程规定的 3 个月候补制度努力去争求铁路、矿山、工厂里的工人,并"立刻从 S. Y.(社会主义青年团,

---

① 中央档案馆. 中共中央文件选集:第 1 册[M]. 北京:中共中央党校出版社,1989:90.

② 澄清发展党员中的一个糊涂认识[N]. 人民日报,1984-11-21.

③ 邢贲思. 中国共产党执政规律研究[M]. 武汉:湖北人民出版社,2004:231.

④ 北京市邓小平理论研究中心课题组. 中国共产党党员队伍社会成分的历史考察[J]. 中国特色社会主义研究,2002(1).

⑤ 中国共产党建设全书:第 4 卷[M]. 太原:山西人民出版社,1991:4.

作者注)之中把二十八岁以上的工人收入我们的党"①。但是,党员特别是党员干部中知识分子多的情况很难在短期内得到改变。中共四大出席的代表有20人,"其中工人占20%,知识分子占80%"②。

3. 中共四大后采取措施加大吸纳工人、农民、革命分子党员的力度

中共四大强调吸收工人、贫农和一般革命分子入党,改变各地吸收党员时,"经过十人团"或"经过社会主义青年团等类""与吾党组织原则相违背"的做法,使已有阶级觉悟的分子"直接加入本党"③。中共第四届中央执行委员会第二次扩大会议指出要利用五卅运动造就的革命潮流,壮大党员队伍,改变了党章中"候补期劳动者 3 个月,非劳动者 6 个月"的规定,指出"对革命的工人学生农民免除入党之手续上的繁重形式,工人农民候补期一月,知识分子三个月"④。1926 年,陈独秀给各级党部的信中针对我国农民大国的现实,提出应喊出"党到农民中去"⑤的口号。在这些认识的影响下,"从 1925 年 10 月到1926 年 1 月的 4 个月中,党员人数增加了 1 倍多,达到 8 千人。到 4 月,发展到1 万 1 千人"⑥。中共第四届中央执行委员会第三次扩大会议明确指出:"自从上次扩大会议以后,本党组织在数量上又发展了三倍以上。"⑦通过以上努力,我们党的组织得到了巨大发展,"到 1927 年五大前后,全党党员有 57967 人,其中工人成分占 50.8%,农民占 18.7%。这说明在大革命失败前,工人成分在党内还是占多数的"⑧。

(二)第二次国内革命战争时期入党成分"唯工人化"与"农民化"并存

第一次国共合作破裂之后,我们党的组织发展就被切割成两大块:白区与

---

① 中央档案馆. 中共中央文件选集:第 1 册[M]. 北京:中共中央党校出版社,1989:244.
② 中国共产党建设全书:第 4 卷[M]. 太原:山西人民出版社,1991:37.
③ 中央档案馆. 中共中央文件选集:第 1 册[M]. 北京:中共中央党校出版社,1989:381.
④ 中央档案馆. 中共中央文件选集:第 1 册[M]. 北京:中共中央党校出版社,1989:474.
⑤ 中共中央组织部,中共中央党史研究室,档案馆.中国共产党组织史资料:第 8 卷[M]. 北京:中共党史出版社,2000:106.
⑥ 中国共产党建设全书:第 4 卷[M]. 太原:山西人民出版社,1991:41.
⑦ 中央档案馆. 中共中央文件选集:第 2 册[M]. 北京:中共中央党校出版社,1989:179.
⑧ 孙应帅. 中国共产党的党员结构变化和发展趋势[J]. 北京行政学院学报,2009(5).

苏区。前者在理论与政策方面领导后者,也是党组织发展方针的制定者,在组织理论、政策乃至实践方面出现"唯工人化";后者则在实践中探索了一条鼓励农民入党和注重思想建党的新道路。

1."唯工人化"政策的提出与实践

1927 年 11 月上海召开的中央政治局扩大会议通过的《最近组织问题的重要任务议决案》,提出六大以前党的指导机关或干部知识分子工农化的改造任务,"要使党的指导干部之中无产阶级及贫农的成分占最大多数"。"支部书记、区委、县委、市委、省委的成分,各级党部的巡视指导员的成分,尤其是农民中党的工作员的成分,必须大多数是工人同志或贫农同志。工会机关的干部,则需全部换成工人。"①1928 年中共六大提出走绝对工人化的建党路线。在出席六大代表和选举出的中央委员名额分配中,有明显的偏工人化倾向。84 个代表中有工人 41 人;36 个中央委员、候补委员中有工人 31 人。六届二中全会《决议案》,指出发展新党组织主要对象是工厂支部和工人,积极引进工人分子到党的指导机关工作,实现"指导机关工人化"。"党应从工人中造成干部人才的任务,不要看成一个过渡时期的宣传工作。而要看成是一个改良自己指导之长期的坚决的有系统的工作。"②六届四中全会提出领导机关工人化和突击吸收工人入党,大搞唯成分论。1931 年《中央关于发展党的组织决议案》规定,要求党员在成分上无产阶级与贫民要占到 80% 以上,要求"每月每人至少须介绍一工人入党""要把党员数量的发展与建立产业支部,吸收工人入党一事当作工作成绩主要标准之一"③。

2. 开启党员成分"农民化"与思想建党的新思路

国共合作破裂后,大批共产党人和革命群众被杀。"仅在 1927 到 1928 年上半年,就有 33700 多名共产党员和革命群众被杀,全国党员由原来 57000 多人锐减到 1 万人左右。"④在白色恐怖下,党的生存与发展,尤其是在城市的生存发展无疑面临严重困境。为了生存发展,以毛泽东为首的共产党人决定将

① 中央档案馆.中共中央文件选集:第 3 卷[M].北京:中共中央党校出版社,1989: 471.

② 中央档案馆.中共中央文件选集:第 5 册[M].北京:中共中央党校出版社,1990: 236-237.

③ 中国共产党建设全书:第 4 卷[M].太原:山西人民出版社,1991:61.

④ 中国共产党建设全书:第 4 卷[M].太原:山西人民出版社,1991:49.

党的力量转移到农村寻找发展的新机会。与党的中央组织关注党员成分的工人化不同,毛泽东为首的中共领导人通过开辟农村根据地,注重在农民中发展党员、通过思想改造党员来发展党的力量。据统计,1929 年中央根据地党员 1329 人,"在党员中,工人 311 人,占 23.4%,农民 626 人,占 47%,小商 106 人,占 8%,学生 192 人,占 14.5%;其他 95 人,占 7%。"①此时,在入党条件的规定中对于身份,也不再特别强调产业工人的规定。如《中国共产党红军第四军第九次代表大会决议案》规定了新分子入党的条件:"1. 政治观念没有错误的(包括阶级觉悟)。2. 忠实。3. 有牺牲精神,能积极工作。4. 没有发洋财的观念。5. 不吃鸦片,不赌博。……"②由于毛泽东走出了一条农村包围城市的新的革命道路,党在农村的工作发展迅速,新党员中大量的是农民党员,中国共产党党员队伍的成分构成发生了新的重大变化,农民党员的比重逐渐增大。资料显示,中共六大召开时"党员成分为农民占党员总数的 76.6%,士兵占 0.8%,知识分子占 0.9%,其他成分占 4.8%,工人成分只占 10.9%"③。

(三)抗日战争时期入党成分的民族化倾向

随着日本侵华,中国共产党面临国民党和日本帝国主义的左右夹攻,生存危机进一步加重。为了全民族抗战,中国共产党改变了唯成分论的做法,重新定位了党的性质,并且打破了过往发展党员方面的关门主义,鼓励反抗日本帝国主义的各民族,甚至原属国民党的人士都可以加入自己的组织。

1. 两个先锋队性质定位的提出

面对党发展中新的困境,以及党发展的新的历史任务和党在阶级成分上存在的问题,1933 年《苏区中央局关于纠正发展和巩固党的组织中错误倾向的决议》,提出"党应该把工人、雇农、苦力中所有的优秀分子吸收到自己的队伍中来,把最革命的半无产阶级(贫农)吸收到自己的队伍中来",并强调了吸收知识分子的重要意义。特别值得指出的是,这个决议中还批评了"党内从非无

---

① 中国共产党建设全书:第 4 卷[M]. 太原:山西人民出版社,1991:57.
② 中央档案馆. 中共中央文件选集:第 5 册[M]. 北京:中共中央党校出版社,1990:813.
③ 中共中央党史研究室.中国共产党历史:第 1 卷[M]. 北京:中共党史出版社,2002:365.

产阶级非半无产阶级出身的成分,无差别的当作阶级异己分子和暗探看待"①的错误思想和做法。瓦窑堡会议通过的《中共关于目前形势与党的任务决议》则从组织路线上彻底改变了唯成分论,指出"中国共产党是中国无产阶级的先锋队,他应该大量吸收先进的工人雇农入党,造成党内的工人骨干。同时,中国共产党又是全民族的先锋队,因此一切愿意为着共产党的主张而奋斗的人,不问他们的阶级出身如何都可以加入中国共产党"②。决议指出,中国是一个经济落后的半封建半殖民地社会,农民阶级与小资产阶级出身的知识分子,常常在党内占大多数,但这并不影响党的性质。在发展新成员时,社会成分是应该注意到的,但不是主要标准,"能否为党所提出的主张而奋斗,是党吸收新党员的主要标准"③。此后的十多年里,党继续坚持这些观点。

2. 打破党组织发展中的关门主义

1938 年《关于大量发展党员的决议》要求各级党组织要打破党内在发展党员中的关门主义倾向,打破在统一战线中忽视党的发展,甚至于取消党的发展的严重倾向。提出要"大胆向着积极的工人、雇农、城乡中革命的青年学生、知识分子、坚决勇敢的下级官兵开门,把发展党的注意力放在吸收抗战中新积极分子与扩大党的无产阶级基础之上";"特别注意在战区在前线上大量的党员,建立强大的党组织"④。在党的六届六中全会上,毛泽东进一步提出"建设一个全国范围的、广大群众性的、思想上政治上组织上完全巩固的布尔什维克化的中国共产党"⑤。而后,针对党组织发展中出现了片面追求数量,使一些投机分子和异己分子以及奸细乘机混入党员队伍的情况,1939 年《中央政治局关于巩固党的决定》指出"为了巩固党,必须详细审查党员成分""但是这种审查,

---

① 中央档案馆. 中共中央文件选集:第 9 册[M]. 北京:中共中央党校出版社,1991:201
 −203.

② 中央档案馆. 中共中央文件选集:第 10 册[M]. 北京:中共中央党校出版社,1991:
 620.

③ 中央档案馆. 中共中央文件选集:第 10 册[M]. 北京:中共中央党校出版社,1991:
 620.

④ 中央档案馆. 中共中央文件选集:第 11 册[M]. 北京:中共中央党校出版社,1991:
 467.

⑤ 毛泽东. 毛泽东选集:第 2 卷[M]. 北京:人民出版社,1991:602.

不应当成普遍的清党运动,而应当是个别的详细的慎重的审查与洗刷"①。根据抗战以来,发生某些参加革命工作的国民党党员要求加入共产党的事实,1941 年通过《中央关于抗日根据地内国民党员加入共产党的决定》明确指出"国民党是一个成分复杂的大政党""不区别反共分子与中间分子中,一概接收入党,是错误的。同时怀疑每个要求入党的国民党员为反共分子,一律拒绝入党,也是错误的"②。经过严格考察,符合党员条件可以加入,但必须声明退出国民党。中共七大通过的党章里关于党员一条,继承了瓦窑堡会议的思想,向全社会各个阶层敞开党的大门。

二、中国共产党入党成分调整的历史缘由

中国共产党入党成分调整是自身发展的需要,而自身发展受制于环境、形势与任务的变化。总体而言,中国共产党之所以要调整入党成分,主要可概括为三点,即国内党内形势任务的发展所迫、党内领袖集体的认识水平所促和共产国际政策人员的影响所致。

(一)国内党内形势任务的发展所迫

中国共产党入党成分的调整首先是为了党组织的生存与发展,通过调整来扩大党的规模和提升党的整体战斗力;同时,入党成分的调整也是针对革命发展形势的变化,如革命区域由城市到乡村的转移,革命任务由反蒋向反日的转换等。

1. 党组织的生存与发展所迫

一个政党的存在与发展,必须有明确的纲领路线,并依靠自己的阶级来落实这一纲领路线。中国共产党作为工人阶级的组织,应由工人阶级的先进分子组成并推进自身纲领路线的制定与落实。但是,由于我国资本主义经济不发达,工人人数少且多来自破产农民,自身文化水平低,组织多依托于行帮而不是工会,所以初创时期制定、解释、宣传和落实党的纲领路线任务落在知识分子身上,早期党员构成特别是党员领袖的构成以知识分子为主。所以,"党

---

① 中央档案馆.中共中央文件选集:第 12 册[M].北京:中共中央党校出版社,1991:156.

② 中央档案馆.中共中央文件选集:第 13 册[M].北京:中共中央党校出版社,1991:236.

早期的大多数党员,在接受马克思主义以前,按其社会地位来说是知识分子,按其政治思想倾向来说是激进的民主主义者"①。但是,在共产党推进工人运动的过程中,必须不断增强自身的组织力量,而广泛吸纳工人党员以赢得工人支持是工人阶级政党的必然选择。陈独秀在给共产国际的报告中就提出"多收工人党员,务求居全数一半以上"②。从中共三大开始,为了在国共合作中完成改造国民党和自身组织规模扩张的任务,提出建立一个广泛群众性的党的任务,注重广泛吸纳不同社会成分的党员。第一次国共合作失败后,我们党的相当部分转移到农村,更多的是与农民打交道,空谈在工人中发展党员已经变得不现实。"从全党看,在大革命失败前的1927年3月,全党党员的工人成分占53.8%,到1928年6月,全党工人成分只占10.9%,1929年6月降为7%,1930年又降为5.5%,同年9月又降为1.6%。"③可见,当时以毛泽东为首的共产党人通过开辟农村根据地,发展农民入党和注重思想建党成为明智选择。日本侵华以来,中国共产党组织发展不仅受制于国民党的围追堵截,也深感民族危机。此时,在党的性质定位与党的组织发展方面倾向民族化,不仅利于党组织赢得民众认同获得进一步发展的空间,也利于整体中华民族利益抵抗外来侵犯。

2. 革命形势与任务转化所迫

共产党在成立之初,力求按照无产阶级先进分子的标准来接收党员,这种过高要求成了"党的群众化"的一种"障碍"④,限制了党员数量的增长,也影响了革命任务的推进。在第一次国共合作时期,改造国民党、与国民党配合推进北伐是革命的主要任务。我们党认识到,一切革命分子只有入党后才有受到党的训练以及真正了解党的理论的机会,工人尤其是产业工人"有阶级觉悟及忠于革命,便可加入,不必更有其他条件,何况在此革命时期"⑤。但是,第一次国共合作破裂以后,国共两党的矛盾公开化,共产党成为国民党打击的对

---

① 范平,姚桓. 中国共产党党章教程[M]. 北京:中国方正出版社,1998:51.
② 中央档案馆. 中共中央文件选集:第1册[M]. 北京:中共中央党校出版社,1989:53.
③ 赵云献,陈登才.马克思主义党的学说经典著作导读[M]. 太原:山西人民出版社,1998:158.
④ 中央档案馆. 中共中央文件选集:第1册[M]. 北京:中共中央党校出版社,1989:74.
⑤ 中央档案馆. 中共中央文件选集:第1册[M]. 北京:中共中央党校出版社,1989:474.

象,在组织发展中将矛盾指向国民党以及其所代表的阶级阶层成为必须考量的因素。不仅如此,通过反思国共合作破裂的原因,党内不少同志夸大了陈独秀的主观错误,而又以具有知识分子身份的个别领导人犯了错误来否定知识分子作为党的领导人,从而片面强调干部工人化。这种情况一直到遵义会议才得以扭转,而日本帝国主义入侵则为调整入党成分的社会条件。1931年后日本侵占了东北三省,民族矛盾上升为主要矛盾,日本成为中国共产党乃至中华民族的主要敌人。"谁是我们的敌人,谁是我们的朋友,这个问题是革命的首要问题。"①面对强大的日本帝国主义,"党的基本策略任务是什么呢?不是别的,就是建立广泛的民族革命统一战线"②。在此情况下,中国共产党呼吁国共两党应合作抗日,并促成西安事变的和平解决和抗日民族统一战线。既然是民族抗战,中华民族中的各个阶层就应摒弃阶层之间的恩怨,甚至在党员吸纳方面都要与时俱进。正是在抗日战争中,我们党注意了在工人、农民、下级官兵和知识分子中吸收党员,同时也注意按照党员标准,扩大党的社会基础,使党的组织从狭小的圈子里走了出来,成为具有广泛群众基础的大党。

(二)党内领袖集团的认识水平所促

"中国共产党成立以后,受到燃眉之急的民族民主革命形势所迫,立即投入革命实践中,没有充足的时间专注理论研究工作。"③但是,伴随党内领袖集团的成熟和对党员成分在党员结构中的地位变化,调整党员入党成分成为必然。

中国共产党革命中角色定位的认识。党的第一次全国代表大会,所通过的党的第一个纲指出:党必须领导无产阶级"实行社会革命""推翻资本家阶级的政权""承认无产阶级专政""消灭资本家和私有制""直到消灭社会的阶级区分",实现共产主义,并且要求无产阶级政党与其他类型的政党划清界限,特别强调工人政党作为马克思主义政党的纯洁性问题。知识分子懂马克思主义,自然可以入党;其他阶层入党则强调工人阶级的属性。直到中共四大以后,这一情况才从实际上得以改变。四大后,中国共产党明确提出了无产阶级对民主革命的领导权问题,认识到"中国的民族革命运动,非得工业的无产阶

---

① 毛泽东.毛泽东选集:第1卷[M].北京:人民出版社,1991:3.

② 毛泽东.毛泽东选集:第1卷[M].北京:人民出版社,1991:152.

③ 杜艳华.论中国共产党的自我"调适"[J].中国高校社会科学,2016(1).

级参加,并取得领导地位,提携着广大的农民群众进行,是不能成功的"①。中国共产党要从革命的跟随者变成领导者,必然要不断壮大自身力量,特别是要有比国民党更大的力量才行。所以,中共四大以后,我们党采取切实可行的措施来扩大党的组织规模,广泛吸收工人、农民和革命分子入党。日本侵华后,由于国民党"攘外必先安内"的政策,不可能成为全民族抗战政策的主导者和推进者,中国共产党认识到自己必须要走到民族革命的前台,进而提出全民族抗战驱日本帝国主义出中国的主张,并且从自身组织建设着手,摒弃国内阶级争斗的思维,在党员发展方面实行了开门主义,推进了自身党员成分的民族化。继1938年《关于大量发展党员的决议》提出要吸纳工人、雇工、城市中与乡村中革命的青年学生、知识分子、坚决勇敢的下级官兵入党之后,1939年又提出"应大量吸收知识分子入党"②。

中国共产党先进性衡量标准的认识。中国共产党成立之时,尽管党员成分几乎都是知识分子,但是他们代表了中国工人阶级利益并为其制定了党的纲领,使中国共产党从成立之初就具备中国工人阶级先锋队性质,成为符合马克思主义建党学说的无产阶级政党。但是,这从另一个角度也说明党员出身不是他是否先进的标准,党的先进性也不仅仅体现在其组织构成和党员成分方面,更应体现在党员的思想认识方面,保持党的纯洁性与先进性必须加强思想建党。但是,这方面的认识在中共早期的领导群体中并不普遍,而且占主导的思想仍是通过纯洁组织性来提升先进性。比如,针对中共六大召开时全党40000多党员中农民党员占了76%,而工人党员仅占10%,而且大多是失业的及小企业的工人的现实,六大通过的《组织决议案草案》和《组织问题决议案提纲》都认为这是党在组织上的危险现象,担心中国共产党失去无产阶级基础,成为小资产阶级农民党,为此要求各地党组织吸收广大的积极的产业工人分子入党。另一方面,以毛泽东为首的共产党人,在开辟农村革命根据地进程中,创造性地提出思想建党的主张,通过广泛吸纳农民入党并进行无产阶级思想改造,让其具备先进性以壮大党的组织力量。1929年的《关于纠正党内的错误思想》一文,就是毛泽东思想建党的经典之作。毛泽东领导的中国农村革命

① 中华全国总工会中国工人运动史研究室. 中国工会历次代表大会文献:第1卷[M]. 北京:工人出版社,1984:18.
② 朱汉国,谢春涛. 中国共产党建设史[M]. 成都:四川人民出版社,1991:180.

根据地,党员队伍之所以不断强大,正是基于这种思想建党的主张及其实践。日本侵华后,中国共产党开门建党的做法,也是这种思想建党的发展与延续。在毛泽东等人的努力下,遵义会议之后,从思想上建党这一原则才得到全党的公认。1935 年 12 月瓦窑堡会议强调,要迅速扩大党的组织,就必须纠正党内的"唯成分论"和"恐惧观念"。"能否为党所提出的主张而坚决奋斗,是党吸收新党员的主要标准。社会成分是应该注意到,但不是主要的标准"①,从而在党员先进性标准问题上达成科学的认识。

(三)共产国际的政策人员影响所致

存续于 1919—1943 年的共产国际,是列宁领导的世界无产阶级政党的联合组织,中国共产党二大加入并成为其一个支部。"中国第一、二次国内革命战争与抗日民族解放战争时期,共产国际与苏联党和政府给了中国人民的正义事业以宝贵的援助和支持。这二十多年间,共产国际和苏联领导在中国革命与中苏关系问题上的缺点和错误也是不容忽视的。"②

共产国际的政策影响入党成分。共产国际对中国共产党的影响是双重的,早期有积极的帮助。1922 年,共产国际在华工作全权代表利金认为:"通过党的知识分子团体渗透到工人阶层中去,这是在当地条件下唯一可行的工作策略特点。"③这样的特点在组织青年团和影响青年知识分子方面表现良好,在影响组织工人方面成效甚微。为此,当年共产国际批评了中共在组织宣传工人方面的不力表现,指出"只有在党懂得如何建立工人组织的时候,它才能成为真正的工人阶级政党"④。二大之后,中国共产党提出增加工人党员比例,无疑是受此影响。但是,共产国际的中期(1927 年 7 月—1935 年 7 月)"……基本上是错误的,对我们中国党影响最大"⑤。1927 年国共合作破裂后,联共(布)、共产国际领导人批评中共中央犯了机会主义错误,要求中国共产党

---

① 中央档案馆.中共中央文件选集:第 10 册[M].北京:中共中央党校出版社,1991:621.

② 史平.试评共产国际、苏联在中国的军事顾问工作(上)[J].内江师专学报,1989(1).

③ 中共中央党史研究室第一研究部.联共(布)、共产国际与中国国民革命运动档案资料丛书 1920-1925:第 1 卷[M].北京:北京图书出版社,1997:86.

④ 中共中央党史研究室第一研究部.共产国际、联共(布)与中国革命文献资料选辑 1917-1925:第 2 卷[M].北京:北京图书出版社,1997:312.

⑤ 中共中央文献研究室.周恩来选集:下卷[M].北京:人民出版社,1984:305.

"从政治上纯洁党的领导成分"①,关注党的组织结构中的阶级成分。在八七会议上,共产国际新任代表罗米纳兹贯彻了共产国际的这一政策要求,认为"指导党的工农分子是很少的""工人阶级的经济斗争,无论如何都不及由工人出身的人来领导的正确"②,但是"党内仍有小资产阶级的机会主义之遗毒"③。受共产国际政策指示的影响,中央临时政治局提出,"将工农分子的新干部替换非无产阶级的知识分子之干部","使党的指导干部之中无产阶级及贫农的成分占最大多数。""各地群众党部的工作,譬如组织部,农民运动委员会,军事部,要由最靠得住最坚决的工人同志担负。"④瓦西里耶夫起草的六大组织决议案草案,肯定"八七会议"以来工人化的决定,基本内容得到了中国共产党的认可,在共产国际的党建方针指导下,中共中央一直努力增加工人成分的党员和使领导机关工人化。1929 年《中央关于接受共产国际对于农民问题之指示的决议》指出:"党必须坚持地拒绝富农入党。"⑤可见,第一次国内革命战争结束后,中国共产党提出入党成分或领袖成分的工人化正是受共产国际的对华政策影响。

共产国际的人员影响入党成分。共产国际政策在中国的落实还是通过人员实现的,落实共产国际政策的人员主要包括两部分:一是共产党国际派往中国的代表,如维经斯基、马林、罗易等;二是中国派出苏联学习回归的人员,如瞿秋白、李立三、王明等。共产国际人员对中国共产党的帮助是巨大的,尤其是对于党的创建与初步发展而言更是如此。包惠僧指出过,中共一大订计划,提供经费,调动人员,调动力量是完全出于马林之手。如果不是他来,一大会议可能要推迟一两年,或更多一点的酝酿时间⑥。马林在中共党的一大上就指

① 共产国际执行委员会关于中国革命当前形势的决议. 共产国际有关中国革命的文献资料(1919—1928):第 1 辑[M]. 北京:中国社会科学出版社,1981:338-339.

② 中共中央党史研究室第一研究部. 共产国际、联共(布)与中国革命文献资料选辑(1927—1931)[M]. 北京:中央文献出版社,2002:8.

③ 中央档案馆. 中共中央文件选集:第 3 册[M]. 北京:中共中央党校出版社,1989:466.

④ 中央档案馆. 中共中央文件选集:第 3 册[M]. 北京:中共中央党校出版社,1989:471-472.

⑤ 中央档案馆. 中共中央文件选集:第 5 册[M]. 北京:中共中央党校出版社,1990:455.

⑥ 佚名.马林在中国的有关资料[M]. 北京:人民出版社,1980:106.

出,中国共产党基本由知识分子所组成,工人成分太少,建议特别注意要开展工人运动,建立工会组织吸收工人积极分子入党,这种思想使一大后,工人成分党员迅速增加,最高比例为 70%,巩固了党的阶级基础。但是,共产国际人员对中国共产党组织建设的负面影响同样是巨大的,如他们总是从自身利益特别是苏联利益出发,凭个人好恶选择中国共产党的领导人,常用简单粗暴的方法处理所谓的违规者,使中国共产党的组织发展受到严重影响。大革命失败后,知识分子出身且代表共产国际的瞿秋白、李立三和王明三位中共领导,曾导致三次"左"倾错误。另外,共产国际并不完全信任知识分子出身的中共领导人,而是片面强调工人阶级的领导,甚至强拉工人来当主要领导,致使入党成分和党员领导成分的"唯工人化"。这种情况,伴随日本侵华造成的对苏联远东地区安全的压力,渐渐得以改变。为了苏联远东利益,共产国际派张浩回国传达其抗日民族统一战线政策,也积极促成中共调整对蒋政策并和平解决西安事变。这个进程无疑是维护了苏联远东的利益和苏联安全,但也有效地促进了中国共产党对自己在抗日战争中角色的认知,督促其改变在入党问题上的关门主义做法。

三、中国共产党入党成分调整的历史影响与现实启示

早在 1881 年 7 月,恩格斯在《工人党》一文中指出:"在英国只有工人党才可能是真正民主的政党。其他阶级的开明人士(他们在英国不像人们要我们相信的那么多)可以加入这个党,甚至在证明了自己的忠诚以后,可以在议会里代表这个党。这在各地都是如此。"①

(一)中国共产党入党成分调整的历史影响

中国共产党入党成分的调整不仅改变了党的自身组织结构,影响了党的数量与质量,也促使先进的中国共产党人重新审视党的建设思路,进而影响到了党的整体战斗力和各个阶段具体任务的完成。

1. 影响了党员的数量和党员的队伍结构

中共一大到五大所通过的党章,在入党条件方面虽然未对党员成分做出说明,但是,由于在党的发展初期十分强调党的纯洁性,并且自三大开始关注劳动者与非劳动者的不同,在党员发展方面还是以倾向于工人为主的劳动者,

---

① 马克思,恩格斯. 马克思恩格斯全集:第 19 卷[M]. 北京:人民出版社,1963:304.

尤其是四大后大力发展党员时期,"中共组织实现了由 50 余人至 5 万余人的大发展,大多数党员是在 1926 年至 1927 年上半年入党的"①,但是党员大发展也出现有些党员"缺乏理论及确定的革命人生观,尤其是很少能将理论活用到实际工作上去"②的情况。第一次国共合作破裂后,将大革命失败的原因归结为工人成分太少,开始走向入党成分"唯工人化",导致党员成分整体上的单一化。从瓦窑堡会议批判关门主义以后,我们党迅速调整了入党成分,让所有反对日本帝国主义入侵的中国人都可以加入这个政治组织,迅速扩大的组织规模,"到 1945 年 4 月党的七大召开时,全党党员已达 121.1 万多人,是 1936 年 2.5 万人的 48 倍"③。同时,中国共产党党员来自社会各个阶层,在党的队伍里,既有工人、农民成分的党员,又有知识分子、资产阶级成分的党员,使得其渐渐成为一个真正广泛群众性的政党。

2. 影响了党的领导班子构成和质量水平

第一次国共合作破裂后,注重工人成分在党的领导班子中体现得非常突出,中共六大选出的 36 个中央委员中,有 21 个是工人,工人出身的向忠发被选为总书记,很多优秀的知识分子干部参加中央工作受到了限制,如刘少奇、恽代英等都没有被选进中央委员会。由于党的中央委员会过度强调成分,一方面使一些有领导能力的非工人出身的干部缺席,另一方面则致使一些虽然出身工人却无实际领导能力的人进入委员会。如周恩来后来指出:"六大的召开,首先去的代表就有问题。当时强调工人化,在七十五个代表中,有四十一个工人,后来叛变的十六个代表中,有十四个工人。"④向忠发作为工人代表和党的总书记,也在后来被捕后旋即叛变了党。实际上,在向忠发担任总书记期间,由于其缺乏领导能力,中央工作也是由当时已任中央政治局常委、中央宣传部部长的李立三主持。这说明,领导班子"唯工人化"严重降低了党的领导力。

---

① 高志中. 民主革命时期中共入党条件和党员标准的演变考察[J]. 中共党史研究,2016(7).

② 中央档案馆. 中共中央文件选集:第 2 册[M]. 北京:中共中央党校出版社,1989:172.

③ 北京市邓小平理论研究中心课题组. 中国共产党党员队伍社会成分的历史考察[J]. 中国特色社会主义研究,2002(1).

④ 中共中央文献研究室.周恩来选集:下卷[M]. 北京:人民出版社,1984:307.

3. 影响了党的建设的整体思路与侧重点

以毛泽东为代表的中国共产党人,纠正了"唯成分论"的错误,确立了思想建党的首要原则。在井冈山时期毛泽东就指出:"边界各县的党,几乎完全是农民成分的党,若不给以无产阶级的思想指导,其趋向是会要错误的。"[①]1929年古田会议决议进一步把思想上建党的原则具体化,规定发展党员不唯成分,重在思想表现,着重从思想上建设党,破解了半殖民地半封建社会条件下无产阶级政党建设的难题。遵义会议以后,全党绝大多数同志认识到毛泽东建党思想的正确性,认识到在党员以农民为主要成分的情况下,通过对党员进行思想政治教育能够保持党的无产阶级先锋队性质。1935年瓦窑堡会议坚决纠正了党的组织问题上的"左"倾关门主义错误,系统论述了毛泽东着重从思想上建党的原理,深化了我们党关于党的组织成分问题的认识。1945年党的七大从理论上彻底解决了党员的出身与政党性质的关系问题,指出"我们党员的社会出身不能决定我们党的性质"决定我们党的性质的东西,"是我们党的政治斗争与政治生活,是我们党的思想教育、思想领导与政治领导"[②]。

4. 影响了党的战斗力和任务完成的进度

党在领导第一次工人运动高潮中,注意发展工人党员,使党员队伍的成分构成发生了明显的变化,有力地推进了工人运动的高涨。中共三大和四大通过的党章和议决案先后明确规定,可以吸收非劳动者中的优秀分子和农民、知识分子中的革命分子入党,扩大了党组织规模,有效地提升了党的整体实力。国共合作破裂之后,以毛泽东为代表的中国共产党人,在农村和游击战争的环境中,大胆地大量地吸收农民和其他阶级、阶层中的革命分子入党,并且坚持用无产阶级思想克服、纠正来自这些新党员的各种非无产阶级思想,保持党的无产阶级先进性,促进了革命根据地的发展和党员队伍的壮大,使党和红军打退敌人一次又一次的围剿。抗日民族统一战线政策制定后,党中央专门做出发展党员的决议,要求大胆吸纳工人、雇农、城市中与乡村中革命的青年学生、知识分子、下级官兵加入党组织。在整个抗日战争时期,党将一切愿意为党的纲领而奋斗的积极分子和群众领袖,特别是广大优秀知识分子吸收到党内,迅速壮大了党的队伍,极大地增强了党的阶级基础、扩大了党的群众基础,提高

---

① 毛泽东.毛泽东选集:第1卷[M]. 北京:人民出版社,1991:77.
② 中共中央文献编辑委员会. 刘少奇选集:上卷[M]. 北京:人民出版社,1981:325.

了党的社会影响力和凝聚力,使党充满生机和活力。

(二)中国共产党入党成分调整的现实启示

通过考察抗日战争胜利前中国共产党党员社会成分的演变得出,我们党在发展党员过程中由专注于成分,向重成分但不唯成分转变。诚如恩格斯指出的:"我们的全部进步在于从身分到契约……这一点,就其正确之处而言,在《共产党宣言》中早已说过了。"①当下,中国共产党要健康发展,也必须正视党员成分问题。

1. 个人成分本身的评判需要结合历史情况

一个人的出身与成分在特定历史场景下是不能改变的,但在不同历史场景下同一成分评判并不相同。比如,同属资产阶级成分,在工人阶级受制于资产阶级压迫与剥削的场景下,资产阶级出身或资本家成分就是反动的,需要批判的。但是,在帝国主义入侵,民族矛盾为主要矛盾的情况下,工人阶级需要与资产阶级联合一致对外,此时资产阶级出身或资本家就可能成为联合的对象,甚至可以成为亲密友党。这说明,个人成分是个历史概念,对于个人成分的评判需要结合历史场景。当前,中国社会的阶层分化比较突出,个人成分比较复杂,如何评判个人成分问题成为理论与实践中的重要关注点。总体而言,一个政党自身的发展或基于国家社会发展任务的完成,必须考虑广泛动员一切力量,包括自身的阶级力量和广泛的社会力量。特别是对于一个执政党而言,如果纠结于成分问题,不仅可能影响到自身的吸纳力,还可能影响到其社会动员力。

2. 党员成分对党的发展有一定意义

"马克思主义认为,政党本质上是特定阶级利益的集中代表者,是特定阶级政治力量中的领导力量,是由各阶级的政治中坚分子为了夺取或巩固国家政治权力而组成的政治组织。"②政党的特定内涵决定了其成分的优异性,无产阶级政党更是如此。在围绕夺取政权和巩固政权的过程中,共产党首先是代表了无产阶级的利益,党员成分以工人为主体当然有利于巩固其阶级基础。同时,由于"无产阶级的运动是绝大多数人的、为绝大多数人谋利益的独立运

---

① 马克思,恩格斯.马克思恩格斯选集:第4卷[M].北京:人民出版社,1995:78.

② 王浦劬.政治学基础[M].北京:北京大学出版社,2003:265.

动"①"党除了工人阶级和最广大人民群众的利益,没有自己的特殊利益"②。所以,在代表工人利益的同时也必须了解、反映和代表最广大民众的利益。世界无产阶级政党发展史同样表明,无产阶级政党要发展自己的组织,吸纳新党员时一方面要明确自己的阶级性质,另一方面也要拓展自己的群众基础,抹杀党的阶级性号称"全民党"不对,不关注自己的群众基础也会丧失合法性。

3. 单纯的党员成分不是党先进性的判定标准

党的先进性受制于阶级性,党员成分确实是影响党的先进性的重要指标。但是,党的先进性并不等同于阶级性,单纯党员成分并不是判断党的先进性的判定标准。从根本上讲,一个人政治上的先进与否归根结底也是由他在社会经济生活中的地位决定的,因为"物质生活的生产方式制约着整个社会生活、政治生活和精神生活的过程"③。由于长期以来,中国的革命阶级是底层民众,客观上造成了一条不正确的认知:越穷越革命。但是,发展地辩证地看,这种认识带有唯心论和先验论的成分。由此,"不能简单地把有没有财产、有多少财产当作他们政治上先进与落后的标准,而主要应该看他们的思想政治状况和现实表现,看他们的财产是怎么得来的以及对财产怎么支配和使用,看他们以自己的劳动对建设有中国特色社会主义事业所作的贡献"④。党员是否先进不是看其无法左右的出身,而是看其思想与认识水平。马克思、恩格斯从阶级成分看不是无产者,但其思想是为无产者服务的,成为无产阶级的精神领袖。同样,任何人的出身都不足以左右其先进,尤其是在阶级分化比较突出的时代,更应将不同社会阶层的先进分子集中到党的队伍中来,以提升党的先进性。

4. 保持党先进性关键是加强党的思想建设

规定党员成分的目的是确保党的先进性,一个政党的先进性关键在其理论与纲领,"是不是马克思主义的,是不是代表社会发展的正确方向,是不是代表最广大人民的根本利益"⑤。当然,党的先进性必须具体地落实到共产党员的工作实践中来,而实践中的行为受制于对党的理想、理论、纲领、宗旨的认

---

① 马克思,恩格斯.马克思恩格斯选集:第1卷[M]. 北京:人民出版社,1995:283.

② 中国共产党章程[M]. 北京:人民出版社,2002:24.

③ 马克思,恩格斯. 马克思恩格斯全集:第13卷[M]. 北京:人民出版社,1962:8.

④ 江泽民.江泽民文选:第3卷[M]. 北京:人民出版社,2006:287.

⑤ 江泽民.江泽民文选:第3卷[M]. 北京:人民出版社,2006:285.

同。共产党员要坚定理想信念,坚守自身的精神追求,必须"要抓好思想理论建设这个根本""抓好党性教育这个核心""抓好道德建设这个基础"①,思想建设是党的建设的"总开关",也是党的先进性的首要要求,"我们党始终把思想建设放在党的建设第一位,强调'革命理想高于天',就是精神变物质、物质变精神的辩证法"②。历史地分析,中国共产党是靠允许农民入党和加强对其思想改造发展起来的,毛泽东在《古田会议决议》中曾有过比较完整的表述。后来,刘少奇进一步明确指出:"我们党的建设中最主要的问题,首先就是思想建设问题,就是以马克思列宁主义——无产阶级的科学思想去教育与改造我们的党员、特别是小资产阶级革命分子的问题,就是和党内各种非无产阶级的思想进行斗争并加以克服的问题。"③

通过历史考察说明,党的自身发展离不开对党员社会成分的规定,但党员社会成分的规定具有阶级性与时代性的鲜明特点,发展党员时必须坚持讲成分又不唯成分的辩证统一。一个人政治上的先进与否不仅仅在于其成分,政党的发展不是建立在成分规定上,而应通过加强党的思想建设以保持其先进性、纯洁性。

---

① 胡锦涛. 坚定不移沿着中国特色社会主义道路前进为全面建成小康社会而奋斗[M]. 北京:人民出版社,2012:50.
② 习近平在中共中央政治局第二十次集体学习时强调 坚持运用辩证唯物主义世界观方法论提高解决我国改革发展基本问题本领[N]. 人民日报,2015-01-25.
③ 刘少奇. 论党[M]. 北京:人民出版社,1980:14.

《实践论》《矛盾论》的主题与现实价值*

习近平在《领导干部要重视学习马克思主义经典著作》的讲话中指出,学习马克思主义经典著作,需要学习毛泽东的重要著作。他在列举"需要反复精读"的毛泽东著作时,首先列出的就是"两论"①。他指出:"这是毛泽东哲学思想的两篇代表作,对中国革命的历史经验做出哲学总结,丰富和发展了马克思主义认识论和辩证法。"②在中国特色社会主义的伟大实践中,"两论"依然具有重要的指导意义,是我们必读的经典。

一、"两论"不能不写

"两论"的主题是由"两论"产生的历史背景或写作原因决定的。施拉姆曾说:"按照传统,在世界共产主义运动中被尊崇为领袖的人物必须同时是杰出的马克思主义哲学家(不仅仅是马克思主义政治思想家),毛泽东也就尝试撰写这类文章。"③这是无视"两论"产生背景的武断说法,是无法真正理解"两论"的。毛泽东在回顾"两论"的写作原因时曾说:"我们在第二次国内战争末期和抗战初期写了《实践论》《矛盾论》,这些都是适应于当时的需要而不能不写的。"④写作原因主要说来是中国革命的理论需要,是肃清教条主义思想根源的需要。

我们知道,马克思主义创始人的理论,主要是以欧洲发达资本主义国家为研究对象,从资本主义条件下无产阶级革命运动的经验中得出的社会主义革命学说。虽然基本原理具有普遍的指导意义,但与中国所处的历史时代、社会

---

* 本文作者李佑新:湘潭大学。

① 毛泽东《实践论》《矛盾论》在下文中简称为"两论"。

② 习近平.习近平党校十九讲[M].北京:中共中央党校出版社,2015:234.

③ 斯图尔特·施拉姆.毛泽东[M].北京:红旗出版社,1987:190.

④ 中共中央文献研究室.毛泽东文集:第8卷[M].北京:人民出版社,1999:109.

环境以及文化传统等方面存在很大差异。俄国与中国在国情上比之西欧虽然要接近一些,但"俄式革命"道路及列宁主义也只具有指导意义。中国社会的特殊情况决定了中国革命面临着特殊的任务,必须探索特殊的道路与特殊的方式,这不是马克思恩格斯的著作以及"俄式革命"所能规范和定义的。

正是在这种特殊的历史环境下,中国共产党没有也来不及对马克思主义普遍原理和中国社会的特殊状况进行双重的深入研究与了解,也缺乏斗争经验。于是革命就主要以共产国际的指示与策略为准,但由一个远离中国环境的国际指挥中心来指挥中国革命,是导致一、二次国内革命战争失败的主要原因。另一方面以毛泽东为代表的中国共产党人从血的教训中总结经验,开辟了农村包围城市、武装夺取政权的独特革命道路。但这样一条山沟里的革命道路完全是血的教训与战争的逻辑所规定出来的,在马克思主义的经典传统中并没有理论根据。因此,山沟里有没有马克思主义的问题就提出来了,以毛泽东为代表的正确路线遭到否定,结果导致第二次国内革命战争的失败。

毛泽东说:"在民主革命时期,经过胜利、失败,再胜利、再失败,两次比较,我们才认识了中国这个客观世界。"①正是在这种胜败之间的反复比较中,中国共产党认识到马克思主义必须与中国实际相结合。同时抗日战争的爆发,从更广更深的层次上暴露出中国复杂的阶级关系与矛盾,使得这个问题更加突出。对这一结合进行哲学上的论证与说明,正是中国革命的理论需要,"两论"是适应这一需要而产生的。

两论的写作,从另一角度看,则是解决党内思想路线斗争问题的需要,而思想路线斗争的实质问题就是马克思主义与中国实际结合的问题。革命过程中连续不断地出现的错误路线,特别是王明的"左"倾教条主义路线,在思想根源上就是不从实际出发,而从马克思列宁的一些词句与苏联经验出发,把马克思主义与中国实际割裂开来。遵义会议来不及清理教条主义的思想根源。事实上,王明的教条主义思想从未根除。抗日战争爆发,他回国后,根本不从复杂的中国阶级关系与实际情况出发,却秉承莫斯科的旨意,从原来的极"左"又倒向极右,在政治上与军事上提出一套右倾论调,并为党内的一些人所接受。所以,清除错误的思想根源就成为一个迫切需要解决的问题。

毛泽东非常重视这一点。他认为政治路线、军事路线与思想路线同是中

---

① 中共中央文献研究室.毛泽东文集:第8卷[M].北京:人民出版社,1999:299.

国革命的三个主要问题,把统一战线(政治路线)、武装斗争(军事路线)与党的建设(思想路线)称之为战胜敌人的三个法宝。三者紧密相连,而思想路线更关键。有了正确的思想路线,"党就能、党也才能更正确地处理党的政治路线,更正确地处理关于统一战线问题和武装斗争问题"①。因此,毛泽东在总结正反两方面的经验,确立了正确的政治路线与军事路线之后,接着又着手批判教条主义的思想根源。两论的写作,即是为党的正确的思想路线奠定一个坚实的哲学基础。

当然,在讨论"两论"的写作原因时,的确也不能忽略毛泽东个人对哲学研究的兴趣。放远一点看,"两论"的写作也可以看作是他青年时代立志于研究和普及哲学的结果。他早年醉心于"闻道",认为孔子这样的圣人之所以与弟子对答如流,"并无谬巧,惟在得一大本而已。执此以对付百纷,驾驭动静,举不能逃"②。《矛盾论》的原稿中有这样一段话:"这一共性个性,绝对相对的道理,是矛盾学说的精髓,懂得了他,就可以一通百通。古人所谓闻道,以今观之,就是闻这个矛盾之道。"③两相对照,遣词立意前后一揆。可见,"两论"与毛泽东对哲学的重视和兴趣是有密切关系的。但无论如何,这只是从属的因素,最根本的原因无疑是上述中国革命的实践需要。

二、"两论"的思想实质

"两论"的思想实质与主题,是对中国革命中"左"右倾错误特别是教条主义错误的哲学批判,从而是对马克思主义基本原理与中国革命实践相结合的哲学论证。

《实践论》以实践概念为核心,以认识与实践、主观与客观、理论与实际的关系为线索展开论述,突出了实践的根本作用,阐释了认识上的辩证法,反对割裂认识与实践、主观与客观、理论与实际的辩证关系,其主旨正是要求把马克思主义的普遍理论与中国革命的实际结合起来。《实践论》特别强调实践是认识的来源、动力、标准与目的;论证了从实践到认识,又从认识到实践的能动的认识过程。并且这一认识过程随着实践的发展而不断地推移深化,从而深

---

① 毛泽东.毛泽东选集:第2卷[M].北京:人民出版社,1991:605.
② 中共中央文献研究室.毛泽东早期文稿[M].长沙:湖南出版社,1990:87.
③ 毛泽东.辩证法唯物论(毛泽东同志讲授提纲)[M].翻印本.张垣印刷局,1947:79.引文中的"共性个性",原文为"共性的个性",疑误。

刻描述了实践、认识,再实践、再认识这样一个认识与实践、主观与客观、理论与实际的辩证统一过程,从哲学认识论的高度总结了中国革命胜利、失败、再胜利、再失败的经验教训,阐明了马克思主义普遍原理与中国革命实际相结合的必要性,批判了脱离中国客观实际的或"左"或右的思想错误的根源。指出这些错误思想都是以"主观和客观相分裂,以认识和实践相脱离为特征的"①。特别是针对那些僵化的教条主义者,毛泽东指出客观现实世界的变化和运动永远不会完结,人们在实践中对于真理的认识也永远不会完结。马克思列宁主义并没有结束真理,而是在实践中不断地开辟认识真理的道路。"我们的结论是主观和客观、理论和实践、知和行的具体的历史的统一,反对一切离开具体历史的'左'的或右的错误思想。"②这一结论,蕴含着中国革命的丰富历史经验,厚积而薄发,言简而意深。对于"左"右倾机会主义特别是"左"倾教条主义者的批判,可谓入木三分,深中肯綮。

如果说《实践论》突出了认识的辩证法,那么,《矛盾论》则突出了矛盾问题(辩证法)的认识论与方法论意义,其主旨同样是从哲学上论证把马克思主义普遍原理与中国革命实际相结合的必要性,清算教条主义的思想根源。《矛盾论》在公开发表时几乎在每一个重要观点上都增加了对教条主义批判的段落或词句。应该指出毛泽东写作《矛盾论》的本意也是如此。这不仅在毛泽东读20世纪30年代苏联哲学教科书的批语中非常明确,而且在《矛盾论》原稿的内容中也很明显,只是当时没有使用"教条主义"这个词。《矛盾论》公开发表时的修改只是使原有主题更加明确而已。

教条主义错误的哲学根源不仅在于在认识论上割裂了主观与客观、理论与实际、认识与实践的关系,而且也突出表现为在辩证法问题上割裂普遍与特殊、一般与个别的关系。所以《矛盾论》以矛盾的普遍性与特殊性的关系为线索,展开了对矛盾问题的论述。毛泽东说:关于矛盾的普遍性问题已被很多人承认,"只需要很少的话就可以说明白;而关于矛盾的特殊性的问题,则还有很多的同志,特别是教条主义者,弄不清楚。他们不了解矛盾的普遍性即寓于矛盾的特殊性之中。他们也不了解研究当前具体事物的矛盾的特殊性,对于我

---

① 毛泽东.毛泽东选集:第1卷[M].北京:人民出版社,1991:295.
② 毛泽东.毛泽东选集:第1卷[M].北京:人民出版社,1991:296.

们指导革命实践的发展有何等重要的意义"①。因此《矛盾论》用大量篇幅分析了矛盾特殊性的几种情形及其认识论意义和方法论意义。虽然其中吸收了苏联 30 年代哲学教科书的某些思想,但其如此明确和系统,如此深刻而独到,无疑是对中国革命历史经验的哲学总结,而其批判锋芒无不指向教条主义这个靶子,这都是不能用 30 年代的哲学教科书所能规范的②。

总之,"两论"以阐述认识与实践、矛盾普遍性与特殊性的关系为基本内容,以批判教条主义为指归,为马克思主义普遍原理与中国革命实际的结合奠定了哲学基础。

三、"两论"的思想智慧

葛兰西曾认为,政治家往往也从事哲学著述,但他真正的哲学恰好应该到他的政治著作中去寻找③。毛泽东是伟大的政治家军事家,毛泽东哲学思想也需到他的政治军事著作中去寻找。可以说,"两论"是以哲学智慧表达的中国革命的实践智慧,是毛泽东写作"两论"前系列政治军事著作及活动所蕴含的实践智慧的哲学反思与升华。

理论尤其是哲学的特征在于其抽象性,以及由此而来的一般性或普遍性。与理论不同,实践的特征则是具体性、特殊性。实践总是具体的,是在具体环境中对具体对象的具体操作,因而必然是具体的和特殊的。在理论建构过程中必然被舍弃掉的对象的具体特殊的因素,在实践中必然在场。由于这种具体性,实践往往是各种复杂的相互矛盾因素的聚集。如果忽略实践的具体境况,直接将某种理论运用到实践中,就是某种意义上的教条主义,就会出现康德所说的情况:"在理论上可能是正确的,但在实践上是行不通的。"④所以康德虽然主张一种完全舍弃经验要素的实践理性,但他指出:"不管理论可能是多么完美,看来显然在理论与实践之间仍然需要有一种从这一个联系到并过渡到另一个的中间项。"⑤

---

① 毛泽东.毛泽东选集:第 1 卷[M]. 北京:人民出版社,1991:304.
② 有些学者撰文比对考证"两论"与 20 世纪 30 年代某些哲学教科书之间的关系,否定"两论"的原创性,至少在研究方法上犯了以偏概全的错误。
③ 安东尼奥·葛兰西. 狱中札记[M]. 北京:人民出版社,1983:85.
④ 康德. 历史理性批判文集[M]. 北京:商务印书馆,1990:164.
⑤ 康德. 历史理性批判文集[M]. 北京:商务印书馆,1990:164.

　　实践智慧可以说就是这个"中间项"。实践智慧指的是一种有关实践或行为的明智考虑的理性能力，表现为在普遍性原理的指导下对具体性和特殊性的关注，表现为驾驭和处理实践中相互矛盾因素的能力。中国革命的极为特殊性和复杂性，决定了需要高超的实践智慧才能取得胜利。忽视中国革命实践的具体性而执着于普遍性的理论，正是教条主义的思想特征。毛泽东的思想智慧在于，一方面在中国革命实践中表现出超强的实践智慧，另一方面又将这种实践智慧升华为普遍性的哲学理论。或者说，对中国革命实践的具体性及实践智慧进行反思，以哲学的形式表达出来。这不仅使毛泽东远远超越党内的教条主义者，而且使毛泽东的哲学思想根本上区别于纯粹的理论哲学或书斋哲学。

　　"两论"写作前毛泽东的政治军事活动及一系列著作中已经蕴含着丰富的实践智慧。比如《论反对日本帝国主义的策略》，毛泽东不是从某种理论出发，而是从中国当前形势的特点出发，紧紧抓住抗日救亡这一主题以及由此引起的国内阶级关系的变化，提出抗日民族统一战线的策略，既反对右倾投降主义，坚持统一战线中的独立自主；又特别反对"左"倾关门主义，正确处理了与资产阶级的关系问题。又比如在《中国革命战争的战略问题》中，突出强调对中国革命战争特殊规律的研究，强调具体情况具体分析，这可以说是《矛盾论》中关于矛盾特殊性理论与不同矛盾用不同方法去解决的思想雏形；在说到学习军事理论时，毛泽东强调"从战争学习战争——这是我们的主要方法。……革命战争是民众的事，常常不是先学好了再干，而是干起来再学习，干就是学习。"[1]这与《实践论》中强调认识来源于实践，强调"亲知"是一脉相承的；在谈到指挥员认识敌情时，毛泽东指出："指挥员的正确的部署来源于正确的决心，正确的决心来源于正确的判断，正确的判断来源于周到的和必要的侦察，和对于各种侦察材料的连贯起来的思索。指挥员使用一切可能的和必要的侦察手段，将侦察得来的敌方情况的各种材料加以去粗取精、去伪存真、由此及彼、由表及里的思索，然后将自己方面的材料加上去，研究双方的对比和相互的关系，因而构成判断，定下决心，做出计划……"[2]这是对军事指挥员认识过程的描述。在《实践论》中则升华为这样的表述："要完全地反映整个的事物，反映

①　毛泽东.毛泽东选集：第 1 卷[M]．北京：人民出版社,1991：181．
②　毛泽东.毛泽东选集：第 1 卷[M]．北京：人民出版社,1991：179—180．

事物的本质,反映事物的内部规律性,就必须经过思考作用,将丰富的感觉材料加以去粗取精、去伪存真、由此及彼、由表及里的改造制作功夫,造成概念和理论的系统……"①两相比照,遣词立意,前后一致,只是前者讲军事,后者谈哲学。在论述战争的全局与局部的关系时,毛泽东认为全局是由局部构成的,若组成战争全局的有决定意义的某一两个战役失败了,全局就立即起变化,有的时候"连战皆捷"和"许多败仗"都不致使全局引起变化,有时"一个败仗"和"一个胜仗"便满盘皆输或转败为胜。因此,"任何一级的首长,应当把自己注意的重心,放在那些对于他所指挥的全局说来最重要最有决定意义的问题或动作上"②,而不是相反。这种抓要害、抓关键的战争经验,在《矛盾论》里便表述为抓主要矛盾的思想:"任何过程,如果是存在着两个以上矛盾的复杂过程的话,就要用全力找出它的主要矛盾。捉住这个主要矛盾,一切问题就迎刃而解了。"③其他诸如战争运动中的许多矛盾对立项,更是《矛盾论》中随手拈用的生动例子。

可见,毛泽东军事政治活动及著作中所蕴含的实践智慧,正是"两论"的实践表现形式。反过来说,"两论"则是毛泽东实践智慧的哲学表述形式,是以哲学智慧的形式表述出来的实践智慧。而这种实践智慧是在你死我活的政治斗争特别是军事斗争中磨炼出来的。所以毛泽东曾说这是"血的著作""是付出了流血牺牲的代价的"④。这是毛泽东哲学思想与书斋哲学或纯粹理论哲学的根本区别之所在。

四、"两论"的现实意义

真正经典性的哲学著作具有深远的影响和意义。"两论"无疑就是这样的经典性著作,是马克思主义哲学的经典性著作,尤其是中国共产党的经典性哲学著作。"两论"虽然创作于新民主主义革命时期,但今天对中国特色社会主义的伟大事业依然具有重要的指导意义。

首先,"两论"对中国特色社会主义理论体系的形成和发展具有重要的指

---

① 毛泽东.毛泽东选集:第1卷[M].北京:人民出版社,1991:291.
② 毛泽东.毛泽东选集:第1卷[M].北京:人民出版社,1991:176.
③ 毛泽东.毛泽东选集:第1卷[M].北京:人民出版社,1991:322.
④ 中共中央文献研究室.毛泽东年谱(1949—1976):第5卷[M].北京:中央文献出版社,2013:329.

导意义,是中国特色社会主义理论体系的哲学基础。如上所述,"两论"的主题和思想实质,就是要从哲学上解决和论证新民主主义革命时期马克思主义普遍原理与中国革命实践相结合这个根本性问题,这个问题依然是中国特色社会主义理论体系的根本性问题。中国特色社会主义理论体系形成和发展的过程,实际上就是将马克思主义普遍原理与中国社会主义建设实践相结合的过程。毛泽东新中国成立后在探索社会主义建设的过程中,就提出要将马克思主义与中国社会主义建设实践结合起来,走自己的路,即"第二次结合"。这个重大任务由邓小平等新一代领导人所承担起来。邓小平指出,"把马克思主义的普遍真理同我国的具体实际结合起来,走自己的道路,建设有中国特色的社会主义"①,我们要坚持马克思主义,要走社会主义道路,"但是,马克思主义必须是同中国实际相结合的马克思主义,社会主义必须是切合中国实际的有中国特色的社会主义"②。可见,"中国特色社会主义"概念,从表述形式到本质性内容,都是毛泽东"两论"所阐释和论证的主题。众所周知,由"两论"所凝练出来的"实事求是""一切从实际出发"的思想路线,正是改革开放以来中国特色社会主义理论体系形成和发展的思想基础。

其次,发展中国特色社会主义是一项长期的艰巨的任务,"两论"对于中国特色社会主义建设实践具有重要的指导意义。习近平总书记指出,当前我们正在进行具有许多新的历史特点的伟大斗争,面临的挑战和困难前所未有。我们看到,各个领域里的斗争任务空前艰巨,斗争形式错综复杂。在这种新的历史条件下,"两论"所阐释的实践观点和一切从实际出发的原则、矛盾观点和注重矛盾特殊性的原则、马克思主义普遍原理与中国实际相结合的原则,等等,无疑是解决当代中国特色社会主义建设实践中各种问题的认识论和方法论原则。可以说,党的十八大以来以习近平同志为核心的党中央治国理政取得的伟大成就,是与掌握和运用马克思主义哲学这个看家本领分不开的,其中无疑包含"两论"的思想智慧。习近平总书记指出,领导干部一定要求真务实,"坚持求真务实,既要在'求真'上下功夫,更要在'务实'上做文章,尤其要做到讲实情、出实招、办实事、求实效"③,充分显示出"两论"所蕴含的实践智慧;

---

① 邓小平 . 邓小平文选:第3卷[M]. 北京:人民出版社,1993:3.
② 邓小平 . 邓小平文选:第3卷[M]. 北京:人民出版社,1993:63.
③ 习近平 . 坚持实事求是的思想路线[N]. 学习时报,2012-05-28.

党的十九大报告关于当代中国社会主要矛盾已经变化的重大判断,无疑也与"两论"的指导和运用高度相关①。面对世情、国情、党情所发生的深刻变化,面对中国特色社会主义建设实践中所不断出现的新问题新情况,习近平总书记发表的系列重要讲话,形成了新时代中国特色社会主义思想,为全党自觉运用包括"两论"在内的辩证唯物主义和历史唯物主义世界观方法论认识问题、分析问题和解决问题树立了典范。

其三,"两论"对于我们克服当代中国"洋教条主义",增强中国特色社会主义道路自信、理论自信、制度自信和文化自信,具有重要的指导意义。当前,我们党最核心的使命,就是在习近平新时代中国特色社会主义思想指引下,坚定中国特色社会主义道路自信、理论自信、制度自信和文化自信,夺取中国特色社会主义新的伟大新胜利。与"四个自信"相对立的,主要就是当代中国存在的"洋教条主义"或各种"洋教条"观点。这些观点,见诸政治上,将西方国家在特定社会历史文化环境下形成的民主制度形式普遍化为民主的一般形式,奉为"普世价值",否定中国特色的社会主义民主;见诸经济上,将西方的自由市场理论与经济体制视为发展经济的不二法门,排斥政府在市场经济中的重要作用,以市场万能和优胜劣汰为原则,否定中国特色的社会主义市场经济制度;见诸文化上,将西方近现代工业文明对古代中国农业文明的特定优势,普遍化为西方文化对于中国文化的优势,在当代中国复活五四时期出现过的"全盘西化论";见诸哲学社会科学研究领域,则是将西方哲学社会科学的理论框架、概念观点奉为圭臬,依此研究历史,则走向历史虚无主义,研究经济学,则否定马克思主义政治经济学,研究法学,则否定党对法治建设的领导,凡此种种不一而足。当前盛行的这些洋教条观点,对坚定中国特色社会主义道路自信、理论自信、制度自信和文化自信造成了严重冲击。延安时期,毛泽东早就批判过"言必称希腊""只知生吞活剥地谈外国"的"洋教条"。"两论"对党内教条主义的批判,更是深刻揭示了教条主义脱离中国实际的思想根源及其严重危害,这对于我们今天克服各种形式的"洋教条"观点,构建中国特色的哲学社会科学具有重要的指导意义。

---

① 党的十九大召开之前高层领导班子组织学习《实践论》《矛盾论》足以说明这一点。

解放战争时期《晋绥日报》土改宣传的历史经验、教训与启示[*]

　　《晋绥日报》是抗战时期和解放战争时期中共中央晋绥分局的机关报,是中国共产党领导下的众多革命根据地报纸中的重要成员。在晋西北黄土高原上一个极为贫困的山村里,《晋绥日报》坚持办报达 10 年之久。1948 年 3 月,毛泽东率领中共中央东渡黄河向华北转移,途经晋绥,于 4 月 2 日在晋绥分局所在地山西兴县蔡家崖,亲切接见《晋绥日报》社及新华社晋绥总分社编辑人员,发表了著名的谈话。早在 1947 年,《晋绥日报》率先在解放区开展反"客里空"运动,新华社先后发表社论和编辑部文章予以高度肯定,在解放区新闻界产生强烈反响。《晋绥日报》之所以在中国共产党新闻宣传史上脱颖而出,写下浓墨重彩的一页,正是因为这两大历史事件所产生的重大而深远的影响。笔者近来研读史料,发现它之所以能够载入史册,还有另一个重要原因,那就是《晋绥日报》以含血带泪的笔墨,记录了轰轰烈烈的土地改革运动,有经验的积淀、教训的苦果,也同时揭示出一个重要的真谛:以人民为中心的正确工作导向,是新闻宣传和意识形态工作的生命力之源。

---

　*　本文作者姚志军:河北师范大学。
　　2018 年 4 月 2 日,是纪念毛泽东发表《对晋绥日报编辑人员的谈话》70 周年;2018 年 8 月 19 日,则是纪念习近平总书记在全国宣传思想工作会议上发表《把宣传思想工作做得更好》重要讲话 5 周年。2018 年 8 月 21 日,习近平总书记在全国宣传思想工作会议上再次发表重要讲话。这些鸿篇巨著,都是指导中国共产党宣传思想和意识形态工作纲领性的光辉文献,特作此文是为纪念,此文亦为教育部人文社会科学重点研究基地重大项目(16JJD770050)阶段性成果。又,本文部分案例参考甘惜分.四十年前功与过:对《晋绥日报》土地改革宣传的反思[M]//甘惜分文集:第 2 卷.北京:人民日报出版社,2012:505-541.

一、遵循正确导向,为人民鼓与呼

以人民为中心是新闻宣传和意识形态工作的正确导向。只有遵循正确的工作导向,报纸广播等新闻媒体才能实现党性与人民性的有机统一,践行党的宗旨,走好群众路线,增强新闻宣传和意识形态工作的吸引力、凝聚力、生命力和战斗力。这是《晋绥日报》在1947年前后土改宣传的真实写照,也是用巨大代价换来的经验和教训。从抗日战争结束到解放战争时期,中国共产党的土地政策先后做过两次重大调整。1946年5月4日,中共中央发布《中共中央关于土地问题的指示》(即《五四指示》),标志着土地政策从实行减租减息到实现耕者有其田的重要转变。1947年7月17日至9月13日,中共中央工委在西柏坡召开全国土地会议,结合解放战争爆发后新的形势发展变化,总结土地改革经验,制定新的土地政策,并经中共中央批准颁布实施《中国土地法大纲》,明确规定"废除封建性及半封建性剥削的土地制度,实行耕者有其田的土地制度"[1]。伴随着晋绥地区土地改革一步步向前发展,《晋绥日报》始终以满腔热血、以极高的热忱站在土地改革第一线,代表贫苦农民向地主阶级和封建剥削的土地制度猛烈开火。报纸每天发表大量的新闻报道,以及社论、短评和编者按语,绝大部分内容反映的是农民群众向地主讨还土地的斗争盛况,以及热情洋溢的鼓动和支持。

(一)宣传贯彻土地改革方针政策

毛泽东在《对晋绥日报编辑人员的谈话》(以下简称《谈话》)中深刻指出:"有关政策的问题,一般地都应当在党的报纸上或者刊物上进行宣传。""群众知道了真理,有了共同的目的,就会齐心来做。"[2]宣传贯彻党的路线方针政策,团结带领人民群众为党和人民的事业艰苦奋斗,既是中国共产党的优良传统,也是报纸广播等新闻媒体的职责和使命。随着土地改革在晋绥革命根据地的广泛开展,《晋绥日报》关于土改的宣传也日渐高涨。尤其是早期的宣传报道,以解读宣传中国共产党土改方针政策、积极动员发动农民群众投身土地改革为己任,以鲜明、尖锐、泼辣的文风,开创性的报道风格进行宣传,深受读者的肯定和喜爱。1947年4月5日,《晋绥日报》刊发《坚持平均的公平合理的

---

[1]　中国土地法大纲[N]. 晋绥日报,1947-10-13.

[2]　毛泽东. 毛泽东选集:第4卷[M]. 北京:人民出版社,1991:1318.

分配土地》的社论,深入阐释土改政策,提出反对"地主路线"和"富农路线",真正实现"耕者有其田"的主张,并对平均计算和分配土地的办法进行具体指导①。1947年5月1日,《晋绥日报》刊发《坚决联合中农,防止错订成分,反对地主假冒中农》的社论,指出"彻底消灭封建,坚决联合中农,拥护贫雇农利益,满足贫雇农要求,这就是土地改革明确的阶级路线"。社论充分肯定解放区中农作为基本群众,是支持自卫战争人力、物力的主要来源,土地改革必须坚决吸收中农参加,并以坚定的口吻指出"中农的土地,原则上不动"②。社论把团结中农问题提到了路线的高度,认为侵犯中农利益是"左"的倾向。要大力宣传"贫雇农是骨头,中农是肉""天下农民是一家"的思想。这些鲜明的社论观点,较为准确地把握和宣传了党的土改政策,对引导农民群众熟悉、掌握和运用好土改政策、对推动土地改革深入发展起到了积极作用。

(二)推动土改和整党工作深入发展

毛泽东在《谈话》中还强调指出:"马克思列宁主义的基本原则,就是要使群众认识自己的利益,并且团结起来,为自己的利益而奋斗。报纸的作用和力量,就在它能使党的纲领路线,方针政策,工作任务和工作方法,最迅速最广泛地同群众见面。"③密切党与人民群众的联系,教育引导人民群众认识自身利益,团结起来,自己解放自己,是报纸广播等新闻媒体所肩负的又一项重要任务。土地改革是中国共产党领导的一场深刻的社会变革,有着复杂的社会历史背景和错综复杂的实际情况。《晋绥日报》始终积极站在农民群众一边,以党的土改政策为武器,切实维护农民群众的利益,为人民群众鼓与呼,指导和推动了土改与整党工作深入开展。鉴于抗日战争时期党的队伍迅速发展壮大,出现组织不纯和作风不纯的现状,甚至一些地主富农出身的党员干部,顽固地站在党和人民对立面,抗拒和阻碍土地改革的现象,中国共产党结合土改开展了整党工作,组织农民群众对党员干部进行审查。在这场激烈的阶级斗争中,《晋绥日报》走在了激流浪涛的最前列,不仅每天发表农民群众审查党员和干部的报道,还用短评和编者按语的形式加以评论,引导斗争的深入开展。交城县米家庄有一个"抗联主任",在日寇占领时期曾担任过伪职,新中国成立

---

① 社论. 坚持平均的公平合理的分配土地[N]. 晋绥日报,1947-04-05.
② 社论. 坚决联合中农,防止错定(订)成分,反对地主假冒中农[N]. 晋绥日报,1947-05-01.
③ 毛泽东. 毛泽东选集:第4卷[M]. 北京:人民出版社,1991:1318.

后旧习不改,披着共产党干部的外衣,欺压群众,贪污钱财,奸淫妇女,在土改中被农民群众认定为"恶霸"。然而,少数被他迷惑的干部却坚持错误观点,仍把他作为一般的干部问题处理。《晋绥日报》为此连续发表了几篇新闻报道和短评,坚决主张把干部和隐藏在干部队伍中的坏分子区别开来,支持了贫苦农民的正义行动。最终这个恶霸被清除出党员干部队伍。这件事在解放区引起了普遍的反响,农民说:"报纸又把咱们心里的话说出来了。"①发动群众审查党和政府的干部,进行严格的批评和自我批评,直至进行组织处理,这只有在共产党领导的革命根据地才有可能。在土改和整党工作中,《晋绥日报》站在党和人民立场上,对干部进行的批评与自我批评积极报道,声势浩大,深刻影响和支持了晋绥区土改和整党的进程。

(三)报道翻身农民崭新精神风貌

毛泽东在《谈话》中强调:"《晋绥日报》在去年六月的地委书记会议以后,有很大进步。内容丰富,尖锐泼辣,有朝气,反映了伟大的群众斗争,为群众讲了话。我很愿意看它。"②土地改革不仅使亿万农民群众挣脱封建枷锁,翻身做了主人,也使解放区农村发生了翻天覆地的变化。忠实地记录和报道翻身农民和农村崭新的精神风貌,同样是报纸广播等新闻媒体义不容辞的光荣职责。1947年12月17日,《晋绥日报》刊登了一个作者的农村印象,写到他回到土改后的村庄,他的一个贫农朋友"穿的新夹袄,新棉裤,头上戴一顶新军帽,个子也显得高了许多。身上挂了一条红带,上写新畦贫雇农大会,依靠自己,解放自己,就像忽然变了一个样子了"。这位作者得出结论:"斗争地主阶级给我们解决了土地和政治权利问题,给了我们无限的信心和力量,以及我们去进行我们祖先就期待的在自己的土地上的劳动。"③这些简短的记述和观点,充分表达了《晋绥日报》全力支持农民的翻身运动的鲜明立场,给获得土地和争得政治权利的翻身农民以高度的礼赞。为督促报纸忠实反映现实,杜绝虚假报道,在土地改革的汹涌浪潮中,1947年6月25日,《晋绥日报》以《不真实新闻与"客里空"之揭露》为题,刊发读者来信等编辑部材料,揭露报纸刊发的一些不实报道,随后又连续发表过多次揭露材料④。把报纸自身作为人民群众的

① 交城米家庄任逆达云经群众公审后镇压[N]. 晋绥日报,1947-10-21.
② 毛泽东. 毛泽东选集:第4卷[M]. 北京:人民出版社,1991:1321.
③ 卢晨征. 卢晨征同志的来信[N]. 晋绥日报,1947-12-17.
④ 不真实新闻与"客里空"之揭露[N]. 晋绥日报,1947-06-25.

审查对象,请人民群众监督批评,开创了媒体自我批评的先例,不仅反映了报纸与人民之间的血肉联系,也提升了报纸的自信。这一活动引起党中央关注,1947年9月1日,新华社刊发社论《学习晋绥日报的自我批评》和编辑部文章,给予了充分肯定,从而带动各解放区报纸相继开展了自我批评运动①。

二、偏离正确导向,滑向错误泥潭

封建剥削的土地制度在中国延续几千年,根深蒂固。中国共产党领导的这场土地改革运动,既是一场激烈的阶级交锋,一场深刻的社会变革,也是一场艰巨繁重的历史大考。由于顶层设计中部分政策制度暂时性缺失,部分中央和地方领导人的认知局限、经验匮乏和指导失误,以及全党尤其是《晋绥日报》编辑人员马克思主义理论准备不足,在风云激荡的土改风浪中,《晋绥日报》既一时挺立潮头、激扬文字,立下卓著功绩,也一度迷失方向,偏离以人民为中心的正确工作导向,种下灾难的苦果,给党和人民的事业造成巨大损失。做好新时代的新闻宣传和意识形态工作,我们既要学习借鉴《晋绥日报》的成功经验,也要客观地总结梳理它的惨痛教训。

(一)偏离正确的土改方针政策

毛泽东在《谈话》中还谈道:"办好报纸,把报纸办得引人入胜,在报纸上正确地宣传党的方针政策,通过报纸加强党和群众的联系,这是党的工作中的一项不可小看的、有重大原则意义的问题。"②报纸广播等新闻媒体只有全面深入学习领会、正确精准传播党的路线方针政策,才能起到团结稳定鼓劲的作用,才能推动党和人民事业健康发展。在土地改革宣传工作中,《晋绥日报》在后期逐渐偏离、曲解党的正确的土改方针政策,犯下了严重的"左"的错误,教训深刻。1947年9月24日,《晋绥日报》发表《晋绥边区农会临时委员会告农民书》,虽然原原本本地传达了《中国土地法大纲》(其时尚未正式颁布)的基本精神,却脱离地方实际,曲解党的土改政策,片面提出了"群众要怎样办就怎样办"的错误口号③。晋绥土改由此逐渐偏离了正确的轨道。1947年10月27日,《晋绥日报》发表对兴县高家村(即《晋绥日报》所在地)土改工作团的批评

---

① 学习晋绥日报的自我批评[N]. 晋绥日报,1947-09-01.

② 毛泽东. 毛泽东选集:第4卷[M]. 北京:人民出版社,1991:1319.

③ 晋绥边区农会临时委员会告农民书[N]. 晋绥日报,1947-09-24.

稿,指责批评工作团团长"怕脱离中农""为某些能说会道的中农所陶醉",因此"不给贫雇农撑腰""不走贫雇农路线""没有贫雇农的思想感情"①。这篇批评稿在对待中农问题上来了一个急转弯,加速奉行了错误的"贫雇农路线",并且把它与"中农路线"相对立,非此即彼、非彼即此。这一类稿件在1947年9月以后的报纸版面上频频出现。中国共产党制定的正确的土改总路线是"依靠贫农,团结中农,有步骤地、有分别地消灭封建剥削制度,发展农业生产",党从来是把中农作为重要的革命力量依靠的②。因此,《晋绥日报》孤立地提出"贫雇农路线",不仅是对党的农村政策的严重歪曲,也把晋绥土改逐渐引向了歧路。

(二)脱离晋绥边区阶级关系和土地状况的实际

毛泽东进一步在《谈话》中强调:"报社的同志应当轮流出去参加一个时期的群众工作,参加一个时期的土地改革工作,这是很必要的。在没有出去参加群众工作的时候,也应当多听多看关于群众运动的材料,并且下工夫研究这些材料。"③实事求是是党的思想路线,讲究不唯书、不唯上,只唯实、唯真。报纸广播等新闻媒体只有深入基层深入实际,开展调查研究,努力掌握基层真实情况和第一手资料,据此进行宣传报道才具有指导意义,否则就会贻害无穷。《晋绥日报》在后期的土地改革宣传中,调门越唱越高,矛盾日趋激化,斗争愈加激烈,却严重脱离了晋绥边区阶级关系调整变化和土地状况的实际,使"左"的倾向不断泛滥,造成土改的灾难性后果,教训令人震惊和警醒。据1948年4月中共中央晋绥分局调查研究室的《农村土地及阶级变化材料——根据老区九县二十个村调查》显示,晋绥地区老区1939年中农人口占34%,占有土地27.7%,贫农人口占35.4%,占有土地11%,雇农人口占5.5%,占有土地0.5%。而到了1945年,中农人口已上升为64.5%,占有土地70%,贫农人口已下降至24.3%,占有土地12.4%,雇农人口仅有0.5%,占有土地0.2%。该材料还显示,1939年地主人口占7.8%,占有土地37.7%。到1945年,地主人口只占2.4%,仅占有土地5.5%。在同一时期内富农人口从13.5%下降为6.6%,占有土地从22.8%下降为11.4%(上述数据统计截止到1945年,1946

---

① 兴县高家村工作团不相信贫雇农抛弃贫雇农[N].晋绥日报,1947-10-27.

② 毛泽东.毛泽东选集:第4卷[M].北京:人民出版社,1991:1314.

③ 毛泽东.毛泽东选集:第4卷[M].北京:人民出版社,1991:1320.

年中共中央《五四指示》下发后,解放区大规模开展土改运动,阶级关系和土地状况变化尚未统计在内)①。这些调查数据充分表明,经过抗日战争时期减租减息和各项政策实施,晋绥地区的农村阶级关系和土地状况已发生深刻变化。一方面贫雇农、地主富农的人口和土地占比显著缩小,一方面中农人口和土地占比显著增加。大批贫雇农已获得土地,上升为中农;同时,随着地主富农经济的不断削弱,地主富农的经济状况也已下降为中农,甚至有的地主已下降为贫农。中农这一阶级中,除一部分老中农外,大批新中农刚从贫农上升而来,其阶级地位和思想立场同贫农并没有多少区别。因此,《晋绥日报》在土改宣传中完全不顾革命根据地阶级关系和土地状况的这一显著变化,眼睛只盯住那些占人口不到1/5的贫农,片面强调"贫雇农路线""贫雇农打江山坐江山",这就严重脱离了我们党依靠的基本群众——人口和土地都占农村最大多数的中农和新中农,歪曲违反了党的正确的土改政策。

(三)偏离了正确的群众路线

毛泽东在《谈话》中批评指出:"我们的报纸也要靠大家来办,靠全体人民群众来办,靠全党来办,而不能只靠少数人关起门来办。我们的报上天天讲群众路线,可是报社自己的工作却往往没有实行群众路线。"②群众路线是中国共产党克敌制胜的法宝,是党的重要的领导方法和工作方法。报纸广播等新闻媒体,只有树立正确的群众观点,正确执行群众路线,采取正确的方式方法,才能践行党的宗旨,全心全意为人民服务。在土地改革后期的宣传中,《晋绥日报》片面理解群众路线,时时处处以审判官自居,貌似在代表人民群众说话,行的却是官僚主义作派和衙门作风,严重违背了正确的群众路线。土改工作团是中共中央晋绥分局和各级党委派到各地发动群众、掌握政策而组织起来的临时组织,是土改中最可信赖的组织和领导力量。但是,因为奉行"贫雇农路线",当被鼓动起来的贫雇农"要怎么办就怎么办",与党的土改政策发生冲突,因而受到工作团制约和限制的时候,官司打到了报纸编辑部,来信来稿堆积如山。《晋绥日报》公开支持为所欲为的贫雇农群众,不断刊发批评工作团的稿件,"纠正"工作团的思想和行为,甚至怀疑工作团里混进了地主阶级的狗腿子和阶级异己分子,提倡把工作团交由贫雇农去审查。如《晋绥日报》抓住

---

①　山西省档案馆馆藏档案,档案编号 A21—3—14—1[B]。

②　毛泽东.毛泽东选集:第 4 卷[M].北京:人民出版社,1991:1319.

平鲁县工作团总结工作经验,主动检讨缺点等事件大做文章①,上纲上线,对党派出的工作团不是采取保护、爱护的态度,而是采取打击、抛弃的态度,并经常以"你们这些老爷们"等口吻发出质疑,这显然是颠倒黑白,向贫雇农群众发出极为错误的信号,把土地改革导入了歧途。

三、以正确导向引领宣传思想和意识形态工作

以人民为中心的正确工作导向,蕴含着党的性质、宗旨,党的意志和奋斗目标,也体现着人民群众的切身利益、精神文化需求以及对未来的期许渴盼,是党性和人民性的有机统一,是宣传思想和意识形态工作的生命力之源。70多年前,在轰轰烈烈的土地改革浪潮中,《晋绥日报》中流击水、秉笔直书,以其独特的宣传工作实践,以其深刻警醒的经验和教训,揭示和验证了这一条真理,也为新时代宣传思想和意识形态工作带来历史启迪。

(一)要瞄准"政治方向"这颗准星

习近平总书记深刻指出,"坚持党性,核心就是坚持正确政治方向,站稳政治立场"②。《晋绥日报》的土改宣传,之所以在后期偏离正确导向,走向严重挫折和失误,是因为曲解和背离了党的正确的路线方针政策,偏离了正确的政治立场,模糊了"政治方向"这颗准星。因此,坚持正确工作导向,做好新时代宣传思想工作,必须把握和坚定政治方向,努力做到习近平总书记所要求的"三个坚定"和"两个坚决":坚定宣传党的理论和路线方针政策,坚定宣传中央重大工作部署,坚定宣传中央关于形势的重大分析判断,坚决同党中央保持高度一致,坚决维护中央权威③。

(二)要用好"实事求是"这把标尺

实事求是是党的思想路线,也是党的领导方法、工作方法和行为准则。《晋绥日报》的土改宣传,之所以在后期偏离正确导向,走向严重挫折和失误,也因为背离了实事求是的思想和行为准则,丢掉了"实事求是"这把标尺。因此,坚持正确工作导向,做好新时代宣传思想工作,必须坚持实事求是的思想

① 赵新民.怕"团结"不住中农兜"好干部"圈子平鲁群运抛弃贫雇农[N].晋绥日报,1947-12-09.
② 习近平.习近平谈治国理政[M].北京:外文出版社,2014:154.
③ 习近平.习近平谈治国理政[M].北京:外文出版社,2014:154.

和行为准则,努力做到习近平总书记对宣传思想干部所要求的"要不断掌握新知识、熟悉新领域、开拓新视野,增强本领能力,加强调查研究,不断增强脚力、眼力、脑力、笔力",努力做到"政治过硬、本领高强、求实创新、能打胜仗"①。

(三)要用活"群众路线"这个检测仪

习近平总书记强调指出:"我们必须把人民对美好生活的向往作为我们的奋斗目标,既解决实际问题又解决思想问题,更好强信心、聚民心、暖人心、筑同心。"②《晋绥日报》的土改宣传,之所以在后期偏离正确导向,走向严重挫折和失误,还因为片面理解和执行党的群众路线,抛开了正确的"群众路线"这个检测仪。因此,坚持正确工作导向,做好新时代宣传思想工作,必须正确贯彻落实党的群众路线,努力做到习近平总书记所要求的"两个结合"和"两个多":把服务群众同教育引导群众结合起来,把满足需求同提高素养结合起来,多宣传报道人民群众的伟大奋斗和火热生活,多宣传报道人民群众中涌现出来的先进典型和感人事迹,丰富人民精神世界,增强人民精神力量,满足人民精神需求③。

---

① 张晓松,黄小希.举旗帜聚民心育新人兴文化展形象更好完成新形势下宣传思想工作使命任务[N]. 光明日报,2018-08-23.
② 张晓松,黄小希.举旗帜聚民心育新人兴文化展形象更好完成新形势下宣传思想工作使命任务[N]. 光明日报,2018-08-23.
③ 习近平.习近平谈治国理政[M]. 北京:外文出版社,2014:154.

试论 1949 年国民党丧失大陆政权的历史必然性*

1945 年抗战结束后,国民党拥有军队 430 万人,且四分之一是美式装备,加上又接受了侵华日军一百万人的武器,拥有坦克、重炮、作战飞机和海军舰艇等。又占据绝大部分重工业城市,把持着铁路交通线和几乎全部的现代工业。而中国共产党只有军队 127 万人,武器基本上是"小米加步枪",只有少数装备缴自日军,并且基本上是步兵武器。控制的主要是农村和一些中小城市。双方实力对比悬殊。

然而,如此强大的国民党,却在 1949 年丧失大陆政权,其原因是什么?我们拟对此进行分析探讨。

一、政治上,发动内战,破坏和平,埋下失败祸种

日本投降以后,中国共产党顺应民心,先是积极参加重庆谈判,与国民党签订《双十协定》,确认"和平建国,坚决避免内战"。接着,又出席政协会议,为"和平、民主、团结、统一"再尽心力。政协会议闭幕的第二天,中共中央发布指示,要求全党"准备为坚决实现(政协的)这些决议而奋斗"①。为显示和平诚意,中国共产党特制定裁军计划,仅第一期就裁军三分之一,并立即实施。其中,晋察冀军区立即裁军十余万,率先做出了榜样。这些举措,赢得了社会各界的高度赞扬。民主人士黄炎培就高兴地对记者说:"从今以后,我们中国人还不好好从头做起,做一个现时代民主国家的新国民,还配称人吗?我中国还

---

* 本文作者姜建芳:长安大学。
① 中央档案馆. 中共中央文件选集:第 13 册[M]. 北京:中共中央党校出版社,1987:318–319.

能立国于世界吗?"①

　　与此相反,国民党蒋介石政府却顽固坚持"军令政令统一",企图实现国民党的一统天下。政协会议期间,陈立夫上书蒋介石,咒骂政协会议"必无好结果……共产党已得到好处,本党已受害"②。当时,政协会议陪都各界协进会连日在重庆沧白堂组织演讲会,共贺政协会议的成功召开。这一正义之举,却遭到国民党特务的恣意捣乱。1946 年 1 月 19 日,政协代表梁漱溟正在报告时,"曾有 5 次被捣乱分子掷石子捣乱……并有爆竹声夹杂期间,并狂呼各种乱七八糟口号而去"③。26 日,军警宪特在毫无根据的情况下,竟以私藏枪支的罪名,强行搜查政协代表黄炎培的寓所,肆意恐吓刁难。更为严重的是,2 月10 日,重庆各界近万人在较场口举行和平集会,国民党重庆市党部竟纠集几十名暴徒冲上主席台,抢夺扩音器,打伤大会主席团成员郭沫若、李公朴、施复亮等人,并向人群投掷石块,致使大会流产。3 月 1 日至 17 日,国民党召开六届二中全会,彻底推翻了政协已达成的协议。

　　同年 11 月,国民党在南京非法召开"伪国大",网络一些投机政客,组成了一个所谓的"多党政府",企图给自己的法西斯独裁统治披上"合法"外衣。遭到了中国共产党、民主党派和民主人士的坚决反对和无情揭露。

　　蒋介石消灭中国共产党的野心由来已久。还在抗战时期,他就说过:不消灭中共,"我死了心也不安,抗战胜利了也没有什么意义"④。抗战胜利前夕,蒋介石在国民党六大上狂称:"今天的中心工作,在于消灭共产党! 日本是我们国外的敌人,中共是我们国内的敌人。只有消灭中共,才能达成我们的任务。"⑤日本投降后,国民党垄断受降权利,抢夺胜利果实,目的就是削弱共产党的实力,以便在内战中占据优势。

　　政协会议期间,国民党军政部长陈诚向蒋介石密陈:"今日之情势,惟有以武力求和平,以武力谋统一。"他要求国民党先派重兵控制平津宁汉等重点城市,再拿下山东、苏北富庶之地,以免共产党获取该地资源,增加国军取胜代

①　黄炎培.黄炎培日记:第 9 卷[M].北京:华文出版社,2008:125.
②　金冲及.二十世纪中国史纲:第 2 卷[M].北京:社会科学文献出版社,2009:571.
③　中共重庆市委党史工作委员会及红岩革命纪念馆.政治协商会议纪实:上卷[M].重庆:重庆出版社,1989:565.
④　中央档案馆.中共中央文件选集:第 11 册[M].北京:中共中央党校出版社,1986:6.
⑤　程思远.政坛回忆[M].南宁:广西人民出版社,1992:158.

价。蒋介石立即批示："所陈各点,皆获我心。"①参谋总长何应钦还在日军司令官冈村宁次授意下拟定了一个两年内消灭中国共产党的计划。由于陈诚拟定的六个月消灭中国共产党的计划更合蒋意,因此6月1日成立国防部时,蒋介石特提议由陈诚改任参谋总长,配合国防部长白崇禧,具体实施内战计划,致使战争一触即发。

为阻止内战,上海各界组成请愿团,于6月23日赴南京进行和平请愿。不料一到下关,即遭到国民党暴徒的围殴。请愿团成员马叙伦、雷洁琼等人身受重伤。"下关惨案"遭到了全国各界的一致反对。在南京的中共代表周恩来等人立即赶赴医院看望受伤代表,并就"下关惨案"向国民党提出严重抗议。

以上事件,让国共两党对和平民主的态度判若天渊。人们无不对国民党背信弃义的行为感到震惊和愤怒。民族工商业者胡厥文就说:"从这一段频繁的政治活动中,我深感蒋介石的言行不一,不民主,不可靠,不得人心。"②蒋介石破坏和平之举,也招致国际友人的憎恶。美国特使马歇尔就"对他发怒且责备他不诚实。"③这样,国民党政府失去了人民的支持,必然招致失败的厄运。

二、经济上,劫取豪夺、贪腐成风,丧失执政根基

国民党经济上丧失民心的最主要表现,首推战后对敌伪资产的接收。这也是其丧失大陆政权的重要因素。蒋介石就曾哀叹说:"我们的失败,就是失败于接收。"④

首先,"接收"等于是对沦陷区人民进行了一场疯狂的洗劫。国府大员们贪婪地搜刮金子、车子、房子、女子、票子,大闹"五子登科",使"接收"变为"劫收"。其中,巨额日伪资产大都被"接收大员"巧取豪夺;原来被日寇强占的民族资本企业,被发还原主的竟不足10%。国民党上海市党部主任委员吴绍澍在"接收"中竟利用职权侵吞敌伪房产1000余幢、汽车800余辆、黄金1万多条。此类现象比比皆是,令沦陷区人民大失所望。

---

① 陈诚先生书信集:与蒋中正先生往来函电(下)[M]. 台北:台湾"国史馆",2007:633-634.
② 胡厥文.胡厥文回忆录[M]. 北京:中国文史出版社,1994:85.
③ 张发奎. 蒋介石与我[M]. 香港:文化艺术出版社,2008:428.
④ 宋希濂. 回忆1948年蒋介石在南京召集的最后一次重要军事会议实况[A]. 全国政协文史资料委员会编. 文史资料选集:第13集[C]. 北京:中华书局,1961:15.

其次,严重影响企业恢复生产。蒋介石侍从室少将唐纵在日记中写道:"我政府人员只接受敌伪之公馆、物品、家具,而将工厂封闭,听其停工,毁灭。"①事实正是这样。按说,政府接受了日伪工厂,本应迅速整顿,尽快恢复生产,改良人民生活,但是,接收大员却不择手段地抢掠物资,囤积倒卖,甚至连机器零件都被盗抢一空,致使生产无法恢复。国统区《周报》发文直言:"生产机构的陷于停顿,这是目前普遍的现象。"②这种行为导致的直接后果,就是大批工人失业。

蒋介石秘书邵毓麟到原沦陷区考察后当面向蒋进言:"像这样下去,我们虽已收复了国土,但我们将丧失人心。"其结果将使政府"基础动摇,在一片胜利声中,早已埋下了一颗失败的定时炸弹"③。

对接收中出现的贪腐行为,蒋介石"闻之惭惶无地,不知所止"④。但他却始终将注意力放在"剿共"方面,竟无心全力遏制,致使灾祸愈演愈烈。

美国哈佛大学教授、中国问题研究专家费正清曾对国民党的"接受"做出客观评价:"从日本人手里接收沿海城市一事,主要成为腐败的攫夺,完全不去用之于工业生产。这是历史上大发洋财的一次机会……官吏们牺牲公众,以填充一己的私囊……国民政府就是这样丧失了公众的拥护。"⑤

为筹措战争经费,国民党政府加重了对人民的剥削。在沦陷区,原本法币和伪中央储备银行发行的纸币的比价在 1:100 之内,但抗战胜利后,国民党却将其定为 1:200,致使民众的财产顿失过半。正如李宗仁回忆所说:"一纸命令之下,收复区许多人民顿成赤贫了,而携来大批法币的接收人员则立成暴富。政府在收复地区失尽人心,莫此为甚。"⑥

此外,国民党政府滥发纸币,造成通货膨胀,严重超出了人民所承受的程度。据史料记载,1947 年 7 月,物价上涨 6 万倍;到年底,又上涨到 14.5 万倍。1937 年可买两头牛的 100 元法币,到 1947 年只能买 1/3 盒火柴了。人民生活

---

① 唐纵. 在蒋介石身边八年[M]. 北京:群众出版社,1991:554.

② 韬. 释"接收"[N]. 周报,1945-10-06.

③ 邵毓麟. 胜利前后[M]. 台北:传记文学出版社,1967:87.

④ 金冲及. 二十世纪中国史纲:第 2 卷[M]. 北京:社会科学文献出版社,2009:564.

⑤ 费正清. 伟大的中国革命(1800—1985)[M]. 刘尊棋,译. 北京:世界知识出版社,2003:315-317.

⑥ 李宗仁.李宗仁回忆录[M]. 桂林:广西师范大学出版社,2005:557.

不下去了,必然会奋起反抗。解放战争期间,各种民变此起彼伏,充斥整个国统区。人们"越来越强烈地感到国民党政权已经维持不了多久了",因而热切地"期望着解放快些到来"①。国统区人民的斗争,开辟了第二条战线,使国民党处在全民包围之中。

1948年3月1日,国军上将张治中在国民党甘肃省党部发表了措辞激烈的讲话。他抓住土地问题上的失策痛批政府:"不仅孙总理所念念不忘的'耕者有其田'杳不可迹,连起码的'二五减租'也谈不到,二十年来本来很可以做到的事情,一样也没有做……土地问题是农民问题的核心,而农民人数又占全国人口的85%以上,问题的重要性可想而知……这是多么可惜的事情!"最后,他坚定地得出结论:"我们的敌人不是别人,正是我们自己,正是国民党本身。"②中国是典型的农业国,农业人口占据绝对多数,这种特殊的国情决定着"中国的革命实质上是农民革命"③。对此,中国共产党高度重视农民的土地问题。毛泽东反复告诫全党,只有"普遍地彻底地解决土地问题",才能获得"足以战胜一切敌人的最基本的条件"④。

追寻历史脉络,可以看到,在民主革命的每一阶段,中国共产党都充分关注广大农民的现实利益,并制定得力措施,确保其得到实惠。解放战争时期,中共中央先后颁布了《五四指示》与《中国土地法大纲》,真正实现了"耕者有其田",让亿万农民获得了土地,翻身做了主人。广大农民打心眼里感谢共产党,纷纷参军、支援前线。共产党及其领导的人民军队之所以能够迅速发展壮大,一个根本的原因就在于执行了正确的土地政策,把占乡村人口90%以上的贫雇农及中农拉进了革命阵营,奠定了打败国民党军队的人力基础。

北京大学原校长蒋梦麟1950年曾对美国政要谈及国民党的失败。他说,主要原因,就是国民党忽视了社会革命,没有满足广大农民的土地要求,而共产党却正好相反。因此,"无论美国怎样做,最多能推迟国民党的失败,却不能改变其结局"⑤。起义将领傅作义也谈到,共产党之所以能获胜,是因为"解决

---

① 铅笔大王:吴羹梅自述[M]. 北京:中国文史出版社,1989:109-110.
② 张治中. 我与共产党[M]. 北京:文史资料出版社,1980:103-104.
③ 毛泽东. 毛泽东选集:第2卷[M]. 北京:人民出版社,1991:692.
④ 毛泽东. 毛泽东选集:第4卷[M]. 北京:人民出版社,1991:1252.
⑤ 中美关系史丛书编辑委员会. 美国对华政策的缘起和发展(1945—1950)[M]. 重庆:重庆出版社,1987:221-222.

了土地问题,得到广大农民的拥护"①。

淮海战役中,60万解放军之所以能够打败80万国民党军队,主要在于有翻身农民的大力支持。整个战役中,"支前民工共543万人,担架20.6万副,大小车辆88.1万辆,挑子30.5万副,牲畜76.7万头,船8539只,汽车257辆,向前线运送弹药1460万斤,筹运粮食9.6亿斤,向后方转运伤员11万余名,有力地保障了大规模作战的需要"②。而这方面,恰恰是国民党难以企及的空白点。成千上万的国军阵前倒戈,很重要的一个原因竟是由于饥寒交迫,使其厌战投诚。可以说,农民群众的大力支援,是解放战争赢得胜利的决定性条件。

三、军事上,厌战哗变、将官不和,注定失败厄运

由于蒋介石只是把重庆谈判当作其部署内战的烟幕,所以,谈判期间,他重新颁发了十年内战时期的《剿匪手本》,并指令部下切实遵守。阎锡山部公然在山西上党进攻八路军,就是这一背景下的产物。同时,国民党政府利用美军舰机,将抗战中后期调至西南大后方的军队运往华北、华东等内战前沿,加紧做好内战准备。

《双十协定》公布的第二天,蒋介石发布密令,要求国民党第十一战区副司令长官马法五、新八军军长高树勋联合夹攻中共领导的晋冀鲁豫解放区首府邯郸。蒋介石的倒行逆施,激起了高级将领的反抗。高树勋召集军官开会,要求"退出内战,主张和平"③。他毅然率领新八军约万人在战场起义,投入中共怀抱。

解放战争中,国民党高级将领因厌战纷纷倒戈,加速了国民党的失败。这一现象几乎出现在每一次重大战役中。辽沈战役中,国军将领郑洞国、曾泽生亲率第七军和第六十军阵前反水,使人民解放军兵不血刃占领了长春;淮海战役期间,第三绥靖区副司令何基沣、张克侠战场起义,将黄百韬兵团西逃徐州的退路拦腰切断,为全歼该兵团立下大功;平津战役中,"华北剿总"正副司令傅作义、邓宝珊一起投诚,使北京城完整地回到了人民手中;在解放湖南的战斗中,国民党湖南省政府主席程潜、第一兵团司令陈明仁同时宣布起义,湖南

---

① 启跃. 国民党怎样丢掉了中国大陆[M]. 乌鲁木齐:新疆人民出版社,1997:9.
② 新华社. 红色记忆:淮海战役(下)[N]. 人民日报,2007-07-29.
③ 陈诚先生书信集:与蒋中正先生往来函电(下)[M]. 台北:台湾"国史馆",2007:561.

顺利解放;在解放绥远的战斗中,国民党绥远省政府主席董其武、兵团司令孙兰峰集体投诚,使绥远人民免受战争灾难;在解放新疆的战斗中,国民党新疆省政府主席包尔汉、警备总司令陶峙岳再次倒戈,新疆和平解放;等等。这些国民党高级将领的阵前起义,大大缩短了战争的进程。

再者,国民党军队虽然强大,但中央军与地方军待遇不一,嫡系和旁系亲疏有别,彼此相互猜忌,矛盾重重,作战时相互观望,难以同心。对此,王牌74师师长张灵甫曾致书蒋介石,抱怨国军将帅,"彼此多存观望,难得合作,各自为谋,同床异梦。……匪诚无可畏,可畏者我将领意志之不能统一耳"①。纵观整个解放战争,国军将领派系斗争复杂激烈。彼此貌合神离,见死不救者比比皆是,难以形成合力抗击中国共产党领导的人民军队。

孟良崮战役中,国军王牌74师被华野重兵围困,危在旦夕,但师长张灵甫不向离他最近的李天霞和黄百韬兵团求救,却苦苦哀求离他最远的胡琏部能对其施以援手。因为张灵甫深知,李、黄二人作为杂牌军将帅,绝对不会向他这个嫡系伸出援手,而胡琏与张乃黄埔同学,同属嫡系阵营,必会鼎力相助。这可以说是唯一的原因。事实正是如此,与张灵甫近在咫尺的李天霞就巴不得一向看不起自己的张灵甫早日完蛋。终因舍近求远,胡琏增援无门,74师全军覆没,张灵甫拒捕被毙。事后,蒋介石在总结74师失败原因的敕文中写道:孟良崮战役的失败,愿因固然很多,"然究其最大缺点,厥为各级指挥官有苟且自保之妄念,无协同一致之精神,至为匪所制,以致各个击破"②。他立即下令,将83师师长李天霞革职查办,并对临近各师逐一问责,依法严惩。

淮海战役中,黄伯韬兵团被解放军大军围困,而嫡系将领邱清泉部与黄伯韬兵团仅仅相距15千米,却故意观望,见死不救,笑看黄百韬殒命,更是这一弊端的生动写照。

云南省主席龙云本是抗日功臣,因非蒋嫡系,难以获得信任。抗战胜利不久,蒋介石竟于1945年10月2日,突然下令免去了龙云的云南省政府主席职务,让嫡系将领卢汉接任。在经过一次"调虎离山"和近似军事政变的武力强迫后,龙云被调往重庆,虚挂军事参议院院长一职。若不是美国"飞虎队"军官陈纳德暗中协助,龙云必然会被软禁陪都,很难获得自由。

---

① 吴淑凤.陈诚先生回忆录:国共战争[M].台北:台湾"国史馆",2005:140.
② 临沂行署出版办公室.孟良崮战役资料选[M].济南:山东人民出版社,1980:109.

平津战役初始,傅作义特意将其麾下的蒋系部队配置在北宁线,而将自己的傅系部队配置在平绥线,为的是一旦形势危急,便让蒋系部队首当其冲,而自己的部队却可随时西逃。

以上事例不胜枚举。蒋军内部派系严重,钩心斗角,无法团结一心,联手作战,以致一败再败,毫无取胜希望。为此,蒋介石的忠实信徒,"国策顾问"陈布雷以及"理论家"戴季陶,均出于对国民党前途的极度失望,分别于 1948 年11 月和次年 2 月自杀身亡。足见国民党的统治已是内外交困,日薄西山。

四、外交上,日陷孤立、外援无门,锁定垮台结局

随着内战的扩大,国民党政府军费日增,经济捉襟见肘,于是大量接受美援成了其唯一的生存之道。蒋介石为此加紧了求援速度。

当时任驻美大使的顾维钧后来回忆,1948 年 9 月 29 日,蒋介石曾电令他转给美国总统杜鲁门一份特别密电,呼吁美国对国民党加速军事援助。顾维钧说:"在我看来,密电措辞极为迫切,语气近乎告急,说明军事局势确实十分严重。"他立即对去美国开会的财政部部长王云五说:"在中国面临共产党进攻的严重紧急关头,不必担心美国干涉或侵犯中国主权的问题。"①顾维钧的意思很明显,为避免国民党垮台,宁可丢掉部分主权也要即速换取美国的军事援助和武装干涉。

10 月 31 日,蒋介石又打电报给顾维钧,告诉他已派孔祥熙作为自己的私人代表来到华盛顿,协助办理援助事宜。11 月 9 日,蒋介石委托顾维钧再转密信给杜鲁门,提出了三项要求:(1)美国发表支持中国反共目标的正式宣言;(2)派一美国高级军官来中国主持反共战争之战略的与供应的计划;(3)核准一个给中国以军援与经援的三年计划,每年约需美金十亿元②。为尽快将美援落到实处,蒋介石不惜动用夫人外交,特派宋美龄赴美交涉,以图早日成功。12 月 1 日,宋美龄以马歇尔夫妇客人的私人身份来到华盛顿,要求会见杜鲁门,希图达到蒋介石提出的三项要求。然而,结果却差强人意。

美国的对华政策,完全仰赖其自身利益。战后,对待国共两党,"美国压倒一切的目标仍是支持国民党政府,并尽可能地使它在广大地区内建立政权,对

---

① 顾维钧.顾维钧回忆录:第 6 册[M].北京:中华书局,1988:503.
② 董显光.蒋总统传(三)[M].台北:中国文化大学出版社,1980:506.

这一点怎样强调也不过分"①。但是,它对国民党政府的援助也一直遵循着"看菜吃饭"的原则,并非毫无条件。杜鲁门认为,中国"不是任何近代的西方军队所能征服的",幻想驾驭中国,"过去是愚蠢的,在现在也是愚蠢的"②。国务卿艾奇逊也认为,对中国实行军事干涉,绝非上策。十年内战期间,国民党实力雄厚,尚未消灭共产党,现在国民党实力大减,且已失去民心,而共产党的力量如日中天,此时消灭共产党绝无可能。"也许只有靠美国的军力才可以逐走共产党。美国人民显然不会允许在1945年或以后让我们的军队担负如此巨大的义务的"③。

1949年8月5日,美国国务院发表了《中美关系白皮书》。国务卿艾奇逊将《白皮书》送给杜鲁门时,附了一封信,对几年来美国给国民党政府的援助及其效果,做了总结性的回顾:"自从对日战争胜利后,美国政府以赠与或借贷的方式给予国民党中国的援助总数约达20亿美元……超过战后美国对任何西欧国家的援助数量。……然而自从对日胜利以来,美国供给中国军队的军需品的大部分,因为国民党领袖们在军事上的无能、他们的叛变投降和他们军队的丧失斗志,而落入中共之手。"④的确,战争中国民党的频频失败、高级将领的纷纷倒戈,使美国人逐渐看到,援蒋等于是援共。辽沈战役后,国民党外交部部长王世杰对此亦有披露:"人家说我们长、沈32个师,几天即缴械,美援等于援共。"⑤既然深知国民党大厦将倾,美国自然不会再向这无底洞里撒钱,以加重自己的经济负担。正是美国高层抱有如上认识,因此,"大约从1948年秋开始,美国决策者开始认真考虑转变政策,逐步'脱身'"⑥。

由于以上原因,王云五、孔祥熙先后到了华盛顿后,杜鲁门竟然拒绝接见。就连国母宋美龄赴美求援,也毫无结果。赴美后第十天,杜鲁门才勉强接见了她,但下场很糟。当记者采访她问及会谈成效时,"她神色严峻,冷冷一笑,给

---

① 邹傥. 美国在中国的失败[M]. 上海:上海人民出版社,1997:309.
② 杜鲁门.杜鲁门回忆录:第2卷[M]. 北京:世界知识出版社,1965:103.
③ 艾奇逊致杜鲁门总统的信[M]//世界知识出版社. 中美关系资料汇编:第1辑. 北京:世界知识出版社,1957:35.
④ 世界知识出版社编. 中美关系资料汇编:第1册[M]. 北京:世界知识出版社,1967:40-41.
⑤ 徐永昌.徐永昌日记:第9册[M]. 台湾:中央研究院近代史研究所,1991:166.
⑥ 资中筠. 追根溯源:战后美国对华政策的缘起与发展(1945—1950)[M]. 上海:上海人民出版社,2000:412.

人的印象是会谈没有成就"。杜鲁门在记者招待会上的回答也印证了这一点。"当一位记者向总统询问蒋夫人的今后计划以及他是否将再次会见她时,他生气了。他说,他不知道她的计划,而且不准备再见她。不到一个星期以后,蒋夫人离开华盛顿去纽约了。"①可见,宋美龄访美受尽冷遇,无功而返。这样,失去人民支持、又得不到美援的国民党,丧失政权只是时间问题了。

稳固政权的力量,首推民心。否则,无疑是将政权建立在沙丘之上,这是人类社会的普遍规律。解放战争时期,国民党的倒行逆施,已使其彻底丧失了群众基础。俗话说,"基础不牢,地动山摇"。国民党 1949 年丧失大陆政权,绝对不是意料之外的偶然现象,而是其坚持反动立场、与人民为敌、咎由自取的必然结果。

---

① 顾维钧.顾维钧回忆录:第 6 册[M]. 北京:中华书局,1988:574-580.

延安时期社会教育运动与
马克思主义大众化的社会实现[*]

延安时期是中国共产党及其领导的新民主主义革命由小变大、不断走向胜利的重要时期,以毛泽东为核心的党的第一代领导集体实现了马克思主义同中国实践相结合的第一次历史性飞跃。马克思主义中国化的形成过程,也是其理论成果与人民群众进行有机结合的过程,即马克思主义大众化的过程。延安时期,陕甘宁边区开展的直接面对大众的社会教育运动,在实现扫盲的过程中,通过对民众灌输民族意识、国家意识、抗战意识、道德意识,激励民众参与政治的热情,对提高整个社会大众的思想觉悟、知识技能、精神面貌,转变风俗习惯,推动马克思主义的大众化,乃至提高战斗力,保证抗日战争与解放战争的胜利,都发挥了重要的作用。今天,认真总结社会教育运动中马克思主义大众化的历史经验,对当代中国马克思主义大众化的社会实现无疑具有重要的借鉴意义。

一、延安时期社会教育运动的策略与实践

陕甘宁边区原是一片文化教育的荒漠,教育事业十分落后,"学校稀少,知识分子若凤毛麟角,识字者亦极稀少。在某些县份如盐池一百人中识字者有两人,再如花池等县则两百人中仅有一人。平均起来,识字的人只占全人口百分之一"①。社会教育简直是绝无仅有的事。文化教育的荒漠使党的各项工作难以展开。于是,在党中央的领导下,在陕甘宁地区开展了有计划、有组织

---

* 本文作者袁方:中国政法大学。

① 陕西师范大学教育研究所. 陕甘宁边区教育资料(社会教育部分上)[M]. 北京:教育科学出版社,1981:57.

250

的社会教育运动,"确立国民教育的基本内容为新民主主义的教育,这即是以马列主义的理论与方法为出发点的关于民族民主革命的教育与科学的教育"①。对那些不能脱离生产的文盲、半文盲大众、知识分子等通过开办识字组、夜校、半日校、冬学等形式,"利用民众各种空闲时间,进行教育,提高民众政治文化水平,加强抗战力量"②。即要造就一大批既有民族觉悟,又有一定抗战能力,同时还是生产能手的人。

党开展的社会教育运动从开辟到巩固,经历了一个不断探索、不断创新、不断调整、不断修正、不断前进的曲折过程,大体可概括为三个阶段。

第一阶段:开拓时期(1937—1940)。在边区政府成立之时,边区教育厅就着手制定社会教育实施方案,包括文字课程、政治课程、自然课程、社会课程四个方面。对边区文化素质过低的农民而言,这个社会教育方案充满了理想化色彩。随着抗战的爆发,民族矛盾上升为主要矛盾,《中国共产党抗日救国十大纲领》中提出"改变教育的旧制度、旧课程、实行以抗日救国为目标的新制度、新课程。实施普及的义务的免费的教育方案,提高人民民族觉悟的程度"③。就此,抗日教育政策逐渐取代了阶级教育政策,社教内容又增加了军事内容。社教运动在普及教育的指导方针下,率先从识字开始,将冬学作为开展社会教育、消灭文盲、普及教育的有力工具④。同时其他社教组织形式如识字组、夜校、半日校等也开展起来,并明确规定消灭文盲的数字任务。1940年,冬学、夜校、半日校、识字组等达到了5469处,人数达到了59953人⑤。可见,接受社教民众数量之多,规模之大。这种忽视各地区具体情况与群众具体需要而简单用行政手段将社会教育迅速普及的工作方法,很快就出现了问题。民众疑心重重、热情不高、空架子多、收效甚微。我们党及时看到了问题的严

① 陕西师范大学教育研究所.陕甘宁边区教育资料(教育方针政策部分上)[M].北京:教育科学出版社,1981:80.
② 陕西师范大学教育研究所.陕甘宁边区教育资料(教育方针政策部分上)[M].北京:教育科学出版社,1981:9.
③ 中国人民解放军政治学院党史研究室.中共党史参考资料:第8册[Z].内部印刷,1979:51.
④ 陕西师范大学教育研究所.陕甘宁边区教育资料(社会教育部分上)[M].北京:教育科学出版社,1981:40.
⑤ 陕西师范大学教育研究所.陕甘宁边区教育资料(教育方针政策部分下)[M].北京:教育科学出版社,1981:342.

重性,认为"学校质量还落在数量后面,社教工作是远落后于学校教育"①,必须调整与群众生活距离太远的社会教育政策。

第二阶段:调整时期(1941—1943)。边区教育厅在总结各区乡社教工作经验与不足的基础上,着手进行社教工作的改革。从1940年开始,就不再规定具体学校数目,对冬学计划性的规定逐年递减,越来越重视质量。规定质量的好坏是评判冬学成绩大小的主要因素,防止只注重量不重质的偏向②。同时,边区教育厅经费紧张,从1940年冬学经费由地方自筹,群众团体开始加入办学,"公办"模式日渐式微,随之,行政组织对社会教育的决定权也遭到削弱。在社教内容方面,在继续强调政治教育与军事教育的同时,开始强调社教宣传要适应群众心理,联系到群众的实际生活,不一定须机械地背出抗战救国的大道理③。与大众生活密切联系的日常生活和战时知识也被作为边区社会教育的内容。军事和政治所占比例较前显得微弱了。虽然群众的意愿正在被强调,生产已逐渐进入社教内容之中,但1942年边区经济困难时期,矛盾激化了,边区社会教育中出现的泛政治化倾向、空洞而抽象的政治说教、过分强调政治脱离生产的现象受到了批评。此后,生产的重要性不断被强调,逐渐成为社会教育中的重要内容,后几年,社教中增添了满足群众需要的内容。

第三阶段:巩固时期(1944年以后)。1944年10月,毛泽东同志在边区文教大会上的讲话中指出:"我们的文化是人民的文化,文化工作者必须有为人民服务的热忱,必须联系群众,而不要脱离群众。要联系群众,就要按照群众的需要和自愿。"④边区教育厅明确规定:今后的社会教育应尊重群众的意见,以群众的需要为主。冬学组织要坚持群众自觉自愿原则,纠正强迫动员和集中住宿的办法。关于教材,也可按照群众的意见,采用不求一律⑤。关于内容方面,边区文教大会的决议规定,"在目前边区情况下,群众教育的中心任务就

---

① 陕西师范大学教育研究所. 陕甘宁边区教育资料(教育方针政策部分上)[M]北京:教育科学出版社,1981:121.

② 陕甘宁边区政府教育厅关于一九四二年冬学的指示[M]//老解放区教育资料(二)(下). 北京:教育科学出版社,1986:45.

③ 陕西师范大学教育研究所. 陕甘宁边区教育资料(教育方针政策部分上)[M]. 北京:教育科学出版社,1981:69.

④ 毛泽东. 毛泽东选集:第三卷[M]. 北京:人民出版社,1991:1013.

⑤ 陕西师范大学教育研究所. 陕甘宁边区教育资料(社会教育部分下)[M]. 北京:教育科学出版社,1981:186.

是扫除广大成人与失学儿童的文盲,提高其文化与政治觉悟,群众目前迫切需要的是起码的读、写、算能力;而成为群众生活中最大问题的生产与卫生两项知识,则应构成读、写、算的主要内容"①。社会教育的内容最终确定为生产、教育、卫生。在办学体制上,"民办公助"模式经过试行进入大规模实践阶段。要求各地冬学"最好采取民办公助的方针,由地方劳动英雄,变工队长,读报组、识字组的组长,及地方有威望的人士自己出头办,县、区、乡级政府给以帮助和指导。""采取分散的原则,以村学的形式出现,凡有学习者五人、十人之村庄,群众要求办学,就在那里办,村庄虽小而群众愿意入学的也要设法办。"②至此,"民办公助"的教育方针全面推广实施。1946 年,针对此模式出现的放任自流的偏差,边区教委在此基础上又适当进行了调整。

延安时期的社会教育显然承接了我们党政治教育的传统与经验,在原有的基础上有所拓展。采取的社会教育形式除了识字班、夜校、半日班等以外,还采取了许多其他符合延安当地情势的形式,诸如卫生运动、反迷信运动、秧歌剧活动、改造"二流子"活动、劳动英雄制度等。从其不断扩大的外延看,社会教育依然是党的政治工作的一部分。无论社会教育内容或形式发生何种变化,其始终与党的工作任务和政治目标结合在一起,出现社会教育的泛化。美国记者冈瑟·斯坦曾在《红色中国的挑战》这样写道:"共产党为了努力作战和推动社会进步而建立的所有这些组织,军队和民兵、党部,自治机关和群众性的协会,工厂和合作社,医院,戏院和报纸,也都起着教育作用。新民主主义的一切政策,不管其具体主题是什么,主要都是具有教育性质的。"③

二、社会教育运动推动马克思主义大众化的社会实现

社会教育运动,与其说是一场扫盲、生产、卫生教育,不如说是一场马克思主义大众化的教育。延安时期的马克思主义大众化就是用新民主主义武装广大人民群众,即动用各种资源,采取各种策略用通俗易懂的语言,以老百姓喜闻乐见的形式,将新民主主义理论与边区农民的乡土生活方式、风俗习惯、抗

---

① 陕西师范大学教育研究所. 陕甘宁边区教育资料(教育方针政策部分下) [M]. 北京:教育科学出版社,1981:479.

② 陕甘宁边区政府教育厅关于一九四二年冬学的指示[M]//老解放区教育资料(二)(下). 北京:教育科学出版社,1986:48.

③ 冈瑟·斯坦. 红色中国的挑战[M]. 上海:上海译文出版社,1999:247.

日需求结合起来,激发边区民众参与生产、教育和抗日的积极性,从而实现用新民主主义理论宣传群众、教育群众、引导群众、提高群众,使广大民众成为党的政权和各种政策的支持者和拥护者。"理论一经掌握群众,也会变成物质力量。理论只要说服人,就能掌握群众。"①这场规模空前的社会教育运动不仅使中国共产党找到进入边区农村的有效方式,而且更有力地推动了马克思主义大众化的社会实现,它解决了马克思主义大众化的"为谁化""对谁化""怎么化"的核心问题。

(一)社会教育运动实现了马克思主义大众化的主体化

马克思主义大众化核心是用马克思主义科学的世界观和方法论为实现广大人民的根本利益服务。"化大众"的宗旨是"为大众",只有"为大众"才能真正实现"化大众"。"为大众"就必然要求大众成为马克思主义大众化的主体。首先,要用代表主体根本利益和历史使命的正确思想来"化大众"。新民主主义理论是延安时期马克思主义中国化的最新成果,代表着当时中国民众的最根本利益和最迫切需求,这是马克思主义大众化的首要前提。其次,新民主主义理论同边区农民的乡土生活方式、生产方式、风俗习惯相结合,将边区民众作为接受教育的主体,根据他们的具体要求不断制定、调整社会教育的方式、内容,打破旧式国民教育体系,突破常规政治教育模式,使各种教育内容、组织、制度等都与党的政治目标相结合。最后,马克思主义大众化的主体化还体现在边区民众不再被动接受,而是主动参与并独创许多新的社教形式,以身示范,带动周围更多的人参与,提高整体民众的思想觉悟、精神面貌。只有实现马克思主义大众化的主体化才能为大众所了解、认同和接受,才能真正"化大众"。延安时期的社会教育无论是从规模、教育层次还是组织程度上看,都突显出大众这个主体。边区农民第一次从政治边缘走向了政治生活的前台,成为党的政权和各项政策的拥护者和参与者。

(二)社会教育运动实现了马克思主义大众化的对象化

在解决"为谁化""用什么化"的问题基础上,面临的是"化什么""对谁化"的问题。马克思主义大众化不仅要实现主体化,也要实现对象化。边区民众不仅是马克思主义大众化的主体,也是被"化"的对象。"化大众"无疑要求用马克思主义的世界观和方法论改造人民群众,使人民群众的世界观和方法论

---

① 马克思,恩格斯.马克思恩格斯选集:第一卷[M].北京:人民出版社,2012:9-10.

马克思主义化,进而实现对客观社会的改造。延安时期社会教育活动中,党的文教政策由"提高"转向了"普及",开始面向广大民众。从教育对象看,是没有脱离生产的文盲、半文盲和知识分子,后来又转向农村的广大农民。毛泽东同志在延安文艺座谈会上的讲话明确了党的大众文艺路线,即文艺的群众路线。宣传力度越大的作品往往被认为是越好的作品,最贴近边区生活、最能被边区民众接受成为评价作品是否好坏的标准,各种社会教育的作品和内容被要求做到通俗化和普及化。那些远离民众生活的空洞而抽象的政治术语、政治口号被生动活泼、喜闻乐见、通俗易懂的文艺形式、科学知识、实用技能所取代。面对少数人的所谓高雅作品转向了面对民众特别是农民的通俗的大众作品,这表明我们党深刻认识到只有人民大众才是革命的主力军,才是可以依靠的力量。毛泽东在《论联合政府》一文中指出:"农民——这是现阶段中国文化运动的主要对象。所谓扫除文盲,所谓普及教育,所谓大众文艺,所谓国民卫生,离开了三亿六千万农民,岂非大半成了空话?"①党的社教普及方针,推动了新民主主义思想占领边区特别是农村的各个领域。

(三) 社会教育运动实现了马克思主义大众化的层次化

马克思主义大众化关键是"怎么化",这关乎马克思主义理论如何被民众了解、认知、认同乃至接受的问题,这涉及马克思主义大众化过程中的方法论层面。面对广大农村的社会教育运动,政府是采取"公办"还是"民办公助",是采用行政命令还是自主自愿、放任自流,是沿用传统的社教内容方法还是突破常规教育体系,这些在社教工作中遇到的困惑和难题实质就是大众化的具体策略和方法问题。在社教工作发展历程中,我们可以清楚地看到党在这一问题上的创新精神和自我批评精神。面对"公办"出现的数量高质量差的问题,"民办公助"方式获得民众认可;面对花架子多,民众反感且积极性下降的难题,降低军事和政治教育的比重,增大生活生产知识技能教育,将教育和生活打成一片;面对单一的说教形式不受欢迎,利用了一切可能利用场所和能够被民众接受的方法作为传媒,如民众识字课本、戏剧、秧歌、田间地头的读报、黑板报、各种群众集会、集市等向民众灌输其政策,使其在丰富多彩的社教活动中受到教育。所有这一切实际的、具体的、受人欢迎的民众教育方法,能对更多的人起作用,传播知识比学校更有效。

① 毛泽东.毛泽东选集:第三卷[M].北京:人民出版社,1991:1078.

马克思主义大众化在化大众的过程中,绝不能搞简单的"一刀切"。由于民众的知识、素养、能力等存在的差异性,认可和接受理论的程度有高低之分,这决定了马克思主义大众化的层次性。在社会教育中,党的群众路线作为一种独特而又宝贵的传统工作方法在这里取得了成效。群众被分为积极分子、中间分子、落后分子三个层次,将积极分子作为领导骨干,用理论先武装积极分子,然后"凭借这些骨干去提高中间分子、争取落后分子"①。社会教育展开的层次性,使民众对教育内容、政治目标理解、认同的程度大大增强。延安时期社教运动中,边区民众通过接受自然、社会、科学、军事、生产、卫生、抗日等知识和技能教育,改变了旧式落后的乡土生活习惯、生产方式、组织模式,逐渐建立了党宣导和教化的新的社会生活、社会组织、政治行为模式及其各项党的政策、制度,进而民众在生活生产中取得的实践成效又推动着民众主观世界的深层改变,并加快对党的政权认同和对党的权威体系的确立。

社会教育运动是我党局部执政时一项颇有成效的社会政策,它使民众经受了一场前所未有的政治洗礼,使隐藏在民众中的巨大的"物质力量"释放出来,从而使民众政治热情高涨,在征兵、征粮、锄奸、选举、生产运动、响应政府号召等方面都比抗战前期更加积极,成为党的政权和政策的拥护者和践行者。马克思主义作为党的指导思想,其主导性的保持必然要求马克思主义大众化,只有大众的世界观和方法论被马克思主义化,即当下的民众对中国特色社会主义理论了解、认可、认同并接受,被内化为民众的自觉意识,才能坚定中国特色社会主义理论的信念。因而,认真研究延安时期的社会教育运动对当下马克思主义大众化同样具有方法论之借鉴意义。

---

① 毛泽东. 毛泽东选集:第三卷[M]. 北京:人民出版社,1991:898.

走向胜利的经典文献：
《中共七届二中全会会议公报》文本解读[*]

2019 年是中华人民共和国成立 70 周年，也是中共七届二中全会胜利召开及"赶考"这一历史命题提出 70 周年。解读党在七届二中全会做出的决议，对于深入学习贯彻习近平新时代中国特色社会主义思想，深刻理解党的治国理政重大方针具有重要的现实意义。

1949 年初，三大战役结束后，国民党军队的主力已经基本被消灭，原来预计的战争进程大大缩短，中国共产党即将迎接在全国执政的局面。1949 年 1 月 6 日至 8 日，中共中央政治局在西柏坡召开会议，讨论形势与任务问题。会议通过的《目前形势与党在一九四九年的任务》的决议指出："整个国民党在长江以北的战略上的战线已经崩溃，国民党在其统治区域内是处在极大的混乱和崩溃的状态中。我们已经完全有把握在全国范围内战胜国民党。一九四九年和一九五〇年将是中国革命在全国范围内胜利的两年。"①1 月 8 日，毛泽东在会上做结论时指出："如果完成了全国革命任务，这是铲地基，花了三十年。但是起房子，这个任务要几十年工夫。"②于是，中共加紧了"起房子"即将执政全国的准备工作。以此背景下，1949 年 3 月 5 日至 13 日，中共中央在"最后一个农村指挥所"——西柏坡召开了具有里程碑意义的七届二中全会，毛泽东做了大会政治报告。这次会议召开的特定时机和特定主题，对建设新中国的方略具有奠基和导航的价值。会议高瞻远瞩，审时度势，及时做出了消灭国民党

---

* 本文作者王凤贤：黑龙江大学；张磊：中共黑龙江省委党校。

① 中央档案馆．中共中央文件选集：第 18 册［M］．北京：中共中央党校出版社，1992：16.

② 中共中央文献研究室．毛泽东传（1893—1949）：下［M］．北京：中央文献出版社，1996：908.

残余势力的科学决策,果断地决定把党的工作重心由乡村移到城市,提出了实现这一重大战略转移的政治、经济、外交和党的建设等一系列方针政策,规划了革命胜利后建设新民主主义社会的蓝图。为中国共产党抓好工作重点,带动革命事业全面发展,取得新民主主义革命丰硕成果铺设了坦途,为建立新中国做了充分的政治、思想准备。

会议通过了毛泽东所做的报告,并形成相应的决议《中国共产党第七届中央委员会第二次全体会议决议》①(以下简称《决议》)等文件和他随后在6月所写的《论人民民主专政》一文,构成了同年9月召开的中国人民政治协商会议第一次全体会议所通过的,在新中国成立初期曾经起临时宪法作用《共同纲领》的政策基础②。会后,毛泽东修改的中共七届二中全会新闻稿于1949年3月25日刊发于《人民日报》,这篇新闻稿是1949年3月23日,毛泽东在胡乔木起草的中共七届二中全会新闻稿上,重新改写了第一段,中间文字亦有重要改动。24日,在排出的清样稿上,又做了少许修改。这篇重要的党史文献原稿藏于中央档案馆。重新刊发于《党的文献》2009年第5期,根据中央档案馆保存的毛泽东修改件刊印。可以讲,这篇新闻稿即是中共七届二中全会会议公报③(以下简称《公报》)。新闻稿全文1700余字,内容丰富,对即将建立的新政权、新中国的共产党人来说,可谓开局一时的一份施政纲领。

一、提出召开新的政治协商会议及成立民主联合政府

《公报》指出:"全会批准了由中国共产党发起,并协同各民主党派、人民团体及民主人士,召开没有反动分子参加的新的政治协商会议及成立民主联合政府的建议。"④1945年抗战胜利后,中国共产党鉴于当前的形势及国共力量对比的变化,曾提出建立民主联合政府的主张。在中共六届七中全会上,毛泽东曾提出建立联合政府的三种可能性。毛泽东在中共七大所做的政治报告

---

① 西柏坡纪事1947年3月—1949年3月:(下册)[M]. 北京:中央文献出版社,2011:856.

② 毛泽东. 毛泽东选集:第4卷[M]. 北京:人民出版社,1991:1425.

③ 卢洁. 毛泽东是怎样修改审定党的全会公报的:以修改胡乔木起草的七届二中全会新闻稿为例[J]. 秘书工作,2011(1).

④ 毛泽东修改的中共七届二中全会新闻稿(1949年3月23日)[J]. 党的文献,2009(5).

《论联合政府》，可见中共对联合政府这一问题的重视。毛泽东在报告中设想，建立联合政府应该分两步："第一个步骤，目前时期，经过各党各派和无党派代表人物的协议，成立临时的联合政府；第二个步骤，将来时期，经过自由的无拘束的选举，召开国民大会，成立正式的联合政府。"①显然，当时中共主张建立的联合政府，按毛泽东的设想，中共具有"参股"的性质，就全国性政权而言，中共从在野党（在局部地区是执政党）转变为执政党之一。此后，全面内战爆发，联合政府的议案被反复提起又搁置，建立联合政府的形式与内容随着战争形势而发生了实质性变化。

1947年7月，以晋冀鲁豫野战军强渡黄河、千里挺进大别山为标志，人民解放军由战略防御转入战略反攻阶段，战争形势日渐朝着有利于中共的方向发展。1947年8月1日，新华社发表《人民解放军二十周年》的社论，指出：在消灭一切进犯军的过程当中及其以后，就当然能够成立民主的联合政府，就当然要惩办以蒋介石为首的战争罪犯，没收官僚资本，取消特务机关，废除卖国条约。9月14日，《人民日报》发表文章《人民解放军大举反攻》，号召"把解放的旗帜插到全中国！把民主的联合政府在全国范围内建立起来"。1947年10月10日，也就是国民党南京政府国庆日这一天，中共中央公布《中国人民解放军宣言》（即"双十宣言"），第一次明确提出"打倒蒋介石，解放全中国"的口号，并且公开号召："联合工农兵学商各被压迫阶级、各人民团体、各民主党派、各少数民族、各地华侨和其他爱国分子，组成民族统一战线，打倒蒋介石独裁政府，成立民主联合政府。"显然，中共此时所提出的联合政府，与抗战后期倡导的联合政府已经有了质的区别，中共在这个联合政府中不再是"参股"而是"控股"了，即在联合政府中将居于领导地位。

1948年4月30日，中共中央发布纪念"五一"劳动节的口号，发出了"各民主党派、各人民团体、各社会贤达迅速召开政治协商会议，讨论并实现召集人民代表大会，成立民主联合政府"的号召。这一号召立即得到全国各民主党派、各民主人士和海外华侨的拥护。以此号召下，在国民党统治区和香港等地的民主人士，陆续北上进入解放区。随着国共军事力量对比的变化，1948年11月14日，新华社发表毛泽东撰写的关于中国军事形势的评论，指出："现在看来，只需从现时起，再有一年左右的时间，就可能将国民党反动政府从根本上

---

① 毛泽东．毛泽东选集：第3卷[M]．北京：人民出版社，1991：1068-1069．

打倒了。"①基于在过一年即可以从根本上打倒国民党反动政府的估计,召开新的政治协商会议、组建中央人民政府提到了议事日程。1948 年 12 月 30 日,新华社发表毛泽东所撰写的《将革命进行到底》新年献词,明确提出:"一九四九年将要召集没有反动分子参加的以完成人民革命任务为目标的政治协商会议,宣告中华人民共和国的成立,并组成共和国的中央政府。这个政府将是一个在中国共产党领导之下的、有各民主党派各人民团体的适当的代表人物参加的民主联合政府。"历史证明,中共已经具备了全国执政的基础,在随后召开的七届二中全会上将召开新的政治协商会议和成立民主联合政府作为重要工作目标,同时为新中国的建立及社会主义在中国的发展铺就了奠基石。

二、提出工作重心由农村向城市转变,建设新中国的总任务

树立城市领导农村的新观念,这是中国实现现代化的必然要求。1927 年大革命失败后,以毛泽东为代表的中国共产党人经过艰辛探索,创造性把马克思主义理论与中国革命实际相结合,走出了一条"农村包围城市,最后夺取全国胜利"的中国革命道路。也使得长期以来,中共革命走农村包围城市之路发生了历史性转变。随着中国革命不断取得胜利,对于城市工作的重要性,中共领导人早就有了认识。一方面,及时了解新解放城市的情况,研究党和军队在接收和管理城市工作方面的经验教训,明确城市工作的指导思想,制定城市工作各方面的政策;另一方面,注意总结各地城市工作的经验,以典型推动一般,引导整个新区城市工作的健康发展。毛泽东曾讲道"革命的最后目的,是夺取作为敌人主要根据地的城市",而如果"没有充分的城市工作,就不能达此目的"②。城市工作是十分重要的,同时也是相当复杂的。城市的情况与农村有很大的不同。在农村,主要是农民与地主之间的矛盾和斗争;在城市,不仅有工人阶级同民族资产阶级的矛盾和斗争,更有广大城市人民同官僚资产阶级、国民党残余势力、外国帝国主义势力之间的矛盾和斗争。在农村,农业是主要的生产事业;在城市,不仅有工业,而且有商业、金融、对外贸易等各项事业。

① 罗平汉. 党史现场 3 西柏坡时期[M]. 福州:福建人民出版社,2013:247.
② 毛泽东. 毛泽东选集:第 2 卷[M]. 北京:人民出版社,1991:636.

因此,要做好城市工作,比起做好农村工作来说,要困难得多①。1947年11月,晋察冀人民解放军攻克石家庄,表明人民解放军具备攻坚作战和夺取重要城市的能力。1948年2月19日,中共中央工作委员会总结了收复石家庄的城市工作经验,包括部队入城秩序、物资处理、清理敌特、群众工作等正反两方面经验,发往各地并报告了中央。这是党对收复城市的工作的第一次系统总结。1948年2月25日,毛泽东在为中共中央起草的给各中央局、分局、前委的一份电报中指出:"多年以来我们占领了很多城市,有了丰富的经验。但是没有总结,让这些经验埋没,让各种错误的方针及方法反复重犯,让良好的经验限于一地无法为全党取法。"他着重指出:"为了将党的注意力不偏重于战争与农村工作,而引导到注意城市工作,为了使现已取得的城市的工作在我们手里迅速做好,为了对今后取得的城市的工作事先有充分的精神准备与组织准备,中央责成各中央局、分局、前委对于自己占领的城市,凡有人口五万以上者,逐一做出简明扼要的工作总结,并限三至四个月内完成此项总结。"②此后,他又一再提醒全党必须更加注重城市工作,这也涉及党同工人阶级及民族资产阶级的关系。1948年11月28日,东北局领导成员、兼任沈阳特别市军事管制委员会主任陈云总结接收沈阳的经验,写出给中共中央东北局并转中共中央的报告,提出"各按系统,自上而下,原封不动,先接后分"的接收方法。中共中央向各中央局、分局、前委转发了接收沈阳的经验,认为这个经验是成功的,它保证了既快又稳地将城市完整地接收到人民手中。中央在给陈云的复示中指出:"你提议各区要有专门办理接收大城市的班子,甚对,已告华北、华东、中原及西北在接收和准备接收大城市中即作此准备。"③接收沈阳的经验的推广,对于其他地区城市接管工作的迅速、稳健的发展,起到了十分重要的作用。此后新解放的城市基本上都是按照沈阳的接收方法进行接收的。

善于根据革命形势的变化及时提出下一阶段革命任务和目标,这是毛泽东领导中国革命的重要特点。到1948年6月底,经过两年的内战,人民解放军的总兵力,已由原来的127万人发展到280万人,同国民党军总兵力对比,已从

---

① 沙健孙.中国共产党历史若干重大问题研究(下)[M].北京:高等教育出版社,2012:107-108.

② 中共中央文献研究室.毛泽东文集:第5卷[M].北京:人民出版社,1996:71-72.

③ 中央档案馆.中共中央文件选集:第17册[M].北京:中共中央党校出版社,1992:573.

战争开始时的 1∶3.37,变为 1∶3,并且经过新式整风运动部队士气高涨;武器装备也得到了极大改善,已经具备攻坚作战能力。全国解放区的面积达到了135.5 万平方千米,占全国面积的 24.5%;解放区人口 1.68 亿,占全国人口的37%,土地改革在革命老区、半老区已经完成。随着三大战役胜利进行,在1949 年 1 月的政治局会议上,毛泽东指出:打完一仗以后,要立即提出新任务,这样他就不骄傲了,否则就会停止前进①。面对人民解放战争即将取得决定性胜利的局势,毛泽东在深入思考近代以来世界历史的发展规律和中国社会的基本国情后,于七届二中全会上及时做出了"党的工作重心由乡村移到了城市"②的决定。这是中国共产党着眼于大局,对工作重心所做出的重要转变。"从现在起,从新开始了由城市到乡村、由城市领导乡村的时期。毫无疑问,城乡必须兼顾,必须使城市和乡村、工人和农民、工业和农业密切地联结起来。决不可以丢掉乡村,仅顾城市,如果这样想,那是完全错误的。但是党的工作重心必须放在城市。"③七届二中全会政治报告中指出"城市工作为重心,城乡兼顾,紧密联系"的建设方针,这也是毛泽东日后所提出的"农业为基础、工业为主导"战略方针的先导,为新中国建立后正确处理城乡关系指明了方向。经过一个时期的努力,中国共产党形成了一套切合实际的城市政策。这些政策的贯彻实施,保证了新解放城市的接管工作进行得比较顺利;而且由于各地注意借鉴有关的经验,这就使得"一个城市比一个城市接收得好"。

《公报》指出:"我党必须用极大的努力去学会领导城市人民进行胜利的斗争,学会管理城市和建设城市。在领导城市人民的斗争时,党必须依靠工人阶级,团结其他劳动群众,争取知识分子,争取尽可能多的能够和共产党合作的小资产阶级、自由资产阶级及其代表人物站在一条战线上,以便向帝国主义者、国民党反动派和官僚资产阶级作坚决的斗争,一步一步地去战胜这些敌人。"④在中共即将执政的背景下加强党的自身建设,为管理城市和建设城市,接管全国政权做好干部准备,成为中共领导人不得不去考虑的问题。1948 年 9

---

① 毛泽东在中共中央政治局会议上的结论记录(1949 年 1 月 8 日)。
② 毛泽东 . 毛泽东选集:第 4 卷[M].2 版 . 北京:人民出版社,1991:1427.
③ 毛泽东修改的中共七届二中全会新闻稿(1949 年 3 月 23 日)[J]. 党的文献,2009(5).
④ 毛泽东修改的中共七届二中全会新闻稿(1949 年 3 月 23 日)[J]. 党的文献,2009(5).

月中共中央政治局会议专门讨论了为夺取全国胜利所需的干部准备问题。毛泽东在报告中提出:"训练干部,不仅要训练党内的,而且培养训练党外的。冀中村干部轮训,是大批训练基层干部的办法。政府要办学校,包括大学、专门学校,大批培养各种干部。训练全国各方面工作的干部,是一个大问题。要出兵川、湘、鄂、赣,马上就需要两三万干部。所以要搞一个计划。"①同年 10 月 10 日,中共中央在《关于九月会议的通知》中强调:"夺取全国政权的任务,要求我党迅速地有计划地训练大批的能够管理军事、政治、经济、党务、文化教育等项工作的干部。"②在这份通知中,特别强调了要从国民党的统治区域中吸收工人和知识分子,使他们参加到中共的城市管理工作。1948 年 10 月 28 日,中共中央做出《关于准备五万三千个干部的决议》,提出了中央局、区党委、地委、县委、区委等五级及大城市共需要干部 5.3 万人,并且落实到了具体各战略区,文件中规定华北解放区 1.7 万人,华东解放区 1.5 万人,东北解放区 1.5 万人,西北解放区 0.3 万人,中原解放区 0.3 万人。

中央决定从三个方面加强对于新区所需要的干部培养。一是在产业工人中提拔培养干部。1948 年 12 月 21 日,中共中央发出《关于大量提拔培养产业工人干部的指示》。指出:"中国革命正在迅速胜利地发展,全国各大城市及大工业、大运输业、大商业和银行、对外贸易等,均已或将要归人民政府所掌握。我党必须立即训练和准备大批接管全国各大城市及大工商业的干部,否则,决不能应付迅速发展的客观形势……大批培养、训练和提拔产业工人和职员干部,已成为目前全党性的迫切中心任务之一。"③根据中央的指示精神,解放的城市党组织从产业工人中提拔培养了大批干部。解放较早、产业工人数量较多的东北解放区,从工人和职员中提拔干部 32172 人,其中工人干部 20469 人。在新提拔的干部中,担任科长、厂长的 1716 人,担任股长的 4306 人,担任技术干部的 1649 人,从事党务工作的 3392 人,从事工会、青年团工作 3649 人。④二是进一步团结教育改造知识分子。1948 年 6 月 30 日,中共中央宣传部在

---

① 中共中央文献研究室.毛泽东文集:第 5 卷[M]. 北京:人民出版社,1996:137.
② 毛泽东. 毛泽东选集:第 4 卷[M]. 北京:人民出版社,1991:1347.
③ 中央档案馆. 中共中央文件选集:第 17 册[M]. 北京:中共中央党校出版社,1992:609.
④ 中共中央党史研究室第一编研部. 苍茫大地主沉浮:中共中央在西柏坡[M]. 北京:人民出版社,2003:302.

《关于对中原新解放区知识分子方针的指示》中指出:"除尽可能地办军政学校
(短期训练班性质)外,应当采取组织宣传队,剧团,随军工作队,以及财政、税
收、司法、会计、医药、通讯、新闻等各种短期训练班,大量吸收现在已决心参加
工作的贫苦的或其他阶层出身的知识分子。"①同年,12月19日,中共中央致
电林彪、罗荣桓等人,建议在华北军政大学(华北军大)设立一军政干部队,招
收高中及大学生六千人,经短期训练后分配给东北野战军及其他野战军;由华
北大学在平津招收大众学生六千人,并由华大以文工团、宣传队等名义招收一
千人,将来由中共中央统一分配;由中共中央华北局办华北革命干部学校,招
收学生七千人,"培养党与群众的干部,准备将来使用于江南"②。此后,1949
年,华北解放区设立华北人民革命大学,招收1.2万人。其他各地区也设立了
类似的学校。这些革命大学的学员许多参加了南下工作团,不少人成为新区
接管工作的骨干。三是中共中央和毛泽东明确提出变军队为工作队的要求,
以解决新区干部的不足问题。七届二中全会政治报告中,指出:人民解放军永
远是一个工作队,又是一个工作队,"现在准备随军南下的五万三千个干部,对
于不久将要被我们占领的极其广大的新地区来说,是很不够用了,我们必须准
备把二百一十万野战军全部地化为工作队。这样,干部就够用了,广大地区的
工作就可以展开了。我们必须把二百一十万野战军看成一个巨大的干部学
校"③。上述举措,为干部的配置和接管城市工作做了准备,也保证了解放军
在向江南、华南、西南和西北地区的进军中,能够迅速建立各级中央组织和政
权组织,使前方迅速变为后方,做到了解放一地巩固一地。

三、明确新中国的国体与政体,提出"两个转变"的历史任务

历史进入到1949年,建立新中国被提上了中共中央主要议事日程。这个
准备工作主要有两个方面:第一,在政治上,绘制新中国建设的蓝图,着力解决
新中国的经济结构和经济建设的基本方针、新中国的国体和政体、新中国的对

---

① 中共中央宣传部办公厅.中国共产党宣传工作文献选编(1937—1949)[M].北京:学
习出版社,1996:702.
② 中共中央关于平津地区知识分子问题给林彪的指示(1948年12月13日)[M]//中共
中央文献研究室,中央档案馆.建党以来重要文献选编.北京:中央文献出版社,
2011:723.
③ 毛泽东.毛泽东选集:第4卷[M].北京:人民出版社,1991:1426.

外关系等问题;第二,在组织上,筹备召开新的政治协商会议,宣告新中国的成立。《公报》指出:"无产阶级领导的以工农联盟为基础的人民民主专政,要求中国共产党认真地团结全体工人阶级,全体农民阶级和广大的革命知识分子,作为这个专政的领导力量和基础力量;同时,也要求中国共产党团结尽可能多的能够与共产党合作的小资产阶级和自由资产阶级的代表人物,它们的知识分子和政治派别,以便共同打倒国内的反革命势力和帝国主义势力,迅速地恢复和发展生产,从而创造条件使中国有可能稳步地由农业国转变为工业国,由新民主主义国家转变为社会主义国家。"①

所谓国体,是指国家政权的阶级性。对于中共执政全国后将要建立的新国家的国体问题,毛泽东在1948年1月为中共中央所起草的《关于目前党的政策中的几个重要问题》的决定草案中,第一次做了详细论述,明确提出:"新民主主义的政权是工人阶级领导的人民大众的反帝反封建政权"②。在1948年的九月会议上,毛泽东进一步指出:"我们政权的阶级性是这样:无产阶级领导的,以工农联盟为基础,但不是仅仅工农,还有资产阶级民主分子参加的人民民主专政。"③在这里,毛泽东在党中央的会议上正式提出了"人民民主专政"这个概念④。1949年2月初,毛泽东对到访的苏共中央政治局委员米高扬谈到中共将建立的新政权问题时,曾讲道:"这个新政权的性质简括地讲,就是在工农联盟基础上的人民民主专政,它的实质就是无产阶级专政。不过对我们这个国家说,称人民民主专政更合适,更为合情合理。"它是由各党派、社会知名人士参加的民主联合政府,但名义上不这样叫。现在中国除共产党外,还有好几个民主党派,与我们已合作多年了,但国家政权的领导权是掌握在中国共产党手里,这是确定不移的,丝毫不能动摇。就是说,新政权建立后,中国共产党是核心,同时要不断加强和扩展统一战线工作⑤。1949年6月30日,毛

---

① 毛泽东修改的中共七届二中全会新闻稿(1949年3月23日)[J].党的文献,2009(5).

② 毛泽东.毛泽东选集:第4卷[M].北京:人民出版社,1991:1272.

③ 中共中央文献研究室.毛泽东文集:第5卷[M].北京:人民出版社,1996:135.

④ 金冲及在《建国前夕毛泽东对新中国的构想》一文中说:"'人民民主专政'这个名词,最早可能出现在1948年6月1日中共中央宣传部的《关于重印〈左派幼稚病〉第二章前言》中。"见金冲及.建国前夕毛泽东对新中国的构想[J].党的文献,1993(6).

⑤ 中共中央文献研究室.毛泽东传(1893—1949):下[M].北京:中央文献出版社,1996:910.

泽东公开发表《论人民民主专政》，文中写道："总结我们的经验，集中到一点，就是工人阶级（经过共产党）领导的以工农联盟为基础的人民民主专政。这个专政必须和国际革命力量团结一致。这就是我们的公式，这就是我们的主要经验，这就是我们的主要纲领。"①从《新民主主义论》提出的各个阶级联合专政思想的发展到毛泽东在七届二中全会，在党内正式提出人民民主专政，中共就是要建立中共领导的、各民主党派参加的联合政府。

会议还提出了"两个转变"的历史任务。列宁曾说过，建立社会主义社会的真正的和唯一的基础只有一个，这就是大工业。新民主主义国家担负着将中国由农业国转变为工业国的使命。旧中国遗留下来的经济基础十分薄弱，摆在全党面前的中心任务是动员一切力量恢复和发展生产事业，加速工业化建设是由新民主主义走向社会主义的关键环节。毛泽东在七届二中全会报告中指出："在革命胜利后，迅速地恢复和发展生产，对付国外的帝国主义，使中国稳步地由农业国转变为工业国，把中国建设成一个伟大的社会主义国家。"②可见，由农业国到工业国、由新民主主义到社会主义，是前后相继的两个转变过程，农业国到工业国的转变是新民主主义走向社会主义的物质技术前提和基础。新民主主义国家的历史使命则是完成新民主主义走向社会主义的转变，推进国家工业化进程，开启社会主义建设航程。

《公报》指出："二中全会号召全党在思想上和工作上确立与党外民主人士长期合作的政策。在这个问题上，既要反对无原则的迁就主义的态度，又要反对妨碍党与党外民主人士团结的关门主义或敷衍主义的态度。"③这明确指出了新中国国家政权的构成形式，就是人民代表大会制度。毛泽东早在《新民主主义论》中就提出新政权可以采取代表大会制度。他在中共七大所做的《论联合政府》中，再次重申这一主张，指出："新民主主义的政权组织，应该采取民主集中制，由各级人民代表大会决定大政方针，选举政府。它是民主的，又是集中的，就是说，在民主基础上的集中，在集中指导下的民主。只有这个制度，才既能表现广泛的民主，使各级人民代表大会有高度的权力；又能集中处理国事，使各级政府能集中地处理被各级人民代表大会所委托的一切事务，并保障

---

① 毛泽东．毛泽东选集：第4卷[M]．北京：人民出版社，1991：1480．
② 毛泽东．毛泽东选集：第4卷[M]．北京：人民出版社，1991：1437．
③ 毛泽东修改的中共七届二中全会新闻稿（1949年3月23日）[J]．党的文献，2009（5）．

人民的一切必要的民主活动。"①此后中共中央发布纪念"五一"劳动节口号,号召"各民主党派、各人民团体、各社会贤达迅速召开政治协商会议,讨论并实现召集人民代表大会,成立民主联合政府"。当时,中共中央设想的成立联合政府的程序,是先召开政治协商会议,讨论召开人民代表大会的相关事宜,然后召开人民代表大会,选举产生中央人民政府。但在已获得解放的地区,因忙于战争支前,结束土改与整党工作,加之需要抽调大批干部南下,使得县、区、村三级政府选举工作不得不推迟。为了中央人民政府能很快地成立,中共中央开始考虑不经过人民代表大会,直接由新政治协商会议产生人民政府的方案。新政治协商会议的召开与《共同纲领》的发布,体现出了七届二中全对于国体与政体的设想目标,制定了与党外民主人士长期合作的政策,为新的中央人民政府建立和政权组织形式的确立奠定了基础。

四、告诫中国共产党人继续保持"两个务必"的新作风

保持谦虚谨慎和艰苦奋斗是党的政治本色和优良传统,也是党永葆先进性的主要内涵。《公报》指出:"中共七届二中全会特别警戒全党同志不要骄傲自满,不要被人们的无原则的捧场所软化。中国的革命是伟大的,但是夺取全国的胜利只是工作的第一步,革命以后的路程更长,工作更伟大,更艰苦。全会号召全党同志继续保持谦虚、谨慎、不骄、不躁和艰苦奋斗的作风,以便在打倒反革命势力之后,用更大的努力来建设一个新中国。"②

辽沈、淮海、平津三大战役取得胜利后,国民党军队还占据着南京、上海、武汉、重庆等大城市,广大国土尚未解放,中国革命胜利指日可待已经成为事实。中国革命即将取得胜利之际,毛泽东等中共领导人不但在擘画新中国的蓝图,而且他们在思考革命成功之后如何保持党的先进性的问题。1941年皖南事变后,郭沫若的《甲申三百年祭》一文和1945年毛泽东与黄炎培的"窑洞谈话",都引起了毛泽东对如何防止李自成的悲剧,如何避开历史周期律的深层次思考。

1948年10月2日,刘少奇在对华北记者团谈话时指出:"我们党必须和广

---

① 毛泽东. 毛泽东选集:第3卷[M]. 北京:人民出版社,1991:1057.
② 毛泽东修改的中共七届二中全会新闻稿(1949年3月23日)[J]. 党的文献,2009(5).

大群众保持密切联系,如果和群众联系不好,就要发生危险,就会像安泰一样被人扼死。""现在,我们和群众是有联系的,但是还不够;要说已经联系得够了,工作做好了,那比一万美国军队还可怕,因为不再要求不断巩固扩大同群众的联系了。甚至有人说,老百姓算什么,有点官僚主义算什么!这就比一百万美国军队更可怕。"①12月14日,刘少奇在对马列学院第一班学员讲话时强调:"在中国这个落后的农业国家,一个村长,一个县委书记,可以称王称霸。胜利后,一定会有些人腐化、官僚化。如果我们党注意到这一方面,加强思想教育,提高纪律性,就会好一些。所以现在采取许多办法,如在党内反对地主富农思想,反对资本主义意识,进行批评、斗争以至处分、撤职等等,都是为了挽救堕落的干部。否则,堕落的人会很多,会使革命失败。"②在1949年1月的中共中央政治局会议上,毛泽东讲到了防止胜利冲昏头脑的问题。他说:胜利越大,包袱越大。军队、地方都要注意,首先是高干和中干。今年还不是大危险,明年就更要注意。全国打平了,事情才开始,也许那时会觉得打仗要容易些,经济、文化建设任务更严重。列宁说过:打倒一个阶级容易,建设一个国家困难,不可稍有骄傲。在1月8日所做的会议结论中,毛泽东又讲道:"要把人民对我们的感谢和资产阶级吹捧的区别开来。全国胜利后,微生物多了,特别是中外资产阶级的捧场,什么万民伞、德政碑,以及各种挑拨者都来了,要十分警惕,防止把干部弄坏了。要将已经完成的较小的任务,与将要去完成的大的任务做些比较。""过去三十年,是建立地基,房子还没有盖起来。提出新任务,使大家想到新任务就好了。"③

基于对未来革命和建设的长期性、艰巨性、复杂性的深刻思考,在党的七届二中全会上,毛泽东提出了"两个务必"思想,他还提议由会议制定反对突出个人崇拜的六条规定。两个"务必"的创业精神,对于全党在革命即将胜利的情况下,继续保持清醒的头脑,继续保持党在革命战争年代所形成的优良作风,是十分重要的。但同时也应看到,由于革命任务尚未完成,新中国即将建立,工作千头万绪,中共领导人在提出"两个务必"思想的同时,对如何在执政党条件下使全党做到"两个务必",还未来得及提出具体的保证措施,即是没有

①　中共中央文献编辑委员会.刘少奇选集:上卷[M].北京:人民出版社,1981:397.
②　中共中央文献编辑委员会.刘少奇选集:上卷[M].北京:人民出版社,1981:413.
③　杨尚昆.杨尚昆回忆录[M].北京:中央文献出版社,2001:267—268.

更多地从制度层面去落实"两个务必"，这也导致了新中国成立之后，主要依赖群众运动方式，去解决干部队伍中存在的问题。这种方式固然有一定的作用，但也容易在运动中出现偏差。

七届二中全会结束不久，毛泽东率中共中央离开西柏坡赶赴北平。临行前，毛泽东对周恩来笑着讲，今天是进京的日子，进京赶考去。周恩来笑着回答说，我们决不当李自成，我们都希望考个好成绩。可见，在革命胜利前夕，中共领导人的头脑是很冷静的。走出一条成功的革命道路固然艰辛，但是要走出一条成功的执政之路将面临着更为巨大的风险与挑战。

此外，七届二中全会还对新中国经济政策、外交政策及建设的依靠力量等进行了具体规定，形成了中共即将执政的完整纲领，符合中国革命和建设发展规律。七届二中全会的召开，推动和实现了中国革命从新民主主义革命向社会主义建设阶段的伟大转折，对新中国的建设起到了长远的指导作用，其光辉思想和深远意义永载史册！

西柏坡时期中国共产党关于
科学执政的探索*

早在大革命失败后,中国共产党开展了土地革命,先后建立了十多块革命根据地,开启了局部执政实践。不过,长期以来我党主要进行军事斗争,政治、经济、文化等更具有执政内涵的建设均服务于军事斗争的需要,尚未单独全部展开。至西柏坡时期,中国人民解放战争不断取得胜利,华北解放区、东北解放区等战略根据地迅速连城一片,中国革命即将取得全国性胜利,即将建立新中国,我党也将走完"农村包围城市"的革命道路而进入城市领导农村的新时期,开启革命政党向全国执政党的转变。为了做好在全国执政的准备,未雨绸缪,我党发扬"虚心学习、积极上进"的革命精神,开始了科学执政的新探索。

一、制定正确的执政目标

科学执政必须要有正确的目标,这是执政成功的前提。西柏坡时期中国共产党即将取得全国性胜利,相应地党的工作重心也必须从革命战争转向经济恢复和建设。因此,我党审时度势,科学地设定了"稳步地由农业国转变为工业国"的奋斗目标,为成功地推进党和国家建设事业奠定了基础。

早在 1947 年 3 月 29 日中共中央撤出延安后,在清涧县枣林沟召开了会议,中央书记处实行工作分工,即著名的"三委分工"。其中,刘少奇、朱德等领导中央工作委员会(简称"中央工委"),前往晋察冀解放区,完成中央委托的"指导晋察冀的军事斗争、召开全国土地会议和建立财经办事处"等项工作,也就是主要负责解放区内部各项建设工作,这实际上开启了我党科学执政的探索。尤其是人民解放军发动战略反攻后,主要在外线作战,内线大规模的军事

---

* 本文作者张志永:河北师范大学。

斗争越来越少,较早地转入和平建设时期,故土改、支前和生产就成为解放区的三大中心工作。

为了迅速恢复和发展生产,朱德提出,解放区中心区"党政机关警卫员制度应该取消,把人、枪都拿到野战军去,马匹也取消,拿去给老百姓生产"。9月,全国土地会议召开后,除了着重研究土地改革问题外,还研究了发展生产问题,董必武指出"鼓励农民生产发家,走向丰衣足食"。并提出一些促进农业生产的办法,如:"在自愿的原则下,把农村的全劳动力、半劳动力和辅助劳动力,可能组织的都组织起来,互相变工。……可以提高生产力";提倡农村副业;鼓励农民在自愿的原则下订生产计划;在自愿的原则下鼓励农民组织合作社;举办农民救济与农村贷款;组织农业和副业的技术研究委员会,改进生产技术等①。土地会议结束后,朱德立即指示冀中解放区,"土改后,首先要发展农业。粮食、棉花、牲畜、水利、农村副业等等都要很好发展。农闲时间,要把群众好好组织起来,发展副业、造林、打井、盖房子,还要把路修好"②。这就意味着那时解放区实际上已经把经济建设作为中心工作。

不久,毛泽东指出:"必须将城市工作和农村工作,将工业生产任务和农业生产任务,放在各中央局、分局、区党委、省委、地委和市委的领导工作的适当位置。即是说,不要因为领导土地改革工作和农业生产工作,而忽视或放松对于城市工作和工业生产工作的领导。"并严肃地告诫全党,"我们现在已经有了许多大中小城市和广大的工矿交通企业,如果各有关领导机关忽视或放松这一方面的工作,我们就要犯错误"。9月,在中央政治局扩大会议上,毛泽东进一步提出了学习工业和做生意的任务,"全党要提出这个任务来,还要写文章做宣传,在全党提倡学习工业和做生意。我们已有城市和广大地区,这个任务必须解决"。会后,毛泽东起草《中共中央关于九月会议的通知》,首次提出了党的工作重心转移问题,"必须尽一切可能修理和掌握铁路、公路、轮船等近代交通工具,加强城市和工业的管理工作,使党的工作的重心逐步地由乡村转到城市"③。

各解放区遵照党中央指示,都把发展生产作为中心工作,这与土地革命时

---

① 中央档案馆.中共中央在西柏坡[M].深圳:海天出版社,1998:156.
② 张志平.中共中央在西柏坡文献选编[M].石家庄:河北教育出版社,1996:43.
③ 中共中央文献研究室.毛泽东文集:第5集[M].北京:人民出版社,1996:138.

期和抗日战争时期我党政权有着明显区别。例如华北人民政府成立后,明确规定:"恢复和发展农业生产,增产商品粮食和工业原料作物"是"刻不容缓"的任务,"华北党政各级领导机关,应在全年拿出不少于 6 个月的时间,组织、领导和扶助群众生产";"为了统筹使用财力,反对浪费,厉行节约,全区在经济上实行统一调剂,规定"全区一切收支,原则上完全归华北人民政府统一支配"。之后又成立了华北财经委员会,统一领导"华北、华东、西北的财政、经济、金融、贸易、交通等工作"。鉴于各解放区货币各异,不利于货物流通和经济发展,1948 年 11 月 22 日,华北人民政府将华北银行、北海银行、西北农民银行合并,成立中国人民银行,并由中国人民银行发行人民币,从而统一了华北、西北和山东等解放区的货币,不仅促进了这些解放区的经济发展,而且也加强了各个解放区的联系,为新中国成立后迅速统一全国财经工作奠定了基础。

此后,各解放区经济很快得到了恢复和发展。至 1948 年 8 月,晋冀鲁豫边区提高了农业技术,兴修水利和植树造林,粮食连年增产,同时,农村副业、机器工业、交通运输、金融贸易等也得到很大发展,"由于在紧张战争中抓紧正确执行发展农、工、商业之政策,两年来物价均保持平衡,在对外贸易上两年来出超 1659000 余万元"。晋察冀边区"在农业生产中最有成绩的是水利建设,在繁殖牲畜,消灭熟荒,恢复与发展农村副业等方面亦有显著进步。在工业方面,机器工业由小而大,逐渐向近代化发展"①。

1949 年 3 月,中共中央召开了七届二中全会,正式做出了把党的工作重心由乡村转向城市的决定,"所谓以城市为重心,基本意思就是依靠工人阶级,恢复和发展工业生产,包括轻工业、重工业和交通运输业等,并组织贸易;城市中的一切其他工作,如市政建设、民众运动、财政金融、文化教育、党的建设等都应服从于工业的发展"。城市工作应以恢复和发展工业生产为中心,这是我们一进城就应明确的方针。同时,要责成一切还留在乡村中的党员和干部,必须以发展农业生产(包括畜牧业、林业等)为自己的中心工作,而且要使他们认识提高农业生产也就是为着工业的发展,没有这种认识是可以造成错误的②。最后,毛泽东总结道:"在革命胜利以后,迅速地恢复和发展生产……使中国稳步

---

① 杨秀峰主席、宋劭文主任在华北临时人代会上,分别报告政府工作,支前土改生产两区均获巨大成绩[N]. 人民日报,1948-09-05.
② 中央档案馆. 中共中央在西柏坡[M]. 深圳:海天出版社,1998:869.

地由农业国转变为工业国,由新民主主义国家转变为社会主义国家。"①要求全党必须以经济建设作为中心任务,城市的其他工作,例如党的组织工作,政权机关的工作……都是围绕着生产建设这一中心工作并为这个中心工作服务的。"从我们接管城市的第一天起,我们的眼睛就要向着这个城市的生产事业的恢复和发展。……只有将城市的生产恢复起来和发展起来了,将消费的城市变成生产的城市了,人民政权才能巩固起来。"②

党的七届二中全会为进一步丰富了党的执政目标,为新中国发展确立了总目标以及工业和农业发展的具体目标。总目标是通过建设新民主主义社会,逐渐过渡到社会主义社会,新民主主义社会只是向社会主义社会的一个过渡阶段,是为社会主义准备和积累物质基础,创造条件;工业发展的目标是建立起先进的工业国和独立、完整的工业体系,农业发展的目标是引导农业逐步向着现代化和集体化方向发展,从而为我党科学执政指明了发展方向。

二、努力学习新的建设知识和本领

古语云,马上得天下但不能马上治天下,这就是说执政者不能用打天下的思维和方式治理天下,必须具有治国理政的科学知识和能力。西柏坡时期,随着党的工作重心转移,我党面临着革命胜利后如何建设新国家的全新的历史课题,必须重新学习。毛泽东告诫全党,"过去的工作只不过是像万里长征走完了第一步","严重的经济建设任务摆在我们面前。我们熟习的东西有些快要闲起来了,我们不熟习的东西正在强迫我们去做。……我们必须克服困难,我们必须学会自己不懂的东西"③。

当时,过去被长期分隔开来的各解放区陆续连成一片,解放区领导机构从分散走向统一,其任务也从过去以军事斗争为主,很快发展为经济、政治、文化甚至外交等全方位建设,显然,过去那种相对独立、单一的工作方式方法已经远远不能适应革命形势发展的需要了,普遍地出现了"本领恐慌"问题。然而,许多党员干部"认真学习的精神非常不够,甚至对党的政策与指示不注意、不研究,好像政策文件与他无关",故他们理论政策水平与知识水平均不高,思想

---

① 毛泽东. 毛泽东选集:第4卷[M]. 北京:人民出版社,1991:1437.
② 中央档案馆. 中共中央在西柏坡[M]. 深圳:海天出版社,1998:854.
③ 毛泽东. 毛泽东选集:第4卷[M]. 北京:人民出版社,1991:1480-1481.

上有很大的盲目性,"工作上闭门造车"①,整天陷于事务主义之中,很容易犯思想方法上的经验主义和工作方式上的游击主义错误。尤其是随着解放区的不断扩大和各项建设事业蓬勃兴起,干部不足问题日益突出,"要求我党迅速地有计划地训练大批的能够管理军事、政治、经济、党务、文化教育等项工作的干部"②。

为了保证党的工作重心的顺利转移,各解放区很快开展了学习运动。如1948年5月23日,冀南区党委"决定自目前起到今年年底止,以8个月时间开展一个干部的政策学习运动""学习土地改革、整党与民主运动以及工商业政策等,使党员干部能较明确地了解中国目前的政治形势和任务,我们应该执行什么样的路线方针和政策"③。11月26日,华北局正式号召全区党员干部学习理论政策,"一切有阅读能力的党员和干部均必须学习理论知识,必须以马克思列宁主义的基本知识,中国革命基本问题的知识,新民主主义国家建设理论的知识来武装自己。"④华北解放区各重要机关、部队和工厂、学校均建立了学习委员会,按照干部政治和文化水平,分为甲、乙、丙三组,甲组侧重系统的理论学习,乙组以政策学习为主,丙组以提高文化为主等。同期,其他解放区也很快开展了干部政策学习运动。如东北局要求党员干部弄清"反对资产阶级的民族主义,坚持无产阶级的国际主义""阶级与阶级斗争""开展党内批评与自我批评""加强马列主义理论学习,反对经验主义"等问题⑤。西北局也规定了高级干部学习的各项文件,"文化程度低的党员干部,学习党员课本"⑥。

1949年1月,中共中央在制定1949年任务时,特别强调干部教育,在干部训练学校中及在在职干部中进行学习马克思、恩格斯、列宁、斯大林的理论及中国革命各项具体政策的计划,必须适合目前革命形势和革命任务的需要。3月,党的七届二中全会正式把《社会发展简史》《政治经济学》《共产党宣言》等12本书编为"干部必读"丛书,"如果在今后3年之内,有3万人读完这12本

---

① 加强政策学习[N]. 人民日报,1948-05-14.
② 毛泽东. 毛泽东选集:第4卷[M]. 北京:人民出版社,1991:1347.
③ 冀南区党委指示各级党委,开展干部学习政策运动[N]. 人民日报,1948-06-02.
④ 中共中央华北局关于在职干部教育的决定[N]. 人民日报,1948-11-26.
⑤ 东北局指示加强学习 注重党内关于阶级的、党的、国际主义的、自我批评和纪律性的教育[N]. 人民日报,1948-09-15.
⑥ 西北局召集四大系统学委会负责人 检查以往学习进度 确定今后学习步骤[N]. 人民日报,1948-09-15.

书,有3000人读通这12本书,那就很好"①。此后,"干部必读"成为广大党员干部学习马克思列宁主义理论的必备书,对提高其理论政策水平起了十分重要的作用。

同期,为了解决新形势下干部数量严重不足的难题,1948年5月后,中共中央多次指示各解放区大批培养干部。于是,各解放区党组织纷纷采取脱产学习和在职培养两种途径,按照干部速成方式,大批培训干部。具体而言,主要以下几种方式:

一是创办和扩大党校教育,系统地培养党的领导干部和宣传干部。如中共中央创办了马列学院,各解放区也努力办好县级及县级以上干部的中级党校,有计划地培训党政主要干部。尤其是地、县两级党校普遍开办短期训练班,大量训练区、村干部。"县委办的训练班,应轮训村级干部,并从其中挑选一批人脱离生产,以一部分补充区级缺额,一部分送地委或区党委或省委办的党校去学习。"②

二是创办各类院校,培养各种专业建设人才。中共中央决定,各大军区开办军政学校,培养军区、军分区及地方部队所需要的军事及政治工作干部;各解放区创办中等学校,培养大批具有中等文化程度的人才,补充各级各项工作的干部;开办正规大学,培养政治、经济、文化各方面工作所需要的较高级的人才;创办各种专门学校,培养各种专门人才。如1947年8月东北解放区已经建立"干部学校近20所,学生数千人"③。11月26日,西北局决定把边区各中学、师范改为各分区干部学校,归地委直接领导,招收区、乡、村级党、政、民干部进行培养和提高,学习内容以搞通思想作风及党的基本政策、知识为主。这种干部学校一般时间不长,尤其短训班学习时间更短,多则数月少则一二十天,但所招收学员均是革命工作人员,有着丰富的工作经验,经过集中培训,进一步提高其理论和政策水平,然后再正式提拔。

三是大胆提拔和使用新干部。各解放区按照德、才兼备的原则,采取自上而下的方法,大胆提拔干部,从实践中培养干部,其中,着重提拔在土地改革等

---

① 中共中央文献研究室.毛泽东文集:第5集[M]. 北京:人民出版社,1996:261.
② 中共中央文献研究室,中央档案馆. 建党以来重要文献选编:第25册[M]. 北京:中央文献出版社,2011:600.
③ 东北解放区实行民主新学制,学校教育获重大成就[N]. 人民日报,1947-08-18.

群众运动中涌现出来的积极分子,破格让他们直接担任领导职务,在工作实践中继续锻炼成长。同时,中央局(分局、工委)、区党委(省委)、地委、县委、区委等5级各重要工作岗位一律增设副职,作为培养后备干部的重要方法。"挑选区、村两级的一批干部到县级担任副职,挑选一批县级干部到地委一级担任副职,挑选一批地委一级干部到区党委或省委级担任副职,挑选一批区党委或省委一级的干部到中央局或分局或工委一级担任副职,使各级担任副职的干部能在实际工作中得到锻炼,以备将来提拔使用。"①尤其是解放军就是一个学校,210万野战军等于几千个大学和中学,我党要求军队干部学会接收城市和管理城市,善于对付帝国主义和国民党反动派等,善于处理外交事务,善于领导工人阶级和处理各民主党派、人民团体的问题,善于管理工商业、学校、报纸、通讯社和广播电台等,"一切工作干部,主要地依靠军队本身来解决"②。

四是团结、教育和使用新解放区各项建设人才。例如,民族资产阶级及其知识分子大都留学海外,"他们有管理经验,又有工业知识与技术,可以争取改造他们为人民服务"③,以补城市工作干部之不足。1948年10月,党中央明确提出:"国民党经济、财政、文化、教育机构中的工作人员,除去反动分子外,我们应当大批地利用。"④甚至"对于个别作过坏事甚至犯了较大罪行,但有特殊能力或技术,为企业不可少,而我又无适当人选足资代替的旧职员,仍应利用其为我服务"⑤。

另外,我党即将建立的新民主主义国家与资本主义国家明显不同,而与苏联社会主义国家比较接近,故特别注意学习苏联的经验,并把这些经验根据中国具体情况加以运用。如东北铁路党委会采用了苏联铁路乘务负责制,"苏联铁路在30年来的建设过程中,对于资本主义国家管理铁路的经验,早已批判

---

① 中共中央文献研究室,中央档案馆.建党以来重要文献选编:第25册[M].北京:中央文献出版社,2011:600.
② 毛泽东.毛泽东选集:第4卷[M].北京:人民出版社,1991:1405-1406.
③ 中央档案馆,西柏坡纪念馆.西柏坡档案:第1卷[M].北京:中国档案出版社,2012:224.
④ 中共中央文献研究室,中央档案馆.建党以来重要文献选编:第25册[M].北京:中央文献出版社,2011:558.
⑤ 中央档案馆,西柏坡纪念馆.西柏坡档案:第1卷[M].北京:中国档案出版社,2012:403.

地加以吸收。我们特别重视苏联的经验,可以使我们少走弯路"①。这也成为新中国学习苏联之嚆矢。

经过采取多种措施,各解放区普遍地提高了党员干部理论政策水平,并迅速培养和补充了大批新干部。"使得共产党不独是对于农村,而且对于城市,对于工商业,也完全规定了正确的政策。而这些乃是实现全国胜利所必不可少的政治准备和组织准备。"②

三、普遍推行"政策试点"的科学决策方法

科学决策是指按照决策的科学理论和健全程序,运用科学决策方法进行决策的活动。随着解放区面积急剧扩大和解放区各项建设事业的全面铺开,我党面临的情况更为复杂,不仅解放区分为老区、半老区和新区和城市等类型,而且不同类型解放区或城市的工作重点也有很大区别,很难规定整齐划一的具体政策,因此,党中央特别重视发挥各解放区党组织的积极性和创造性,探索党的政策在本地具体执行的方式和方法,主要是开展政策试点,摸索出工作经验后,再做出科学决策,普遍地推行开来。

"政策试点"亦简称为"试点",是中国共产党在新民主主义革命时期逐渐形成的一种科学决策方法。早在土地革命战争时期,我党大力提倡调查研究之风,指出,没有调查研究,就没有发言权,广泛深入的调查研究是领导干部科学决策的重要前提。西柏坡时期,我党进一步发展为"政策试点"的工作方法。例如,全国土地会议召开前,中央工委在晋察冀平山和建屏两县各搞一个土改试点来获得实际土改经验。刘少奇等亲自到封城和其他试点村搞调研,掌握第一手材料,指导土改工作团工作。1948 年 2 月 27 日,刘少奇总结了平山土改整党经验,指出:"平山县把土改与民主整党运动结合起来,公开党的支部,吸收非党群众参加,改变过去农村支部工作的神秘性,打破坏分子隔离党与群众联系的障碍,改善了党与群众的关系,创造了老解放区发动群众平分土地的经验。"通过"政策试点",我党获得了土改工作的大量第一手资料,发现了问题,取得了经验和教训,这也为召开全国土地会议和制定《中国土地法大纲》奠

---

①　新民主主义的国家企业 应以学习苏联经验为主 东北铁路党委会通过关于乘务负责制的决定[N]. 人民日报,1948-11-19.

②　胡乔木.胡乔木文集:第 1 卷[M]. 北京:人民出版社,2012:346.

定了基础。

《中国土地法大纲》颁布后,各解放区迅速地开展了土地改革运动,但是,各解放区的具体情况有着很大差别,尤其是部分新解放区干部照搬党中央政策,轻率地推动土地改革,企图在短时间内全面、迅速地完成,结果事与愿违,欲速则不达,出现了"左"倾错误。因此,毛泽东多次提出,各解放区要进行"政策试点","必须在斗争中教育自己,取得经验,才能领导群众得到胜利",应"选择若干条件适当的县,每县先从一至二个区做起,做出成绩,取得经验,影响他区群众,然后逐步推广"①。此后,各解放区普遍地采取了政策试点方法,在取得经验后,再全面掀起土改高潮。其中,晋绥区崞县平分土地经验总结得比较好,陕甘宁边区绥德县黄家川总结了如何在老区调剂土地的典型经验。毛泽东指出:"这种叙述典型经验的小册子,比我们领导机关发出的决议案和指示文件,要生动丰富得多,能够使缺乏经验的同志们得到下手的方法,能够有力地击破在党内严重地存在着的反马列主义的命令主义和尾巴主义。"②中央宣传部也要求各区党委,"将《山西崞县是怎样进行土地改革的》《绥德黄家川抽补典型经验》《平山老解放区土改经验》三个文件,编印小册子,发给每个乡村工作干部,以便干部结合实际工作,进行土改学习,传播经验,改进工作"③。此后,各解放区普遍了推广了这些成功经验,普遍采用"典型示范"的办法,使解放区的土改和整党工作纳入了正常轨道,取得了伟大的成绩。

西柏坡时期,政策试点已经成为我党在工作过程中所普遍采用的一种手段。各解放区党组织通过政策试点,验证新的政策的可行性,预防新的政策贯彻执行中可能出现的问题。"政策试点"也由特定领域的工作经验升华为一种普适性较强的工作方法,并且在新中国成立后一直沿用下去。

四、简短结论

西柏坡时期中国共产党人在即将取得全国性胜利的历史转折关头,我党面临的最迫切需要解决的问题是如何建立和领导新中国建设问题。中国共产党人未雨绸缪,发扬"虚心学习、积极上进"的革命精神,开始了科学执政的新

---

① 中共中央文献研究室.毛泽东文集:第5集[M].北京:人民出版社,1996:37.
② 中共中央文献研究室.毛泽东文集:第5集[M].北京:人民出版社,1996:80.
③ 中央局宣传部通知各区党委印发崞县等地土改三文件[N].人民日报,1948-03-30.

探索,并取得了丰硕的治国理政经验,主要包括制定正确的执政目标,奠定执政成功的基础;努力学习新理论性知识,提高党员干部综合素质;掌握"政策试点"的工作方法,做出科学决策等。这些探索成果既遵循了客观规律,符合了科学决策的理论和方法等,又通俗易懂,可操作性强,非常适合知识水平较低的党员干部的工作需要,便于推广。它是我党对马克思主义方法论的发展和创新,也是我党的优良传统和政治资源的组成部分,这在世界政党史上都是十分罕见的。它不仅有效地推动了解放区各项工作的开展,保证了新民主主义革命的胜利,也对新时代中国特色社会主义建设具有很大的借鉴意义。

人民政协从西柏坡走来：
人民政协起源研究[*]

学术界对人民新政协的研究,主要开始于 20 世纪 80 年代,发展于 21 世纪以后的十数年。截至 2017 年年底,在中国知网上以"新政协"为主题的文章有 542 篇。学术论著主要有全国政协文史资料研究委员会编的《五星红旗从这里升起》、政协全国委员会办公厅编的《开国大典》(上下册)等。学术研究尚处于起步阶段,专题性深入研究尚未广泛展开。1990 年代以后,新政协的学术研究取得了长足进展,特别是为了纪念中国人民政治协商会议召开 50 周年(1999 年),一批论文问世。这些文章较多是文献的简单梳理,缺乏一定的研究深度。21 世纪以来,学术成果大量涌现,其中以"新政协"为主题的期刊和博士硕士论文有 435 篇。从深度、广度、研究视野大大超过以往成果。这一时期新政协研究论文数量快速增长,视角广泛,但创新性和关键性学术突破较少。

总体上看,关于人民政协起源的研究专著尚付阙如。一是已有成果对人民政协起源多是一般提及或简要梳理概括,专题研究不够。众多馆藏档案资料尚未挖掘整理发表,报刊资料数字化整理不够,"三亲"口述史料缺乏系统搜集整理。二是已有研究成果对中共关于人民政协理论与实践的探索,特别是对顶层设计研究不够,对新政协发起、筹备、正式召开过程中各民主党派、人民团体、社会贤达为协商新中国成立所做的努力,以及思想认识转变,对内在动因等尚缺乏深层次个例分析。三是对促成新政协召开、成立民主联合政府的诸多历史合力及因素,特别是国际因素探讨不够。本文是试对人民政协问题进行探讨,以就教于方家。

＊ 本文作者张同乐：河北师范大学。

一、新政协召开提出于西柏坡

抗日战争胜利前后，在建立一个什么样性质新国家的问题上，大体存在三种主张。一种是以国民党为代表，主张建立大地主大资产阶级专政的独裁专制的国家；一种是以中国共产党为代表，主张建立以无产阶级领导的人民大众的新民主主义国家；一种是以包括后来的民主党派在内的中间党派为代表，主张建立资产阶级的民主共和国。三种政治力量，为了实现各自的建立新中国方案和目标展开了复杂的斗争。中国共产党同各民主党派，为实现民主建立新中国目标共同奋斗。毛泽东在 1947 年 12 月中共中央扩大会议上提出通过统一战线来建立新中国，通过同各个民主党派和无党派民主人士的民主协商建立一个人民民主的新中国。

（一）"五一口号"提出召开政治协商会议

毛泽东东渡黄河后，于 1948 年 4 月 13 日抵达晋察冀军区所在地河北省阜平县城南庄。中共中央决定毛泽东暂留城南庄，周恩来、任弼时前往西柏坡与中共中央工委的朱德、刘少奇汇合。根据革命形势的发展，毛泽东认为已经是对外公布共产党人政治主张、提出新中国政权蓝图的时候了。

1948 年的"五一"节即将来临，当时新华社驻扎于河北省涉县西戌村，新闻经验丰富、政治敏锐性极强的新华社社长廖承志给中央发了一个是否在节庆日发表政治主张的请示电报。电报很快传到了西柏坡，引起中央的重视，认为确实有必要发布纪念"五一"劳动节口号，宣传中国共产党的政策和政治主张。

在中共中央的领导下"五一口号"初稿起草完成。毛泽东在城南庄将"五一口号"初稿 25 条改为 23 条；将第五条"工人阶级是中国人民革命的领导者，解放区的工人阶级是新中国的主人翁，更加积极地行动起来，更早地实现中国革命的最后胜利"，修改为"各民主党派，各人民团体，各社会贤达迅速召开政治协商会议，讨论并实现召集人民代表大会，成立民主联合政府！"①

虽然仅仅 51 个字（包括标点符号），但可谓字字千钧，他勾画出了"两步走"的建立新中国路线图，即第一步，邀请各民主党派、各人民团体、各社会贤达代表在解放区召开政治协商会议，商讨如何召集人民代表大会；第二步在民主协商的基础上召集人民代表大会，选举产生民主联合政府。这是毛泽东在

---

① 中国共产党中央委员会发布"五一"劳动节口号[N]. 晋察冀日报，1948-05-01.

1948年关于建立新中国的伟大构想,通过"五一口号"将这一构想昭告天下,在饱受战乱和独裁统治之苦的中国大地如春天的惊雷,足以振聋发聩。

4月30日—5月7日,中共中央书记处在阜平县城南庄召开扩大会议,史称城南庄会议。会议讨论通过中共中央纪念"五一"劳动节口号。

4月30日夜,毛泽东亲自审阅了"五一口号"清样后,经周恩来电话传给新华总社,以新华社陕北4月30日电正式对外发布,同时新华广播电台进行广播。

经考证,5月1日,最先刊登经毛泽东审定清样的《中国共产党中央委员会发布"五一"劳动节口号》的解放区报纸是《晋察冀日报》,也就是说,不同版本的"五一口号"中《晋察冀日报》版是毛泽东审定的标准版。同一天,香港《华商报》也以头版头条位置刊登"五一口号"全文。5月2日,晋冀鲁豫边区机关报《人民日报》也在头版头条发表"五一口号"。

中共中央的"五一口号"立即得到各民主党派、各人民团体、民主人士和海外华侨的热烈响应,中国共产党发起的政治协商会议将成为人民民主统一战线的组织形式,从而也将成为协商民主的重要渠道。

(二)"新政协"概念的形成

中国人民政治协商会议史上又称"新政协",以区别于1946年1月国民党主导下在重庆召开的"旧政协"。

1947年10月10日,《中国人民解放军宣言》提出成立民主联合政府的政治主张。进入1948年,形势更是进一步向着有利于中国共产党的方向迅速发展。对当时的时局而言,召开新的政治协商会议,成立民主联合政府的条件已相对成熟。1948年4月27日,毛泽东致信晋察冀中央局城市工作部部长刘仁,让他告诉北平民主人士,中国共产党准备邀请民主人士,召开各民主党派、各人民团体的代表会议,讨论"关于召开人民代表大会成立民主联合政府的问题","会议的名称拟称为政治协商会议。会议的参加者,一切民主党派及重要人民团体均可派遣代表。会议的决议必须参加会议的每一单位自愿同意,不得强制"[①]。新政协筹备和召开的事实,也充分证明新政协是基于上述思想而奠定其历史地位的。

---

① 中央档案馆.中共中央文件选集:第17册[M].北京:中共中央党校出版社,1992: 143.

"五一口号"提出"全国劳动人民团结起来,联合全国知识分子、自由资产阶级、各民主党派、社会贤达和其他爱国分子,巩固与扩大反对帝国主义、反对封建主义、反对官僚资本主义的统一战线,为着打倒蒋介石建立新中国而共同奋斗!"①各民主党派、各人民团体、无党派民主人士等纷纷响应中国共产党的号召。

5月1日,毛泽东写信给李济深、沈钧儒,提出欲实现"召集人民代表大会,成立民主联合政府"这一步骤,"必须先邀集各民主党派、各人民团体的代表开一个会议"。"此项会议似宜定名为政治协商会议。一切反美帝反蒋党的民主党派、人民团体,均可派代表参加。不属于各民主党派、各人民团体的反美帝反蒋党的某些社会贤达,亦可被邀参加此项会议。此项会议的决定,必须求得到会各主要民主党派及各人民团体的共同一致,并尽可能求得全体一致。"②并提议由中国国民党革命委员会、中国民主同盟中央执行委员会、中国共产党中央委员会共同发表三党联合声明,以为号召。在此,毛泽东不但阐释了"五一口号"的内涵,而且具体提出了政治协商会议的构想,并将与会人士的范围加以扩大。

据考证,中共中央香港分局办的《华商报》最早使用"新政协"一词。1948年5月8日香港《华商报》主催座谈会记录发表的题目是《目前新形势与新政协》。文章说:"我们希望广大的读者能够经由我们的报纸正确地认识中国民主运动这一个新阶段和新政协的意义,从而促进这个运动。"会议出席者郭沫若、马叙伦、邓初民、章乃器、冯裕芳、黄药眠、翦伯赞等和提出书面意见的沈钧儒、章伯钧等,都在口头和书面发言中使用了"新政协"一词。明确提出,中共中央1948年4月30日"五一口号"第五条中号召召开"政治协商会议"就是"新政协","这个新政协,同旧的是大不相同的,它首先是成分不同,前年的政协,是国民党召开的,那时各党各派承认国民党是中国第一大党,承认草头将军□③当然领袖,三民主义为最高指导原则。今天已经不同了,首先独裁者就没有资格参加。南京反动政权就必须彻底清算,所以参加的成分就是完全不同了。今天的新政协决不和反动派敷衍,在本质上说是更民主,更彻底为人民

① 《当代中国》丛书编辑部.当代中国的人民政协[M].北京:当代中国出版社,1993:21.
② 中共中央文献研究室.毛泽东文集:第5卷[M].北京:人民出版社,1996:90-91.
③ 香港《华商报》是在特殊的环境下办报纸,在一些文章中常用留白方式处理,这里□指蒋介石的"蒋"。

服务,以建立民主政治,参加的人就必须对人民有功劳,有真诚为人民服务的决心。"①

香港《群众》周刊1948年第2卷第19期刊登了中共香港工委成员章汉夫于1948年5月20日撰写的文章《论旧政协与新政协》,文章指出:"政治协商"是中国共产党所坚持的一贯的民主原则。中国共产党在"五一口号"中提出来的政治协商会议,和1945年国共"双十"会议纪要中决定而在1946年1月召开的政治协商会议,名称相同,本质是完全不同的。新政协,是在共产党领导的新民主主义革命已发展到历史的转折点的新阶段,而由各民主党派、各人民团体及社会贤达召开,任务是,讨论并实现召集人民代表大会,成立民主联合政府,以争取新民主主义革命在全国的胜利。这是争取新民主主义在全国胜利的划时代的会议。新政协将在中国共产党领导下团结全国民主阶级,以消灭国民党反动统治,彻底反对帝国主义、封建主义、官僚资本主义,争取新民主主义在全国胜利为基本任务。因此,参加的成分,再也没有旧政协中占主要地位的国民党反动统治者了;因此,也不像旧政协那样基本上是"党派会议",而是包括了各人民团体的了。这样的政协,不仅有代表无产阶级和人民的中国共产党,代表其他不同阶层的各民主党派,更有各阶层人民自己的组织的代表参加,这就使全国工人、农民、独立生产者、知识分子、自由资产阶级、社会贤达、爱国分子、海外爱国华侨,都能有代表在内,因此也就使新政协和全国人民有直接的血肉关系,有更深切的全国性和群众性,更能集思广益,相互研讨,规定出正确方针和切实的办法。新政协将使全国人民的统一战线团结得更广泛和坚强。"这真是人民自己的政协,这真是保障全国胜利的政协。"②由人民自己的政治协商会议"讨论并实现召集人民代表大会,成立民主联合政府",这是一个重大的战斗任务。应该在群众的胜利的斗争中,准备新政协的召开,迎接人民代表大会的召集和民主联合政府的成立。

1948年8月6日《人民日报》第1版刊登新华社陕北3日电《中国学术工作者协会声明,拥护中共"五一"号召,消除卖国统治集团》。文章称:香港《华商报》6月23日刊载中国学术工作者协会总会与分会留港理事郭沫若、马叙伦、沈志远、翦伯赞、邓初民、千家驹、曾昭抡等19人反对蒋介石独裁卖国,拥护

---

① 目前新形势与新政协[N].香港《华商报》,1948-05-16.
② 章汉夫.论旧政协与新政协(1948年5月20日)[J].香港《群众》周刊,1948,2(19).

中共中央"五一口号"的声明。声明称："为要迅速实现新政协，组织人民政权，我们必须更加紧努力，提早消除眼前这个为全国人民所痛恶的独裁卖国的统治集团。"①

由上可见，《人民日报》（编辑部在河北省平山县里庄）首次使用"新政协"一词，是转载于香港《华商报》中国学术工作者协会总会与分会留港理事的声明。

在人民政协第一届全体会议召开前夕，周恩来向政协代表作报告时又一次就政协的名称问题做了说明。周恩来说："政协这个名称有一改变。原来叫作新政治协商会议，在第一次筹备会全体会议中也这样叫过。后来经过新政协组织法起草小组的讨论，觉得新政协和旧政协这两个名称的分别不够明确，便改成中国人民政治协商会议。"②他还指出："政协是沿用了旧的政治协商会议的名称，但以它的组织和性质来说，所以能够发展成为今天这样的会，决不是发源于旧的政协。"③他说："这一组织便是中国共产党过去所主张的民族民主统一战线的形式。它绝对不同于旧的政治协商会议，旧的政治协商会议已经让国民党反动派破坏了。可是大家都熟悉这一组织形式，所以今天我们沿用了这个名称，而增加了新的内容。"④

从旧政协到新政协即人民政协，是中国革命历史发展的必然结果。但新政协的产生不是旧政协的重现，它们有着本质的不同。

新政协与旧政协的发起与领导不同，任务不同，地位与作用不同、组织成分和组织形式不同。新政协和旧政协有四大区别。一是旧政协是国民党主导下的政协，新政协是中国共产党主导下的政协。二是成分不同。旧政协包括大地主、大官僚、大买办及其代理人国民党独裁派在内，新政协则以工农为主

① 中国学术工作者协会声明，拥护中共"五一"号召，消除卖国统治集团[N].人民日报，1948-08-06.
② 周恩来.关于人民政协的几个问题(1949年9月7日)[M]//中共中央统一战线工作部、中共中央文献研究室.周恩来统一战线文选.北京：人民出版社，1984：45；中国人民政治协商会议全国委员会研究室，中共中央文献研究室第四编研部.老一代革命家论人民政协[M].北京：中央文献出版社，1997：46.
③ 全国人大常委会办公厅，中共中央文献研究室.人民代表大会制度重要文献选编：第1册[M].北京：中国民主法制出版社，2015：39.
④ 全国人大常委会办公厅，中共中央文献研究室.人民代表大会制度重要文献选编：第1册[M].北京：中国民主法制出版社，2015：40.

体,把大地主、大官僚、大买办排斥到政协之外,新政协排除了国民党反动派,就其参加成分来说,已具备了全国人民代表会议的性质,名实相符。三是指导思想不同。旧政协以三民主义为最高原则,新政协则以新民主主义为指导。四是任务不同。旧政协是革命阶级与统治阶级谋求妥协,希望以协商方式取得和平和民主;新政协则是革命工农阶级与一切爱国的各民主阶级的政治协商,是长期以来和衷共济、并肩战斗、风雨同舟的必然结果。

新政协虽然沿用"政治协商会议"这一名称,但实质上它并不发源于旧政协,它是百年来中国民族民主革命特别是 30 年来中国新民主主义革命的伟大成果,是中共历来倡导的统一战线的组织形式。由于新政治协商会议是长期存在的、固定的统一战线的组织,所以,"新政治协商会议"改称"中国人民政治协商会议"。1949 年 9 月 17 日新政协筹备会召开第二次全体会议时,正式将新政协定名为"中国人民政治协商会议"。9 月 18 日《人民日报》第 1 版的新闻中首次出现"中国人民政协"一词。

二、新政协运动的中共领导地位确立

西柏坡时期,各民主党派、人民团体和无党派民主人士公开响应中共"五一口号",拥护召开新政协的政治立场和实际行动,形成了中国共产党的领导地位。

(一)民主阵线拥护中共领导召集新政协

1948 年 5 月 5 日,李济深、何香凝、沈钧儒、章伯钧、马叙伦、王绍鏊、陈其尤、彭泽民、李章达、蔡廷锴、谭平山、郭沫若等 12 名在港著名民主人士,并分别代表所在的党派,"联名向全国同胞和中共中央发出通电,同时分送在美的冯玉祥、在星洲的陈嘉庚,响应中共'五一口号',拥护召开新政协"①。

1948 年 5 月 7 日,台盟发表《告台湾同胞书》;5 月 23 日,民建召开秘密理监事联席会,做出拥护决议;5 月 24 日,民进发表宣言;5 月,民联发表宣言;5 月,民促发表宣言;6 月 9 日,致公党发表宣言;6 月 14 日,民盟发表《致全国各民主党派各人民团体各报馆暨全国同胞书》;6 月 16 日,农工党发表《对时局宣言》;6 月 25 日,民革发表声明;7 月 7 日,人民救国会发表《"七七"宣言》;1949

---

① 各民主党派民主人士通电全国与中共筹开新政协会议[N].香港《华商报》,1948-05-06.

年1月26日,九三学社发表宣言。

1948年6月4日,香港各界爱国人士125人联合发表声明;6月7日,留港妇女界232人联合发表宣言;6月23日,中国学术工作者协会19名留港理事联合发表声明;8月22日,第六次全国劳动大会通过政治提案。

1948年5月4日,新加坡华侨致电毛泽东;5月间,马来亚霹雳州侨团、吉灵丹州侨团、槟榔屿侨团、柔佛州东甲属华侨促进祖国民主联合会等分别发表通电。5月16日,暹罗(泰国)华侨发表通电;5月18日,缅甸华侨发出通电;6月15日,美洲华侨发表宣言;7月30日,法国华侨发表通电;8月4日,古巴华侨致电中共中央;8月30日,加拿大华侨发表宣言。

1948年5月1日,毛泽东在致李济深、沈钧儒的信中,"提议由中国国民党革命委员会、中国民主同盟中央执行委员会、中国共产党中央委员会于本月内发表三党联合声明,以为号召……三党联合声明内容文字是否适当,抑或不限于三党,加入其他民主党派及重要人民团体联署发表"[1]。这是中国共产党的初衷。

在香港新政协运动中,各民主党派、无党派人士经过讨论,一致认为新政协应该由中国共产党来领导和召集。致公党明确表示:"中共在中国革命艰苦而长期斗争中,贡献最大而又最英勇,为全国人民起了先导和模范作用。因此,这次新政协的召开,无疑我们得承认它是领导者和召集人。"[2]谭平山撰文指出,新政协"是各民主党派分担革命责任的会议,而不是分配胜利果实的会议。为着争取革命的提前胜利,是要大家多负责任的,而领导的责任,更不能不放在中国共产党肩上,这是历史发展上一种不容放弃的任务"[3]。马叙伦认为,新政协"是民主阵线的各方面自己的集合体,而中国共产党是当然的领导者"[4]。郭沫若说:"从事实上看由中共召开,真正的老百姓都是这样想的。"[5]

---

① 中共中央文献研究室. 毛泽东书信选集[M]. 北京:人民出版社,1983:301-302.

② 致公党宣言响应五一口号,号召海内外同志加紧努力拥护中共领导新民主革命[N]. 香港《华商报》,1948-06-09,1948-06-10.

③ 谭平山.适时的号召:论中共"五一"节口号[N]. 香港《华商报》,1948-05-23.

④ 马叙伦.读了中共"五一口号"以后[J]. 香港《群众》周刊,1948,2(20).

⑤ 目前新形势与新政协(香港《华商报》主催座谈会记录)[N]. 香港《华商报》,1948-05-16,1948-05-17.

翦伯赞说:"我完全同意郭沫若先生的意见,由中共来召开。"①邓初民指出:中国革命和新政协"必须由无产阶级来领导,这不是无产阶级及其政党的骄傲和自负,这是半殖民地半封建社会的革命历史决定的"②。

(二)中共领导地位的形成

1948年12月30日,新华社发表毛泽东撰写的新年献词《将革命进行到底》,指出:"现在摆在中国人民、各民主党派、各人民团体面前的问题,是将革命进行到底呢,还是使革命半途而废呢?""中国各民主党派、各人民团体是否能够真诚地合作,而不致半途拆伙,就是要看它们在这个问题上是否采取一致的意见,是否能够为着推翻中国人民的共同敌人而采取一致的步骤。这里是要一致,要合作,而不是建立什么'反对派',也不是走什么'中间路线'。"1949年1月14日,毛泽东针对国民党的求和阴谋发表了《关于时局的声明》,提出和国民党谈判8项条件。这两篇重要文章,不仅对革命阵营中的和平倾向敲响了警钟,而且对巩固统一战线内部的团结起了重要作用。

1949年1月22日,到达解放区的55名各民主党派的代表人物和无党派民主人士,联名发表《我们对于时局的意见》,明确表示:"愿在中共领导下,献其绵薄,共策进行,以期中国人民民主革命之迅速成功,独立、自由、和平、幸福的新中国之早日实现。"③这是各民主党派、无党派民主人士明确拥护中国共产党领导的重要文献。

各民主党派、无党派民主人士积极响应"五一口号"。拥护召开新政协的号召、拥护毛泽东关于时局的声明的实际行动,"标志着各民主党派和无党派人士公开、自觉地接受了中国共产党的领导"。"标志着各民主党派和无党派人士坚定地走上了新民主主义、社会主义的道路。""标志着中国的民主政治建设和政党制度揭开了新的一页。"为新政协的召开奠定了共同的思想政治基础,"为最终确立中国共产党领导的多党合作和政治协商制度奠定了重

---

① 目前新形势与新政协(香港《华商报》主催座谈会记录)[N]. 香港《华商报》,1948-05-16,1948-05-17.

② 邓初民.怎样响应新政协的号召[N]. 香港《华商报》,1948-06-07,1948-06-08.

③ 中央档案馆,西柏坡纪念馆. 西柏坡档案:第2卷[M]. 北京:中国档案出版社,2012:861.

要基础"①。

三、新政协文件草案起草和建立新中国程序定于西柏坡

西柏坡时期中共中央为筹备召开新政治协商会议起草了一系列文件,确定了由新政协直接选举产生民主联合政府的建立新中国程序。

(一)新政协文件草案起草于西柏坡

西柏坡时期中共中央为筹备召开新政治协商会议起草了一系列文件,主要有《关于召开新的政治协商会议诸问题》《中国人民民主革命纲领草稿》《新政治协商会议筹备会组织条例(草案)》《参加新政协筹备会各单位民主人士候选名单》《中华人民民主共和国政府组织大纲草案》(现存中央档案馆,尚未公开)。

已公布的资料表明,《中华人民民主共和国政府组织大纲草案》是周恩来主持下在西柏坡起草的,成稿时间在 1948 年年底到 1949 年年初。据胡乔木回忆,1949 年 2 月 27 日,周恩来在西柏坡对《中国人民民主革命纲领草稿》第二稿做了文字修改后,"把它同《关于新的政治协商会议诸问题的协议》《新政治协商会议筹备会组织条例草案》《参加新政协筹备会各单位民主人士候选名单》《中华人民民主共和国政府组织大纲草案》一起编印成册,名为《新的政治协商会议有关文件》"②。

由上可见,中共中央是带着在西柏坡编成的《新的政治协商会议有关文件》进北平的,也就是带着在西柏坡绘制的召开新政协,成立民主联合政府的蓝图和建立新中国路线图进入北平的。

(二)新政协建立新中国程序定于西柏坡

通过人民代表大会选举产生中央政府,这是毛泽东的一贯主张。随着辽沈、淮海、平津三大战役的胜利,建立新中国已指日可待,但是,召开全国人民代表大会的条件尚不具备。毛泽东、中共中央从中国国情出发,首先探讨通过人民政治协商会议代行全国人民代表大会职权,选举产生中央人民政府。第二步,再由中国人民政治协商会议向人民代表大会制度过渡。

---

① 朱维群. 让历史告诉未来:中共中央发布"五一口号"六十周年纪念:序言[M]. 北京:华文出版社,2008:1-3.

② 胡乔木. 胡乔木回忆毛泽东:增订本[M]. 2 版. 北京:人民出版社,2014:556.

1948 年 8、9 月份,周恩来和中央统战部在同到达河北省平山县李家庄的民主人士商讨后,拟定了《关于召开新的政治协商会议诸问题》草案。这个草案经毛泽东审改后,于 10 月 8 日由中共中央电发东北局。在中央指示东北局领导人高岗、李富春邀请哈尔滨的民主人士会谈中,对如何成立中央政府一项,产生了不同意见。章伯钧、蔡廷锴主张"新政协即等于临时人民代表会议,即可产生临时中央政府"。中共中央赞同这种意见,在 11 月 3 日给东北局指示电中说:依据目前形势的发展,临时中央人民政府有很大可能不需经全国临时人民代表会议,即径由新政协会议产生。

1948 年 11 月,在西柏坡起草的《中国人民民主革命纲领草稿》第二次稿中,对成立中华人民民主共和国临时中央政府的程序做了调整。

促使中国共产党领导人与各界民主人士做出调整的主要原因是:第一,国共双方军事力量对比发生了根本的变化。第二,国民党为挽救败局而推出了"和平攻势"。在这种情况下,中国共产党只有迅速成立新的中央政府,联合所有的革命力量,将革命进行到底,打掉国民党的"正统"地位,才能彻底粉碎国民党的"和平"烟幕。出于现实的考量,东北的一些民主人士建议:由政协代行人大职责。第三,召开人民代表大会的条件不成熟。"单就普选一点,三年能不能真正做到,还是一个难题"[①]。事实上,1954 年的全国人民代表大会,从酝酿到召开前后共经历了两年,仅统计人口就用了一年多时间,那还是在全国性政权已经建立和巩固的基础上进行的。所以,1949 年要在召开全国人民代表大会的基础上,选举产生新的中央人民政府,条件显然不成熟。第四,通过民主协商建立新中国,在中国的历史上,也有过这样的先例。第五,受苏共中央和斯大林的影响。1949 年年初,苏共中央政治局委员阿·伊·米高扬秘密访问西柏坡,从其与中共领导人的谈话、斯大林的电报中可以看出,在历史重要关头中共与苏共高层交往中,苏共、斯大林都希望中共尽早成立中央人民政府,这对形势发展有利。苏共中央和斯大林的影响也是改变建立新中国程序的重要国际因素。

---

① 周恩来. 关于人民政协的几个问题[M]//中共中央文献研究室.中华人民共和国开国文选. 北京:中央文献出版社,1999:240.

1. 九月会议对建立新中国程序的论述

1948 年 9 月 8 日—13 日，中共中央政治局会议（九月会议）在河北省平山县西柏坡举行，会议提出五年左右根本打倒国民党。会议提出，建立无产阶级领导的以工农联盟为基础的人民民主专政，打倒帝国主义、封建主义和官僚资本主义的反动专政，"我们的政权的阶级性，是无产阶级领导的，以工农联盟为基础的人民代表会议制度，而不采用资产阶级议会制。在中国采取民主集中制是合适的，不搞资产阶级的国会制和三权鼎力"①。

九月会议继续了城南庄会议及"五一口号"设定的建立新中国程序，即召开新政协，讨论并实现召集人民代表大会，选举成立民主联合政府。

2.《将革命进行到底》宣布的建立新中国程序

12 月 30 日，毛泽东在《将革命进行到底》的新年献词中说："两条路究竟选择哪一条呢？中国每一个民主党派，每一个人民团体，都必须考虑这个问题，都必须选择自己要走的路，都必须表明自己的态度。中国各民主党派、各人民团体是否能够真诚地合作，而不致半途拆伙，就是要看它们在这个问题上是否采取一致的意见，是否能够为着推翻中国人民的共同敌人而采取一致的步骤。这里是要一致，要合作，而不是建立什么'反对派'，也不是走什么'中间路线'。"②"1949 年将要召集没有反动分子参加的以完成人民革命任务为目标的政治协商会议，宣告中华人民共和国的成立，并组成共和国的中央政府。这个政府将是一个在中国共产党领导之下的、有各民主党派各人民团体的适当的代表人物参加的民主联合政府。"③

1949 年 1 月 14 日，毛泽东发表的关于时局的声明重申了上述主张，即由政治协商会议代行人民代表大会的职权。

3. 一月政治局会议决策的建立新中国程序

1949 年 1 月 6 日至 8 日，中共中央政治局会议在西柏坡举行。会议通过毛泽东起草的《目前形势和党在 1949 年的任务》的决议。决议指出："1949 年必须召集没有反动派代表参加的以完成中国人民革命任务为目标的各民主党派各人民团体的政治协商会议，宣告中华人民民主共和国的成立，组成共和国

① 中共中央文献研究室．毛泽东年谱（1893—1949）：下卷［M］．北京：人民出版社，1993：345.
② 毛泽东．毛泽东选集：第 4 卷［M］．2 版．北京：人民出版社，1991：1375.
③ 毛泽东．毛泽东选集：第 4 卷［M］．2 版．北京：人民出版社，1991：1379.

的中央政府,并通过共同纲领。"①

一月政治局会议做出调整原定建立新中国程序的决策,由中国共产党召集没有反动派代表参加的以完成中国人民革命任务为目标的各民主党派各人民团体的政治协商会议,由新的政治协商会议选举产生中央人民政府。

由新政协选举产生中央人民政府,是历史合力作用的结果。随着解放战争形势的转变,改变了"五一口号"设定的建立新中国程序,这体现了中共中央建立新中国原则的坚定性和策略的灵活性。

4. 七届二中全会批准召开新政协

由新政协建立新中国的蓝图,由七届二中全会批准,在北平实现。1949 年 3 月,在西柏坡召开的中共七届二中全会批准了由中国共产党发起,并协同各民主党派、人民团体及民主人士,召开没有反动分子参加的新政治协商会议及成立联合政府的建议。

1949 年 3 月 25 日,《人民日报》刊登的新华社石家庄 1949 年 3 月 23 日电,将原标题《中国共产党七届二中全会完满结束》改为《中共二中全会完满结束》,并加副标题:"毛泽东主席向全会作工作报告,全会批准召开新政协成立联合政府,确定党的工作重心由乡村移到城市。"②新华社的这篇电讯稿是毛泽东的秘书胡乔木起草,经毛泽东修改后发表的。显然,胡乔木起草、毛泽东修改的这篇新华社电讯稿,将中共七届二中全会"批准召开新政协成立联合政府""党的工作重心由乡村移到城市"作为会议的主题,也就是说,中共七届二中全会一项重要内容是批准召开新政协成立联合政府。

四、人民政协从西柏坡走来

1949 年 3 月 23 日,中共中央带着七届二中全会批准的建立新中国蓝图从西柏坡出发"进京赶考"。经过两个多月的准备,新政协筹备会于 6 月 15 日在北平(今北京)召开。9 月 21 日至 30 日,中国人民政治协商会议第一届全体会议在北平隆重召开。会议代表全国各族人民意志,代行全国人民代表大会职权,通过了具有临时宪法性质的《中国人民政治协商会议共同纲领》和《中国人

---

① 中共中央文献研究室. 毛泽东年谱(1893—1949):下卷[M]. 北京:人民出版社,1993:430.

② 中共二中全会完满结束[N]. 人民日报,1949-03-25.

民政治协商会议组织法》《中华人民共和国中央人民政府组织法》，做出关于中华人民共和国国都、国旗、国歌、纪年 4 个重要决议，选举了中国人民政治协商会议全国委员会，选举毛泽东为中华人民共和国中央人民政府委员会主席，选举朱德、刘少奇、宋庆龄、李济深、张澜、高岗为副主席，选举陈毅、贺龙、李立三、林伯渠、叶剑英、何香凝等 56 人为中央人民政府委员。中华人民共和国成立，1949 年 10 月 1 日下午 2 时，在北京天安门广场举行开国大典。

中国人民政治协商会议的召开，中华人民共和国成立，标志着中共中央在西柏坡绘制的建立新中国蓝图在北平（今北京）变成现实。

中国新民主主义革命的历史选择了人民政协。人民政协起源于西柏坡。人民解放战争转入战略进攻后，随着军事形势的发展，中共中央、中央军委由陕北到河北，在进入河北后中共中央发出召开新政治协商会议的号召。在中共中央的领导下，中央统战部成为谋划筹备召开新政协的重要机关，中共领导人在西柏坡和李家庄与到达解放区的民主人士面对面协商建立新中国方案，起草召开新政协的有关文件草案，达成召开新政协的共识。与此同时，民主建政的实践探索在成立华北人民政府的过程中展开。根据当时世情、实情，中共中央通过与李家庄、哈尔滨等地党外民主人士广泛协商，确定了由新政协直接选举产生中央人民政府的建立新中国程序。中共中央在西柏坡领导起草了《关于召开新的政治协商会议诸问题（草案）》《中国人民民主革命纲领草稿》《新政治协商会议筹备会组织条例草案》《参加新政协筹备会各单位民主人士候选名单》《中华人民民主共和国政府组织大纲草案》等筹备召开新政协的文件草案，汇编了《新的政治协商会议有关文件》初稿。1949 年 3 月，中共七届二中全会批准召开新政协，成立民主联合政府。1949 年 9 月，中共中央在西柏坡规划的建立新中国蓝图在北平（今北京）变成现实。

人民政协作为中国特色的政治制度，是中国和平、民主和团结历史大趋势使然，其形成是合力作用的结果。"政治协商会议"的概念提出于抗战胜利的重庆，并在国民党主导下召开了政治协商会议（旧政协会议），但由于国民党蒋介石背弃政协五项协议，召开伪国大，发动内战，使旧政协破产。起源于西柏坡的新政协与旧政协有着本质的不同，毛泽东和中共中央由陕北到河北，历史选择了人民政协起源于西柏坡。在新政协筹备过程中，香港、上海等地民主人士分别到达解放区的李家庄、哈尔滨，所以在召开新政协的地点上曾先后选择过哈尔滨、西柏坡（中共中央在东柏坡村建造了政协礼堂），最终召开于北平

（今北京）中南海怀仁堂。西柏坡与哈尔滨等地在当时是中共中央与地方、决策者与执行者的关系。在西柏坡中共中央的领导下，东北局和到达哈尔滨的民主人士为筹备新政协竭尽才智，做出了贡献。同样，中共香港分局、上海局、华北局等及在港、在沪、在平的民主人士，在协商建立新中国过程中，也发挥了重要作用。促成新政协召开、成立民主联合政府，其中也存在重要的国际因素。在上述诸多因素中，中共中央在西柏坡的英明领导和顶层决策指挥是整个新政协运动的核心。确定人民政协从哪里来到哪里去，关键在于党中央在哪里运筹帷幄。因此，从这个意义上讲，人民政协从西柏坡走来。

人民政协起源地有主次之分，实际上是中央与地方、决策与执行的关系。在新政协筹备过程中，香港、上海等地民主人士分别到达解放区的李家庄、哈尔滨，所以在召开新政协的地点上曾先后选择过哈尔滨、西柏坡政协礼堂，最终召开于北平（今北京）中南海怀仁堂。西柏坡与哈尔滨等地在当时是中共中央与地方中央局、决策者与执行者的关系。在西柏坡中共中央的领导下，东北局和到达哈尔滨的民主人士为筹备新政协竭尽才智，做出了贡献。同样，中共香港分局、上海局等也发挥了重要作用。

政治协商制度是马克思主义政党理论同中国实际相结合的产物，能够真实、广泛、持久代表和实现最广大人民根本利益。全国各族各界根本利益。它通过制度化、程序化、规范化的安排，集中各种意见和建议、推动决策科学化、法制化、民主化。它不仅符合当代中国实际，而且符合中华民族一贯倡导的天下为公、兼容并蓄、求同存异等优秀传统文化，是对人类政治文明的重大贡献。新时代人民政协具有强大的生命力和重要的现实价值。

"赶考"精神的历史地位和时代价值[*]

　　1949 年的春天,毛泽东离开西柏坡时发出进京"赶考"的号召,从此中国历史翻开新的一页。七十年风雨兼程、休戚与共,中国共产党在"赶考"精神激励下,团结带领全国人民实现了从站起来、富起来到强起来的伟大飞跃,取得了前所未有的历史成就。在实现中华民族伟大复兴的新征程中,分析研究"赶考"精神的科学内涵、历史地位及其时代价值,无疑具有重要的理论和现实意义。

一、"赶考"精神的科学内涵

　　毛泽东形象地把进京建立人民政权、进行国家建设比作"赶考",接受人民考验和评判,深刻地揭示了共产党人的执政理念。赶考,原本指"欲明明德于天下"的贤能之士,为了施展理想抱负,经历"十年寒窗"砥砺磨炼,赶赴考场博取施展才华的机会和平台。毛泽东"进京赶考"这一比喻,既道出了取得革命胜利的路途艰辛,又指出了进行国家建设责任沉重;既说明了继续走向成功的必由路径,又指明了共产党人伟大的历史使命。

　　(一)赶考的核心目标是为了实现中国共产党的建党初心

　　中国共产党成立于中华民族生死存亡之际。它一经成立,就把实现共产主义作为最高理想和最终目标,肩负起为民族谋独立、为人民谋解放,实现国家富强、人民富裕、中华民族伟大复兴的历史使命。经过 28 年的浴血奋战,尤其是三大战役后,中国共产党领导的人民军队已经在战场上占得优势。为了彻底夺取全国胜利,筹建新中国,中共中央决定将中央指挥部从西柏坡移师北京,开启建立人民政权、领导国家建设的赶考之路。1949 年 3 月,在进京赶考

---

　　* 本文作者赵雪飞:河北师范大学

之前,毛泽东在党的七届二中全会报告中强调,"我们不但善于破坏一个旧世界,我们还将善于建设一个新世界"①,指出赶考的根本目标是建设一个新世界。这建设新世界,就是"领导解放后的全国人民,将中国建设成为一个独立、自由、民主、统一和富强的新国家"②。由此可见,赶考命题是由中国共产党的建党初心所确定的。

为了"一定要考个好成绩",毛泽东在党的七届二中全会报告中分析了当前的斗争形势,明确了进京赶考的任务目标。进京赶考的首要任务是领导革命取得全国胜利,不仅要打败拿枪的敌人,还要战胜不拿枪的敌人。其次是党的重心工作由农村转移到城市,建立人民民主专政的政权,成立中央人民政府领导国家建设,"不但可以不要向帝国主义者讨乞也能活下去,而且还将活得比帝国主义国家要好些"③。同时指出,赶考之路是漫长的,"夺取全国胜利,这只是万里长征走完了第一步……中国的革命是伟大的,但革命以后的路程更长,工作更伟大,更艰苦"④。

(二)赶考的核心要义在于为了实现理想目标努力拼搏奋斗

"我们决不当李自成"。这是把进京建立政权比做赶考的根本动因,也指明共产党人进城不是为了做官当老爷,而是在更高的平台上,为了实现理想拼搏奋斗。从中国共产党成立到土地革命,到抗日战争,到解放战争,共产党人为了实现理想目标领导劳苦大众进行了艰苦卓绝的革命斗争。在血与火的洗礼中,不仅锻炼了队伍、磨炼了意志,还形成了红船精神、井冈山精神、长征精神、延安精神和西柏坡精神。长期的革命斗争实践证明,面对任何敌人和困难都不能心存幻想、麻痹大意,"务必使同志们继续保持谦虚、谨慎、不骄、不躁的作风,务必使同志们继续保持艰苦奋斗的作风"⑤。

在七届二中全会报告中,毛泽东从各个方面剖析了中共中央领导机构迁往北京后继续奋斗的必然性和必要性。首先是面对残余的国民党军队、敌特分子、土匪武装等各种敌人,不可松懈战斗意志,要通过军事战争、政治思想斗争等多种方式去改造、消灭和镇压;其次是领导人民恢复生产,发展经济,进行

---

① 毛泽东.毛泽东选集:第4卷[M].北京:人民出版社,1996:1439.
② 毛泽东.毛泽东选集:第3卷[M].北京:人民出版社,1996:1023-1030.
③ 毛泽东.毛泽东选集:第4卷[M].北京:人民出版社,1996:1439.
④ 毛泽东.毛泽东选集:第4卷[M].北京:人民出版社,1996:1438.
⑤ 毛泽东.毛泽东选集:第4卷[M].北京:人民出版社,1996:1438-1439.

国家建设,必须实现自我革新,"必须学会在城市中向帝国主义者、国民党、资产阶级作政治斗争、经济斗争和文化斗争,并向帝国主义者作外交斗争"①;再次是巩固无产阶级在国家政权中的领导权,必须要同落后的生产力、落后的生产关系和落后的文化做斗争,进行社会主义改造,开辟社会主义道路,开启实现民族复兴、国家富强的新征程。

(三)赶考的命题、答案及评判标准基于人民立场

我们党的"赶考"历程,最重要的考题就是跳出"其兴也勃焉,其亡也忽焉"的历史周期律,实现中国共产党长期执政。坚持党的领导,实行人民民主专政,建立民主联合政府,处处体现着共产党人"一切为了人民、一切依靠人民"及为人民谋幸福、为民族谋复兴的革命思想。这既包含着"民为重,君为轻"中华民族的传统治国理念,也饱含着马克思主义人民立场的科学精神;既传承着中华民族数千年贤能之士治国理政的政治智慧,也弘扬着马克思对人类社会发展规律的研究成果。中国共产党自成立以来,从红军时期的"打土豪、分田地"到抗日战争时期的狼牙山五壮士,到解放战争时期的土地改革,从政策方针到行动实践,始终践行着人民立场的本心。在"进京赶考"的实践中,更是把人民是否受益、人民满意不满意升华为赶考成败的评判标准。

进京赶考,人民群众检验的不仅仅是共产党人的初心和立场,更加考验着共产党人的智慧和能力。在中国革命即将取得全国胜利的重大历史转折期,建设什么样的"新世界",怎样建设"新世界",这是共产党人必须向人民解答的历史命题。进京前后,以毛泽东为代表的共产党人,在总结28年乃至近百年革命斗争经验的基础上,经过深思熟虑,进行了充分的思想理论和干部队伍准备。不仅提出了系统、完整的建立新中国方案,更加提出了科学可行的策略措施,并以巨大的革命豪情付诸实践,领导全国人民踏上建立和建设社会主义国家的赶考之路。

二、"赶考"精神的历史作用

"赶考"精神是在继承红船精神、井冈山精神、延安精神基础上,马克思主义与中国革命实践相结合的又一次升华,它指引中国共产党实现了从革命党到执政党的华丽转身,开启了人民当家作主、国家持续走向富强的新征程。新

---

① 毛泽东. 毛泽东选集:第4卷[M]. 北京:人民出版社,1996:1427.

中国成立以来,历代共产党人始终秉承着"赶考"精神,夙夜为民、实干兴国,在时代和人民的考验中砥砺前行。"赶考"精神上承武装革命斗争,下启领导国家建设,从建立政权、巩固政权到社会主义事业全面发展,在各个发展时期和领域,都发挥了十分重要的作用。

(一)"赶考"精神始终成为中国共产党执政为民的精神圭臬

共产党人的"赶考"精神集中诠释了马克思主义的人民立场,贯穿着为人民服务的宗旨。在西柏坡时期,共产党人总结了建党以来及历代前贤革命斗争经验,谋划了在全国胜利后建设新世界的宏伟蓝图,确立了人民民主专政、人民代表大会制、民主联合政府等建立新中国方略,确定了治国理政的基本坐标。"如果我们在生产工作上无知,不能很快地学会生产工作,不能使生产事业尽可能迅速地恢复和发展,获得确实的成绩,首先使工作生活有所改善,并使一般人民的生活有所改善,那我们就不能维持政权,我们就会站不住脚,我们就会要失败。"①在走向新的考场时,从理论到实践、从政策到策略处处以人民利益为根本出发点,以人民满意不满意为衡量标准,这种精神成为共产党人领导国家建设、贯彻执政为民理念的精神圭臬。

从社会主义改造到改革开放,到实现中国梦;从互助合作到经营承包,到精准脱贫;从"全心全意为人民服务"到"人民拥护不拥护、赞成不赞成、高兴不高兴、答应不答应",到"永远把人民对美好生活的向往作为奋斗目标",莫不是以人民利益为出发点,莫不是以人民为评审官,始终以"赶考"精神为标杆秉持执政为民的治国理政理念。党的十八大以来,深入开展群众路线教育实践活动,严厉实行反腐倡廉,坚持全面从严治党,致力维护好、发展好最广大人民根本利益,从新的历史维度阐释了"赶考"精神的新内涵,"继续在这场历史性考试中经受考验,努力向历史、向人民交出新的更加优异的答卷"②。

(二)"赶考"精神始终成为坚持人民当家作主的思想基石

共产党人赴京赶考的目标是建立人民当家作主的国家政权,建设独立、自由、民主、统一和富强的新国家。为了在全国取得军事斗争胜利后,确保人民翻身作主,在进京赶考前就明确了人民民主专政、人民代表大会制度,把实现人民当家作主作为建立政权、治国理政的核心任务。在建设国家政权的赶考

---

① 毛泽东.毛泽东选集:第4卷[M].北京:人民出版社,1996:1428.
② 张仕波.人民日报:交出更加优异答卷的行动纲领[N].人民日报,2016-07-14.

实践中,无论是从华北临时人民代表大会到中国人民政治协商会议,到第一届全国人民代表大会,还是从《共同纲领》"中华人民共和国的国家政权属于人民"到首部《宪法》"中华人民共和国的一切权力属于人民",从行动实践到理论法规都始终坚持了人民当家作主的基本原则。也就是说,从建立国家政权的赶考伊始,已经奠定了坚持人民当家作主的思想基石。

党的十八大以来,坚持人民当家作主的实践和理论再次提升到新的高度,从四个全面到五大发展理念无不践行着"赶考"精神和坚持人民当家作主的治国思想。在党的十九大报告中,用整整一个章节论述了健全人民当家作主制度体系,发展社会主义民主政治的治国思想。习近平总书记在庆祝改革开放40周年大会上的讲话中再次强调,前进道路上,我们要坚持党的领导、人民当家作主、依法治国有机统一,用制度体系保障人民当家作主。

(三)"赶考"精神始终成为中国共产党团结领导人民实现国家持续繁荣富强的力量源泉

"赶考"精神既包含着共产党人对使命和初心的执着追求,也蕴含着在长期的革命斗争实践中形成的开天辟地的创造精神、自力更生的奋斗精神、万众一心的团结精神和大公无私的奉献精神,共同形成了为了实现国家持续繁荣富强不懈奋斗的精神动力。"为中国人民谋幸福、为中华民族谋复兴"的使命和初心,激励着共产党人敢于面对艰难险阻的斗志和勇气,丰富的革命斗争经验和敢为天下先的创新精神赋予了共产党人善于攻坚克难、战无不胜的自信和智慧。为了人民幸福和国家富强,共产党人团结带领全国人民,在内忧外患、满目疮痍、一穷二白的情况下,肃清了国内反动派残余势力,挫败了敌对势力扼杀新中国于摇篮的阴谋,踏上了修复战争创伤、恢复发展生产、建设人民民主国家的新长征。

在"赶考"精神的激励下,共产党人领导中国人民先后完成了新民主主义革命和社会主义改造,建立了中华人民共和国,确立了社会主义政治、文化、经济和社会发展体系,实现了中国人民翻身作主站起来。进行了改革开放,开创了中国特色社会主义发展道路,确立了社会主义市场经济体制,使经济发展走上快车道,实现富起来的发展目标。党的十八大以来,以习近平为代表的共产党人团结带领中国人民,把人民对美好生活的向往作为奋斗目标,明确了新时代中国特色社会主义思想和基本方略,开启了全面建设社会主义现代化国家的新征程。

（四）"赶考"精神始终成为中国共产党人拒腐防变的防火墙

"赶考"精神蕴含的政治、组织、工作、生活等方面的规矩意识，不仅成功为建立政权、巩固政权保驾护航，而且始终成为共产党人拒腐防变、永葆政治本色的护河堤、防火墙。在党的七届二中全会上，针对赶考路上可能出现的新情况、新问题，防止在糖衣炮弹面前打败仗，毛泽东提出了两个务必和六条规定等要求，系统阐述并通过了《党委会的工作方法》，为进京赶考进行了充分准备。这一系列规定和要求，成为共产党人工作生活的日常行为准则和反腐倡廉的长鸣警钟，始终成为加强党的领导、强化政治建设、发扬党内民主、增强执政本领的重要法宝。

新中国成立不久，在全国迅速开展了"三反""五反"运动，查处了刘青山、张子善等重大贪腐案，极大地震慑了贪污腐败分子，为社会主义建设营造了风清气正的政治生态。从此，两个务必成为共产党人反腐倡廉、整风肃纪的明镜和警钟。党的十八大以来，习近平总书记多次强调"两个务必"的思想意义和历史意义，并要求各级党委重温《党委会的工作方法》，提高领导能力和水平，为协调推进"四个全面"战略布局、贯彻落实五大发展理念提供坚强政治保证和组织保证。

三、"赶考"精神的时代价值

经过近70年的赶考实践，中国人民实现了从站起来到富起来到强起来的伟大目标，社会主义事业进入了新时代。"时代是出卷人"，新的赶考路上，在"答卷人"应对执政考验、改革开放考验、市场经济考验、外部环境考验，化解防范精神懈怠危险、能力不足危险、脱离群众危险和消极腐败危险等方面，"赶考"精神的时代价值更加凸显。

（一）为初心而奋斗永远是共产党人治国理政的行为指南

长期处于执政地位并取得了巨大的历史成就，不仅使共产党内部容易滋生恃功自傲、贪腐享乐的情绪，而且使人民群众期望值节节攀高，执政新命题再次摆在共产党人面前。中国共产党"进京赶考"的成功经验证明，无论身处什么历史环境，面对任何时代变幻，应对各种风险考验，只要坚定理想信念，永葆立党初心，正确把握时代使命，勇于担当，不懈奋斗，就能战胜重重困难险阻，从成功走向成功。在党的十九大上，以习近平同志为核心的共产党人向世人庄严宣示，不忘初心，牢记使命，永远把人民对美好生活的向往作为奋斗目标,为实现中华民族伟大复兴的中国梦不懈奋斗。同时指出,深入全面从严治党,坚定理想信念之基,勇于自我革新、自我净化,加强执政能力建设,保持不骄不躁的艰苦奋斗作风,保持同人民群众血肉联系,团结带领全国人民走向新的辉煌。

(二)人民立场永远是改革开放巨轮驶向深海的压舱石和驱动力

40年改革开放在取得伟大成就的同时,与之相伴的经济结构复杂多样、文化思潮激烈振荡、社会矛盾和问题交织叠加、生态环境破坏严重等问题带来严峻挑战。深化改革开放的巨轮如何驶向成功的彼岸?从取得革命胜利、建立政权、巩固政权、进行社会主义建设的赶考实践可以看出,"人民是阅卷人",人民立场乃是成功之本。在改革开放过程中之所以出现了一些问题,就是因为这些领域的个别地方偏离了人民立场的基本原则。深化改革开放,只要以人民利益为根本出发点和最终目标,无论在任何领域进行任何创新创造,都可以推动改革开放的巨轮稳稳前行,因为"人民是历史的创造者,是决定党和国家前途命运的根本力量"①。坚持以人民为中心,坚持党的领导、人民当家作主、依法治国有机统一,顺应民心,尊重民意,以法制保障人民行使权利,充分调动和激发人民群众的创造伟力,将会有效防范化解各种安全风险,推动改革开放沿着正确方向顺利前行。

(三)党风廉政建设永远是社会主义市场经济发展的保鲜剂

市场经济体制在促动商品经济快速发展的同时,衍生了唯利是图、金钱至上、奢靡享乐、自私短视等腐朽文化思潮,冲击腐蚀党政体制机制、干部队伍和政治生态。如何永葆党的先进性、纯洁性和政治生态清明健康,赶考初期两个"务必"、六项规定等作风纪律建设,成为社会主义市场经济体制下政治生态建设的历史镜鉴。作为新时代的赶考者,党的建设仍然任重道远。党风廉政建设不仅是党的队伍拒腐防变的净化器、防腐剂,而且还是保障市场经济健康发展去污防腐的清洁剂、保鲜剂。党风引领民风,廉政凝聚人心。加强党风党纪和廉政建设,不仅强化党的机体和领导力,确保市场经济沿着社会主义正确方向前行,而且去污防腐、净化环境,保障市场经济健康发展。

---

① 本书编写组.中国共产党第十九次全国代表大会文件汇编[M].北京:人民出版社,2017:17.

（四）群众路线永远是战胜一切外来挑战的制胜法宝

长期以来，西方等外部敌对势力颠覆党的领导、分化瓦解人民政权的图谋一直未变。尤其是改革开放以来的巨大发展成就进一步刺激了外部敌对势力的神经，而经济全球化、网络一体化使各国经济、文化等融为一体，外部经济竞争、文化渗透、政治攻击等压力进一步加大。应对外部敌对势力各种挑战，新中国成立以来的赶考实践提供了最好的经验。新的历史时期，传承"赶考"精神，坚持一切为了人民、一切依靠人民的群众路线，全国人民万众一心，应对在经济、文化、军事等方面的种种挑战，仍然是共克时艰的制胜法宝。正如习近平总书记所说，"人民群众始终是我们党的坚实执政基础。只要我们永不动摇信仰、永不脱离群众，我们就能无往而不胜"①。

总之，在70年伟大、艰苦的赶考征程中，中国共产党团结带领全国人民取得巨大成功，"赶考"精神在各个历史时期都发挥着重大激励作用。在应对新时代的重大风险和重大挑战中，"赶考"精神将继续为实现伟大梦想、进行伟大斗争、建设伟大工程、推进伟大事业提供精神动力和思想智慧，并在新的赶考实践中不断丰富、发展，其光辉历久弥新，其影响弥深弥远。

---

① 罗平汉，王涛．倾听人民呼声，回应人民期待[N]．光明日报，2013-12-13.

论网络时代中国共产党革命精神
传播方式的创新[*]

随着互联网的普及和迅猛发展,主流意识形态传播迈入崭新的时代。中国共产党革命精神作为中国共产党人红色基因和精神族谱的重要组成部分,是中国共产党夺取革命胜利的宝贵精神财富。当前,面对开创性、艰巨性和复杂性的任务和挑战,深刻认识中国共产党革命精神传播的内涵和特征,科学把握革命精神传播的创新路径,为新时代开展中国特色社会主义现代化建设提供强大的精神动力,是提升国家文化影响力的战略任务。

一、网络技术对信息传播的双重效应

依托于科学技术日新月异的互联网技术,带来了互动型、即时性、多样化的信息传播变革。一是传播渠道的多样性,极大地拓展了信息传播空间,产生强大的吸引力。二是传播关系的交互性,有效增强了传播者的主导性和受众的主体性。三是传播空间的无限性,使得信息通过网络传播的速度加快,信息传播效率日益提升。

网络技术为传播带来发展契机的同时,也带来了诸多挑战。一是网络认知盈余时间的形成对传播效果提出了挑战。当前,集生动性、新颖性、时代化、个性化于一身的网络契合了人们追求新鲜刺激的心理需求,分享成为人们在自由支配时间中开展信息传播的重要方式,产生了大量的认知盈余。克莱·舍基认为,"认知盈余"即"受过教育,并拥有自由支配时间的人,他们有丰富的

---

* 本文作者袁芳:中国政法大学。
  本文为北京高校中国特色社会主义理论研究协同创新中心(中国政法大学)阶段性成果。

知识背景,并且有强烈的分享欲望,这些人的时间汇集在一起,产生巨大的社会效应"①。分享时代的来临,个人自觉不自觉地被裹挟进海量信息的分享之中,这使得受众占有信息的速度和广度易于超过传播者,加之人们的主体意识和开放意识在新媒体环境中日益觉醒,这无疑极大地增加了信息传播效果的不确定性。

二是网络碎片化的信息传播方式对知识系统化的构建提出了挑战。近年来,微媒体通过网络平台依附于电脑和手机可以发布个性化的信息,传播速度快、范围广,同时微媒体的话语表达具有"微言大义"的重要特征,即运用短小精悍、言简意赅的文字、图片、声音传播深刻的道理,满足了图像时代受众快餐式信息接收的需要。但网络时代信息碎片化的传播方式,重视结果和结论,而往往忽视过程和原因,使人们的认识难以形成完整的逻辑链条,在一定程度上制约了知识系统化和体系化的构建。

三是网络多样性的传播内容对信息辨别能力提出了挑战。"后真相"时代的来临,情感比事实产生更大的社会舆论影响,诉诸情感和个人信念的传播方式比陈述客观事实更能赢得民众的认同②。加之一部分社会民众缺乏独立思考的能力,容易极端片面,有意无意地盲目追随和跟从他人的观点,受到网络舆论的控制。因此,网络时代面对纷繁复杂的传播内容,只有建立应有的信息辨识能力,将有效信息剥离出来,才能促进自我认知的提升。

二、多学科理论视野下的革命精神传播

不同于一般意义上的传播,从传播性质上看,中国共产党革命精神传播属于组织传播。政党、政府、官方媒体、国有企业、军事组织、学校等组织是革命精神传播的主渠道,具有分工专业、职责明确的特点,有助于形成价值认同。在新中国成立初期,我国的组织传播不乏创新的思想和理念。1949年10月30日,中共中央宣传部和新华通讯社就宣传工作专门发出了指示,要求党报应采取商讨式的传播方式③。1956年4月,由于毛泽东提出了"百花齐放、百家争

① 克莱·舍基. 认知盈余:自由时间的力量[M]. 胡泳,哈丽丝,译. 北京:中国人民大学出版社,2012:3.
② 威廉·戴维斯. 后真相政治时代[N]. 纽约时报,2016-08-28.
③ 中国社会科学院新闻研究所.中国共产党新闻工作文件汇编:上册[M]. 北京:新华出版社,1980:324.

鸣"双百方针,这些都是推动组织传播创新的重要指导思想。1951 年,刘少奇明确指出,"别的工作做错了,表现出来还慢一点,但宣传工作做错了,就要出乱子"①。当前,科学有效地开展中国共产党革命精神传播,不仅要继承中国共产党先进的传播理念,还要在多学科的视野中深刻认识革命精神传播的理论内涵。

(一)说服教育理论与革命精神传播

中国共产党历来非常重视说服教育,强调通过说服教育的方式开展理论传播和思想引导。延安时期毛泽东还多次强调说服教育不能靠"脸红脖子粗"去争,而要靠实实在在地给群众看得见的物质福利。说服教育一旦脱离人民的利益泛谈主义将难以产生说服力,因此说服教育必须始终关照教育对象的利益需要。毛泽东首次将说服提升到教育原则的高度,系统论述了马克思主义大众化的说服教育方式。他提出:"思想改造的工作是长期的、耐心的、细致的工作,不能企图上几次课,开几次会,就把人家几十年生活中间形成的思想意识改变过来。要人家服,只能说服,不能压服。压服的结果总是压而不服"②。由此,说服教育不是朝夕之功,需要开展持续性的思想引导。同时,毛泽东提出马克思主义大众化是理论传播的重要方式。早在 1938 年 10 月,毛泽东在《中国共产党在民族战争中的地位》一文中指出,"洋八股必须废止,空洞抽象的调头必须少唱,教条主义必须休息,而代之以新鲜活泼的、为中国老百姓所喜闻乐见的中国作风和中国气派"③。

邓小平将说服教育与社会主义经济发展紧密联系在一起,他提出:"最终说服不相信社会主义的人要靠我们的发展,如果我们本世纪内达到了小康水平,那就可以使他们清醒一点;到下世纪中叶我们建成中等发达水平的社会主义国家时,就会更进一步地说服他们,他们中的大多数人才会真正认识到自己错了。"④由此,说服不仅仅在于说服内容本身,更体现在说服之外人们的实际行动。邓小平进一步指出,党员和党员干部以身作则的行动具有直接现实的说服力,"群众对干部总是听其言、观其行的"⑤。邓小平从更广阔的视野来看

① 中共中央文献研究室.刘少奇年谱:下卷[M]. 北京:人民出版社,1985:277.
② 毛泽东.毛泽东选集:第 5 卷[M]. 北京:人民出版社,1977:415.
③ 毛泽东 . 毛泽东选集:第 2 卷[M]. 北京:人民出版社,1991:534.
④ 邓小平 . 邓小平文选:第 3 卷[M]. 北京:人民出版社,1994:204.
⑤ 邓小平 . 邓小平文选:第 2 卷[M]. 北京:人民出版社,1994:124.

待说服教育,重视依靠经济的发展和法律制度的严格执行来开展说服教育。

依据中国共产党人的说服教育理论,建立良好的信任关系,是革命精神实现有效传播的前提条件,中国共产党人的实际行动和现代化建设的实际成果能够有效促进传播者和受众信任关系的形成。同时,只有认同受众的利益,满足受众的内在需求,革命精神传播才能引起受众的关注。

(二)传播模式理论与革命精神传播

传播模式理论的研究表明,"传播可以分为确定信息、选择媒体、通道传送、接收解释、评价反馈、调整再传送"①。由此,传播主体在传播前需要确定传播内容和传播媒体,传播中要做好传送和解释工作,而传播结束后要针对反馈信息及时调整传播内容和传播方式,以改进传播的效果。法国传播学者葛迪借鉴马克思的生产方式的概念,认为传播方式主要由传播工具和传播关系构成。他提出,如同马克思以生产方式来区分和描述社会形态及其发展,传播方式也可以成为从传播角度认识社会的一个分析工具②。

借鉴系统论的研究成果,研究者们开始将传播者、传播信息、传播媒介、受众和传播效果作为一个整体系统的构成要素加以深入探究,发现了传播环境和信息反馈的重要性,从而逐步建立了双向互动的传播模式。由此,中国革命精神传播应避免线性传播模式的局限性,积极发挥受众的主体作用。一方面,传播者的权威性越高,受众越容易相信传播者提供的信息,传播效果越好。另一方面,以受众为研究视角,美国传播学者德福勒提出了传播效果的个体差异理论,认为由于受教育者个体的思想、信念、价值观的差异,使得不同的个体具有不同的认知结构,由此相同的教育传播信息对于不同的接受个体而言,将产生大相径庭的效果差距。美国传播学者约瑟夫·克拉帕于1960年首次提出了"选择性心理",将这种"选择性心理"归纳为"选择性注意""选择性理解"和"选择性记忆"③,受众往往容易记住对自己有利、符合自身兴趣、与自己观点相似的信息。

依据传播模式理论,要实现有效的传播,必须把握受众的"选择性心理",这就要求对受众进行细分,采取多样化的传播方式。针对选择性理解,传播者

---

① 南国农,李运林. 教育传播学[M]. 北京:高等教育出版社,2005:22-23.

② 陈卫星. 传播的观念[M]. 北京:人民出版社,2004:14.

③ 南国农,李运林. 教育传播学[M]. 北京:高等教育出版社,2005:130.

既要保证传播信息的透明化、公开化、及时化,还要关注受众的个体差异性,防止受众对传播内容的曲解,对受众的选择性理解应进行合理引导。为了更好地促进选择性记忆,传播者应吸引受众主动参与传播过程,通过保障受众的话语权,鼓励受众发表观点和见解,和传播者共享信息。

(三)意识形态叙事理论与革命精神传播

意识形态叙事理论认为,"传播方式受社会结构的制约,在这一过程中,体现出一种独特的话语结构、话语空间和话语表现"①。由此,传播方式与特定社会意识形态的话语方式密切联系。意识形态是一定阶级和一定社会的内在思想观念的体系,通过叙事的方式,意识形态所包含的价值观念传播给一定的社会群体,能够产生广泛的价值认同。正如马克思主张"从现实生活关系"出发的方法是唯一的唯物主义的方法②,因而也是唯一科学的方法②,马克思提倡"从天国降到人间"③的叙事风格,在马克思的经典著作中我们也可以看到马克思所运用的具体化、世俗化的叙事方式。对此,詹姆逊极力推崇马克思在《路易·波拿巴的雾月十八日》一文中所表现出来的无与伦比的叙事表达。他指出,"叙述过程传达出某种意识形态或哲学思想,但并不是以思想或观点的形式出现的……一方面是讲故事的方式,另一方面是对这些故事进行解构"④。

借鉴意识形态叙事理论,中国共产党革命精神作为主流意识形态传播的重要内容,通过叙事化的话语方式可以有效增强话语效果。这源自主流意识形态需要人们发自内心的认可和赞同,任何强制性力量都适得其反,而叙事化的话语方式可以有效激发受众参与对话的积极性和主动性。

三、网络时代中国共产党革命精神传播方式的创新

基于中国共产党革命精神传播的时代境遇和多学科的理论内涵,网络时代中国共产党革命精神传播应以满足新时代人们美好精神生活的需要为目标,以传播工具的和传播关系的变革为着力点,在榜样宣传话语方式创新、红

---

① 李庆林. 传播方式及其话语表达:一种通过传播研究社会的视角[J]. 广西大学学报(哲学社会科学版),2008(3).

② 马克思. 资本论:第1卷[M]. 北京:人民出版社,1975:410.

③ 马克思,恩格斯.马克思恩格斯选集:第2卷[M]. 北京:人民出版社,1995:8.

④ 詹姆逊. 后现代主义与文化理论[M]. 唐小兵,译. 西安:陕西师范大学出版社,1986:5.

色文化育人方法创新、网络法治化治理模式创新上实现突破。

(一)尊重受众的接受心理,创新榜样宣传的话语方式

中国共产党革命历程中涌现的榜样人物是国家价值观的集中体现,能够强化并弘扬社会主义的价值取向,推动社会健康发展。为了实现革命精神传播的可接受性,榜样传播的首要任务是了解受众的接受需要,以生动形象、形式多样的传播方式激发和引导受众的注意。为了准确判断受众的接受需要,应建立榜样传播中的反馈机制、沟通机制和评估机制。可以利用大数据技术充分了解受众需求,以便及时地对传播进行有效调节和控制。此外,榜样的有效传播,还依赖于在传播者和受众之间建立平等对话的平台。评估的主要目的在于保证实事求是地传播榜样人物,通过人性化的宣传报道,树立榜样应有的社会示范效应。

在自媒体时代,人人都掌握着传播的选择权和话语权,榜样传播效果并不取决于官方,而掌握在受众手中。榜样传播需要以人的精神塑造为目的,关注人的尊严的实现,突出人情味。榜样传播的话语体系要突出平民化和生活化的趋向,提高话语的亲和力。过去榜样传播中一般使用"崇高"等话语来表达榜样的道德风尚,近年来"最美人物"成为榜样传播中高频次话语。"美"这一情感话语充分释放了人的道德主体性①,因为"美"的体验最能体现人内心深处的真实感受,展示了人性真实的一面。由此,革命精神传播应运用情感话语充分调动受众的道德主体性,使革命精神直指人心所需而成为受众的自觉认同。

(二)运用国家仪式和文化产业传播红色文化,创新育人方法

国家仪式作为传播政治理念、增进政治认同的重要方式,将有效促进红色文化所体现出的中国精神的培育和弘扬。20世纪20年代美国著名学者李普曼提出了"拟态环境",他认为人们难以通过自己的直观体验去把握瞬息万变的现实环境②。"拟态环境"为国家仪式的存在提供了理论依据,国家仪式通过吸引民众的共同参与,营造一种可见、可触、可感的"拟态环境",有助于唤起共同体的价值共识,真切地将红色文化所体现出的价值追求内化于心、外化为

---

① 陈继红. 榜样之美与社会主流道德传播的主体转向[J]. 南京社会科学,2014(9).
② 沃尔特·李普曼. 公共舆论[M]. 阎克文,江红,译. 上海:上海人民出版社,2006: 16.

实际行动。

与一般的信息传播不同,文化传播是一个国家维护主流价值观的战略任务,需要国家力量的统筹协调。不同于一般的文化产品,红色文化产品不仅具有一般商品的价值属性,还具有特殊的意识形态性,能够潜移默化地影响人们的思想观念、政治观点和道德取向。因此,中国共产党革命精神可以运用红色文化来传播,发挥红色文化育人的功能。目前,我国的文化产业发展还属于起步阶段,文化产业发展存在的最大障碍就是创新性不足。由此,应把握时代发展的脉搏和市场需求,不断推动红色文化产品的创新。目前红色文化产品一般以影视、演艺、旅游的形式呈现,今后要不断创新红色产业的类型,努力打造具有时代性、流行性和人性化的红色文化精品。比如可以依托音乐美术展览、动漫、网络游戏、网站、公益广告等形式发展一系列新的文化品种。

(三)发挥网络传播优势,创新网络法治化治理模式

互联网思维的本质是民主化、人性化的思维,其核心精神是强调公众至上、平等参与、合作共赢、迭代创新、跨界思维。中国共产党革命精神传播应运用互联网思维把握话语在网络传播过程中的时、效、度。网络传播要把握时机,争夺舆论话语权,抢占先机,应尊重受众的信息需求。网络时代传播者要树立"迭代创新的思维"[1],这种创新思维不同于过去的颠覆性创新,强调的是通过重复性的操作以"微创新"来达到持续创新。在新媒体竞争过程中,必须树立"跨界思维",吸收不同领域和不同行业的先进传播经验,打造多渠道、多样化、人性化的传播方式。

针对网络传播产生的负面效应,迫切需要探索中国特色的网络法治化的治理模式。首先,应树立法治思维[2],建立网络舆论引导机制。针对利益和矛盾纠纷,要用合法化标准来帮助人们分辨多元话语的是非曲直,学会运用法律手段解决各种社会矛盾,建立网络舆论引导机制。

---

[1] 所谓迭代创新,就是"以加快创新速度为目标,以培育和增强创新活力、提高创新质量为中心,以持续创新为导向,综合各种创新模式(开放式创新、二次创新、集成创新和全面创新),通过模型迭代和流程迭代双重迭代方式,力争达到开放、持续和加速创新"。参见惠怀海,梁工谦,马健诚.迭代创新模式与流程研究[J]. 软科学,2008(1).

[2] 所谓法治思维,"指人类符合法治的精神、原则、理念、逻辑和要求的思维习惯和程式,它是对于法治比较理性的认知过程,它是一个动态的过程"。参见韩春晖. 论法治思维[J]. 行政法学研究,2013(3).

其次,应建立一套完善的网络治理法律体系。目前,我国在净化网络环境、维护网络秩序、打击网络犯罪等方面出台了多个针对"精日"的法律法规①。这些法律法规在一定程度上遏制了亵渎和否定英雄烈士事迹和精神的网络谣言。然而,我国网络治理法律法规仍然滞后于网络技术的发展。比如《民法诉讼法》中规定民事诉讼提起诉讼必须有明确的被告,而网络传播的匿名性造成普通民众对传播者的真实姓名难以调查取证,造成诉讼程序无法启动。因此迫切需要及时推进司法解释的出台,比如可以将"有明确的被告"扩大解释为"有明确的网络注册账号",申请法院进行网络账号的实名查询,保障公民个人的权利救济。

最后,需要提高执法力度和效率,建立网络传播的法律责任追究机制。传播学的研究表明,传媒具有"议程设置"的重要功能,扮演"把关人"②的角色。为了保证网络传播法律的执行和实施,司法部门必须建立违法行为的责任追求机制,主动对网络信息传播进行监督和巡查,对于不加甄别随意转发不良信息的媒体应追究连带责任,为营造良好的网络传播环境积极行动。

---

① 2018年4月27日,中华人民共和国第十三届全国人民代表大会常务委员会第二次会议通过《中华人民共和国英雄烈士保护法》。根据《英雄烈士保护法》规定,亵渎、否认英雄烈士事迹和精神,宣扬、美化侵略战争和侵略行为,寻衅滋事,扰乱公共秩序,构成违反治安管理行为的,由公安机关依法给予治安管理处罚;构成犯罪的,依法追究刑事责任。2018年8月28日,南京市十六届人大常委会第五次会议开幕,《南京市国家公祭保障条例(草案)》提请审议,该草案中列举了三种典型的"精日"行为,明确"精日"行为违反治安管理规定,由公安机关依法给予治安处罚;构成犯罪的,依法追究刑事责任。

② "把关人"最早由美国著名的社会心理学家库尔特·卢因提出,认为只有符合把关人标准的信息才能进入群体传播渠道之中。随后,传播学者怀特将把关的标准定为把关者本人的喜好和价值判断。美国学者巴斯完善了把关人理论,认为把关分为两个阶段,第一个阶段是新闻采集过程,第二个阶段是新闻的加工过程。参见李凌凌.传播学概论[M].郑州:郑州大学出版社,2014:124-125.

弘扬"红医精神"　传承红色基因 *

　　井冈山革命根据地的红军医疗卫生事业是中国共产党领导的红色医疗卫生事业的重要源头,初步培育形成了以"救死疗伤,卫生防疫,革命人道,军民融合"为主要内涵的"红医精神",为以后中国革命及新中国成立后的医疗卫生事业的进步发展,积累了人力资源和成功经验。毛泽东、朱德等老一辈革命家所开创的红色医疗卫生事业的光辉业绩和崇高精神风范,是新时代条件下实现中华民族伟大复兴中国梦和强军目标的强大精神动力与文化支撑,具有永恒的时代价值,值得后人永远传承创新和发扬光大。

一、传承弘扬红军医院的实事求是精神

　　在井冈山革命根据地范围内,党和苏维埃政府、红军部队合力创建了茅坪红军医院、小井红军医院、高坑红军医院等几所重要的红军医院和一个茶山源药材库,以救治伤病员,保障药品供给。由于敌人的军事"进剿""会剿"和经济封锁,井冈山革命根据地的军民看病缺医少药。红军医院从实际出发,因地制宜,用中草药治病疗伤。老红军们回忆:"红军医院的药品,开始主要是用中、草药。"①"江西的草药医生是很多的,我们请教他们,去山上采来草药替伤病员治病。"②"那时药也很少,有点碘酒、药棉就算不错了……为了解决用药困难,我们设法通过关系到外面买一点来,更主要的是,用土药来治病,那时基本

　＊　本文作者黄惠运、李裕福:井冈山大学。
　①　董青云．忆小井红军医院[M]//井冈山革命博物馆．井冈山革命根据地:下册．北京:中共党史资料出版社,1987:562.
　②　王云霖．回忆井冈山上的红军医院[M]//井冈山革命博物馆．井冈山革命根据地:下册．北京:中共党史资料出版社,1987:567.

上都是用草药来治病的。"①当时大井有一个中药房，"那时西药很少，主要靠中药治病"②。"医院里药品很少，西药基本没有，只有少量碘酒，主要是中草药。最好的治伤药就是黄金粉，挨了枪弹的伤口上一点黄金粉，就可以消炎止血。"③医生看病上药大部分是用草药、中药。"比如中暑后吃一些鱼腥草，喝点凉水就好了。"④医院有一位叫谢秋月(宁冈茅坪人)，还有两位草药医生，是父子俩，父亲叫吴海泉，儿子叫吴文奎，他们是湖南酃县人，专门负责挖草药，用草药。用中草药治病疗伤有明显的效果，但是困难也不少。"受伤和患病的指战员，只能靠乡间的郎中(中医)来诊断，靠服中草药来治病，使一些本应抢救过来的伤病员没有抢救过来。"⑤但是，中草药在为红军治病疗伤过程中还是起了特殊的作用，张令彬回忆："我在永新北乡打仗时带过花，从后脑勺下打进去，住在大井的一祠堂里面，给我治伤的那个医生姓曾，他搞了一把草药放在口里嚼烂，'叭'的一声敷在伤口上，他很有把握地说，敷了就会好的，我的伤就这样治好了。"⑥有一次，红军将领李聚奎生病，住在地方群众家里养病，吃了一位老中医开出的几付中药，李聚奎的病就逐渐地好起来⑦。

没有消毒药，就用食盐代替消毒水。有一天，茅坪红军医院的谢司务长到大陇圩场为伤病员买菜。由酃县来的一个60岁左右的老年人，用竹竿挑来了一担柴火，跑进一个老倈家里，从竹竿里倒出有七八斤白花花的食盐。谢司务长喜出望外，全部买下了这一木盆食盐，挑回医院用于伤病员清洗伤口。⑧

---

① 陈正人. 创立湘赣边界"工农武装割据"的斗争[M]//井冈山革命博物馆. 井冈山革命根据地:下册. 北京:中共党史资料出版社,1987:45.

② 曾志. 回忆在井冈山的战斗生活[M]//井冈山革命博物馆. 井冈山革命根据地:下册.北京:中共党史资料出版社,1987:69.

③ 曾志. 回忆在井冈山的战斗生活[M]//井冈山革命博物馆. 井冈山革命根据地:下册.北京:中共党史资料出版社,1987:73.

④ 刘荣辉. 井冈山时期的红军生活[M]//井冈山革命博物馆. 井冈山革命根据地:下册.北京:中共党史资料出版社,1987:482.

⑤ 赖春风. 毛委员领导我们建立红色圩场[M]//井冈山革命博物馆. 井冈山革命根据地:下册. 北京:中共党史资料出版社,1987:505.

⑥ 张令彬. 井冈山斗争的回忆[M]//井冈山革命博物馆. 井冈山革命根据地:下册. 北京:中共党史资料出版社,1987:159.

⑦ 李聚奎. 红五军在井冈山[M]//井冈山革命博物馆. 井冈山革命根据地:下册. 北京:中共党史资料出版社,1987:638.

⑧ 赖春风. 毛委员领导我们建立红色圩场[M]//井冈山革命博物馆. 井冈山革命根据地:下册. 北京:中共党史资料出版社,1987:508.

二、传承弘扬红军医护的高尚医德

毛泽东在《井冈山的斗争》一文中谈道,"作战一次,就有一批伤兵。由于营养不足、受冻和其他原因,官兵病的很多"①。红军医院不仅救治红军伤病员,而且出于人道主义医治被俘的白军伤兵,救死扶伤,医德高尚。既得到红军官兵和根据地群众的拥护,又获得白军伤兵的好感,增强了红军的凝聚力和战斗力。

随队医疗是红军部队基本的医疗形式。张宗逊回忆:"部队在向茶陵城前进途经该县坑口村时,同少数地主武装打了一仗,我腿部负伤。秋收起义时的伤病员,由于没有随队医疗的条件,多半是在行军转移途中掉队失踪;只有少数有计划地安置在群众家中;有的负伤干部有条件回家疗养或到城市就医,就发给足够的费用,设法送出去安置。我负伤后能够随队医疗,这在秋收起义后还是第一次。一直拖到 12 月中旬,部队退出茶陵,将我转送到我军设在宁冈县茅坪的医院。"②贺敏学回忆:1927 年"10 月上旬,毛泽东同志带领工农革命军来到了茅坪,并把伤病员安排到群众家里住下,当时部队带了医生,照看这些伤病员"③。

组织伤病员唱歌演戏。曾经担任小井红军医院支部书记的曾志回忆:"我到医院不久就筹备过新年,组织了演戏、唱山歌等娱乐活动。当时革命歌曲不多,主要是没有人编,因此只好唱一些北伐时的歌曲,例如像'打倒列强、除军阀'一类的歌。我们主要是筹备演戏,戏是自己编的,演一些揭露土豪劣绅怎么欺压穷人,婆婆怎么虐待媳妇等一类的戏。大家在高兴当中受到了教育。"④

改善伤病员伙食营养。曾志回忆:"军委领导对我们红军总医院是很关心的,部队打下了一个地方,弄到吃的就给送上来,有时通知我们下山去背。打了胜仗,王佐同志的部队也派战士们下山去背东西,送给总医院伤病员。过元

① 毛泽东. 毛泽东选集:第 1 卷[M]. 北京:人民出版社,1991:65.
② 张宗逊. 我在井冈山斗争中的经历[M]//井冈山革命博物馆. 井冈山革命根据地:下册. 北京:中共党史资料出版社,1987:151.
③ 贺敏学. 回忆井冈山的革命斗争[M]//井冈山革命博物馆. 井冈山革命根据地:下册.北京:中共党史资料出版社,1987:241.
④ 曾志. 回忆在井冈山的战斗生活[M]//井冈山革命博物馆. 井冈山革命根据地:下册.北京:中共党史资料出版社,1987:73.

且的时候,下面给我们送来了几头牛,一些猪肉,伙房给做了几个菜,让大家美美地吃了一顿会餐。我们还给山洞里的重伤病员和其他驻地的伤病员送去了一些。"①平时,部队也经常派人来医院慰问伤病员,他们带来了慰问信、慰问的物资。有时在外面打土豪缴到的一点东西也会送来,上级领导也常来看一看,使伤病员很受感动和鼓舞。当时规定红军中不分官兵夫每人每天菜金五分钱。毛委员说,医院伤病员要特别照顾,每人每天给一角钱的菜金。一角钱的菜金,我们不能都吃光,还要想办法节余一点,将节余下的钱,发给每个伤病员零用。医院伤病员一天吃三餐,有稀有干,饭菜都由各连队食堂到时送到伤病员的病房。那时小菜完全靠买,有时当地群众也送一些南瓜、茄子、萝卜、笋干等给伤病员吃,部队和区、乡政府有时也会送些猪、牛肉来,改善伤病员的生活,医院有时也会在小井街上买点猪肉来改善伤病员的生活。古田会议决议专门规定了优待伤病兵制度,强调"医生少和药少的问题,要尽可能设法解决""官长,特别是和士兵接近的连上官长,应当随时看视伤病兵""照护伤病兵的方法,要定为一种制度""每次行军,后卫要耐烦带上落伍的伤病兵,必要时还要替他背回枪弹""发给伤病兵零用钱""伤病兵衣服被窝问题,公家尽力置备"②,从而进一步明确了人民军队医疗卫生工作的性质与制度。

医治白军伤兵。红军医院不仅为负伤的红军官兵治疗,还为被俘的白军伤兵医疗。毛泽东在《井冈山的斗争》一文中写道:"对敌军的宣传,最有效的方法是释放俘虏和医治伤兵。""医治敌方伤兵,效力也很大。"他们回去之后,不仅揭穿了敌军对红军的诬蔑和欺骗宣传,而且当了我们的义务宣传员,俱言红军好,有的甚至还规劝其他人反水,参加红军③。"新城战斗后,毛委员在茅坪宣布了医治白军伤病兵和优待俘虏的政策。"④红军"对于俘虏兵,不打骂,不搜腰包,打伤了的给予治疗"⑤。"七溪岭战斗时,一天就送来200多个国民

① 曾志. 回忆在井冈山的战斗生活[M]//井冈山革命博物馆. 井冈山革命根据地:下册.北京:中共党史资料出版社,1987:74.
② 中国人民解放军政治学院党史教研室. 中共党史参考资料:第5册[Z].内部印刷,1979:518-519.
③ 毛泽东. 毛泽东选集:第1卷[M]. 北京:人民出版社,1991:260.
④ 陈士榘. 井冈山斗争的片断回忆[M]//井冈山革命博物馆. 井冈山革命根据地:下册.北京:中共党史资料出版社,1987:210-211.
⑤ 唐天际. 安仁农军上井冈山[M]//井冈山革命博物馆. 井冈山革命根据地:下册. 北京:中共党史资料出版社,1987:348.

党军的伤病员,红军医院治疗、优待,伤病治好后,由他们自己选择去留。结果只有个别人回家(我们还发给了路费),绝大多数都参加了红军。"①

免费为地方群众看病。老红军董青云回忆:"医院也给当地群众治病,不收钱,与红军伤病员一样对待。"②平时或逢年过节,群众给红军医院送物品慰问伤病员,为了感谢报答群众的热情,红军医院总是想办法帮助群众做点好事实事。在井冈山上,老百姓只要有病,当地苏维埃政府开了介绍信,就可以到红军医院治疗。董青云回忆说:"我们从来不收他们的钱,还让他们在医院治病、吃饭,总像对待自己的亲人一样治好他们的病。"③

三、传承弘扬红军官兵的优良作风

学习弘扬红军的革命乐观主义精神。曾志回忆:在小井红军医院的日子里,感受深刻的是红军战士的革命乐观主义精神。她说:"我们的战士觉悟很高,不需要特别做他们的思想工作。""我们的战士们尽管他们并不懂得很多的革命道理,但是他们认识到跟着共产党干革命是他们唯一的生路,参加红军就是参加革命,红军就是为了打天下。他们想的就是'治好病,赶快走!'他们的思想就是那么朴实,他们的革命意志就是那么坚定。"④

传承弘扬红军互助友爱的精神。红四军军长朱德行军时,有马不骑,和士兵一样肩上扛着步枪,背着背包,有时还搀扶着伤员、病号。他的一言一行,深深地感动着大家,对稳定军心起了极大的作用。"那时连队里有匹马,是领导同志骑的,但都是互相谦让,谁也不愿骑,只是伤病员骑得多些。"⑤朱德处事刚毅沉着,他"十分关心战士,部队给他配备一头骡子行军时骑,但他在作战行

---

① 董青云. 忆小井红军医院[M]//井冈山革命博物馆. 井冈山革命根据地:下册. 北京:中共党史资料出版社,1987:563-564.

② 董青云. 忆小井红军医院[M]//井冈山革命博物馆. 井冈山革命根据地:下册. 北京:中共党史资料出版社,1987:563.

③ 董青云. 忆小井红军医院[M]//井冈山革命博物馆. 井冈山革命根据地:下册.北京:中共党史资料出版社,1987:568-569.

④ 曾志. 回忆在井冈山的战斗生活[M]//井冈山革命博物馆. 井冈山革命根据地:下册.北京:中共党史资料出版社,1987:74.

⑤ 唐天际. 安仁农军上井冈山[M]//井冈山革命博物馆. 井冈山革命根据地:下册. 北京:中共党史资料出版社,1987:345.

军中,多半是步行,把骡子让给伤病员骑"①。东固会师后,在江西红军独立第二、第四团的帮助下,红四军的伤病员大多住在当地群众家里或住进东固药材部、瑶下红军医院接受治疗。毛泽东的弟弟毛泽覃经青原山净居寺住持高光和尚的介绍,隐蔽在天玉山隆兴寺治疗腿伤,由贺子珍的妹妹贺怡护理照顾。

毛泽东、朱德等非常关心红军医院建设和红军伤病员的治疗。毛泽东在《井冈山的斗争》一文中写道:"现在医院中共有八百多人。湖南省委答应办药,至今不见送到。仍祈中央和两省委送几个西医和一些碘片来。"每打一次仗,红军都会缴获到一些战利品,毛泽东、朱德经常把其中最好的东西,派人送到红军医院里来,给伤病员吃用。在打土豪时没收到的东西,毛泽东也会派人送到红军医院里来。所以,尽管那时条件很艰苦,医院里的伤病员有时也会吃到一些鸡蛋或猪肉。在打杨如轩、杨池生部后,每人还发了几块钱。毛泽东还经常来看望伤病员,向伤病员问长问短。问大家生活得怎么样,治疗得怎么样,还有什么困难? 毛泽东经常讲,不管情况怎样紧张,也不能丢掉伤病员,100个不能死一个,要与伤病员共存,要做到他打你也不能回手。连队就是他的家,医院就是他的家呀!②

继续发扬红军的艰苦奋斗精神。毛委员率领秋收起义部队向井冈山进军时,疲劳、困苦、饥饿、惊慌的情绪充满了部队,加上疟疾、痢疾传遍了每个战士。"三湾改编后,把伤病员放在茅坪。"③由于长途行军,毛委员的脚被草鞋带子磨烂了,行动很困难。战士们要绑担架抬毛委员,他坚决不同意,自己拄着棍子坚持步行。杜修经回忆:"我在井冈山时,毛泽东同志忙得很,一天到晚没有停,他希望湖南省委派人去当兵,派干部去,搞药材去,我记得当时他还对我说要多搞些碘片去。"④参加南昌起义并随朱德、陈毅上井冈山的红军将领粟裕回忆:南昌起义部队进入赣南山区后,"此时已是10月天气,山区的气温低,寒冷、饥饿纠缠着我们,痢疾、疟疾一类流行病折磨着我们"。严酷的斗争

① 李克如.红军的政治工作[M]//井冈山革命博物馆.井冈山革命根据地:下册.北京:中共党史资料出版社,1987:428.
② 王云霖.回忆井冈山上的红军医院[M]//井冈山革命博物馆.井冈山革命根据地:下册.北京:中共党史资料出版社,1987:567-568.
③ 谭政.三湾改编前后[M]//井冈山革命博物馆.井冈山革命根据地:下册.北京:中共党史资料出版社,1987:141.
④ 杜修经.四上井冈山[M]//井冈山革命博物馆.井冈山革命根据地:下册.北京:中共党史资料出版社,1987:425.

现实,无情地考验着每一个人,那些经不起这种考验的人,有的不辞而别了,有的甚至叛变了。"那时如果不是朱德同志的领导和陈毅同志的协助,这支部队肯定是要垮掉的。"①

四、结语

习近平总书记多次强调,"要把红色资源利用好、把红色传统发扬好、把红色基因传承好"②。"让收藏在博物馆里的文物、陈列在广阔大地上的遗产、书写在古籍里的文字都活起来。"③井冈山斗争时期的红军医疗卫生事业是人民军队初创阶段医药卫生工作实践的结晶,是井冈山精神的具体体现,不仅为井冈山革命根据地的创建、巩固和发展做出了重要贡献,而且在当今"精准扶贫""精准脱贫"和实施乡村振兴战略中仍然可以发挥健康扶贫的重要作用。可以走政产学研用之路,由政府主导,市场运作,高校参与,企业实施,保护开发利用红军医药文化,生产"红军药""红军酒""红军茶"等保健药品,发展壮大红色医药文化产业。

---

① 粟裕. 激流归大海:回忆朱德同志和陈毅同志[M]//井冈山革命博物馆. 井冈山革命根据地:下册. 北京:中共党史资料出版社,1987:307-308.
② 曹智,李大伟. 习近平在视察南京军区机关时强调:贯彻全军政治工作会议精神,扎实推进依法治军从严治军[N]. 人民日报,2014-12-16.
③ 习近平. 在联合国教科文组织总部的演讲[N]. 人民日报,2014-03-28.

弘扬南梁精神　推进立德树人*

与"红船精神"一脉相承的南梁精神,是中国革命精神谱系中的重要组成部分,已经成为弘扬红色基因的靓丽名片。陇东学院所处的这片红色沃土,孕育了伟大的南梁精神。以马克思主义为指导形成的南梁精神,是立足陇东、办好地方型大学的鲜亮底色,学习、研究、弘扬南梁精神的价值内核,提炼、概括、升华南梁精神的时代意义,渗透、转化、升华南梁精神的育人功能,是陇东学院全力推进立德树人的重大历史使命。

一、不忘初心,深刻把握南梁精神的价值内涵

陕甘边区波澜壮阔的革命斗争实践是孕育南梁精神的源头活水,其丰富的价值内涵是中国共产党人初心和使命在陕甘边铁血斗争中的集中反映,是马克思主义人生观、价值观和世界观的充分体现,是民族精神、时代精神和共产主义精神的有机统一。南梁精神的价值内涵浓缩在"面向群众、坚定信念、顾全大局、求实开拓"①十六字中。

（一）"面向群众"代表着南梁精神方向

中国共产党最大的政治优势是密切联系群众,最大的危险是脱离群众②。南梁苏维埃政府是共产党人领导的红色政权,是为人民翻身解放而建立的,是人民利益的忠实代表和捍卫者。刘志丹、谢子长、习仲勋、马锡五等"南梁人"都是坚持面向群众、践行执政为民理念的典范。刘志丹亲民爱民,与群众打成

---

　* 本文作者温金童、曹复兴:陇东学院。

　① 刘正平,张秀娟. 井冈山精神与南梁精神的共性研究[J]. 中国井冈山干部学院学报,2017(6).

　② 毛志华. 发挥党密切联系群众的最大政治优势[J]. 今日海南,2018(9).

一片,其军政职务几乎被人遗忘,无论普通战士还是老百姓,一概呼之"老刘"①。谢子长经常对大家讲:"我们是老百姓的儿子,如果打骂老百姓,就是败家子、丧家犬,我们就要失败。"习仲勋亲自帮助群众种地、修房子、打扫院子、打碾粮食等,和根据地人民建立起十分融洽的关系。马锡五则常常在工作之余走村串户,到农民中间去,一边拾粪一边与群众谈天说地,掌握群众思想动态,解除群众疾苦,深受人们的爱戴②。

为表彰在南梁工作过的党政军领导干部坚持群众路线的优秀品质,毛泽东以不同方式给予他们高度评价:给刘志丹的题词是"群众领袖、人民英雄";称赞习仲勋"党的利益在第一位",是"从群众中走出来的领袖";给陇东地委书记马文瑞的题词是"密切联系群众";给陇东分区专员马锡五的题词是"一刻也离不开群众";给华池县县长李丕福的题词是"面向群众"。毛泽东对南梁根据地干部的这些褒奖,是陕甘边根据地领导人始终坚持群众观点、走群众路线的真实写照,彰显了南梁精神面向群众的正确方向。

(二)"信念坚定"是南梁精神的基本灵魂

政治信仰是共产党人的精神支柱和指路明灯,习近平总书记指出:"理想信念是'主心骨',没有坚定的信念,必然背离党的宗旨,做人做事就会走偏走邪,思想就会百病丛生。"③陕甘边根据地之所以硕果仅存,一个重要的原因就在于领导人都有坚定的信仰。南梁革命斗争时期的七十多次兵变都失败了,但刘志丹始终坚信革命必定胜利:"不论我们失败多少次,都不能灰心! 不能动摇!"凸显了百折不挠的革命信仰。当兵变失败后,年轻的习仲勋心情沉重,刘志丹鼓励他说:"干革命不能怕失败! 失败了再干嘛,我失败的次数要比你多得多呀。"习仲勋很快振作起来,投入根据地的各项建设中,提出了著名的"十大政策",为根据地的壮大和发展建立了不朽功勋。在艰苦卓绝的革命岁月里,针对一些同志遇到困难、挫折和失败时的消沉和动摇,谢子长鼓励大家:"失败是成功之母,一次不成再来一次,最后胜利一定是属于我们的。"他还说:"老子不行交给儿子,儿子不行交给孙子,有志者事竟成嘛。"④刘志丹、谢子

①　姜永明.浴血高原:刘志丹与西北革命[M].北京:中国文史出版社,2010:162.

②　中国共产党陕西历史:第1卷[M].西安:陕西人民出版社,2009:155-156.

③　唐爱军.讲政治,怎么讲[N].学习时报,2017-03-15.

④　李建雄.红色陕北:下[M].西安:陕西人民出版社,2013:119-121.

长、习仲勋等当年的"南梁人",在一次次的困难、挫折和失败面前,意志坚如铁,信仰大于天,始终百折不挠,越挫越勇,不断巩固发展着根据地,壮大了红军力量,由此铸造了南梁精神的崇高灵魂。

(三)"顾全大局"是南梁精神的根本特色

陕甘边根据地斗争时期,受"左倾"错误的影响和干扰,党内曾面临着严重的分裂危机。刘志丹、习仲勋等"南梁人"表现出铁一般的党性原则、高尚的革命情操和卓越的大局意识。阎家洼子会议上,陕北红军代表武断地指责刘志丹、习仲勋等是"逃跑主义""梢山主义""浓厚的土匪色彩",对南梁地区的工作妄加批判。为支援陕北工作,刘志丹、习仲勋等忍辱负重、不计前嫌,主动调拨了一百支步枪和数百块银圆支援陕北,并派南梁红军主力同陕北游击队一起,共同粉碎敌人对陕北根据地的反革命"围剿"①。在血雨腥风的陕北"肃反"中,刘志丹因公去瓦窑堡,半路上碰到传送逮捕刘志丹命令的通讯员,通讯员把信交给了刘志丹。为了保护更多的同志,为了不使党分裂,不使红军自相残杀,刘志丹明知山有虎,偏向虎山行,毅然赶往瓦窑堡打算说服"左"倾错误的执行者,宁愿自己受委屈,也不让逮捕正在前线浴血奋战的好干部。李维汉评价说,刘志丹"明知自己也会被捕,他有枪杆子,又有群众支持,要干就干起来了。那红军就打起内战了,给敌人造成一个很大的机会。他明知个人有危险,但还是顾全大局,服从纪律"②。

刘志丹、习仲勋等领导人在极端凶险、无比恶劣的环境下,为了维护党的利益,维护党的纪律,维护红军队伍的团结,从革命的大局出发,一次次忍辱负重,将个人的生死荣辱置之度外,充分展现了共产党人的高风亮节,揭示了南梁精神的独特风貌和鲜明特色。

(四)"求实开拓"是南梁精神最本质的内涵

在领导陕甘边革命的岁月里,刘志丹、谢子长、习仲勋等杰出的共产党人,善于把党的路线方针同陕甘边的实际情况结合起来,积极进取,勇于创新,引领南梁地区的革命从胜利走向胜利,为党中央和中央红军落脚西北奠定了基础。1929年的红石峡会议通过了刘志丹提出的"三色革命"决议案③,形成了

---

① 董均伦. 刘志丹的故事[M]. 西安:西北人民出版社,1953:52.
② 李维汉. 回忆与研究[M]. 北京:中共党史出版社,2013:476.
③ 董均伦. 刘志丹的故事[M]. 西安:西北人民出版社,1953:87.

"三色革命"的统一战线方针,成为南梁根据地的伟大创举。包家寨会议做出决议,划分安定、南梁、照金为中心的陕北、陇东、关中三个游击战略区,扩大红军的回旋余地,加强各游击队、游击区之间的相互支援。三路游击区又以南梁为中心,沿子午岭向南北发展①。毛泽东赞扬说,刘志丹创立根据地的模式如"狡兔三窟",一时在此一时在彼,是非常有用的,很高明。在艰苦的斗争实践中,刘志丹、习仲勋等创造性地提出了武装斗争与土地革命、根据地建设、创立红色政权"三结合"的独立自主地开展武装斗争的光辉思想,不仅推动了陕甘边根据地的政权建设,同时推动了经济建设和其他各方面的工作,使得南梁红色政权虽历经波折能够长期坚持下去,最终成为硕果仅存的革命根据地。

从"三色革命"统一战线方针的制定到"狡兔三窟"式的根据地创立模式,再到"三结合"的独立自主地开展武装斗争的光辉思想,都雄辩地证明,刘志丹、谢子长、习仲勋等西北共产党人具有实事求是的精神和勇于探索的意识。这种求实开拓的进取思想,成为南梁精神最深刻的内涵。

二、与时俱进,彰显南梁精神的时代意义

作为在陇原大地土生土长的革命精神,南梁精神厚重而质朴,具有浓郁的地方色彩,又时刻散发着锐意进取的时代气息②,是弥足珍贵的精神财富。如何解决发展中遇到的问题,科学推动高水平大学建设,学习好、继承好、发扬好南梁精神,是当前和最近一个时期的首要任务。

(一)坚持传承、弘扬和发展"面向群众"的南梁精神,毫不动摇地"促公平"

中国共产党从成立的那一天起,就以立党为公、忠诚为民的奉献精神,努力维护好、实现好、发展好最广大人民的根本利益。毛泽东也谆谆告诫全党:"共产党就是要要全心全意为人民服务,不要半心半意或者三分之二的心三分之二的意为人民服务。"③在社会转型发展时期,陇东学院和兄弟院校一样,面临着建设高水平应用型大学的艰巨任务,要始终坚持以人民为中心的发展思想,着力办好人民满意的教育,全方位提升教育质量,全方位推进教育均衡发展,全方位补齐教育短板,让教育发展成果更多更公平地惠及老区人民。要在

---

① 白黎.陕北出了个刘志丹[M].北京:中国民间文艺出版社,1984:136.
② 刘治立.论南梁精神[J].中国延安干部学院学报,2012(2).
③ 毛泽东军事思想研究所年谱组.毛泽东军事年谱:下[M].南宁:广西人民出版社,1994:395.

全社会倡导尊师重教的良好风气,弘扬尊师传统,营造尊师氛围,让教师真正成为最受社会尊重、最令人羡慕的职业。这也要求广大教师,尤其是党员教师,始终不忘初心,时刻牢记使命,坚持传承、弘扬和发展南梁精神的红色基因,秉承南梁时期面向群众的优良办学传统,公平、公正地对待每一个学生,千方百计做到"一个都不能少",为培养中国特色社会主义的合格建设者和可靠接班人做出更大贡献。

(二)坚持传承、弘扬和发展"信念坚定"的南梁精神,坚定不移地"把方向"

做好新时期高校工作,关键在于加强党对教育工作的全面领导,增强"四个意识"、坚定"四个自信"①,"自觉在政治立场、政治方向、政治原则、政治道路上同党中央保持高度一致",牢牢掌握高校意识形态工作主动权,牢牢坚持社会主义办学方向,营造风清气正的育人氛围;积极引导广大教师以弘扬南梁精神为抓手,坚守马克思主义信仰、坚定共产主义远大理想、坚持中国特色社会主义共同理想,以德立身、以德立学、以德施教,传播核心价值的正能量。

(三)坚持传承、弘扬和发展"顾全大局"的南梁精神,一丝不苟地"强队伍"

"教师无上光荣,每个教师都要珍惜这份光荣,爱惜这份职业,严格要求自己,不断完善自己。"②面对新时代,肩负新使命,要坚持把教师队伍建设作为基础工作,把加强师德师风建设作为首要任务,把提高专业素质能力作为核心要求,把强化教师地位待遇作为重要保障,培师德,铸师魂,下大力气提升广大教师的大局观、荣誉观、纪律观,努力打造政治素质过硬、业务能力精湛、育人水平高超的高素质教师队伍,把对党的无限忠诚、对人民的无比热爱、对事业的无私奉献,一代一代地传承下去。作为老区高校教师,更要高举南梁精神的伟大旗帜,回归本分③,不断提升教育教学水平,以新时代、新担当、新作为,奋力谱写老区高等教育事业迅速发展的新篇章。

---

① 顾明远.新时代教育发展的指导思想[J].北京师范大学学报(社会科学版),2019(1).

② 顾明远.新时代教育发展的指导思想[J].北京师范大学学报(社会科学版),2019(1).

③ 刘祖友."回归本分"视角下新建本科院校的师德建设[J].重庆电力高等专科学校学报,2018(2).

（四）坚持传承、弘扬和发展"求实开拓"的南梁精神，一贯以之地"抓改革"

要在党的十九大精神的指导下，把学习、践行南梁精神融入学习习近平中国特色社会主义思想、学习"成都宣言"的系列活动中，在改革中求生存，在创新中谋发展。陇东学院一定要学习"南梁人"大胆实践、开拓进取的思想品质，认真思考深化体制机制改革的路径和方法，充分释放和张扬教师队伍的活力和能量。要密切联系本地实际，凝练教育教学特色，突出区位优势、资源优势，勇于在实践中创新教育教学方法，借助互联网平台和信息通信技术，科学地推出慕课、微课、翻转课堂等教育新资源、新形态、新模式，通过"3+X"模式等提高综合实践课程占比，不断创新教学手段，丰富教学方法，讲求教学艺术，加大实践教学力度，全方位提高教学质量，交出无愧于党、无愧于人民、无愧于时代的满意答卷。

三、立德树人，推动南梁精神进校园

习近平总书记强调"高校立身之本在于立德树人"[①]。在红船精神引领社会主义核心价值观构建的新时代，扎扎实实地推动南梁精神进校园、进课堂、进培训、进读本、进学术、进学科，是陇东学院立足革命老区实际，传承、弘扬和发展南梁精神，"举红色旗，走特色路"，不折不扣地办好高等教育的最佳途径。

（一）南梁精神进校园是完成立德树人根本任务的现实选择

推动南梁精神进校园，要求我们在工作中坚持德才兼备、立根塑魂，把立德树人这一中心工作，有机地融入思想道德教育、文化知识教育、社会实践教育的每一个环节，真正解决好"培养什么人、怎么培养人、为谁培养人"[②]这一根本问题，引导学生培育和践行社会主义核心价值观，踏踏实实地修德养性，做有大爱大德大情怀的人。同时发扬南梁时期的优良传统，切实提高学生的思考能力、实践能力、服务社会的能力，促进学生全面发展。

（二）南梁精神进校园是"举红色旗，走特色路"办学宗旨的内在要求

举什么旗，走什么路，是事关高校发展方向和发展质量的根本问题。陇东学院地处孕育了南梁精神的革命老区，要在激烈的竞争环境下脱颖而出，办出水平、办出特色，必须高擎南梁精神这面大旗，充分把握当地红色资源丰富这

一特色,把栩栩如生的南梁人物、扣人心弦的南梁故事、自强不息的南梁情怀编入教材、编入教本、编入教案之中,让南梁精神以鲜活的样态、多彩的形式,融入常规教学内容之中,见入脑入心之效,收立德树人之功。

(三)南梁精神进校园对教师提出了更高的要求、更严的标准

教师不仅是博学多识的师者,更应该是传递光明的使者。这就要求广大教师首先领会南梁精神的深刻内涵和现实意义,成为弘扬南梁精神的典范,创造性地推动南梁精神进校园:认真学、思、践、悟习近平总书记的"四有"要求,在"有理想信念"方面,争做中国特色社会主义共同理想和中华民族伟大复兴中国梦的积极传播者;在"有道德情操"方面,引导和帮助学生扣好人生的第一粒扣子;在"有扎实学识"方面,努力提高教学水平和业务本领;在"有仁爱之心"方面,切实当好塑造学生品格、品行、品位的"大先生",做学生健康成长的指导者和引路人。

(四)南梁精神进校园将会极大地丰富教学内容、有效地拓宽学生视野

孕育南梁精神的伟大斗争实践是承载血与火、充满汗与泪的历史,是金戈铁马、硝烟弥漫的协奏,是共产党人前仆后继、不怕牺牲、甘洒热血写春秋的赞歌①。在推动南梁精神进校园的教学实践中,要注意讲清、讲好、讲透"面向群众、信念坚定"的南梁精神,让学生充分感悟南梁勇士们为了党的利益、为了革命事业、为了群众安危、赴汤蹈火、视死如归的凛然正气,在潜移默化中接受全面、系统、深刻的红色洗礼,受到爱国主义、集体主义、英雄主义和革命乐观主义的教育,思想得到纯净,灵魂得到升华,成为符合中国特色社会主义建设要求的德才兼备的新时期"南梁人",在共逐伟大中国梦的新长征中不忘初心,砥砺前进!

---

① 温金童.庆阳老区精神文明研究[M].上海:上海交通大学出版社,2018:9.

长征时期理想信念教育对新时代德育的历史价值[*]

　　加强革命传统教育,强化理念信念在德育中的作用,是习近平新时代中国特色社会主义思想的重要组成部分。如习近平在新时代德育的核心战略"培养社会主义事业的合格建设者和可靠接班人"问题上,多次强调理念信念的重要性。强调理念信念是"四有"好老师的首要标准①,是新时代青少年好学生的首要标准②,也是培养和选拔党和人民需要的好干部的首要标准③。在党的十九大报告确定的基本治国方略中,把"广泛开展理想信念教育"作为加强思想道德建设的首要任务。④ 德育有一定的时代性和阶级性,与传统社会及国外相比,我国的德育更注重"政治教育"⑤。巩固马克思主义在意识形态领域的指导地位是中国特色社会主义新时代德育的政治属性,其工作定位就是要旗帜鲜明地坚持马克思主义旗帜的引领,坚持用共产主义远大理想和中国特色社会主义共同理想巩固全党全国人民团结奋斗的共同思想基础,使全体人民在理念信念、价值观念、道德观念上紧紧团结在一起,为培养担当民族复兴大任的时代新人提供强大的精神动力和思想政治保证。

---

* 本文作者裴恒涛:遵义师范学院。

① 习近平.做党和人民满意的好老师:同北京师范大学师生代表座谈时的讲话[N].人民日报,2014-09-10.

② 习近平.习近平谈治国理政[M].北京:外文出版社,2014:175.

③ 中共中央文献研究室.习近平总书记重要讲话文章选编[M].北京:中央文献出版社,2016:58.

④ 本书编写组.中国共产党第十九次全国代表大会文件汇编[M].北京:人民出版社,2017:34.

⑤ 陈桂生.中国德育问题[M].福州:福建教育出版社,2006:29.

一、长征时期和新时代理想信念教育的历史逻辑

革命理想高于天。凭着对党的忠诚,对马克思主义的信仰,对中国革命和共产主义必胜的信念,红军战胜了长征难以想象的各种困难,胜利完成了长征。伟大长征铸就了伟大的长征精神,坚定的理想信念是长征精神的重要内涵。正如习近平总书记在红军长征胜利80周年纪念大会上指出:长征是一次理想信念的伟大远征。长征永远在路上,一个不记得来路的民族,是没有出路的民族。理想信念不会凭空产生,理想信念也不会终身相伴,需要不断教育强化。

(一)革命低潮的长征时期需要理想信念的支撑

理想信念是一个人或一个群体的奋斗目标,并为此目标执着追求、矢志不移的心理过程。它是支撑人类实践活动的重要精神动力。在中国传统文化中,愚公移山、水滴石穿、铁杵磨针的故事生动说明了理想信念的作用。中国共产党领导的民主革命时期,是血与火的斗争,随时面临着流血牺牲,时刻考验着每个革命者的理想信念。可以说,艰苦的革命战争年代需要崇高坚定的理想信念,坚信革命事业的价值和意义,坚信革命的必然成功,并为之奋斗终生,甚至不惜流血牺牲,这是革命事业胜利的强大精神动力。

中国共产党领导的革命事业历经苦难和波折,从红船建党,领导工农运动,武装起义建立农村革命政权,井冈山的斗争等,无不是在克服重重困难中前行的。长征时期是中国革命最困难最危险的时期。第五次反围剿失败,党和红军被迫离开坚守多年的革命根据地,在未知的区域寻求立足点。在陌生的长征路上,红军面临多重困难,有武装到牙齿,人数众多的国民党各路军队的围追堵截,有高山大河、高寒缺氧、物资困乏等严酷自然环境对人类体力极限的考验,更有党和红军内部的各种错误思想的干扰,长征初期博古、李德为代表的军事冒险主义和"左倾"教条主义,长征后期张国焘的右倾消极,甚至军阀主义,分裂主义。

在这些重重困难面前,革命队伍中的一些人失去理想信念,退出革命队伍,甚至背叛革命。有的人意志消沉,自杀身亡;有的人开小差,脱离革命队伍,返回老家。如肖锋长征日记中反映,中央红军长征进入湘南后,部队里的

湘南宜章人彭营长乡土观念重,脱离部队返回老家①。有的背叛革命,投靠敌人,摇尾乞怜。危机困难面前,革命队伍面临溃散的危险,长征初期陈伯钧日记中反映:"连日山地行军疲惫已甚,部队除个别落伍的有增无减外,就整排、整班甚至整连落伍的均有,这固然客观有其各种困难原因,而主观上我之宣传解释不够,管理教育不严,特别是纪律的制裁不够,更是促成这些严重现象的最主要的因素。而总的原因则由于个别,甚至少部分干部缺乏信心,因疲惫而放弃工作之所然耳!"②有些人对长征的意义存在疑惑,如廖汉生回忆红二、六军团长征中,部队横贯滇中向金沙江西进过程中,有些人疑惑重重,"天天喊建立苏区,到了这样好的地方为什么不建立?"③对于不停地走路,一些同志产生厌烦情绪,牢骚满腹说"拖拖拖,不晓得拖到那里去?""干脆到外国去吧!"④等等。

然而,更多人坚定理想信念,为革命做出贡献,成就伟大人生。一些人光荣牺牲在长征路上,成为革命英烈,永垂不朽,如陈树湘、邓萍、吴焕先等。一些人克服重重困难走完长征,正如红二十军军医院的曹继兰等7名女护士,人称"七仙女",坚信"红军走到哪里,我们跟到哪里。活着是红军的人,死了是红军的鬼!"⑤历经苦难,他们荣幸地到达中国革命新的大本营陕北,重新投入新的长征路上,为中国革命胜利和社会主义现代化建设奉献了毕生精力。

(二)社会主义新时代新征程同样需要理想信念

习近平在十九大报告中指出,经过长期努力,中国特色社会主义进入了新时代,这是我国发展新的历史方位。新时代,新征途,新使命,在实现中华民族伟大复兴的道路上,面临着不亚于长征时期的更为复杂的新情况、新问题和新矛盾,正如习近平总书记在长征胜利80周年纪念大会上指出:"今天的长征同当年的红军长征相比,同改革开放以来我们已经走过的新长征之路相比,虽然在环境、条件、任务、力量等方面有一些差异甚至有很大不同,但都是具有开创

---

① 肖锋.长征日记[M].上海:上海人民出版社,1979:9.
② 陈伯钧.红军长征日记[M].档案出版社,1986:25.
③ 中国人民解放军历史资料丛书编审委员会.红军长征·回忆史料:第2册[M].北京:解放军出版社,1992:396.
④ 中国人民解放军历史资料丛书编审委员会.红军长征·回忆史料:第2册[M].北京:解放军出版社,1992:399.
⑤ 中国人民解放军历史资料丛书编审委员会.红军长征·回忆史料:第2册[M].北京:解放军出版社,1992:25.

性、艰巨性、复杂性的事业。"①习近平在十九大报告也指出:"中华民族伟大复兴,绝不是轻轻松松、敲锣打鼓就能实现的。全党必须准备付出更为艰巨、更为艰苦的努力。"②就理想信念教育而言,新时代中国共产党的事业面临着四大考验,即长期执政的考验,改革开放的考验,市场经济的考验,外部环境的考验;面临着四大危险,即精神懈怠危险,能力不足危险,脱离群众危险,消极腐败危险。内部而言,一些共产党员和党的领导干部理念信念动摇,马克思主义理论基础薄弱,不信马列信鬼神,官僚主义盛行,脱离群众思想严重,甚至腐化堕落,破坏党纪国法,沦为人民的罪人。一些国民对社会主义和共产主义的理想心存怀疑,甚至冷嘲热讽;一些人思想道德素质不高,道德失范,拒绝崇高,低俗庸俗媚俗;一些人崇尚实利,拜金主义、享乐主义、极端个人主义滋长蔓延;某些人崇洋媚外,对西方的价值观念、自由主义津津乐道。外部而言,国内外的敌对势力或者别有用心之人,包围、遏制、打压、分化、唱衰中国的行径日趋激烈。他们对马克思主义,对社会主义道路,对坚持理想信念的中国共产党人,说三道四,攻击谩骂,各种以歪曲甚至否定马克思主义的指导地位、丑化为共产主义理想信念而奋斗的英雄模范人物为图谋的历史虚无主义思潮不时沉渣泛起。此外,新媒体格局和舆论生态下,随着新媒体的发展,国内国际、线上线下、虚拟现实、体制内体制外等界限模糊,构成了复杂的舆论场,严重冲击了主流媒体的主导作用,冲击了人们原有的理想信念和道德观念。说明新形势下,社会主义新时代的伟大征程中理想信念建设的紧迫性与必要性。

二、红军长征中理想信念教育的基本路径和经验

在危急四伏的长征途中,党和红军通过各种形式的思想政治教育,发挥榜样的力量,在长征沿线的革命实践中,培养和锻造了红军指战员的坚定革命理想信念,为长征乃至中国革命事业的胜利奠定了基础。

(一)注重以马克思主义为核心的理想信念教育

长征时期,红军战士年轻化,以青少年居多,平均不到 20 岁,不少是儿童,

---

① 习近平. 在纪念红军长征胜利 80 周年大会上的讲话[M]. 北京:人民出版社,2016: 10-11.

② 本书编写组.中国共产党第十九次全国代表大会文件汇编[M]. 北京:人民出版社, 2017:12.

如红二十五军甚至被称为"娃娃兵""儿童军""红小鬼","这支队伍里差不多没有年逾18岁以上的战斗员"①。青少年时期,正值一个人世界观、人生观、价值观形成阶段,需要教育引导,榜样指引,实践锻炼。此外,长征过程中战斗非战斗减员严重,扩红数量大,新兵比重日益增加,加强对新参加红军的战士进行革命教育,使他们了解党和红军的宗旨,树立无产阶级革命军队的理想信念,成为时势所需。

1. 马克思主义理论与党的宗旨任务教育

理想信念需要理论支撑,人们想什么和怎么想,做什么和怎么做,是同理论密不可分的。理论的作用,就是"规范人们的思想内容和思维方式、行为内容和行为方式"②。只有掌握理论,才能把握历史的发展规律,从而坚定我们的理想、信念。马克思主义的理论,是共产党理想信念的科学理论支撑。中国共产党的成立及其从事的革命活动,皆以马克思主义为指导,正如毛泽东所说:"领导我们事业的核心力量是中国共产党,指导我们思想的理论基础是马克思列宁主义。"③关于人类解放的学说、为人类谋幸福是马克思主义的基本理论。长征途中,党和红军总部不断用马克思主义的理论观点,武装广大干部战士始终是加强理想信念的重要内容。长征途中印制散发的《中国共产党十大政纲》《出路在哪里?》《中国共产党中央委员会告民众书》《中华苏维埃共和国十大政纲》《中国工农红军总政治部布告》等文告文件,体现了马克思主义关于无产阶级革命和阶级斗争的基本观点,体现了无产阶级政党的政治使命和政治信仰,是对红军和广大群众进行宣传教育,特别是强化广大红军战士树立共产主义理想信念、促进广大人民群众认同共产主义理念信念的基本教材。

2. 中国革命的规律和前途教育

长征时期是中国共产党从幼年走向成熟的转折时期。苏维埃运动中出现挫折,中国革命面临低潮,革命的道路是什么,革命的前途是什么,这些问题搞不清楚,党员干部、红军战士就会在困难面前迷失方向,动摇信念。因而,长征中各种形式的思想政治教育的一项重要内容就是让广大红军指战员清醒认识

---

① 中国人民解放军历史资料丛书编审委员会. 红军长征·回忆史料:第2册[M]. 北京:解放军出版社,1992:20.

② 孙正聿. 理想信念的理论支撑[M]. 长春:吉林人民出版社,2014:1.

③ 全国人大常委会办公厅,中共中央文献研究室. 人民代表大会制度重要文献选编:第1册[M]. 北京:中国民主法制出版社,2015:190.

到中国革命的规律和前途,既中国革命的道路是曲折的,不是一帆风顺的,有高潮有低潮,低潮中孕育着高潮,暂时的曲折和低潮并不能阻止中国革命前进的步伐,有科学理论指导,有正确的中国共产党领导的中国革命的胜利是无法阻止的。正如遵义会议传达提纲所指出的,"扩大会议认为中国苏维埃运动决不是低落,相反的依然是发展的。几个苏区红军的胜利,中央红军的活跃,以及反帝运动的高涨与国民党统治下的全国经济的破产。中国苏维埃运动有着浓厚的历史的泉源,中国苏维埃运动与红军是不可战胜的力量"①。指出中国革命的历史基础和胜利前途。博古在 1935 年 6 月 10 日中共中央、总政治部出版刊物《前进报》上发表署名文章《前进!与红四方面军会合去!》,以满腔的热情,歌颂红军强渡大渡河、避免石达开第二的光荣战斗,号召广大中央红军与红四方面军会合,在川西北建立大块的苏区,强调"这是整个中国苏维埃运动今后开展的重要关键",认为"现在的时机是我们实现自己战略任务的重要的决定的阶段"②。该文对红军的行军方向和战略做了科学的分析,进行战斗的动员,具有重要的教育鼓动意义。

3. 革命纪律包括群众纪律、组织纪律的教育

在实现共产主义的理想信念过程中,需要克服各种困难,包括主观和客观两方面。红军长征途中,新战士不断加入,对新老战士明确革命纪律,是理想信念教育的基础工作。长征中,在不同阶段不同地区通过了系列强化革命纪律的文件,如 1934 年 12 月 24 日发布《李富春关于我军沿途注意与苗民关系加强纪律检查的指示》,1935 年 5 月 19 日发布《总政治部关于争取少数民族工作的训令》等。党和红军高度重视长征路上的革命纪律教育,对各种破坏群众纪律的行为坚决抵制,保证革命队伍的纯洁性。如红二十五政委吴焕先在长征中,严格部队革命纪律。部队每经过一地,他都深入调查研究,根本不同的民情风俗,适时地提出一些新的政策、纪律规定,教育指战员严格遵守,切实做到秋毫无犯。"牲口吃了农民的庄稼,他也要求当面赔礼道歉,按价补偿损失。记得路过留坝县庙台子时,部队住宿在张良庙内,烧火做饭,弄得到处都是柴草烟灰,纪律也不太好。他当即把有关单位领导召集起来,进行批评教育,要

① 中共中央党史资料征集委员会. 遵义会议文献[M]. 北京:人民出版社,1985:36.
② 中国人民解放军历史资料丛书编审委员会. 红军长征·文献[M]. 北京:解放军出版社,1995:381-382.

求整理好庙内卫生。当时,他听说军供给部把庙内的一对铜鹤收藏了起来,准备带走留作供给经费之用;便立即找供给部领导,让其把铜鹤送回原处。"①草地行军阶段,红二军团第六师第十七团有个连队的政治指导员在给全连分发青稞麦粉时,悄悄为自己多拿了一把,反映到上级机关,被撤职处理②。各路红军长征途中,类似这样严格群众纪律、组织纪律的例子不胜枚举,严格的纪律教育,保证了革命队伍的初心和纯洁,塑造了革命战士的马克思主义信仰,保证了革命理想的实现。

(二)善于采取灵活多样富有实效的教育方式

1. 各种层面的会议学习教育

面对革命队伍中的不同层面、不同个体,党和红军采取各种层面的会议学习教育。对于红军队伍的共产党员,主要召开支部会议。毛泽东同志曾指出:"红军所以艰难奋战而不溃散,'支部建在连上'是一个重要原因。"③活跃在长征路上的党小组作为党支部领导下的战斗集体,在长征中发挥了先锋模范和战斗堡垒作用。如长征中任 1 军团 2 师 5 团 2 营担任机枪排长兼党小组长的陈国辉,在川西北通过开党小组会,党员轮流谈心进行思想启发,行动中帮扶等方式,帮助战士李国发克服开小差的思想苗头,使他坚定了革命意志,树立胜利信心,并走出草地,完成长征,还光荣地加入中国共产党。后来李国发在东渡黄河战役中不幸牺牲,为中国人民的解放事业,流尽了最后一滴血④。

干部会,如陈伯钧 1934 年 11 月 11 日长征日记记载,同日午间"去三十七团参加干部会,并解决干部中的问题。改团一营代营长李发长政治动摇,有反革命企图,决定撤职逮捕送保卫局"⑤。1935 年 3 月 4 日,陈伯钧参加红军总政治部在遵义天主堂召开的连以上干部会议,中央代表毛主席出席报告,报告内容:"第一,这次遵义附近战斗胜利的原因及其意义;第二,目前的紧急任务;

---

① 中国人民解放军历史资料丛书编审委员会.红军长征·回忆史料:第 2 册[M].北京:解放军出版社,1992:16-17.

② 中国人民解放军历史资料丛书编审委员会.红军长征·回忆史料:第 2 册[M].北京:解放军出版社,1992:400.

③ 毛泽东.毛泽东选集:第 1 卷[M].北京:人民出版社,1991:65.

④ 中国人民解放军历史资料丛书编审委员会.红军长征·回忆史料:第 2 册[M].北京:解放军出版社,1992:54-55.

⑤ 陈伯钧.红军长征日记[M].北京:档案出版社,1986:13.

第三,一般的形势。"①

战士集会,行军宿营或休息之际的战士集会是进行理想信念教育的有效场所。在这样的场合,党和红军领导人用他们丰富的阅历,现身说法,或借用生动故事,教育和鼓舞战士,使他们增强克服困难的信心与信念。周恩来等党和红军领导人利用和部队行军之际,针对干部战士对长途行军的不理解,耐心进行解释工作,指出要一切为着革命,敢于流血牺牲,排除一切困难,同时在困难的时候,要看到光明和前途,要提高信心和勇气,不要被困难吓倒②。草地上革命领袖的故事也是有效教育手段。草地行军的一天晚上,彭德怀提议请毛泽东讲故事。毛泽东用生动风趣的语言,讲述了几年来同国民党军队作战迭克强敌的故事,使指战员们受到了很大鼓舞。毛泽东讲完后,成仿吾接着讲,他讲述了自己早年留学日本,后又留学德国的经历,讲述了他开始学习机械工程,转而学习小说、诗歌创作,最后走上革命道路的经过。他现身说法,讲述了一个知识分子走上献身中华民族解放事业的道路,逐步成长为一个坚定的共产主义战士的过程,使大家受到了很大的教育和启发③。越是艰难困苦,越要发挥政治工作的优势,在红军长征最艰难的草地阶段,类似这样寓教于乐讲故事的政治工作方式随处可见,效果明显。中央红军如此,其他各路红军亦如此。如红二方面军政委任弼时、副政委关向应,经常用各种生动活泼的方式进行简单的鼓动和教育,"他们经常给战士讲故事。讲革命导师马克思在断了经济来源的饥荒中如何伏案写《资本论》;讲十月革命后,列宁怎样带领群众粉碎白匪的经济封锁,战胜了饥荒;讲太平天国的将领在断水断粮的困境中如何带头吃牛皮、树皮。这些故事起到了振奋革命精神、鼓舞革命斗志的作用"④。

2. 列宁室的政治课

列宁室是土地革命战争时期中国工农红军进行课外军事、政治、文化、卫生等活动的场所,1930 年开始在红军各连队设立,1938 年改为救亡室。列宁室由军人大会选举正式委员 5 人、候补委员 2 人,经团政治委员批准成立干事会,

① 陈伯钧,等. 红军长征日记[M]. 北京:档案出版社,1986:48.

② 肖锋. 长征日记[M]. 上海:上海人民出版社,1979:10.

③ 中共中央党史研究室第一研究部. 红军长征史[M]. 北京:中共党史出版社,2006:197.

④ 中国人民解放军历史资料丛书编审委员会. 红军长征·回忆史料:第 2 册[M]. 北京:解放军出版社,1992:241.

作为列宁室的指导机关,其主任由政治指导员兼任。干事会每 3 个月改选 1 次,可连任。下设射击组、读报组、讲演组、识字班、唱歌班、游艺组、表演组、体育组、青年组等,其工作内容主要是宣传中国共产党和苏维埃政府的方针、政策,开展军事技术、战术训练竞赛,组织科学文化知识学习等。其中,思想政治教育是列宁室活动的重要内容,正如老红军回忆,"列宁室,是在团俱乐部领导下,以连队和机关为单位对战士进行政治、文化教育及文体活动的群众组织。列宁室主任由指导员兼任,下设伙食、墙报、娱乐三个委员会"①。列宁室的布置一般以连队为单位设置,里面有马克思和列宁的画像。战火连天的年代,列宁室是红军战士集中进行政治学习,强化革命理想和纪律的场所和重要手段。长征时期由于紧张的行军与战斗环境,列宁室的开设不如苏区根据地时期固定与规范,但仍然坚持下来。中央红军把流动的列宁室搬上报刊,如在《红星》报开设《列宁室》栏目,它和实地学习的列宁室的职能相似,是指导革命理论学习的专栏,如开展"战争问题"和"巴黎公社问题"的讨论。红二、六军团在转战及长征过程中,亦不顾行军的疲劳,坚持设置列宁室,为红军战士提供学习和教育的场所,被俘随红二、六军团长征的西方传教士薄复礼回忆说:"我们看到红军又在建立他们的列宁室。每到一地,不管停留时间长短,'列宁室'是必建的。所谓'列宁室',实际上就是红军读书学习的一个地方,有时利用房子,有时就自己动手临时建,八根竹竿或树杆做桩,绿色的树枝和竹枝编在一起作墙,屋顶铺上稻草就算天花板。"②

3. 举办各类红军大学

红军各级指战员,大都是出身贫苦的工人农民,不少人从小当放牛娃,未念过书。长征在遵义期间,中央红军即成立红军大学。如林伟回忆在遵义期间,"将原来的红大、彭杨、公略两步校干部为基础成立红军大学(简称为干部团),调红一师师长陈赓、十五师主任宋任穷任团长政委"③。为了提高红军干部的政治军事水平,适应抗日救国需要,红一、四方面军会师后,党中央决定把红一方面军干部团和红四方面军红军学校合并,成立中国工农红军大学。红军大学以"理论联系实际,全面培养干部"为教育方针,把马列主义的原理,特

---

① 李兆炳. 往事琐记[M]. 北京:中国文联出版公司,1992:44.
② 薄复礼. 一个被扣留的传教士自述[M]. 北京:昆仑出版社,1989:77.
③ 林伟. 一位老红军的长征日记[M]. 北京:中共党史出版社,2006:98.

别是军事方面的理论作为教学重点。如政治教育方面,开设中国革命史、中共党史、马列主义理论知识和军队政治工作等课程,着重讲红军的性质、任务和宗旨,目的是把学员培养成为有高度政治觉悟、有指挥作战本领、有管理教育能力、有艰苦奋斗不怕牺牲精神的红军干部。

4. 运用报刊标语戏剧等舆论宣传方式

长征中,红军总政治部机关报《红星》、红一军团政治部出版的《战士》报等,刊发大量战斗号召、战斗英雄故事,对于教育广大红军明了形势,感受榜样的力量起到了重要作用。如1935年1月15日第60期《红星》报,刊发《军委奖励乌江战斗中的英雄》,列出英雄名单及奖励物品和获得荣誉,其中"三连毛正华得五星奖章,其余每人均奖军衣一套"①。1935年6月3日第186期的《战士》报刊发题为《"牲"部强渡大渡河的十七个英雄》②的文章,列出英雄名字,使之成为战士学习的榜样。红军长征中充分发挥标语文告的宣传功能,在沿线书写、张贴了大量关于党和红军主张的标语文告,红军战士参与其中,人人学写标语文告,在书写及传播的过程中,亦受到理想信念的教育。红军长征中充分发挥艺术宣教的功能,以情感人,通过大量的戏剧文艺作品,强化红军战士的理想信念。

(三)充分发挥革命团体中榜样的引领作用

榜样的力量是无穷的,向好的榜样看齐是我们事业前进的动力。在中共领导的革命和建设过程中,涌现出了一批批先锋模范代表,无论是革命烈士,还是为共产主义事业奋斗终生的优秀共产党员,他们以鲜血浇灌理想,用生命捍卫信仰,构筑了一座座不朽的精神丰碑。在他们身上体现的崇高精神风范,如坚定信仰、无私奉献、平易近人、严于律己等,如同一座座永恒的丰碑,激励着一代代共产党人,为共产主义事业而忘我奋斗。

1. 党和红军高级领导干部的垂范作用

长征中各级党员干部发挥了先锋模范作用,他们战斗当先锋,行军做表率。毛泽东在长征初期已经失去党内军内权力,甚至被打算留在苏区。但长征路上的毛泽东坚定革命必胜的信念,团结革命同志,纠正错误,力挽狂澜。

---

① 中国人民解放军历史资料丛书编审委员会. 红军长征·文献[M]. 北京:解放军出版社,1995:196.

② 中国人民解放军历史资料丛书编审委员会. 红军长征·文献[M]. 北京:解放军出版社,1995:368.

朱德作为红军之父,在草地分兵后,在红四方面军同张国焘斗智斗勇,冒着生命危险,教育广大干部战士,最终实现三军陕北大会师,为长征的胜利做出了突出贡献。彭德怀把坚定的共产主义信念同革命军事结合,身为红一军团长,总是身先士卒,不避艰险到前沿调查研究,观察地形。如遵义战役期间,彭德怀同前卫和侦察部队一起,反复研究敌情,选准有利的战场和战机,"他每次到部队,不仅要仔细检查询问战斗准备,干部战士的思想情绪,而且要带领指挥员到现场去,根据现场情况,具体交代如何加强工事,组织火力"①。此外,党和红军领导人身上体现的共产主义民主平等观念,亦为广大革命同志树立了榜样。正如陈云以被俘国民党军官口气所言:"红军军官之日常生活,真是与兵士同甘苦。上至总司令下至兵士,饭食一律平等。红军军官所穿之衣服与兵士相同,故朱德有伙夫头之称。不知者不识谁为军长,谁为师长。而且红军领袖与兵士相亲相爱。这种红军军官与兵士同甘苦之日常生活,确为国内其他军队之军官所无。也正因为红军领袖在日常生活上与兵士同甘苦,所以虽在各种困难环境之下,而红军兵士仍毫无怨言。""红军领袖对于共产主义之信仰及牺牲个人之精神,与现世之贪污犯法、假公济私之军官比拟,显有天壤之别也。"②

2. 红军中特殊群体的先锋模范作用

此外长征中各类红军指战员,无论是如董必武、李伯钊这些知识分子,还是女红军,普通红军战士,他们都发挥了榜样的力量。如曾作为红四方面女干部团团长的王媛泉,参加西路军西征河西走廊,同马家军血战疆场,被俘后九死一生,返回革命大本营。尽管遭受不公正待遇,回到江西老家的王媛泉,始终心系共产党,无怨无悔,奉献一生。中央红军战士朱镇中,湘江战役中受伤后,在广西油榨坪掉队,得到了当地龙溪村铁匠粟传亮的救护。伤愈后,为了实现革命理想,朱镇中和几个战友,克服重重困难一路要饭寻找部队。在白色恐怖下,几经周折,终于在1935年8月回到中央苏区老家江西瑞金,找到了红军游击队汀瑞支队,

---

① 中国人民解放军历史资料丛书编审委员会. 红军长征·回忆史料:第1册[M]. 北京:解放军出版社,1990:312-313.

② 中国人民解放军历史资料丛书编审委员会. 红军长征·回忆史料:第1册[M]. 北京:解放军出版社,1990:490.

重新投入党的怀抱,开始了新的战斗生活①。长征中,有的红军战士甚至喝自己的小便渡过艰难时期。陈云在向共产国际汇报长征时提到此感人故事:"一个十三岁的孩子,是儿童局的书记,在当地居民中活动。他与红军大部队失去联系后,爬山过岭,整整找了三天三夜,没有任何吃的东西。他饥渴难忍时,就喝自己的小便解渴。最后他终于找到了自己的同志和队伍"②。

(四)长征中伟大革命实践的潜移默化

时代是思想之母,实践是理论之源。理想之花只有在现实的沃土中才能茁壮成长。伟大的革命理想需要通过现实中的奋斗才能实现。换言之,一定的价值观念的形成除了教育引导之外,还需要实践养成。红军长征本身即是检验革命真理的一场伟大实践,是一群有理想有信念时代青年的青春进行曲。

长征时期贵州社会的阶级压迫,使百姓赤贫,贫富悬殊,深深刺激着红军指战员。彭雪枫回忆,在国民党及贵州地方当局的苛捐杂税下,贵州18岁的大姑娘没有裤子穿,五六十岁的老头子,屁股总是露着半边,成群结队站在大道两边欢迎红军。在遵义,一个深受劣绅欺压的当地汉子拿着状纸拦着红军申冤③。林伟在长征日记中也指出,由于军阀地主压榨、剥削、统制,使得贵州人民生活极为贫困,有谓"人无半分银"之说。到处都是衣衫褴褛,又吸鸦片烟,人们的身体不很健康。"卫生条件很差,我们经历过许多城镇,很少看到有医院设施,这行军数省仅见。"④陈云更直言贵州的贫富悬殊景象,他说:"桐梓城为贵州历年来该省军政领袖之家乡,故有美丽堂皇之洋楼数十座。这些洋房,都属贵州历年之军政要人的。而在洋房之旁则有无数鄙陋之草屋。军政要人之门前有汽车,可以来往于遵义及川边,而贫民则背负背斗,终年辛劳而不得饱。贫富之分,宛然如画。"⑤长征停留最久的川、康、滇、青藏区,尚保存着较完整的封建农奴制,凉山彝族地区保存着等级森严的奴隶制,四川茂汶、理县、汶川等羌族地区,长期处于封建社会,甘、宁、青一带的回民,也长期停滞在

---

① 中国人民解放军历史资料丛书编审委员会. 红军长征·回忆史料:第1册[M]. 北京:解放军出版社,1990:157.

② 刘统. 亲历长征:来自红军长征者的原始记录[M]. 北京:中央文献出版社,2006:13.

③ 中国人民解放军历史资料丛书编审委员会. 红军长征·回忆史料:第1册[M]. 北京:解放军出版社,1990:299.

④ 林伟. 一位老红军的长征日记[M]. 北京:中共党史出版社,2006:96.

⑤ 中国人民解放军历史资料丛书编审委员会. 红军长征·回忆史料:第1册[M]. 北京:解放军出版社,1990:472.

封建经济阶段。当时的川西地区,气候恶劣,民族杂居,人烟稀少,商业条件恶劣,"所属各县因天气严寒,地质硗瘠,故农业不甚发达,犹幸汉番杂处,互相交易,以故外省商人到此贸易者,骈肩累足"①。红一、四方面会师的阿坝懋功一带"纵横千余里,均深山穷谷,人口稀少,给养困难。大渡河两岸,直至峨眉山附近,情形略同。至于西康,情形更差"②。各路红军长征转战抵达的陕甘宁地区,亦是物产贫乏,工商业萧条③。李德回忆中也指出了陕甘宁的这种状况,"我们越向北走,景色变化越大。我们踏上了陕北的黄土地区,这里是一片光秃秃的高原,狭长的山谷纵横交错。房屋越来越为窑洞所代替,田地和菜园越来越少,树木也越来越稀了。我们面前是一个贫穷的地区,有些地方甚至是一片不毛之地"④。中央红军长征先期到达陕北后开展的东渡黄河的东征战役,一个重要的目的就是为了获取山西的物资,弥补陕北的物资匮乏,解决党中央和红军战士的后勤保障问题,正如参加东征战役的王平回忆指出:"陕北革命根据地,人口有限,物产不丰,经济落后,交通不便,中央红军和十五军团会合后,部队的给养和供应很苦难,陕北革命根据地需要扩大和发展"⑤,这从一个侧面反映了当时陕北的经济落后状况。

总之,长征沿线的广大地区,如江西、福建、湖南、广西、贵州、云南、西康、四川、陕西、青海、甘肃、宁夏、陕西等多为中国的西部地区,地瘠民贫,阶级剥削严重,社会萧条。广大西部社会贫穷落后的现实深深刺激着红军战士。西部社会劳动群众被剥削被压迫得一贫如洗,与统治者特权阶层腐化生活的强烈对比深深触动着红军战士。目睹触目惊心的社会现实,进一步教育了长征中的广大红军战士,认识到改变不合理社会现实,在解放自身同时实现社会变革的必要性和迫切性。红军所做的事情,不仅是保存自己,而是解放广大受压迫受剥削民众的正义合法之举。

---

① 川西的社会现状[N]. 社会杂志,1931(6).
② 中国人民解放军历史资料丛书编审委员会. 红军长征·文献[M]. 北京:解放军出版社,1995:511.
③ 中国人民解放军历史资料丛书编审委员会编. 红军长征·文献[M]. 北京:解放军出版社,1995:1102.
④ 奥托·布劳恩. 中国纪事(1932—1939)[M]. 北京:现代史料编刊社,1980:195.
⑤ 王平.王平回忆录[M]. 北京:解放军出版社,1992:134.

三、红军理想信念教育在新时代历史方位下的价值

习近平总书记指出,长征向全中国、向全世界庄严宣告,中国共产党及其领导的人民军队,是用马克思主义武装的、以共产主义为崇高理想和坚定信念的。长征路上的苦难、曲折、死亡,检验了中国共产党人的理想信念,向世人证明了中国共产党人的理想信念是坚不可摧的。可以说,正是凭着革命理想高于天的豪情壮志,各路红军战胜各种困难考验,久经困难,几经曲折,最终实现长征胜利,三军大会师,把革命的大本营奠基在陕北高原。进而夺取抗日战争、解放战争以及抗美援朝等战争的伟大胜利,人民军队屡克强敌,取得了一个又一个伟大的胜利。血与火的长征已经结束,新时代的长征路已经开启。对马克思主义的信仰,对共产主义的坚定信念,依然是共产党人的政治灵魂,是共产党人的精神之钙,是共产党人永葆青春活力的前进旗帜和精神力量。从伟大的长征中汲取精神养分,对于坚定新时代广大党员干部群众的理想信念,夯实新时代德育工作的根基,意义重大。

(一)强化“四个自信”,树立共同奋斗目标和理想信念

习近平总书记强调,走好今天的长征路,必须坚定共产主义远大理想和中国特色社会主义共同理想,为崇高理想信念而矢志奋斗。习近平亦指出,坚定对马克思主义的信仰,对社会主义和共产主义的信念,是共产党人的政治灵魂,理念信念的动摇是最危险的动摇。长征给我们的根本经验和启示,就是要坚持马克思主义基本原理同中国具体实际相结合,坚定不移走符合中国国情的革命、建设、改革道路。新时代,实现中华民族伟大复兴,开创新时代中国特色社会主义伟业,是我们新的长征路。新征途新目标需要凝聚社会共识,需要在全社会树立共同的奋斗目标和理想信念。在全社会层面需要强化中国梦意识,深入学习贯彻习近平新时代中国特色社会主义思想,强化理论自信、道路自信、制度自信和文化自信,坚信中国特色社会主义道路是实现社会主义现代化的必由之路,中国特色社会主义理论体系是指导党和人民沿着中国特色社会主义道路实现中华民族伟大复兴的正确理论,中国特色社会主义制度是当代中国发展的根本制度保障,中国特色社会主义文化积淀着中华民族最深层的精神追求,代表着中华民族独特的精神标识,是中国人民胜利前进的强大精神力量。同时,中国梦不仅是民族梦国家梦,更是每个中国人的梦。换言之,个人的理念信念只有同全社会的理想信念一致,小我的理想信念只有和时代

的理想信念一致,才有实现的基础与可能,要自觉把个人梦想与国家民族复兴的大业结合起来,建功立业。要始终保持政治定力,坚决同各种西化思潮、历史虚无主义思潮做斗争。当下某些人通过诋毁革命英烈进而对历史进行所谓"反思"与"解构",这种对历史是非、历史内涵和历史本质的妄言,偏离了马克思主义唯物史观,是对中国特色社会主义道路必然性的否定,是对中国特色社会主义光明前景的怀疑与动摇,具有极大的迷惑性和危害性,必须通过科学严谨的历史研究成果去批判抵制。

(二)深化思想引领,扎实有效开展思想政治教育工作

理想信念的确立是一个思想教育与社会孕育相互促进的过程。长征中的理想信念教育启示我们,只有掌握科学理论才能把握正确前进方向;只有立足实际、独立自主开辟前进道路,才能不断走向胜利;只有不断推进马克思主义中国化时代化大众化,才能用科学鲜活的理论武装全党,指导中国革命开创新的局面。正如习近平在全国宣传思想工作会议上的讲话中指出,建设具有强大凝聚力和引领力的社会主义意识形态,是全党特别是宣传思想战线必须负起的一个战略任务。对新时期的党员干部而言,必须加强思想政治教育,掌握马克思主义理论的精髓,用科学真理武装头脑,用真理指引理想,坚定马克思主义、共产主义信仰。当前新形势下,个别党员干部马克思理论武装不够,党性意识不强,不信马列信鬼神,总开关出了问题,其他问题相继而来,形式主义、享乐主义、官僚主义、奢靡之风使得一些党员干部背离了党的根本宗旨。对广大社会群体而言,在不良社会思潮的影响下,人们的精神家园出现了问题,"耻言理想、蔑视道德、躲避崇高、拒斥传统、不要规则、怎么都行"成了一些人的人生哲学和处世准则①。这些党员干部群众中出现的不良思想需要坚决抵制,教育引导。因此,需要在党员干部和广大群众中深入学习习近平新时代中国特色社会主义理论,持续有效地开展群众路线教育实践活动,培育和践行社会主义核心价值观等。在教育的过程中,采取多种形式,推动传播手段建设和创新,如借助综合舞台艺术和现代科技手段,发挥中华优秀传统文化的魅力,讲好革命先辈的感人故事,避免枯燥说教,注重实效,切实提高党员干部的理论水平,提高群众的思想认识。德育是一门实践的学问,课堂理论教育的同时,注重社会实践,通过积极进行田野调查、走访等形式,认识国情,了解社会,

---

① 孙正聿. 理想信念的理论支撑[M]. 长春:吉林人民出版社,2014:1.

发挥实践在理念信念形成中的重要作用。通过多种层次、多种内容、多种形式的宣传教育，通过培育和践行社会主义核心价值观，把全国各族人民团结和凝聚在中国特色社会主义伟大旗帜之下，同时全面提高公民道德素质，形成知荣辱、讲正气、做奉献、促和谐的良好风尚。

（三）加强榜样引领，表彰先进，发挥先锋模仿的力量

革命时期有革命烈士的丰功伟绩，新时代有新时代的道德楷模、行业标兵。无论在血与火的战争年代，还是如火如荼的建设时期和改革时期，他们以对理念信念的坚守，为理想信念的无私奉献，成为时代的标杆，用自己的模范行为和高尚人格感召群众、带动群众，激励着革命同志前赴后继，鼓舞着一代代人拼搏奉献。伟大时代呼唤伟大精神，崇高事业需要榜样引领，正如习近平总书记指出中国特色社会主义伟业是一项崇高的事业，"在这里工作，升官发财请走别路，贪生怕死莫如此门。榜样是谁呢？张思德、白求恩、焦裕禄、麦贤得，有历史的楷模，也有时代的楷模"①。在中国特色社会主义新时代，在全面建成小康社会的决胜阶段，更需要榜样的引领示范作用。通过各种方式，如中央电视台定期评选感动中国年度人物，中宣部集中组织宣传的全国重大先进典型"时代楷模"，中央文明办等单位主办评选的"全国道德模范"等，宣传各行各业的先进典型人物，让人们感受心灵震撼的精神力量。在党报《光明日报》开辟《为了民族复兴·英雄烈士谱》专栏，通过历史资料收集，采访报道，展现革命烈士生平事迹，反映烈士身上体现的革命精神传承情况，在全社会树立学习的典型，弘扬正能量，不断发挥榜样的力量。

总之，理想信念教育是德育的基础工作，也是德育的重要目的。挖掘和利用革命文化中的理想信念教育资源和经验，推动新时期的德育工作，是习近平新时代社会主义思想的重要内容。革命战争年代特别是红军长征时期理想信念的教育，为新时代德育工作提供了宝贵的历史资源和精神启迪。新时代背景下，传承红色基因，利用好红色资源，就是要讲好革命故事，通过革命历史和革命文化的深度挖掘，通过一个个有血有肉的革命家的成长和奋斗史，去教育人民，引领人民。同时，理想信念贯穿于一个人的成长过程，无论是国民教育的大中小幼阶段，还是走出校园、走向社会的阶段，都需要通过各种形式的教育，以不断树立和强化共同的理想信念。

---

① 习近平.习近平谈治国理政:第2卷[M]. 北京:外文出版社,2017:193.

红岩精神

——高校落实立德树人根本任务的宝贵红色精神资源*

习近平总书记在党的十九大报告中指出,要"广泛开展理想信念教育,深化中国特色社会主义和中国梦宣传教育,弘扬民族精神和时代精神,加强爱国主义、集体主义、社会主义教育,引导人们树立正确的历史观、民族观、国家观、文化观"①。以红船精神、井冈山精神、长征精神、延安精神、红岩精神、西柏坡精神等为主要构成的中国共产党革命精神,是民族精神和时代精神的重要内容,是新时代高校落实立德树人根本任务的宝贵红色精神资源。而立德树人乃高校的立身之本,亦为高校思想政治工作的根本任务。新时代,大力提升高校思想政治工作质量,充分发挥中国特色社会主义教育的育人优势,要始终坚持以立德树人为根本,紧密结合时代特点大力弘扬中国共产党革命精神。

一、高校落实立德树人根本任务,关涉办好中国特色社会主义大学的立身之本

"才者,德之资也;德者,才之帅也。"立德树人,立德为先,树人为要。立德有"树立德业"之意,树人有"培养人才"之蕴。中国传统文化以儒家思想为主体脉络,儒家思想的重心就是重德厚仁。在《论语》《孟子》等儒家典籍之中,"立""德"都是其关键词,传达了中国古代教育思想的道德教育核心要义。中国历来讲究德行、注重推行德育,培养学生的道德品行、帮助其成人成才始终

* 本文作者黄蓉生、丁玉峰:西南大学。

基金项目:2017 年西南大学中国共产党革命精神与文化资源研究中心项目"习近平新时代中国特色社会主义文化思想研究"(项目批准号:17SWUJDPYA01)

① 习近平. 决胜全面建成小康社会夺取新时代中国特色社会主义伟大胜利:在中国共产党第十九次全国代表大会上的报告[M]. 北京:人民出版社,2017:45.

占据教育目标的主要地位。《左传·襄公·二十四年》载："大上有立德,其次有立功,其次有立言,虽久不废,此之谓不朽。"其中,"立德"被置于最高层次,意指人生的最高境界是在德行上有建树,在功业上有成就,在思想上有创造。这里的"立德""立功""立言",在今天来看都属于"立德树人"这一范畴。高校落实立德树人根本任务,就是要教育和引导广大学生在科学文化素质和坚实思想道德素质的基础上,有所行动、有所创造、有所成就。"树人"是中国古代教育思想的价值追求,古人将育人与植树、种粮做了类比,强调人才培养的重要性。《管子·权修·第三》载:"一年之计,莫如树谷;十年之计,莫如树木;终身之计,莫如树人。一树一获者,谷也;一树十获者,木也;一树百获者,人也。"可见,"树人"乃长久之计、根本大计。"德"不能自然萌生而需要"立","人"不能自发成才而需要"树"。"立德"以"树人"为旨归,"树人"以"立德"为条件,二者辩证统一、互为条件、互相统摄,共同构成中华民族人才培养的核心理念,贯穿融汇于绵亘几千年的中国教育思想,至今,"立德""树人"仍具有重要的理论价值和实践意义。《大学》开宗明义就说:"大学之道,在明明德,在亲民,在止于至善。"大学之为大,就是在授业解惑中引人以大道、启人以大智,使人努力成为德智体美全面发展的社会主义建设者和接班人,成为担当民族复兴大任的时代新人。如今,将"立德""树人"结合在一起,既是对中国古代教育思想精髓的时代传承,也是对高等教育根本任务的深刻洞察。

立德树人是中国共产党的重大教育方略,是办好中国特色社会主义大学的核心价值取向。中国共产党历来高度重视立德树人,始终把"立德树人"这一根本与开展党的中心工作紧密结合。毛泽东在社会主义建设探索之初就明确指出:"我们的教育方针,应该使受教育者在德育、智育、体育几方面都得到发展,成为有社会主义觉悟的有文化的劳动者。"①1978 年 4 月 22 日,邓小平在全国教育工作会议上的讲话中强调:"我们的学校是为社会主义建设培养人才的地方。培养人才有没有质量标准呢? 有的。这就是毛泽东同志说的,应该使受教育者在德育、智育、体育几方面都得到发展,成为有社会主义觉悟的有文化的劳动者。"②1989 年 9 月 29 日,江泽民在庆祝中华人民共和国成立四十周年大会上的讲话中强调:"各级各类学校不仅要建立完备的文化知识传授

---

①　中共中央文献研究室.毛泽东文集:第 7 卷[M].北京:人民出版社,1999:226-227.

②　邓小平.邓小平文选:第 2 卷[M].北京:人民出版社,1994:103.

体系,而且要把德育放在首位,确立正确的政治方向。"①2006 年 8 月 29 日,胡锦涛在中共中央政治局第三十四次集体学习讲话中强调:"要坚持育人为本、德育为先,把立德树人作为教育的根本任务,努力培养德智体美全面发展的社会主义建设者和接班人。"②2017 年 10 月 18 日,习近平总书记在党的十九大报告中指出:"要全面贯彻党的教育方针,落实立德树人根本任务,发展素质教育,推进教育公平,培养德智体美全面发展的社会主义建设者和接班人。"③回顾新中国成立以来,我国高等教育办学历程,"立德树人"是一条鲜明的主线贯穿其中,党提出了一系列关于"立德树人"的重大教育战略,并强调要将其视为教育的根本任务,有力地保证了社会主义大学的办学方向和中国特色社会主义事业的人才供给。当下,中国特色社会主义进入新时代,"实现中华民族伟大复兴,教育的地位和作用不可忽视。我们对高等教育的需要比以往任何时候都更加迫切,对科学知识和卓越人才的渴求比以往任何时代都更加强烈"④。办好中国特色社会主义大学,必须严格落实立德树人根本任务,不断提高高等教育质量,切实担负起培养德智体美全面发展的社会主义建设者和接班人、培养担当民族复兴大任的时代新人的崇高使命。

立德树人,关系办好中国特色社会主义大学,是培养德智体美全面发展的社会主义事业建设者和接班人的本质要求。国无德不兴,人无德不立。育人之本,在于立德铸魂。德管方向、管结果,一个人只有明大德、崇公德、严私德,其才方能用得其所。没有崇高理想和良好品质,知识掌握再多也无法成为优秀人才。高校要培养优秀人才,既要抓好科学文化知识教育,更要提升思想政治工作质量。我国高校是中国共产党领导下的社会主义高校,其最大的特色和优势在于始终坚持党的领导,始终坚持社会主义办学方向,始终坚持以立德树人为根本。"办好我国高校,办出世界一流大学,必须牢牢抓住全面提高人才培养能力这个核心点,并以此来带动高校其他工作。"⑤面对新形势新任务,办好中国特色社会主义高校,必须坚持以马克思主义为指导,以党的教育方针为根本遵循,充分利用好集中体现党的政治本色和精神特质的宝贵资源,加强

①　十三大以来重要文献选编:中[M]. 北京:人民出版社,1991:627-628.
②　十六大以来重要文献选编:下[M]. 北京:中央文献出版社,2008:617.
③　习近平.习近平谈治国理政:第 2 卷[M]. 北京:外文出版社,2017:377.
④　习近平.习近平谈治国理政:第 2 卷[M]. 北京:外文出版社,2017:376.
⑤　习近平.习近平谈治国理政:第 2 卷[M]. 北京:外文出版社,2017:377.

和改进大学生思想政治教育,帮助大学生掌握科学的世界观和方法论。为此,高校要充分挖掘和开发党的宝贵精神资源,特别是其中汲取了中华优秀传统文化基因、吮吸马克思主义科学理论、植根中国特色社会主义伟大实践而形成的中国共产党革命精神,为高校落实立德树人根本任务,解决"用什么培养人""培养什么样人""为谁培养人"的根本问题奠定深厚文化底蕴、鲜亮文化底色和充足文化底气。由此,新时代高校落实立德树人根本任务,要大力弘扬包括红岩精神在内的中国共产党革命精神,坚定大学生的理想信念,牢筑其精神支柱,树立崇高的精神追求,实现德智体美劳全面发展,努力成为社会主义现代化建设的合格建设者和可靠接班人。

二、红岩精神内蕴于中国共产党革命精神,成为高校落实立德树人根本任务的必然红色文化资源

中国共产党在革命、建设和改革的伟大实践中,团结和带领全国各族人民书写了人类历史上惊天动地、泣鬼神的壮丽史诗,创造了独具中国特色、中国风格、中国气派的中国共产党革命精神。这种精神是对中华优秀传统文化的继承和发展,是中华民族精神在革命特定时代条件下的飞跃升华。第一,中国共产党革命精神渊源于中华民族精神。自古以来,中国人民自强不息、勤奋创业的伟大实践塑造了千秋万代民族之魂,构成了中华民族传统文化的主流,创造了以爱国主义为核心,团结统一、爱好和平、勤劳勇敢、自强不息的中华民族精神,这是中国共产党革命精神的重要源头。正如毛泽东所说:"今天的中国是历史的中国的一个发展;我们是马克思主义的历史主义者,我们不应当割断历史。从孔夫子到孙中山,我们应当给以总结,承继这一份珍贵的遗产。"①第二,中国共产党革命精神奠基于马克思主义科学理论。中国共产党革命精神是在新民主主义革命时期,中国共产党坚持以马克思主义理论为指导,在争取民族独立和人民解放的过程中形成的精神财富,是马克思主义基本原理与中国革命具体实践相结合的精神结晶,是中国共产党赖以生存和发展的文化品格和精神支撑。这种革命精神"是中国共产党人政治本色和精神特质的集中体现,是中华民族精神新的升华,也是我们今天正在建设的社会主义核心价值

---

① 毛泽东.毛泽东选集:第2卷[M].北京:人民出版社,1991:534.

体系的重要来源"①。

中国共产党革命精神内涵丰富、形态多样,红岩精神内蕴其中。中国共产党在新民主主义革命伟大斗争中,锻造了包括红船精神、井冈山精神、长征精神、延安精神、红岩精神、西柏坡精神等一座座光耀中华、永不褪色的精神丰碑。其中,"红船精神"以"红船"命名,宣告了即将开启的一段伟大航程,它以"开天辟地、敢为人先"的首创精神、"坚定理想、百折不挠"的奋斗精神、"立党为公、忠诚为民"的奉献精神为底色,构筑了中国共产党革命精神之源。"井冈山精神"是伴随着井冈山根据地军民艰苦卓绝的斗争而形成,是以毛泽东等老一辈无产阶级革命家为代表的中国共产党人,在井冈山时期艰苦卓绝的革命斗争中培育和形成的闪耀着共产主义光芒的革命精神,是中华民族精神在革命特定阶段的传承与弘扬。"长征精神","就是把全国人民和中华民族的根本利益看得高于一切,坚定革命的理想和信念,坚信正义事业必然胜利的精神;就是为了救国救民,不怕任何艰难险阻,不惜付出一切牺牲的精神;就是坚持独立自主、实事求是,一切从实际出发的精神;就是顾全大局、严守纪律、紧密团结的精神;就是紧紧依靠人民群众,同人民群众生死相依、患难与共、艰苦奋斗的精神"②。红岩精神是在抗日战争期间,以毛泽东、周恩来为代表的中共中央南方局高举抗战民主旗帜,在争取民族独立和人民解放的艰苦斗争中培育的一种伟大革命精神,是中国共产党在新民主主义理论与实践的探索中政治上走向成熟的生动体现,集中反映了中共中央南方局领导人和无数革命英烈的崇高思想境界、坚定理想信念、巨大人格力量和浩然革命正气,是在特定的斗争环境中表现出来的共产主义精神。"红岩精神同井冈山精神、长征精神、延安精神一样,都是中国共产党人和中华民族的宝贵精神财富。"③

红岩精神成为高校落实立德树人根本任务的必然红色文化资源。红岩精神作为一种历史性文化资源,继承了中华民族的优秀文化传统和民族精神,是大学生思想政治教育的生动历史教材,是落实立德树人根本任务的宝贵红色文化资源。第一,红岩精神充实"立德树人"的育人内容。高校思想政治工作

① 习近平. 在纪念中央革命根据地创建暨中华苏维埃共和国成立 80 周年座谈会上的讲话[N]. 人民日报,2011-11-05.
② 习近平.习近平谈治国理政:第 2 卷[M]. 北京:外文出版社,2017:47.
③ 江泽民论有中国特色社会主义(专题摘编)[M]. 北京:中央文献出版社,2002:401.

承担着培养德智体美全面发展的社会主义建设者和接班人、培养担当民族复兴大任的时代新人的重大使命,必须始终坚持以立德树人为根本,充分发挥革命精神的育人功能。教育部《高校思想政治工作质量提升工程实施纲要》明确提出要"挖掘革命文化的育人内涵,实施'革命文化教育资源库建设工程'"①。作为中国共产党人在探索中国革命道路过程中形成的历史文化遗存,红岩精神继承了中华民族优秀文化传统,展现了中国共产党人在长期的探索过程中形成的高尚品格和道德情操,是集理想信念教育、爱国主义教育、崇高思想品格教育于一体的大学生思想政治教育资源。高校运用红岩精神推进立德树人实践,能充实育人内容,增强育人内容的真理性和生动性。第二,红岩精神坚固"立德树人"的正确方向。中国特色社会主义大学办学目标是培养德智体美全面发展的社会主义建设者和接班人,其核心标准就是正确的政治方向和坚定的理想信念。红岩精神作为中国共产党人的宝贵精神财富,蕴涵了中国共产党为民族解放、繁荣富强而不懈奋斗的革命历史,体现了中国共产党人永不懈怠的精神状态和一往无前的奋斗姿态。这种独特的精神,让中国共产党人经受住了各种考验,克服了各种困难,战胜了各种敌人,取得了中国革命的伟大胜利。新时代,运用红岩精神推进立德树人实践,有助于帮助大学生用马克思主义理论武装头脑,坚持正确政治方向,坚定科学人生信仰,不断坚固高校人才培养的正确方向。第三,红岩精神增强"立德树人"的育人实效。借助红岩精神的多样表现形式立德树人,既能将育人的目标、内容融入其中,也能采用灵活多样的方法或手段,促进大学生在轻松的教育情境中参与体验,有效提升高校立德树人的实效性。

三、高校引导大学生弘扬红岩精神,具有落实立德树人根本任务的特定重大价值

大学生是十分宝贵的人才资源,今天的大学生就是未来实现中华民族伟大复兴中国梦的主力军。红岩精神作为中国共产党革命精神的特殊体现,升华了中华民族昂奋达观、坚韧不拔、不懈奋斗、勇于奉献的精神,鼓舞着一代又一代青年健康成长。高校落实立德树人根本任务,引导大学生弘扬红岩精神

---

① 中共教育部党组关于印发《高校思想政治工作质量提升工程实施纲要》的通知[EB/OL].教育部网站,2017-12-05.

对于大学生确立远大志向、增强社会责任感、完善人格修养、培养创新实践能力都具有十分重大价值。

第一，帮助大学生确立远大志向。大学生确立什么样的人生志向，将会影响到未来的人生发展。习近平总书记在同各界优秀青年代表座谈讲话时指出："现在，青春是用来奋斗的；将来，青春是用来回忆的。人生之路，有坦途也有陡坡，有平川也有险滩，有直道也有弯路。青年面临的选择很多，关键是要以正确的世界观、人生观、价值观来指导自己的选择。"①当代大学生要在时代发展的洪流中找准自己的人生定位，让自己的青春更加充实、更加精彩，就需要深入地了解国家的发展历史、了解党的发展历史，把握民族精神和革命精神之精髓。坚定的理想信念是红岩精神的主要组成，是中国共产党人战胜一切困难和敌人、最终取得胜利的力量源泉。正是出于对革命理想的无比忠贞、对共产主义事业必然胜利的坚定信念，中国共产党人和革命志士矢志追求真理、勇于牺牲自己，为根本改变国家和民族的命运做出了贡献。一个民族、一个国家，如果没有自己的精神支柱，就等于没有灵魂。无论个人还是政党，如果没有理想信念，生命就会失去坚实的支柱。大学生正处于人生立志的关键时期，弘扬红岩精神就是要引导其像"红岩人"那样坚定理想信念，明确人生目的，端正人生态度，确立人生志向，把个人梦想融入民族梦想、国家梦想之中，奋力书写青春于全面建成小康社会、实现中华民族伟大复兴的"百年目标"之上。

第二，增强大学生社会责任感。中华民族是一个具有伟大奉献精神的民族，为中华民族繁荣发展做出巨大奉献的人物层出不穷。正如鲁迅所言："我们从古以来，就有埋头苦干的人，有拼命硬干的人，有为民请命的人，有舍身求法的人……虽是等于为帝王将相作家谱的所谓'正史'，也往往掩不住他们的光耀，这就是中国的脊梁。"②这就是一种社会责任感。作为社会性动物的人，只要存在，就必然要对自己、对他人、对社会承担相应的责任。马克思恩格斯提出："作为确定的人，现实的人，你就有规定，就有使命，就有任务，至于你是否意识到这一点，那都是无所谓的。"③于当代大学生而言，既要专攻博览，又要关心国家、关心人民、关心世界，勇于担当社会责任。增强大学生社会责任

① 中共中央文献研究室. 十八大以来重要文献选编：上[M]. 北京：中央文献出版社，2014：282.

② 鲁迅. 鲁迅散文[M]. 北京：人民文学出版社，2014：223.

③ 马克思，恩格斯. 马克思恩格斯全集：第3卷[M]. 北京：人民出版社，1960：329.

感,离不开红岩精神的滋养。红岩烈士们用自己的青春、热血和生命凝聚起的这座光芒四射的丰碑——红岩精神,彰显了中国共产党人"愿以我血献后土,换得神州永太平"的强烈社会责任感。历史已经证明,在红岩精神的感召下,一大批德才兼备、年轻有为的青年才俊,为取得中国革命和建设事业的胜利做出了贡献。当代大学生在全面建成小康社会的决胜阶段、中国特色社会主义进入新时代的关键时期,更应大力弘扬红岩精神,传承光荣革命传统,认清历史使命,勇担时代责任,立志报效祖国、服务人民,努力成长为担当民族复兴大任的时代新人。

第三,完善大学生的人格修养。"青年兴则国家兴,青年强则国家强。青年一代有理想、有本领、有担当,国家就有前途,民族就有希望。"①大学生要完成肩负的历史重任,必须加强人格修养,到达"修身、齐家、治国、平天下"的彼岸。青年大学生如果没有完善的人格修养,纵然有报效祖国和人民的热忱与才能,也难以充分发挥作用。大学生完善人格修养,需要汲取红岩精神的宝贵精神营养。中共中央南方局共产党人在国统区一无政权、二无军队、三缺物资金钱的情况下,在重庆工作的 8 年间始终集聚在抗日民族统一战线旗帜下,创造出辉煌业绩,其中至关重要的因素在于"红岩人"的巨大人格力量。正是这种巨大的人格力量壮大了党的力量,扩大了党的影响,赢得越来越多人民群众的同情、支持和帮助。新中国建立后,这种力量成为鼓舞全党全国人民为巩固新生政权和建设社会主义国家而奋斗的巨大精神动力。今天,全面建成小康社会、实现中华民族伟大复兴,依然需要充分运用这种力量来感召当代青年。完善大学生人格修养,既要立意高远,又要立足现实,将红岩精神中的高尚道德品质在大学生中广加传播与弘扬,使其明大德,守公德,严私德。

第四,培养大学生创新实践能力。周恩来曾说过:"一切个人利益,阶级利益,党派利益,都应该服从总的民族利益。为民族利益而奋斗而牺牲,是中华儿女今天最光荣最主要的任务。"②以周恩来为代表的中共南方局,正是这"最光荣最主要的任务"的最忠实最杰出的完成者。当代大学生弘扬以"爱国、奋斗、团结、奉献"为主要内容的红岩精神,继承革命先辈的光荣传统,有利于其

---

① 习近平. 决胜全面建成小康社会夺取新时代中国特色社会主义伟大胜利:在中国共产党第十九次全国代表大会上的报告[M]. 北京:人民出版社,2017:70.

② 建党以来重要文献选编(1921—1949):第 18 册[M]. 北京:中央文献出版社,2011:403.

不断提升创新实践能力,勇做走在时代前列的奋进者、开拓者、奉献者。红岩精神作为中共中央南方局共产党人的理论和实践的集体精神结晶,是中华民族坚韧不拔、自强不息民族精神的生动体现,它的每一个音符都跃动着撼人心灵、发人深思、催人奋进的历史神韵。这种精神是实践育人的优质资源,对于培养大学生的实践创新能力大有裨益。大学生"的学习应该是全面的、系统的、富有探索精神的。既要抓住学习重点,也要注意拓展学习领域;既要向书本学习,也要向实践学习;既要向人民群众学习,向专家学者学习,也要向国外有益经验学习。学习有理论知识的学习,也有实践知识的学习"①。道不可坐论,德不能空谈。于实处用力,在知行合一上下功夫,弘扬红岩精神方能产生育人实效。一方面,大学生通过参观红岩革命遗址、参加红岩精神观摩、红岩精神实践等活动,能在潜移默化之中学习红岩精神,经受理想信念和革命精神教育,进而更充分地理解"空谈误国、实干兴邦"的深刻意蕴,自觉提升扎扎实实干事的实践能力;另一方面,大学生通过深入社会、深入实际,了解社会、了解国情,能将自己所学的专业知识与社会发展和人民需要结合起来,报效祖国和人民,敢于有梦、勇于追梦、勤于圆梦,为实现中国梦增添强大青春正能量。

事实有力说明,中国共产党的队伍里,始终活跃着怀抱崇高理想、充满奋斗激情、富有创新实践能力的青年人,是中国共产党历经 90 多年风雨而依然保持蓬勃生机的力量保证。新时代的青年大学生应积极响应党的号召,大力弘扬中国共产党革命精神,增长科学知识本领,锤炼创新创业本事,在建设中国特色社会主义伟大实践中建功立业,成就自己的宝贵人生。用奋斗的青春底色让红岩精神代代相传、永放光芒!

---

① 习近平.习近平谈治国理政[M]. 北京:外文出版社,2014:404.

人民军队建军精神与红色基因的传承*

　　1921 年 7 月,中华民族最优秀的儿女,在上海的石库门里和嘉兴的船舫上,创立了领导中国革命和中华民族复兴的核心力量中国共产党,"中国革命的面貌焕然一新"①。1927 年 8 月,中国最先进的无产阶级政党,在南昌领导发动了八一起义,打响了武装反抗国民党反动派的第一枪,"标志着中国共产党独立领导领导革命战争、创建人民军队的开端,开启了中国革命新纪元"②。伟大的革命实践产生伟大的革命精神:在"烟雨楼台革命萌生"③桨声中,形成了中国共产党革命精神之源红船精神——"开天辟地、敢为人先的首创精神,坚定理想、百折不挠的奋斗精神;立党为公、忠诚为民的奉献精神"④;在"南昌首义诞新军"⑤枪声中,形成了人民军队精神之魂八一精神——"坚定信念、听党指挥,为民奋斗,百折不挠;敢为人先、勇于创新"⑥。人民军队建军精神是中国共产党在大革命失败到土地革命兴起时期,领导南昌起义、秋收起义、创建井冈山革命根据地和赣南闽西实施工农武装割据的思想文化硕果,集中反映了"人民军队完全区别于一切旧军队的政治特质和根本优势"⑦,即党对军队的绝对领导、为民奋斗的宗旨意识和一往无前的品质作风。南昌起义中形

---

* 本文作者叶桉:江西科技师范大学。

① 毛泽东.毛泽东选集:第 4 卷[M].北京:人民出版社,1991:1357.

② 习近平.在庆祝中国人民解放军建军 90 周年大会上的讲话[N].人民日报,2017-08-02.

③ 南湖革命纪念馆.中共一大南湖会议[M].杭州:浙江大学出版社,1989:11.

④ 习近平.弘扬"红船精神"走在时代前列[N].光明日报,2005-06-21.

⑤ 许涤新.百年心声:中国民主革命诗话[M].北京:生活·读书·新知三联书店,1979:176.

⑥ 叶桉.八一精神内涵的概括表述[J].中国高校社会科学,2015(4).

⑦ 习近平.在庆祝中国人民解放军建军 90 周年大会上的讲话[N].人民日报,2017-08-02.

成的八一精神,是人民军队建军精神的发轫,是秋收起义精神、井冈山精神、苏区精神和古田会议精神的源头,基本涵括了人民军队建军精神的内容和特征。伟大的革命精神凝练隽永的红色基因——以八一精神为代表的人民军队建军精神,将共产党人和革命军人坚定的信仰、纯洁的党性、为民的情怀、果敢的作风、开拓的品质和英雄主义气概一脉相承、薪火相传,确保中国共产党和人民军队勇立历史潮头、战无不胜,是坚持中国道路、弘扬中国精神、凝结中国力量不可或缺的宝贵精神财富。

一、伟大的革命铸就红色基因不朽品质

从中国共产党成立"开天辟地的大事变"①,到南昌起义"开启了中国革命新纪元"②,建党和建军的伟大革命实践,共创中国共产党革命精神谱系,共书红色基因内涵。

鸦片战争后,内忧外患使中国一步步陷入半殖民地半封建社会的深渊。面对近代以来"救亡图存"两大历史任务,众多志士仁人上下求索,从太平天国运动到洋务运动,从戊戌变法到辛亥革命,虽不同程度地推动了社会前进,但都未彻底改变国家性质和人民命运。正如毛泽东所说:"一切别的东西都试过了,都失败了。"③"十月革命一声炮响,给我们送来了马克思主义"④。早期先进分子们将马克思主义视为拯救中国的思想指南,"用无产阶级的宇宙观作为观察国家命运的工具,重新考虑自己的问题"⑤,对其"猛看猛译"。五四运动以后,先进的知识分子开始思考建立具有无产阶级政党性质"革命党"的设想⑥;李大钊提出应当尽快建立一个"强固的精密的团体","平民的劳动家的政党"⑦;李达认为新兴政党主旨"就是实行马克思的共产主义"⑧;陈独秀提出中国劳动者要"跟着俄国的共产党一同试验新的生产方法","用阶级斗争的

---

① 毛泽东. 毛泽东选集:第4卷[M]. 北京:人民出版社,1991:1514.
② 习近平. 在庆祝中国人民解放军建军90周年大会上的讲话[N]. 人民日报,2017-08-02.
③ 毛泽东. 毛泽东选集:第4卷[M]. 北京:人民出版社,1991:1471.
④ 毛泽东. 毛泽东选集:第4卷[M]. 北京:人民出版社,1991:1471.
⑤ 毛泽东. 毛泽东选集:第4卷[M]. 北京:人民出版社,1991:1471.
⑥ 李汉俊. 世界思潮之方向:我有几句话要说[J]. 觉悟,1919(9).
⑦ 李大钊全集:第3卷[M]. 北京:人民出版社,2006:271.
⑧ 李达文集:第1卷[M]. 北京:人民出版社,1980:31.

手段""夺来政权,"建设劳动者的国家"①,并在实际中与工人运动相结合,可谓"南陈北李,相约建党",于是"中国产生了共产党,这是开天辟地的大事变"②。从此,"中国共产党引领革命的航船,劈波斩浪,开天辟地,使中国革命的面貌焕然一新"③。革命是历史的火车头,精神是火车的动力源。习近平指出:"中国共产党的诞生,使中国革命从此有了坚定的理想信念和强大的精神支柱。"④党成立前后的奋斗历程,充满着血与火的洗礼和生与死的考验。"烟雨楼台革命萌生,此间曾著星星火;风云世界逢春蛰起,到处皆闻殷殷雷"⑤。毛泽东曾说:"我一旦接受了马克思主义是对历史的正确解释以后,我对马克思主义的信仰就没有动摇过。"⑥周恩来也曾表示:"我认的主义一定是不变了,并且很坚决地要为他宣传奔走。"⑦更有一大批先进知识分子矢志不渝地为创建中国共产党和实现共产主义,以"革命理想高于天"的崇高信念、"星星之火,可以燎原"的坚定信心、"砍头不要紧,只要主义真"的牺牲精神,完成缔造中国共产党的使命,做出了不可磨灭的历史功绩。在建党大业中形成的红船精神,"开天辟地、敢为人先"的首创精神是其核心,"坚定理想、百折不挠"的奋斗精神是其特征,"立党为公、忠诚为民"的奉献精神是其本质。近百年历史证明,中国共产党勇立历史潮头,开拓进取,担负起救国救民历史使命,以古今中外不可比拟的中国气派和中国风格,锻造了区别其他一切政党的显著标志,成为中国共产党革命精神之源、红色文化之基。可谓"南湖红船点燃的是星星之火,形成了中国革命的燎原之势,使四海翻腾,五洲震荡。走向井冈山、走向延安、走向西柏坡,由一个领导人民夺取政权而奋斗的党,成为领导人民掌握政权并长期执政的党"⑧。

1927年蒋介石和汪精卫先后叛变革命,从此"内战代替了团结,独裁代替了民主,黑暗的中国代替了光明的中国"⑨。在一片白色恐怖形势下,中国共

---

① 陈独秀. 短言[J]. 共产党,1920(11).
② 毛泽东. 毛泽东选集:第4卷[M]. 北京:人民出版社,1991:1514.
③ 习近平. 弘扬"红船精神"走在时代前列[N]. 光明日报,2005-06-21.
④ 习近平. 弘扬"红船精神"走在时代前列[N]. 光明日报,2005-06-21.
⑤ 南湖革命纪念馆,等. 中共一大南湖会议[M]. 杭州:浙江大学出版社,1989:11.
⑥ 埃德加·斯诺. 西行漫记[M]. 三联书店,1979:131.
⑦ 中共中央文献研究室. 周恩来书信选集[M]. 北京:中央文献出版社,1988:41.
⑧ 习近平. 弘扬"红船精神"走在时代前列[N]. 光明日报,2005-06-21.
⑨ 毛泽东. 毛泽东选集:第3卷[M]. 北京:人民出版社,1991:1036.

产党必须解决"要不要坚持革命"和"如何坚持革命"两个根本性问题。大革命失败使党深刻认识到"没有革命的武装就无法战胜武装的反革命,就无法担负起领导中国革命的重任,就无法夺取中国革命的胜利,就无法改变中国人民和中华民族的命运"①,毅然决然地领导发动南昌起义,以革命英雄主义气概实践了"枪杆子里面出政权"的真理,一改幼年的党"在统一战线、武装斗争和党的建设三个基本问题上都没有经验的党"②的状况。习近平指出:"南昌城头一声枪响,拉开了我们党武装反抗国民党反动派的大幕。这是中国共产党历史上的一个伟大事件,是中国革命史上的一个伟大事件,也是中华民族发展史上的一个伟大事件。"③南昌起义的二万多将士"革命理想高于天","听党的话,跟党走",系着"牺牲"带上演"风起甘棠湖""激战松柏巷""陈毅追队伍""血染三河坝""赣南打游击""会师井冈山"一幕幕可歌可泣史剧,以"五个一"的伟大意义彪炳史册:打响了武装反抗国民党反动派统治的第一枪、创建了一支党绝对领导的新型军队、开启了独立领导武装夺取政权的一条正确的道路、铸就了一种精神,即在中国共产党革命精神谱系中矗立起以八一精神为代表的人民军队建军精神新坐标。习近平指出:"中国共产党人的初心和使命,就是为中国人民谋幸福,为中华民族谋复兴。"④同样,党领导的人民军队自诞生之日起,"就把全心全意为人民服务镌刻在光荣的战旗上,化作理性的自觉和永恒的价值追求"⑤。在"开启了中国革命新纪元"⑥的南昌起义中形成八一精神,奠定了人民军队建军精神大厦的基础——"坚定信念、听党指挥"是其核心,"为民奋斗、百折不挠"是其宗旨,"敢为人先、开拓创新"是其品质。可谓"人民武力起洪都,屈折艰难史所无"⑦。人民子弟兵自此"一路披荆斩棘,付

① 习近平. 在庆祝中国人民解放军建军90周年大会上的讲话[N]. 人民日报,2017-08-02.
② 毛泽东. 毛泽东选集:第2卷[M]. 北京:人民出版社,1991:610.
③ 习近平. 在庆祝中国人民解放军建军90周年大会上的讲话[N]. 人民日报,2017-08-02.
④ 党的十九大报告辅导读本编写组. 党的十九大报告辅导读本[M]. 北京:人民出版社,2017.
⑤ 赵周贤. 人民军队90年来发展壮大的历史启示[N]. 光明日报,2017-07-17.
⑥ 习近平. 在庆祝中国人民解放军建军90周年大会上的讲话[N]. 人民日报,2017-08-02.
⑦ 王小玲,曹佳倩. 八一记忆:文物背后的故事[M]. 南昌:江西人民出版社,2015:207.

出巨大牺牲,取得一个又一个辉煌胜利,为党和人民建立了伟大的历史功勋"①,中国共产党革命精神中飘扬起鲜艳的军旗,红色基因里辉印出不朽的军魂。

二、首义的壮举谱写红色基因军魂特质

从打响武装反抗国民党反动派"第一枪",到"朱毛井冈会师",党逐步"形成了一整套建军治军原则,发展了人民战争的战略战术,培育了特有的光荣传统和优良作风"②,在血与火洗礼中镌刻了红色基因"听党指挥"的军魂特质。

大革命失败后,"中国共产党和中国人民并没有被吓倒,被征服,被杀绝。他们从地上爬起来,揩干净身上的血迹,掩埋好同伴的尸首,他们又继续战斗了"③。为了反抗国民党反动派的血腥屠杀,挽救中国革命,1927 年 8 月 1 日,在以周恩来为书记的中共中央前敌委员会领导下,举行了震惊中外的南昌起义,打响了武装反抗国民党反动派统治的第一枪,创建了一支党领导的新型人民军队,开启了党独立领导革命战争、武装夺取政权的革命新道路。中国共产党成立初期就开始注意军事问题,早期领导人李大钊、陈独秀、蔡和森、邓中夏、毛泽东、周恩来等都相继发表过对马克思主义武装斗争的理解,但对于怎样建立一支新型人民军队,特别是如何处理"党军关系",则是在具体的革命实践中一步步探索出来的。正如习近平指出"党对军队绝对领导的根本原则和制度,发端于南昌起义,奠基于三湾改编,定型于古田会议"④,这是对毛泽东"我们的原则是党指挥枪,而决不容许枪指挥党"著名论断最科学、最准确、最详尽的诠释,是科学审视南昌起义地位与意义、界定八一精神内涵、凝炼建军精神内涵和把握红色基因构成的基础和依据。

"南昌首义诞新军,喜庆工农始有兵"⑤。人民军队诞生伊始"就英勇投身为中国人民求解放、求幸福,为中华民族谋独立、谋复兴的历史洪流,同中国人

---

① 习近平. 在庆祝中国人民解放军建军 90 周年大会上的讲话[N]. 人民日报,2017-08-02.

② 习近平. 在庆祝中国人民解放军建军 90 周年大会上的讲话[N]. 人民日报,2017-08-02.

③ 毛泽东. 毛泽东选集:第 3 卷[M]. 北京:人民出版社,1991:1036.

④ 习近平. 在庆祝中国人民解放军建军 90 周年大会上的讲话[N]. 人民日报,2017-08-02.

⑤ 中共中央文献研究室. 朱德诗词集[M]. 北京:中央文献出版社,2003:159.

民和中华民族的命运紧紧连在了一起"①,与生俱来的八一精神,就昭示了建军精神的核心精髓是"听党指挥"。

首先,南昌起义是中国共产党做出战略决策和始终领导下进行的,是无产阶级和资产阶级你死我活的大搏斗,决定了其性质不同于古今中外的暴动和起义。"正当大革命如火如荼的时候,国民党反动派背叛革命、背叛人民,向中国共产党人和革命群众举起了血腥的屠刀。一时间,神州大地笼罩在腥风血雨之中,中国共产党面临被赶尽杀绝的严重危险,中国革命处于命悬一线的紧要关头。"②组织领导南昌起义是中国共产党面临生死做出的正确抉择:从中共中央 1927 年 7 月 12 日在汉口召开紧急决定举行军事暴动,到成立周恩来为书记的中共中央前敌委员会;从九江会议制定南昌起义计划,到甘棠湖"小划子"会议确定起义领导人不上庐山参加军事会议、主力部队不到德安集结直赴南昌的军事行动计划;从打响"第一枪"攻克南昌城,到胜利后成立的革命委员会昭告天下;从挥师南下广东英勇作战,到举行"赣南三整"保存起义火种;从发动"湘南起义"实行土地革命,到辗转千里"朱毛井冈会师"开辟了中国革命新局面,南昌起义所创建的新型人民军队与"无主义、无纪律、无组织、无训练、无灵魂、无根底"的"六无"③旧式军队有着天壤之别。

其次,南昌起义宣传和执行的是党的土地革命、解放工农、救国救民等政治主张和纲领政策,从诞生的那一天起"就把全心全意为人民服务镌刻在光荣的战旗上,化作理性的自觉和永恒的价值追求"④。南昌起义"原为救国救民"⑤的暴动主张,体现在中国共产党人最坚定、最英勇、最彻底为人民献身的爱国主义者,是区别于其他政党的显著标志,也是人民军队不断发展壮大的重要原因。早在酝酿南昌起义的九江会议上就提出"南昌暴动的主要意义,就是要继续没收土地的斗争,实行土地革命。"⑥《中共中央致前委信》也指出:"南

---

① 习近平.在庆祝中国人民解放军建军 90 周年大会上的讲话[N].人民日报,2017-08-02.

② 习近平.在庆祝中国人民解放军建军 90 周年大会上的讲话[N].人民日报,2017-08-02.

③ 张开森.蒋介石对军事失败的检讨[J].炎黄春秋,2004(10).

④ 赵周贤.人民军队 90 年来发展壮大的历史启示[N].光明日报,2017-07-17.

⑤ 魏宏运.南昌起义[M].上海:上海人民出版社,1977:43.

⑥ 南昌八一起义纪念馆.南昌起义[M].北京:中共党史资料出版社,1987:82.

昌暴动,其主要意义,在广大的发动土地革命的争斗。"①起义南下后,《国民革命军第二方面军总指挥贺示》"此次南昌起义 原为救国救民 转战千里来粤 只求主义实行……"②起义军行至汕头开展了轰轰烈烈的土地大革命,"开始没收五十亩以上地主的土地,捉拿土豪劣绅"③,群众称其为"自己的军队",受到了广大人民群众的热烈拥护和称赞。特别是在南昌起义后期,朱德、陈毅尝试将武装斗争与土地革命结合起来,在湘南起义中开展"插标分田",将土地革命的纲领落到了实处。

最后,南昌起义明确规定"党的作用高于一切"的原则,"党的组织是一切组织的根源"④,保证了党的路线贯彻执行。南昌起义继承和发扬了国共两党合作时创立"党军"所形成的党代表制度、政治部制度和党部制度,开启了在人民军队设立党委和政治委员制,党力图在部队中设立和健全各级党的组织,发挥党员模范作用。起义前作为起义领导机关的前敌委员会,在各军建立了军党委,各师建立了师党委,各团建立了党总支或党支部,以保证党对军队的领导。在起义当日,革命委员会在就职盛典中向社会各界表示"以后的军事领袖,要服从党的指挥,不要再做新军阀蒋介石、唐生智第二"⑤。起义后立即进行部队整编,在大多数军、师、团配备了由中国共产党担任的党代表、政治部主任、指导员等,如第 11 军第 24、25 师各团健全了中国共产党支部,营建立党小组,第 20 军开始发展党员,朱克靖、聂荣臻、廖乾吾分别担任第 9、第 11、第 20 军党代表,方维夏、陈恭、徐特立分别担任第 20 军第 1、2、3 师党代表⑥。周逸群率领的 20 军第 3 师,非常重视党务工作,到达潮汕时党员已发展了五百多人,而且常开党员大会,请周恩来做报告⑦,在全体将士中发挥党员模范作用。尤其是南昌起义后期朱德领导的"赣南三整",在重新登记党、团员的基础上,将党员分派到各个连队中,强化党的基层工作,把部队思想教育、组织整顿和

---

① 南昌八一起义纪念馆. 南昌起义[M]. 北京:中共党史资料出版社,1987:37.
② 南昌起义纪念馆. 南昌起义[M]. 北京:中共党史出版社,2009:35.
③ 中共中央文献研究室. 周恩来传:第 1 册[M]. 北京:中央文献出版社,2008:166.
④ 姜思毅. 中国共产党军队政治工作七十年史:第 1 卷[M]. 北京:解放军出版社,1991:126.
⑤ 南昌八一起义纪念馆. 南昌起义[M]. 北京:中共党史资料出版社,1987:25.
⑥ 中国人民解放军军史:第 1 卷[M]. 北京:军事科学出版社,2010:13.
⑦ 姜思毅. 中国共产党军队政治工作七十年史:第 1 卷[M]. 北京:解放军出版社,1991:126.

军事训练结合起来,与毛泽东领导的"三湾改编"共同完成了党对军队绝对领导制度的建立,充分体现了人民军队从诞生的那一天起,就"始终坚持以党的旗帜为旗帜,以党的意志为意志,以党的方向为方向"①。朱德曾经满腔热情地填词赋诗:"建军总原则,党的领导尊。非军指挥党,惟党指挥军。"②这既是指出了人民军队的克敌制胜密码,又道出了红色基因"听党指挥"的精髓。

三、英雄的气概彰显红色基因时代价值

从南昌起义展现出无产阶级革命英雄主义气概,到人民军队继往开来铸就压倒一切敌人的"战斗精神"③和"三个不相信"④英雄宣言,形成了"人民军队从胜利走向胜利的传家法宝,是人民军队必须永志不忘的红色血脉"⑤,彰显了红色基因的时代价值。

习近平指出,南昌起义"像划破夜空的一道闪电,使中国人民在黑暗中看到了革命的希望,在逆境中看到了奋起的力量"⑥。从此,这一"奋起的力量"催生了人民军队建军精神,人民军队彰显出"敢于斗争、敢于胜利,一不怕苦、二不怕死"的战斗精神⑦,确立了"三个不相信"英雄宣言:"在革命战士面前,不相信有完不成的任务,不相信有克服不了的困难,不相信有战胜不了的敌人!"⑧习近平的重要讲话,道出了人民军队建军精神的真谛。回顾自南昌起义以及人民军队光荣成长历史,"战斗精神"和"三个不相信"宣言是"人民军

---

① 习近平. 在庆祝中国人民解放军建军 90 周年大会上的讲话[N]. 人民日报,2017-08-02.
② 朱德.朱德诗选集[M]. 北京:人民出版社,1963.
③ 习近平. 在庆祝中国人民解放军建军 90 周年大会上的讲话[N]. 人民日报,2017-08-02.
④ 习近平. 在庆祝中国人民解放军建军 90 周年大会上的讲话[N]. 人民日报,2017-08-02.
⑤ 习近平. 在庆祝中国人民解放军建军 90 周年大会上的讲话[N]. 人民日报,2017-08-02.
⑥ 习近平. 在庆祝中国人民解放军建军 90 周年大会上的讲话[N]. 人民日报,2017-08-02.
⑦ 习近平. 在庆祝中国人民解放军建军 90 周年大会上的讲话[N]. 人民日报,2017-08-02.
⑧ 习近平. 在庆祝中国人民解放军建军 90 周年大会上的讲话[N]. 人民日报,2017-08-02.

队血性胆魄的生动写照"①；在攻打南昌城中，共产党员、教导队队长陈守礼带队坚守贡院，面对蜂拥而来的敌人和猛烈的火力，挺身向前，英勇射击，像一尊铜铸的雕像一样血洒贡院，壮烈牺牲；朱德亲临大柏山火线，"从已牺牲的战士身边，拿起一支步枪，和战士们一起站在战壕里向敌人射击"②；三河坝一战，起义军孤军奋战，以少胜多，伤亡800人，歼敌1300，韩江一时浮尸塞堵，血染水红；特别是潮汕不幸失守后，心力交瘁的周恩来患上严重的疟疾，发着四十度的高烧，滴水未进，但周恩来坚决地说："我的病不要紧，能支撑得住。我不能脱离部队，准备到海陆丰去，扯起苏维埃的旗帜来！"③南昌起义自"打响第一枪"到"朱毛井冈会师"，历时近十个月，驰骋赣、粤、湘等地，其间经历"南征广东""赣南三整""湘南起义"等艰苦卓绝的历程，人民军队虽羸弱不堪却浴血奋战，虽征程迢迢仍一往无前，中国革命终于走上了"枪杆子里面出政权"的正确道路。

习近平指出："战争不仅是物质的较量，更是精神的比拼。没有顽强的意志，没有敢于牺牲的品质，再好的武器装备也不能保证胜利。一代一代革命军人正是靠着向死而生的英勇决绝，形成压倒一切敌人而决不被敌人所屈服的伟大气概。"④以八一精神为代表的人民军队建军精神，是马克思主义与中国革命实践相结合的产物，上承以红船精神为代表的中国共产党早期革命斗争的思想结晶，下启井冈山精神、苏区精神、长征精神、延安精神、西柏坡精神等，是中国共产党革命精神承上启下极为重要的节点，是红色基因薪火相传不可缺少的环节。毛泽东指出："大革命失败，得到惨痛的教训，于是有了南昌起义、秋收起义、广州起义，进入创造红军的新时期。"⑤在这个"我们党彻底地认识到军队的重要性的极端紧要的时期"⑥产生的人民军队建军精神，是人民军队由小到大、由弱到强的动力源泉，"以无往不胜的英雄气概、坚韧不拔的革命毅力、灵活机动的战略战术、英勇顽强的战斗作风，克服了各种难以想象行动

---

① 习近平．在庆祝中国人民解放军建军90周年大会上的讲话[N]．人民日报,2017-08-02.
② 李弘．放眼看南昌起义[M]．北京:国防大学出版社,2007:163-164.
③ 中共中央文献研究室．周恩来传:第1册[M]．北京:中央文献出版社,2008:168.
④ 习近平．在庆祝中国人民解放军建军90周年大会上的讲话[N]．人民日报,2017-08-02.
⑤ 毛泽东.毛泽东选集:一卷本[M]．北京:人民出版社,1964:512-513.
⑥ 毛泽东.毛泽东选集:一卷本[M]．北京:人民出版社,1964:513.

艰难困苦,打败国内外异常凶恶的敌人,夺取了土地革命战争、抗日战争、解放战争的伟大胜利,推翻了压在中国人民头上的三座大山,以鲜血和生命为建立人民当家作主的新中国奠定了牢固根基,彻底扭转了中华民族近代以来落后挨打的被动局面"①。可见,以八一精神为代表的人民军队建军精神,折射出人类希冀最美好理想社会的价值维度,铸成了中国共产党革命精神永恒的主题;呈现出现代爱国主义的社会维度,铸就了中国共产党革命英雄主义气魄;洋溢出与时俱进的人文维度,铸就了中国共产党革命精神"苟日新,日日新,又日新"的精神境界,是红色基因永不褪色、永葆青春的主旋律。

中华民族之所以千百年来屹立于世界民族文化之林,是因为其有着深厚的英雄主义基因。中国共产党是中华民族优秀文化极大继承者,在马克思主义与中国革命实际相结合的峥嵘岁月里,中华民族优秀文化又融入无产阶级先进思想品质和高尚道德情操,所形成的红色基因将传统的英雄主义推向崭新阶段和最高境界。在这一质变升华过程中的最重要标志之一,是南昌起义书写了中华民族英雄主义时代篇章,八一精神镌刻了红色基因英雄主义强大底蕴。中华民族是一个英雄辈出的民族,有无数舍生取义、威武不屈和为民赴死的英雄。鲁迅指出:"我们自古以来,有埋头苦干的人,有拼命硬干的人,有为民请命的人,有舍身求法的人……这就是中国的脊梁。"②英雄们可歌可泣的壮举和与时俱进的创造,支撑中华民族源远流长、生生不息。特别是中国共产党诞生后,当年"夫英雄者,胸怀大志,胸有良谋,有包藏宇宙之机,吞吐天地之志也"③的"英雄"定义,则发生了质变——英雄是无产阶级革命时代的象征,英雄是共产主义理想的化身,英雄是人民群众的代表。南昌起义的官兵们传承了辛亥革命武昌首义的枪声,呼应了俄国十月社会主义革命阿芙乐尔巡洋舰的炮响,顺应了无产阶级革命时代英雄辈出的时势,立足于时代潮头,藐视一切敌人、傲视一切险阻,敢于担当于狂澜既倒,敢于开拓于大厦将倾,推动历史滚滚向前,谱写了红色基因英雄主义样本。

习近平指出:"一个有希望的民族不能没有英雄,一个有前途的国家不能

---

① 习近平.在庆祝中国人民解放军建军90周年大会上的讲话[N].人民日报,2017-08-02.

② 鲁迅全集:第6卷[M].北京:人民出版社,1981.

③ 罗贯中.三国演义[M].北京:人民文学出版社,2006.

没有先锋。"①以八一精神为代表的人民军队建军精神,具有鲜明中国风格和中国气派的英雄基因。习近平在庆祝中国人民解放军建军90周年大会上讲话中,热情讴歌了人民军队发展壮大历史过程中涌现出的"'狼牙山五壮士''白刃格斗英雄连''刘老庄连'、董存瑞、邱少云、黄继光等为代表的无数英雄群体和革命先烈",是"用生命诠释了一往无前的英雄气概"②,这既是对南昌起义英雄传人丰功伟绩的高度概括,又昭示深入全面研究人民军队建军精神中英雄基因的重要性和必要性。党的十八大以来习近平提出要"把红色资源利用好,把红色传统发挥好,把红色基因传承好"③。早在2005年,习近平就提出"弘扬'红船精神',走在时代前列。"④高瞻远瞩地概括出伟大的建党精神,创造性揭示了中国共产党革命精神之源和红色文化之基。以八一精神为代表的人民军队建军精神是中国共产党革命精神谱系中重要坐标之一,是红色文化丰富发展的硕果,其以独特的政治价值、社会价值、文化价值、教育价值和国防价值,成为红色基因中极其重要的因子。因此,要"在弘扬八一精神上走在全国前列",要"结合时代条件弘扬井冈山精神、八一精神、苏区精神和苏区干部好作风"⑤,是贯彻落实习近平"传承红色基因,不忘初心"的重要讲话的战略举措,是提高文化自觉、增强文化自信和推进文化自强的具体体现。

① 习近平.在颁发中国人民抗日战争胜利70周年纪念章仪式上的重要讲话[N].人民日报,2015-09-03.

② 习近平.在庆祝中国人民解放军建军90周年大会上的讲话[N].人民日报,2017-08-02.

③ 习近平.在视察南京军区机关时讲话[N].人民日报,2014-12-15.

④ 习近平.弘扬"红船精神",走在时代前列[N].光明日报,2005-06-21.

⑤ 2018—2022年江西省基层党建工作规划纲要[N].江西日报,2018-06-19.

"红色"元素融入高校"习近平新时代中国特色社会主义思想"教育*

作为新时代马克思主义中国化最新成果的习近平新时代中国特色社会主义思想,是当前高校大学生思想政治教育的重要内容。红色文化是中国特色社会主义文化的重要组成部分,其中所凝结的革命精神、革命传统、理想信念、道德规范、优良作风等红色基因,在资政育人方面具有重大价值,是高校开展习近平新时代中国特色社会主义思想教育的重要资源。"红色"元素的融入会使高校开展新时代中国特色社会主义思想教育更加生活形象,富有感召力,对此深刻领会和把握红色文化的精神实质和丰富内涵,深入挖掘红色文化的价值,不断探索利用红色文化开展高校新时代中国特色社会主义思想教育的新路径,实现红色文化与高校新时代中国特色社会主义思想教育的有机融合,成为新时代中国特色社会主义思想教育研究中不可缺少的内容,本文对此欲做粗浅探索。

一、"红色"彰显中国特色社会主义文化自信

"文化自信"是习近平提出的"四个自信"的重要内容。诞生于血与火的革命淬炼中的红色文化,在植根于中华传统优秀文化的基础上又有自身独特的特点,是中国特色社会主义文化自信的重要基础与坚强支撑。

（一）"红色"的含义及其内容

狭义地讲,红色文化是指中国共产党在马克思主义指导下,领导中国人民在革命战争年代中创造的极具中国特色的先进文化。它深刻反映了中国共产党人为了追求共产主义的理想和社会主义事业,不怕牺牲、前赴后继、排除艰

＊ 本文作者刘明芝、成园园:山东大学。

难、百折不挠进行顽强奋斗的革命精神,蕴含了中国共产党人坚定的理想信念、远大的政治抱负和高尚的爱国情怀,凸显了中国共产党人始终不改的初心和鲜明的政治本色。在呈现形式上,红色文化大体分为物质、精神和制度三个方面。物质方面的红色文化主要是指中国共产党领导人民在革命斗争实践中留下的革命旧址、革命根据地、革命领袖人物的故居,比如西柏坡中共中央旧址、遵义会议旧址、井冈山革命根据地、毛泽东故居等,也包括各类纪念馆、烈士陵园、展览馆、博物馆、纪念碑等。这些客观的"红色"物质载体体现着共产党人崇高的精神和深刻的政治斗志,其教育意义是很深远的。精神方面的红色文化主要是指在长期的革命斗争中形成的革命精神,如红船精神、井冈山精神、苏区精神、抗战精神、长征精神、延安精神、西柏坡精神等,以及中国共产党在革命实践过程中形成的优良革命传统、崇高理想信念和优良作风。革命历史人物的著作、书信、讲话稿等革命文献和文学艺术作品一般也被理解为精神方面的红色文化。制度方面的红色文化主要是指中国共产党在领导人民实现民族独立和民族解放的过程中,将马克思列宁主义与中国革命的具体实践相结合,而形成的一系列的理论、路线、方针、政策和制度。在表现形式存在差异的物质、精神、制度三个方面的内容构成了红色文化的完整内容,也是一般意义上对红色文化的理解。除此之外,如果从与此联系更为密切的"红色"基因及其延伸上理解,社会主义建设及改革开放以来我国各族人民在实践中创造出来的充满正能量的、极具典型性的物质文化和精神财富比如大庆精神、"两弹一星"精神、抗洪精神、抗震救灾精神、载人航天精神等也包括在其中。

(二)"红色"筑牢文化自信

习近平总书记在党的十九大报告中指出:"文化是一个国家、一个民族的灵魂。文化兴国运兴,文化强民族强。没有高度的文化自信,没有文化的繁荣兴盛,就没有中华民族伟大复兴。"①红色文化作为中国特色社会主义文化的重要组成部分,凝聚着中华民族不畏艰难险阻、勤劳拼搏的优秀品质,积淀着中华民族最深层次的精神追求,是中国特色社会主义文化自信的底蕴,是增强文化自信的重要依据。

第一,红色文化为中国特色社会主义文化自信提供坚实基础。坚定中国

---

① 习近平. 决胜全面建成小康社会,夺取新时代中国特色社会主义伟大胜利:在中国共产党第十九次全国代表大会上的报告[M]. 北京:人民出版社,2017:40-41.

特色社会主义"四个自信",说到底是坚定文化自信。习近平指出:"中国特色社会主义文化,源自于中华民族五千多年文明历史所孕育的中华优秀传统文化,熔铸于党领导人民在革命、建设、改革中创造的革命文化和社会主义先进文化,植根于中国特色社会主义伟大实践。"①在这里,习近平明确指出了中国特色社会主义文化由中华优秀传统文化、革命文化和社会主义先进文化三个部分组成,这三个方面打牢了我们坚定文化自信的深厚根基。红色文化蕴含着伟大而深刻的革命精神、理想信仰、优良作风和道德品质,承载着中国共产党光辉的历史和独特的政治本色,是党和人民的宝贵精神财富,为中国特色社会主义文化的发展提供了丰厚的养分,为我们坚定文化自信奠定了强大基础,是新时代中国特色社会主义文化自信的有力支柱。

第二,红色文化是助推中国特色社会主义文化自信的重要动力。红色文化作为构成社会主义先进文化的核心元素,折射了中国共产党人的家国情怀和价值诉求,诠释了中国共产党人的人生理想。红色文化内涵丰富、形式多样,具有极强的对人民群众的吸引力、感召力、说服力和激发力。了解红色文化,深入研究红色文化,通过红色经典的浸润,能够有效筑牢高校大学生的精神文化底蕴,激发广大青年对中国共产党的情感共鸣,塑造他们对党的认同,提升大学生对中国特色社会主义文化的自信心。红色资源的利用、红色传统的发扬、红色基因的传承,还有利于推动中国特色社会主义文化自信的实现,是习近平新时代中国特色社会主义思想贯彻落实的有力抓手,是建设社会主义文化强国和实现中华民族伟大复兴中国梦取之不尽用之不竭的力量。

二、"红色"在高校"新时代中国特色社会主义思想"教育中的重要价值

经受过历史的沉淀,红色文化具有超越历史时空的生命力,表现出不可估量的育人价值,是当前我们立德树人宝贵历史和精神财富。红色文化与新时代中国特色社会主义思想有着天然的契合性,二者不可分割地溶入在一起,具有血脉相连的关系。在新时代中国特色社会主义思想教育中融入"红色"元素不仅是应然的也是必然的。把"红色"在高校开展"新时代中国特色社会主义思想"教育中具有的重要价值概括起来,主要有以下几点。

---

① 习近平. 决胜全面建成小康社会,夺取新时代中国特色社会主义伟大胜利:在中国共产党第十九次全国代表大会上的报告[M]. 北京:人民出版社,2017:41.

（一）"红色"引领价值取向

习近平新时代中国特色社会主义思想中反复强调理想信念问题。"革命理想高于天"①，理想信念是共产党人精神上的"钙"，是人们世界观、人生观、价值观在奋斗目标上的高度凝结与鲜明呈现，是一个国家和民族的精神支柱。在党的十九大报告中习近平指出："共产主义远大理想和中国特色社会主义共同理想，是中国共产党人的精神支柱和政治灵魂，也是保持党的团结统一的思想基础。要把坚定理想信念作为党的思想建设的首要任务。"②理想信念是中国共产党人的政治本色和政治优势，是共产党人的初心与使命。红色文化的魅力在于凝结着共产主义理想信念，蕴含着中国共产党人为实现共产主义奋斗终生的崇高政治理想，它所具有的强大向心力和凝聚力，为高校大学生坚定社会主义信念、树立共产主义远大理想提供思想引擎和精神动力。高校青年大学生是国家的希望和民族的未来，但在复杂的社会环境和多元文化的冲击下，理想信念往往容易被弱化或动摇。将红色文化引入理想信念的教育其中，把"红色"元素融入新时代中国特色社会主义思想教育之中，可以发挥红色文化对理想信念的匡正作用，坚定高校大学生的理想信念，树立科学的世界观、人生观和价值观，牢固"四个意识"，建立起与社会主义主流意识要求相一致的价值观，实现新时代中国特色社会主义思想的价值引领。

（二）"红色"加深"思想"理解

在这里，所谓"思想"是指习近平新时代中国特色社会主义思想。习近平新时代中国特色社会主义思想不是凭空产生的，它是在深化改革开放与中国特色社会主义的伟大实践，在以马克思主义为指导推进马克思主义中国化进程中，在传承中华优秀传统文化和革命文化、社会主义先进文化的基础上形成与发展起来的。作为中国特色社会主义文化重要组成部分的红色文化，是社会主义核心价值观的重要内容，也是实现中国梦的力量源泉。习近平高度重视红色文化，强调要把红色基因一代代传下去，指出要"把红色资源利用好、把红色传统发扬好、把红色基因传承好"③，阐明保护利用红色文化资源的重要

---

① 习近平.习近平谈治国理政:第 2 卷 [M]. 北京:外文出版社,2017:34.

② 习近平. 决胜全面建成小康社会,夺取新时代中国特色社会主义伟大胜利:在中国共产党第十九次全国代表大会上的报告 [M]. 北京:人民出版社,2017:63.

③ 习近平. 贯彻全军政治工作会议精神 扎实推进依法治军从严治军 [N]. 人民日报,2014-12-16.

意义。由于新时代中国特色社会主义思想与马克思主义一脉相承,与中国特色社会主义的先进文化密不可分,所以自然而然地以五四精神、红船精神、井冈山精神、苏区精神、长征精神、延安精神、西柏坡精神等为代表的红色文化,对于夺取新时代中国特色社会主义各项事业的伟大胜利、实现中国梦具有挥臂助力的作用。在高校开展新时代中国特色社会主义思想教育中挖掘红色文化价值,融入"红色"元素,也合情合理。

(三)"红色"提供鲜活素材

众所周知,习近平新时代中国特色社会主义思想内容丰富,理论体系完整。运用灵活多样和富有感染力的各种形式对新时代中国特色社会主义思想进行解读,增强新时代中国特色社会主义思想教育的吸引力,并将其化为高校大学生自觉践行的主动性,不仅是必要的,也是必须的。红色文化经过一段时间以来的挖掘、整理与开发,当前不仅内容丰富,而且形式多样。全国各地各类爱国主义教育基地、革命纪念馆、红色博物馆、红色文学作品与影视作品、革命遗址遗迹等红色教育资源丰富多彩。一件件革命遗物,一处处遗址遗迹,一个个红色故事,一篇篇红色经典,一首首红色歌曲,从各方面衬托出中国共产党领导人民英勇斗争的鲜亮底色,凝结着中国共产党带领中国人民在革命实践中形成的红色革命精神,是感染人、教化人的鲜活素材,更是高校开展新时代中国特色社会主义思想教育的良好资源。在高校新时代中国特色社会主义思想教育中,教育者如果能将这些经历了血与火洗礼的红色文化纳入其中,引起心灵的触动,从中唤醒他们内心深处对共产党的情感,受到革命精神的鞭策与激励,就会产生对新时代中国特色社会主义思想深层次理解的巨大效果,使新时代中国特色社会主义思想变得鲜活与具体,在"润物细无声"中端正学习态度,坚定政治方向,从而使新时代中国特色社会主义思想教育的感染力、吸引力和亲和力大大提升,新时代中国特色社会主义思想教育的实效性不断增强。

三、"红色"元素融入"新时代中国特色社会主义思想"教育的具体途径

红色文化具有极强的时代价值。要有效发挥红色文化的资政育人功能,把新时代中国特色社会主义思想教育过程推向深入,必须将红色文化融入教育的各环节,实现课程育人、文化育人、实践育人、网络育人,以至最终达到立德树人。

（一）把"红色"引入课堂教学

思想政治理论课是大学生进行思想政治教育的主渠道，也是进行新时代中国特色社会主义思想教育的主阵地。推动习近平新时代中国特色社会主义思想进教材、进课堂、进头脑，是用习近平新时代中国特色社会主义思想武装高校大学生的重要平台。红色文化所呈现出的理想信念、价值追求和精神实质与新时代中国特色社会主义思想的教育内容上存在着独特的关联性和高度的一致性，所以在思想政治理论课教学中宣讲红色文化是贯彻落实新时代中国特色社会主义思想的必然要求。高校思想政治理论课体系内容主要包括本科生的"马克思主义基本原理""毛泽东思想和中国特色社会主义理论""中国近现代史纲要""思想道德修养与法律基础"和研究生思政课等多门课程。高校教师特别是思政课教师要把习近平新时代中国特色社会主义思想与各门课程内容有效地联系起来，根据各门课程特点，适时引入红色文化的内容，使新时代中国特色社会主义思想教育的理论更加厚重。同时，还要挖掘和运用红色文化直观生动、感染力强的教育形式，切实提高红色文化在新时代中国特色社会主义思想教育中的吸引力和说服力，提高大学生的认同感，打造富有特色的"第一课堂"，实现"课程育人"。

（二）把"红色"注入校园文化建设

马克思恩格斯曾指出："人创造环境，同样，环境也创造人。"①校园文化活动是高校进行思想政治教育的"第二课堂"，要实现以文化人、以文育人，离不开打造校园红色文化精品活动，营造浓郁红色文化教育氛围。校园文化为红色文化融入新时代中国特色社会主义思想教育提供了很好的实践平台。打造高校红色文化精品活动，就是要将红色文化寓于校园活动之中，给校园文化建设注入"红色"元素，同时结合开展新时代中国特色社会主义思想教育的需要，精心策划一些具有渗透力、针对性和实效性的活动，将红色文化所蕴含的精、气、神内化到新时代中国特色社会主义思想教育之中，使红色文化在高校校园中处处可见、可感、可学，从而在浓厚的红色文化氛围中，潜移默化、行之有效地完成对大学生新时代中国特色社会主义思想教育工作。如利用校园网站、校报、电视广播、新媒体、宣传栏等宣传阵地，大力宣传红色文化；抓住国家公祭日、中国人民抗日战争胜利纪念日、烈士纪念日、重大革命历史事件纪念日，

---

① 马克思,恩格斯. 马克思恩格斯选集:第 1 卷[M]. 北京:人民出版社,2012:172-173.

举办"红色文化进宿舍"主题宿舍装扮大赛、合唱比赛、书画竞赛、演讲比赛、知识竞赛等纪念活动和庆祝仪式,培育爱国主义精神;依托高校理论研究优势,举办前沿讲座、学术研讨会,促进红色文化教育学术研究成果的交流与合作。这样,高校大学生通过耳濡目染,亲身参与和感受各种校园文体活动,有助于增强青年大学生的责任感和使命感,实现"文化育人"。

(三)把"红色"纳入社会实践

社会实践是高校思想政治教育的重要环节,是增强提高青年大学生自身能力的重要途径。习近平新时代中国特色社会主义思想是深化改革伟大实践的产物,其思想教育也必须走向社会迈向实践,红色文化所具有客观物质方面如革命旧址、革命根据地、纪念馆、烈士陵园、博物馆等是高校教师与大学生进行社会实践不可或缺的重要内容,是高校开展新时代中国特色社会主义思想教育实践教学的重要场所。"革命传统资源是我们党的宝贵精神财富,每一个红色旅游景点都是一个常学常新的生动课堂,蕴含着丰富的政治智慧和道德滋养"①,将红色文化深度融入新时代中国特色社会主义思想教育,实现新时代中国特色社会主义的思想教育、红色文化、社会实践三者结合,让大学生在身临其境中,在理论与实践相结合的过程中,认同与增强大学生的文化自信,最终达到"内化于心,外化于行"。对此,学校可以就近依托本地红色文化资源,到各类革命纪念场馆、博物馆、烈士陵园等开展现场教学,也可以利用暑假组织学生赴井冈山、延安、西柏坡等地参观调研学习。与此同时,高校还要对大学生红色文化实践活动的政策支持,进行校企合作,增加大学生红色文化实践活动的经费投入,保障大学生开展红色文化社会实践活动的顺利开展。"知者行之始,行者知之成",高校开展新时代中国特色社会主义思想教育除了应当抓好第一、第二课堂红色文化教育外,还应当进行社会实践教学,实现"实践育人"。

(四)把"红色"嵌入互联网

伴随着现代化新媒体技术的发展和应用,社会已步入"互联网+"时代。高校开展新时代中国特色社会主义思想教育工作的方式方法除了课堂教学、校园文化建设和校外实践活动外,还需依托互联网为补充,让习近平新时代中国特色社会主义思想全面融入网络空间并嵌入互联网的各个角落。对此,可

---

① 徐京跃.习近平到韶山[N].人民日报(海外版),2011-03-24.

以充分利用微信、微博等新媒体技术精心设计推送一些贴近生活、贴近实际、贴近学生,既反映习近平新时代中国特色社会主义思想,又形式新颖,直戳心底,打动人心,富有生命力和吸引力的高质量红色网络作品,使青年学子在评论、转发、朋友圈点赞的过程中,唱响网络红色主旋律,学习红色文化,传承红色精神。另外,加强红色网站建设,主题网站既要凸显红色文化的精神内核和时代价值,又要将新时代中国特色社会主义思想教育的内容融入其中,扩大红色文化的影响力,提升新时代中国特色社会主义思想教育的育人效果,实现"网络育人"。

综上所述,红色文化是习近平新时代中国特色社会主义思想形成与发展的基因之一,也是高校开展新时代中国特色社会主义思想教育的重要资源。新时代只要高校思想政治教育工作者充分重视"红色"的时代价值和育人功能,深入探索"红色"与新时代中国特色社会主义思想教育相结合的路径,习近平总书记所倡导的文化自信就会得到有效实现,新时代中国特色社会主义思想就能深入人心,中国特色社会主义各项事业就会顺利开展。

新时代高校党史教育方法的四个结合[*]

习近平总书记指出:"学习党史、国史,是坚持和发展中国特色社会主义、把党和国家各项事业继续推向前进的必修课。这门功课不仅必修,而且必须修好。"[②]大学生作为高文化、高素质和高觉悟的群体,是社会主义事业的建设者和接班人。新时代下,在思想观点多元化、资源信息杂糅等复杂的社会环境中,高校学生由于缺乏社会经验、判断力不足,所以思想观念易受冲击。传统高校的党史教育模式主要采用灌输式的方法,忽视了学生的个性和主体性。高校为加强大学生党史教育,培养出有理想、有担当、有本领的新时代青年,结合时代和学生需求,必须实现党史教育方法上的创新。因此,新时代下,高校党史教育方法的创新具有重要的理论和现实意义。

一、传统教学手段与现代教学手段相结合

传统的教育教手段主要是指老师在课堂上通过对课本、教案等书本内容的解读而进行教学活动,一般采用"填鸭式""灌入式"等教学方式将文化知识硬式化地灌输给学生。传统式教学手段的主要优点是教学成本低、操作方便简单,利于师生的双向沟通与交流。在新时代下我国对党史文化教育的重视程度越来越高,高校对学生、老师的党史教育的力度也逐渐增大。运用传统的教学手段,高校党史教育可以首先考虑与思想政治理论课程相结合。高等学校思想政治理论课的主要任务是对学生进行系统的马克思主义基本理论教育

---

* 本文作者杨小军、龙偲:湘潭大学。

② 周洪双. 修好党史这门必修课:中共党史研究取得新进展[N]. 光明日报,2017-07-03.

和思想品德教育,当然包括中国共产党的光辉奋斗历程和理论发展历史在内的党史教育①。首先,从思政理论各门专业课程的特点出发,可以深入系统地讲授党史文化知识。如"中国特色社会主义理论体系概论"课结合教材内容,详细地讲述中国共产党的发展历程;在"中国近现代史纲要"课中讲述中国共产党发展过程中做出杰出贡献的革命先烈、英雄人物的感人事迹,让学生感受到革命先辈的人格魅力;"思想道德修养与法律基础"课侧重对长征精神、延安精神、三大作风等伟大精神和优良传统进行介绍;"马克思主义基本原理概论"课中开设党史教育专题教学;"形势与政策"课分析国内外形势,对学生进行党的方针、路线和政策教育。其次,高校党史专业必修课内容可进一步完善,开设一些涵盖多学科的综合性党史基础选修课。最后,运用好党史专题讲座这一传统教育的重要手段,开设一些接地气、吸引力大、针对性强的党史专题讲座,如"学党史、知党情、跟党走""学党史·读经典"等主题的讲座。同时,要积极创新讲座形式,不能单一采用专家理论教学,还要灵活运用案例分析、情景模拟等多样化的方式丰富党史教育讲座,提高讲座育人的实际效果。

现代教学手段是指在新媒体时代下,利用微信、QQ、微博等平台开展的教学工作。现代教学手段与传统教学手段相比较,其优化了教学时间,拓宽了教学渠道,深化了学生对知识的理解,促进了师生交流与探讨,提高了课堂教学效果,实现了教育资源的共享。在新媒体微时代下,为了能更有效地在高校中运用现代教手段开展党史教育,一是必须要完善校园新媒体教学硬件设施。互联网是我们日常学习、生活、工作中必不可少的,也是新媒体教学的基础前提。高校应加大对网络教学设施建设的资金投入,实现对教室、宿舍、食堂等校园固定场所的网络全覆盖,为学生提供一个及时获取党史教育信息的便捷式环境。二是建立高校党史教育资源共享和交流机制。由相关主管部门牵头将党史教育的课件、教案、视频等信息资料通过互联网平台实现资源公开共享,最终形成学校与学校之间、学校与老师之间、学校与学生之间、老师与学生之间的党史网络教育资源共享交流机制,这可以拓宽党史学习渠道,引导和鼓励学校、老师、学生进行高效率的党史教育资源信息共享、交流与互动。三是有目的、有计划地创建"微课堂""慕课"等特色网络教学课堂。充分把握"90后""00后"大学生的个性化价值追求、自主化学习方式、网络化娱乐生活的特

---

① 孟宪杰. 思想政治理论课是高校党史教育的主阵地[J]. 传承,2015(11).

点,合理运用现代新媒体信息量大、传播速度快等优势,通过播放党史微电影和微视频,举办党史微阅读活动,构建出一个图文并茂的党史教育环境,向高校党史教育注入新的活力,最终打造出具有便携性、互动性、针对性的"微课堂""慕课",实现党史教育个性化教学,使高校党史教育更具有趣味性和实效性。

高校在开展党史教育时,不能仅单一地运用传统或者现代的教学手段,需要扬长补短,传统与现代教学手段相结合。党史教育需要借助现代教育手段,通过多媒体设施和互联网平台将一些抽象的知识以图片、音频、视频等形式呈现给学生,最大限度地调动学生的听觉、视觉、触觉等感官,让学生更为直观、具体地学习这些知识和感知我党历史文化的魅力。事物都是具有两面性的,毋庸置疑的是现代化多媒体技术对党史教育方式的转变能够起到促进和优化的作用,但是我们也要客观地认识到现代教育技术的不足。如互联网平台教学无法营造出传统教育中学生集中性听课的氛围,对学生听课状态不能起到很好的监督作用,在一定程度上降低了学生的学习效率。综上,高校党史这一重要的教学内容,对教学手段提出了新的、更高的要求,这就要求我们要将传统教学手段与现代教学手段进行科学的结合,让党史教育的课堂更加生动、有趣,来极大地调动学生学习党史的积极性。

二、理论教育与实践教育相结合

理论教育主要是系统性的传授理论、概念的知识内容,一般限于室内教学,主要采用课堂讲授的方式。该教育方式是学生系统、全面地掌握知识、理解知识、接受知识的关键一环。在高校中开展党史理论教育,可以在专业课程中融入党史文化,将党史知识与专业课程的建设结合起来,将学科教育与党史教育整合起来,不断加强党史理论教育的拓展。一是开设党史教育通识课堂。学校教务处可以推出涵盖多学科的综合性基础选修课,如"中国近现代政治思想史""延安精神概论"等,促进学生通过个人兴趣自愿有针对性地选择理论课程学习,加强对党史教育的认识。二是开设党史教育专业课堂。学校可以将党史教育作为中共党史专业、马克思主义理论专业、旅游管理专业、社会工作专业等专业的专业课,教师通过专业的知识、手段和方法引导学生进行党史学习,提升学生的思想理论素养和自觉传承党史知识的责任意识。三是完善课程教材体系,编写具有历史文化内涵、符合学生喜好,易于理解的高质量党史读物和党史教材,将党史教育作为高校思想政治相关学科教育的核心重点教学内容。理直气壮开好思政课,用新时代中国特色社会主义思想铸魂育人,引导学生增强中国特色社会主义道路自信、理论自信、制度自信、文化自信。① 四是加强马克思主义学院建设。努力打造马克思主义理论教学、研究、宣传和人才培养的坚强阵地,支持有条件的高校设置马克思主义理论专业,深入实施马克思主义理论研究和建设工程②。五是积极开设党史讲座与报告,学校定期举办党史文化知识讲座、党史研究学术报告,邀请校内外相关学者为学生进行更有深度的党史文化剖析,进一步提高学生对党史文化的认知与理解。

高校党史实践教学较理论教学而言形式更加多样,教学效果更为显著。所以在高校既要开展理论教学,更要开展实践教学。高校在实践中实施党史教育的具体路径有:一是组织学生到党史教育基地实地考察。以往高校党史教育多是以校内课程教学资源为重点,缺乏对校外课程教学资源的开发和利用。习近平同志强调:课堂教育之外,要组织青少年学生瞻仰革命遗址,参观红色旅游景点、革命博物馆和纪念馆,学习革命英烈的事迹③。党史教育的资源不应只局限于校园的内部,还应积极充分利用校园之外的丰富教学资源,如伟人故居、伟人纪念馆、历史博物馆、红色教学基地以及地域红色文化资源等,尤其是针对性、特色性强的党史文化教育基地,因其具有较为完善的党史教学环境、系统的党史教学资源、健全的基础教学设施等优势,高校应该积极联系合作,拓宽学生对党史文化知识学习的途径。二是党史文化体验式教学。充分利用大学生暑期"三下乡"等社会实践活动,组织学生走入基层、走进红色根据地,让学生通过走红军路、看抗战纪念物、听老红军讲故事等一系列实践活动切身体会和学习党史。三是学校可以开展定期的党史学习周活动,积极组织以"学党史做先锋""悟党史文化,做时代新青年"等为主题的系列校园实践活动。时刻注重高校党史教育的时效性,以重要党史人物纪念活动、追忆重大

---

① 张烁. 习近平主持召开学校思想政治理论课教师座谈会强调:用新时代中国特色社会主义思想铸魂育人,贯彻党的教育方针落实立德树人根本任务[N]. 人民日报,2019-03-19.

② 中共中央、国务院印发. 关于加强和改进新形势下高校思想政治工作的意见[N]. 人民日报,2017-02-28.

③ 中国共产党中央党史研究室. 历史是最好的教科书:学习习近平同志关于党的历史的重要论述[N]. 人民日报,2013-07-23.

历史事件、党和国家重要的纪念活动为契机,策划并举办特色党史实践教学活动,组织学生走出课堂、走向社会,领会我党先进的文化精神和坚定不移的理想信念,践行我党为人民服务,无私奉献的理念。四是加强党史实践研究,以科研推动教育发展。高校要引导学生开展党史文化的社会影响等相关主题的社会调研活动,利用问卷调查和实地走访等方法,提高学生对党史文化的认同感,体会党史文化的重要性。大力鼓励师生对党史文化进行专门的科研立项、课题申报,坚持灌输性和启发性党史教育相统一,注重启发性教育,引导学生发现问题、分析问题、思考问题,在不断启发中让学生水到渠成得出结论,使党史教育内容更具前沿性和现实性,为高校党史教学提供学理支撑,从而间接或直接地推动党史文化教育的发展。

当今,高校在党史教育的方法上存在这样一种错误的认识,认为党史教育主要是对党和国家发展历史的传播,只有通过系统的党史理论教育,才能影响学生的思想,引领学生树立正确的价值观和理想信念,而党史实践教育并不重要。这导致了党史实践教学多流于形式,教育效果成空架子。如对党史实践教育没有系统的教学大纲或教学计划,多为临时起意,停留在摆样子等面子工程式教学;或者是举办一些影响度不高、规模小的党史实践教学活动。在高校中的党史教育,不应该只是开展单纯的党史理论教育,还应该结合时代特点,充分利用物质资源开展党史文化实践教学。如果内涵价值丰厚的党史文化仅仅是实现了理论化教学,党史文化只停留在思想、文字或口头表述中,并未渗透于行为中,那么这些理论文化也只单单是文字化内容,其内涵价值并没有内化于人心,外化于人行。对于当代大学生的党史教育而言,不仅要强调"知",更要落实于"行",将党史文化从理论教育提升到实践行动中去,通过一系列党史教育实践活动让学生产生强烈的党史文化情感,将这种切身体验得到的主观感受转化为坚定的共产主义理想信念。

三、显性教育与隐性教育相结合

习近平总书记在 2019 年 3 月 18 日的全国学校思想政治理论课教师座谈会上明确强调:要坚持显性教育和隐性教育相统一,挖掘其他课程和教学方式中蕴含的思想政治教育资源,实现全员全程全方位育人①。当前,我国高校教育存在诸多教育方式,但是主要以显性教育(凸显教育者自身的教育方式)和隐性教育(淡化教育者)两种方式为主。显性教育是指教育者以一种主题鲜明、目标明确的方式,通过有组织、有计划的教育活动使学生在预设计划中从思想、观念、行为等各个方面得到提升,该教育方式具有强制性、指令性和目的性的特点。党史显性教育,是以思想政治理论课为主阵地,推动思想政治理论课改革创新,不断增强思政课的思想性、理论性和亲和力、针对性。通过将党史文化内容与"毛泽东思想概论""中国特色社会主义理论体系概论""中国近现代史纲要"等课程结合,在课堂教育中,组织学生集中系统地了解和学习我党的发展历程、理想信念、精神文化,用党的成功经验启迪青年学生,引导学生将个人的理想追求与国家、社会的理想紧密联系起来。当然,党史显性教育不仅仅局限在课堂上的党史理论知识的传授,还要借助各种载体开展形式多样的教学。一是媒体平台,利用电视、杂志、报纸、校园广播以及互联网等媒体平台进行党史宣传和教育;二是竞赛活动,通过开展以"不忘初心,跟党走""党在我心中""厉害了,我的党"等为主题的征文活动、演讲比赛、辩论比赛、知识竞赛、摄影比赛等多类型的党史教育比赛活动,丰富党史教学形式,不断激发学生学习党史的兴趣,形成自主学习党史氛围;三是文娱活动,通过举行毛泽东诗词朗诵活动、红色革命歌曲教唱、抗战主题现代舞教学、红色诗词赏析、红色文化主题的文娱晚会、话剧演出等形式多样的文娱活动,将现代潮流艺术元素融入党史教育中,增强大学生对党史学习的热情。

为了弥补显性教育上存在的不足,可以在开展党史显性教育的同时,进行党史的隐性教育。将党史显隐性教育相结合更有利于提高党史教育的实效性和科学性。隐性教育主要是通过环境氛围、情感沟通、人格魅力等使受教育者在无意识中获得教育性信息,使其思想观念、道德情操、日常行为在潜移默化中受到影响。开展党史隐性教育,高校首先应努力营造党史隐性教育的人文环境,学校可以在校园内各个教学楼、宿舍楼、街道张贴关于爱党爱国、党的先进精神理念等文化标语,在学校食堂、校园超市有新媒体的地方播放《长征》

---

① 张烁. 习近平主持召开学校思想政治理论课教师座谈会强调:用新时代中国特色社会主义思想铸魂育人,贯彻党的教育方针落实立德树人根本任务[N]. 人民日报, 2019-03-19.

《百团大战》《建党伟业》等革命和历史题材的视频影集,使学生可以在悄无声息中接收到党史文化的熏陶。其次是发挥教师的党史隐性教育力量。习近平强调:"办好思想政治理论课关键在教师,关键在发挥教师的积极性、主动性、创造性。思政课教师,要给学生心灵埋下真善美的种子,引导学生扣好人生第一粒扣子。"①因此,高校应该注重老师的党史知识、教学方法培训,增强老师教学技能,组建可信、可敬、可靠,乐为、敢为、有为的思政课教师队伍。因为高校的主要群体为老师和学生,老师的一言一行都会对学生产生一定的影响,这种潜移默化的影响比显性教育更为持久。另外,要充分发挥优秀党员的影响力,在校园内选拔无私奉献、服务群众、勇于拼搏等正能量优秀党员,大力宣传优秀党员的先进事迹,引领大学生继承党的优良传统,学习先进模范,领会我党全心全意为人民服务的宗旨。还可以推行校园精神,学校学生受校园影响最大,高校要不断推进学校精神的传承和创新,正如民国时期北大推行的"兼容并包,思想自由"的北大精神,这在某种程度上推动了北京大学和社会的发展。每一所高校都有其独特的历史,所以在高校精神中也要融入红色精神,融入共产党人的优秀品质,这样学生才会更容易接受。

显性教育和隐性教育在党史教育中是相辅相成,不可或缺的,二者虽然方式不同,但是目的都是对学生进行党史教育,影响学生思维方式和价值观念,其作用不是孤立的,而是相互交织相互促进的。所以,推进党史教育在高校的发展必须使这两种教育方式齐头并进,相互结合。作为教育主体的显性教育在开展党史教育时,要占领主阵地,发挥其主要作用,同时,高校开展党史教育亦不能忽视隐性教育,要将党史教育落实到学校的方方面面,各个领域,以润物细无声的方式,让学生在日常生活中潜移默化地受到党史的教育。

四、线上教育与线下教育相结合

党史线上教育指的是借助现代互联网技术和新媒体平台进行的教育方式,即中共党史教育的"线上教育模式",而党史线下教育通常指运用现实的实体空间,主要依靠口头文字表达等传统传播方式开展的"线下教育模式"。线

---

① 张烁. 习近平主持召开学校思想政治理论课教师座谈会强调:用新时代中国特色社会主义思想铸魂育人,贯彻党的教育方针落实立德树人根本任务[N]. 人民日报,2019-03-19.

上教育和线下教育在具体实施上各有利弊,如在时空限制上,线上教育可以突破时间和空间的限制,随时随地地观看和学习,而线下教育有其固定的学习地点和时间;在内容的及时性上,线上教育可以随服务端课程同步更新,线下教育只能随着教学大纲的更新而更新;线上学习可以重复学习,这种优势是线下教育所不具备的;线上学习具备按需学习的条件,线下学习需要统一安排,在主体性的照顾和个性化发展方面不具备优势;但线上教育提供的只是虚拟的社会化体验,而线下可以提供真实的社会化组织体验;等等。总之,线上教育和线下教育在党史教育方面可以相互结合,互为补充。在现如今的信息数字化互联网时代下,线上与线下的教育方式都是党史教育必不可少的,要想扩大党史教育的影响力,充分发挥党史教育的内涵作用,必须要做到党史线上与线下教育的有机结合。

高校在构建党史线上教育模式中,可以结合高校的自身优势和特色打造一套党史线上与线下教育良性互动的新模式,解决党史教育手段单一、形式僵硬等问题,提高党史教育的实效性。首先,在新媒体时代下,教师必须要充分发挥主观能动性,紧跟时代发展趋势,提升自身的科技能力和信息的接受能力,不断创新和丰富教育教学方法,科学利用 BBS、QQ、微媒体、贴吧等新媒体方式关注学生党史知识学习的热点,了解学生学习的进度,组织专家、学者开设"信仰力量""解读党的十九大报告新思想"等网络课程,让原本单一的党史理论教学内容变得丰富生动起来,改变过去生硬的党史教育方式,使大学生党史教育更具活力。其次,搭建师生线上交流互动平台。新时代也是网络信息化的时代,高校可利用微博、微信、QQ 等新媒体交流平台,建立"校—院—班"三级联动党史文化传播体系,实现学校发布、院系传达、班级讨论反馈,与其他网络渠道共同组成党史文化回环,定期针对网络热门党史话题进行讨论,不断更新学生党史知识库,打破时间和空间对传统教学手段的束缚,形成快捷、便利师生交流互动系统。再次,建立党史知识信息发布站,如在学校官网、校园学生组织官方公众号等平台开设党史文化学习专栏,及时转载党史热门文章、发布相关原创推文,进一步拓宽党史教学的渠道,将学生在课堂的被动教育延伸到课后的主动学习,将党史教育渗透到学生的业余学习中,充分调动学生学习党史的积极性。最后,科学采用音像教学,如观看韶山毛泽东同志纪念馆馆藏毛泽东生平等珍贵的伟人纪念影视资料,使伟人形象更加立体,进一步加强伟人精神对学生的感染力。

　　除了发挥党史线上教育的优势,对于党史线下教学模式也需进一步完善。一种文化、理念、价值观念要想真正发挥作用,必须要使其融入社会日常生活中,让人们在实践中感知、感悟它。对于高校党史文化教学应该将其与学生的日常生活紧密联系起来,在"落细、落小、落实"上下功夫。一是党史教育"落细"到细节。大力倡导和鼓励"名师工作室"建设,利用思政、辅导员老师的工作室,根据学生的个性化和特点,有针对性地为学生答疑解难。二是党史教育"落小"到小事。高校开展党史教育,要注意常抓不懈、落实到小事,如发扬奉献精神,在生活中帮助同学,发扬集体主义,不自作主张。鼓励大学生感受革命先辈的爱国情感、高尚品格、崇高理想和坚定信念,继承党的优良传统和先进作风,激励和启迪当代青年学生沿着先辈的足迹奋勇前进,将先进的文化理念践行到自己的日常小事上。三是党史教育"落实"到行动。"价值的形成是一个精神生成过程,而精神的力量都是具有自主性和创造性的"①。高校在开展党史教育的过程中,要充分激发学生的自主性和创造性,坚持立德树人这一落脚点,将高校党史教育落实到位。

---

① 韩震.培育和践行社会主义核心价值观需注重方法和途径创新[N].光明日报,2014-01-15.

高校红色文化资源育人的思考与探索 [*]

中国的红色文化是近代以来面对实现民族复兴的历史课题,中国共产党在马克思主义指导下改造中国社会的实践中所形成的一种以中国化、时代化的马克思主义为特征的中华民族新的文化形态,是马克思主义中国化成果在文化形态上的反映。红色文化具有鲜明的时代特点,是民族的、科学的、大众的文化形态,形成了以物质形态、信息形态、精神形态等多种不同的形态存在的红色文化资源,成为新时代资政育人的重要镜鉴。

2019 年"两会"期间,习近平总书记指出:"共和国是红色的,不能淡化这个颜色"。红色文化资源深深植根于中华优秀传统文化,是革命文化和社会主义先进文化的集中体现和生动表达。对于高校来说,红色文化资源是立德树人和开展思想政治工作的生动教材。习近平总书记要求,加强革命文化和社会主义先进文化教育,深化中国共产党史、中华人民共和国史、改革开放史和社会主义发展史学习教育,继承革命传统,传承红色基因,应该高度重视红色文化资源育人的"当为""可为",进而探索"如何为",将丰富的红色文化资源转化为高校立德树人的成果。

一、红色文化资源育人"当为"

党的十九大要求全面贯彻党的教育方针,落实立德树人根本任务,提出了培养又红又专的接班人作为党和国家的重大政治任务。在中国革命历史中形成的红色文化资源具有鲜明的感染力、亲和力、向心力,可以有效地用来增强大学生的价值认同和文化自信,并促使社会主义核心价值观的内化。因而,运用好红色文化资源是高校实施新时代立德树人工程的必然要求。这主要是因

为其具有以下几方面的特质。

一是彰显着信仰的光辉。"敌人可以砍下我们的头颅,而不能动摇我们的信仰!"坚定的信仰是红色文化最亮丽的色彩,全民族共同信仰的塑造也是民族复兴取得一个个胜利的基础,红色文化资源能够用以引导学生把个人理想与民族复兴中国梦紧密结合起来,牢固树立共同理想和远大理想。

二是沉淀着人民的情怀。"为什么人的问题,是一个根本的问题,原则的问题"①。红色文化充满着为人民服务,为人民谋幸福的深沉情怀,可用以引导学生超越自我,把个人事业与为人民服务的事业结合起来,在成就人民中成就自我。

三是富含着创新的精神。面对"三千年未有大变局",中国共产党人把马克思主义基本原理与中国实际相结合,推动马克思主义中国化,探索了一条创造性地解决近代以来民族危机的人间正道,可用以涵育学生的创新精神,增强其对中国道路的认同。

四是蕴藏着组织的力量。深入基层将最广大的民众有效地组织起来,是红色文化的重要历史启示。可用以引导学生认识组织的力量,进而紧密团结起来,锻造集体主义精神。

五是饱含着青春的气息。年青的中国共产党人创造了"少年中国"的奇迹。"这只是万里长征走完了第一步"②,民族复兴事业需要一代代青年的接续奋斗。红色文化内在地追求日新月异,可用以引导学生保持青春的朝气,培养其奋斗精神。

二、红色文化资源育人"可为"

红色文化资源育人"可为",是指将育人资源转化为育人实践的便利性。红色文化资源不是僵死的教条,它通过大量鲜活的人和事,以多样化的形态呈现,成为一种优质的教育资源。它可以为教育者提供多样性的选择,有效又不留痕迹地嵌入德育、智育、体育、美育和劳动精神教育,从而为教育者提供形式多样的教学方式,使其成为有利于创新人才培养的更加生动活泼的有效方式。因而,高校应当着力把红色文化资源作为立德树人的生动教材,充分发挥好它

---

① 毛泽东.毛泽东选集:第3卷[M].北京:人民出版社,1991:857.
② 毛泽东.毛泽东选集:第4卷[M].北京:人民出版社,1991:1438.

的育人功能,可以在坚定学生理想信念、厚植爱国主义情怀、培养奋斗精神等方面,发挥好它引领学生成长成才的积极作用。

第一,坚定学生理想信念。理想信念的产生,不是一个单纯的理论建构过程,而是生动的社会实践的产物。青年毛泽东在给黎锦熙的信中指出,"真欲立志……必先研究哲学伦理学,以其所得真理,奉以为己身言动之准,立之为前途之鹄,再择其合于此鹄之事,尽力为之,以为达到之方,始谓之有志也"。并强调,"如此之志,方为真志,而非盲从之志"①。因而,仅靠理论教育和知识传递,坚定理想信念的目标是无从得以牢固树立的。探索理想信念教育的有效途径必须立足于实践中的生动体验,红色文化资源在开展大学生理想信念教育方面有独特优势,它本身就是在中国共产党人和中国人民为科学的理想信念而顽强奋斗的历史中生成并积淀下来的,并且红色文化资源的直观、形象,能够使学生如临其境,在历史情境的复原中,生动形象地诠释一代代优秀中华儿女坚定的理想信念,发挥对学生的熏陶和激励作用,从而在教育实践中陶铸坚定的理想信念。

第二,厚植学生爱国主义情怀。中国近现代史是中国红色文化生成的历史背景,红色文化资源天然地依托于中国近现代史的发展历程,反映着波澜壮阔的民族复兴征程,表现着中华优秀儿女对祖国和民族的热爱。如抗大校歌唱道,"黄河之滨集合着一群中华民族优秀的子孙,人类解放救国的责任,全靠我们自己来担承"。红色文化资源生动地体现了这种对祖国壮丽河山、悠久历史、灿烂文化的强烈热爱之情,具有极强的感染力。运用红色文化资源厚植学生的爱国主义情怀,要引导学生体认识以爱国主义为核心的民族精神是中华民族从沉沦走向复兴的精神支柱,从而通过富含爱国主义为核心的民族精神的红色文化资源受到热爱祖国热爱人民的高尚情感的熏陶,进而自觉把人生追求同祖国的前途命运结合起来。

第三,培养学生奋斗精神。毛泽东指出:"中国的青年运动有很好的革命传统,这个传统就是'永久奋斗'。我们共产党是继承这个传统的,现在传下来了,以后更要继续传下去。"②红色文化资源是在一代代中国共产党人和革命群众的不息奋斗,是在"要实现人类的幸福,全靠我们自己"的奋斗哲学中实践

---

① 中共中央文献研究室. 毛泽东早期文稿[M]. 长沙:湖南人民出版社,2008:74.
② 中共中央文献研究室.毛泽东文集:第 2 卷[M]. 北京:人民出版社,1993:190.

"改造中国与世界"的宏伟构想中凝练而成的文化形态。特别是,在新中国成立之际振聋发聩的"夺取全国胜利,这只是万里长征走完了第一步"①的警醒中,在一以贯之推进伟大社会革命的实践中,中国共产党始终以革命者的姿态开拓进取。充分挖掘红色文化资源的奋斗精神,可以激发青年学生继续投身一以贯之的伟大社会革命,接续奋斗,走好这一代人的长征路,正如习近平总书记所要求青年的那样"立鸿鹄志,做奋斗者"。

此外,在加强学生品德修养方面,"一个人能力有大小,但只要有了这点精神,就是一个高尚的人,一个纯粹的人,一个有道德的人,一个脱离了低级趣味的人,一个有益于人民的人"。毛泽东同志对白求恩的评价集中呈现了红色文化资源对于人的道德品行的价值取向,对于塑造新时代担当民族复兴大任的时代青年是非常好的精神养料。在增长学生知识见识、增强学生综合素质方面,也都可以充分发挥红色文化资源的育人功能,将红色文化资源转化为美育、体育和劳动精神教育,很多高校对此已经做了相当生动的尝试,取得了宝贵的经验。

三、红色文化资源育人应"如何为"

红色文化资源的"当为""可为",为高校运用红色文化资源育人提供了广阔的实践、体验阵地和鲜活的教材,创造了有利条件。新时代培养担当民族复兴大任的时代新人,要求红色文化资源在融入高校思想政治工作的过程中,实现创造性转化和创新性发展。为实现这种创造性转化和创新性发展,就要探索有效的途径和手段,解决红色文化资源育人"如何为"的问题。关键在一个"活"字。

（一）让红色文化资源的内容"活"起来

从内容上激活红色文化资源,深入寻找、挖掘历史的细节,让红色文化资源从书本上走出来,将冰冷的文字赋予时代的温度,将静止的图片化为鲜活的体验,使红色文化资源从单纯的知识形态中走出来,更好地发挥育人功能。

1. 构建课堂主渠道

在思政课中运用好红色文化资源。思政课是开展学生思想政治教育的课堂主渠道。除与红色文化资源育人最为切合的"纲要"课外,在"基础"课、"概

---

① 毛泽东. 毛泽东选集:第4卷[M]. 北京:人民出版社,1991:1438.

论"课都有相关的章节和内容,涉及红色文化资源的运用。如在"基础"课中,可以用革命英烈的人生选择阐述"人生观"专题;在"概论"课中,可以用红色文化资源生动呈现马克思主义中国化的历史进程。甚至是在"原理"课中,如在讲解社会发展规律和唯物史观时,也可以结合五四时期先进的中国青年如何选择并接受马克思主义唯物史观来分析探索救亡图存道路的艰难选择过程,总之要不断挖掘教材中所蕴含的红色文化资源,并赋予其鲜活的案例,这样就为理论性的知识构建了生动鲜活的呈现载体,变系统的理论知识灌输为可感知、可接触、可体悟的文化感知,使思政课教学的理论目标和情感目标有效互动,共同提高。

开设融入红色文化资源的专业课和校本课程,进行"课程思政"的探索。在很多革命老区的高校如井冈山大学、赣南师范大学、延安大学都有非常好的做法,充分发挥了"课程思政"的作用。在南开大学,外国语学院将南开校史教育融入英语翻译专业的课程中,学生们通过翻译南开校史,学习南开的爱国传统,提升专业能力,取得了良好的育人效果。红色文化资源有着丰富的内涵和外延,各门专业课程都可以挖掘一些与专业教育相契合的案例和元素。

此外,南开大学在思政课必修课以外,以红色文化资源为主要内容,开设了"文化自信与党的文化资源概论""毛泽东的领导方法""中国人民解放军战史"等面向全校学生的通识选修课,拓宽了红色文化资源育人的课堂主阵地,让更多学生学习受益。这些课程瞄准更为生动的历史细节和红色文化资源,通过更为灵活的教育教学模式,小班化、面对面、点对点,灵活运用翻转课堂等手段,深化红色文化资源育人效果,在价值导向上与思政课同向同行,形成良好的合力。

2. 社会实践和实地体验式现场教学

实地体验式现场教学是激活红色文化资源的最重要途径。有学者指出,这种形式的教学最大的特点,就在于它能够将理性与感性、内容与形式、逻辑与情感、讲授和体验等紧密结合在一起。实地体验现场教学的吸引力和感召力都是很大的,这是顺应学习心理规律和态度情感价值观内化规律的教学过程。

南开大学具有实践育人的悠久历史和光荣传统。近年来,依托广泛开展的社会实践,探索红色文化资源融入社会实践的"真实还原历史情境的体验式育人模式",通过真实历史情境的复原与再现,将学生"代入"场景和情境,让红色文化资源的内容在社会实践中"活"起来。以南开大学 2016 年赴原中央苏区社会实践队为例,首先从外在符号方面"代入"。比如学生编组方式,以中央红军五个主力军团为五支分队命名;比如旗帜和服装,按照红军军旗的样式制作旗帜,按照红军军装的样式统一设计制作实践队服,佩戴红色领章。其次在活动组织方式上"代入",在设计上以集中活动和分散活动相结合,有分有合,体验"分兵以发动群众,集中以应付敌人"的红军战法;将实践活动与红色旧址紧密结合,更加注重现场教学的体验和参与,如在瑞金沙洲坝"二苏大"会址召开"模拟二苏大会"来开展社会实践活动的总结表彰大会,事先通过选举"苏维埃代表"等环节增进学生对历史细节的体认。再次是宣传方式的"代入",以复刊中华苏维埃共和国中央政府机关报《红色中华》的形式,用原版图片为底版制作适合网络推广的图片新闻,进行活动宣传报道。再有如学唱苏区红歌等,通过全面的情境塑造,为学生呈现一幅苏维埃运动时期的生动图景,使参与实践的学生有了完全不同的体验,也获得了实践地专家学者和干部群众的认可。

更为灵活的思政选修课在推动课程实践和体验式红色文化资源育人方面发挥了重要作用。2018 年 8 月,南开大学"文化自信与党的文化资源概论"课任课教师和优秀学生代表到江西省吉安市所属的井冈山、东固地区开展实践教学。在步云山白云寺中共湘赣边界二大和步云山练兵场旧址进行实地现场教学,聚焦步云山发生的中共湘赣边界二大报告的重要组成部分《中国的红色政权为什么能够存在?》与对井冈山农民军的政治改造两个历史事件,透视井冈山斗争对中国伟大社会革命的艰辛探索及其历史地位。

3. 校园文化建设

运用红色文化资源构建的红色校园文化具有隐性教育特点,将各高校各具特色的校园文化与红色文化资源有机结合,使红色文化资源不露痕迹地嵌入高校思政的重要环境,能够使学生通过每日身处的场景激发对红色文化的高度认同。红色文化资源可以融入校训、校歌、校风以及校园文化设施的建设,特别是挖掘和利用本校校史中的红色文化资源,使学生感受先辈创业的艰辛历程,从而培养知恩感恩、追比先贤的精神品质。将红色文化教育与学生们喜闻乐见的校园文化活动有机结合是发挥红色文化资源育人功能的有效途径。在南开大学,早在张伯苓老校长的带领下,校园话剧就拉开序幕,当时的南开新剧团排演的话剧《一元钱》《一念差》《新村正》等都对当时话剧在中国的发展起到了重要推动作用。西南联大时期,与前线抗日斗争遥相呼应,校园里的南开学子将《国民公敌》《放下你的鞭子》等一大批抗日话剧搬上舞台，极大激发了国民的抗日斗志。南开的话剧育人传统从未停止，1998 年，为纪念周恩来同志 100 周年诞辰，编排演出了话剧《周恩来在南开》。红色文化与"紫色文化"（南开校色为青莲紫色）的融合，成为使红色文化资源在内容上"活"起来的重要尝试与经验。2015 年以来，南开大学师生原创话剧《杨石先》，获得中国科协"共和国的脊梁"科学大师名校宣传工程，以"校友演校友，学弟演学长"的方式，讲述了中国农药化学和元素有机化学的奠基人与开拓者、南开大学原校长杨石先响应祖国号召，毅然回国投身教育科研事业，服务国家需求创建元素有机化学研究所，在极其困难的条件下开展农药研究，保证国家粮食安全的故事。刻画了以杨石先、申泮文、陈茹玉、陈天池等为代表的为祖国奉献终身的南开科学家群像，迄今在校内外公演 18 场，成为高校师生学习科学大师，立志报效国家的优秀校园文化活动典型。

（二）让红色文化资源育人的形式"活"起来

红色文化资源育人要通过访谈教学、现场教学、影像教学、体验式教学等多种教学形式，依托社会实践提升效果，这已成为学界和教育实践者的共识。但是，开展社会实践的实地现场教学，面临着"深度"和"广度"这一对矛盾。在笔者的一项调研中，师生普遍表示深度实践教学的效果非常好，但是开展起来很有难度，这种难度体现在形式、内容、经费和参与者等多方面。与深度实践相区别，红色文化资源的实践教学有些还停留在浅层次的实践或是尚没有走出课堂与书本。在"深度"与"广度"的这对矛盾中，"深度"的问题是矛盾的主要方面。破解矛盾要首先解决"深度"的问题，与其泛泛铺开覆盖面进行"蜻蜓点水"式的浅层次实践，不如选好抓好培养好学生骨干，在教师深入的指导下进行形式多样的、"师生同行"的深度实践教学和红色文化体验。在解决"深度"的问题后，然后依靠这些参与过深度实践体验的学生骨干将实践成果辅以一般性的实践内容，在日常的学习与活动中，通过班级、社团、宿舍、同乡会等各种组织进行朋辈间的传播，丰富解决"广度"的方式和渠道。学生的红色文化宣讲在南开大学蔚然成风，为有效解决红色文化资源育人实践教学"广度"的问题做出了重要的贡献，在 2018 年 1 月 30 日的央视《焦点访谈》专题报道《思政课：要"活"才能"火"》栏目中，就有南开学生在宿舍成长社区开展红色文化宣讲的原声视频片段。

在解决"广度"的矛盾方面，要真正切合学生的特点，放下身段，摆正位置。

立足青年视角、喜好和行为方式，将红色文化资源进行青年化的解读与呈现，打破学生中对红色文化所固有的"红专""高大上""不接地气"等偏见，让更广泛的学生感受真实、亲切、可触摸感知的红色文化。比如，举办"红色文化节"系列活动，通过"红歌改编大赛"的形式，引导学生用流行歌曲旋律，由红色文化资源或重新填词并录制演唱版本，进行网络推送或现场演出，由学生改编的网络歌曲《九九八十一》、井冈版《成都》等歌曲都朗朗上口，深受好评。比如，在学生军训期间举办模拟长征的活动，将学生编为"红一、二、四方面军"和"红二十五军"，在南开大学津南校区按长征的历史进程设计行军路线，在路线上设置若干代表长征重要事件的节点，复原历史情境，通过悬挂红军标语，组织"欢迎仪式"，并进行图文材料展示、红色歌曲展播，让学生在真实体验中了解长征，感悟长征精神。再如，2018年4月，为纪念新民学会成立100周年，依托召开学术研讨会的契机，红色记忆宣讲团师生合作编排了话剧《恰同学少年》，反映100年前以毛泽东、蔡和森、向警予等先进青年在求学实践中选择马克思主义的生动过程。中国国史学会会长、中国社会科学院原副院长朱佳木，中共中央原文献研究室原常务副主任杨胜群，蔡和森亲属、和富研究中心主任李勇，中共"延安五老"后代谢飘、齐放等专家学者和老同志莅临演出现场，与校内外师生共同观看演出并给予了高度评价。《光明日报》以《南开学子演绎话剧致敬初心》为题对演出做了专题报道。

另外，将红色文化资源融入校园网络舆论阵地，不但是高校社会主义文化建设的迫切任务，同样是让红色文化资源育人形式"活"起来的重要途径。一些高校运用校园传播媒体，制作红色网站、红色微信公众号等，也通过直播、动画视频和电子相册等形式让更多师生广泛接触网络产品。网络思想政治教育阵地是高校不能忽视的重要教育载体，应该主动探索"互联网+红色文化资源"的育人形式，进行主题明确，内容创新的交流活动。

(三)让师生在互动中共同"活"起来

深度的红色文化资源育人在课程和实践层面的设计和实施都要由教师承担，这对教师提出了很高的要求，必须注重教学策略的选择和路线的安排，还需要考虑必要的安全保障。需要指出的是，学生在这个过程中并不是单纯的"受者"，而是应该而且能够发挥主体性地位的力量，这就要求必须大力加强师生融合，激活师生两个方面的主动性、创造性。

在激发教师参与红色文化教育热情方面，首先要加强教师的培养力度，建立一支热爱红色文化资源,能够利用好红色文化资源,愿意充分发挥其生命力和感染力的优秀教师队伍。有学者指出,"红色故事"凝结和整合承载红色文化资源"人、物、事、魂"诸要素最直观的形态。教师要学会寻找学生的兴趣点,要学会讲好故事,在课堂教学中用非常恰当的故事,把理论体系传播给学生。在实践教学,带着有温度的问题、带着思考去引领学生感受历史,实现师生间良性的互动。讲好"红色故事",让大学生切身感受到红色文化的独特魅力,才能充分发挥红色文化资源的育人功能。实践表明,一旦学生的主体性被激发,他们的表现都往往能超乎教师的期待,这也形成对教师的一种触动和教育。

南开大学搭建平台,深入推动开展师生"四同"即"同学同研,同行同讲"的互动,达成教学相长。在这种互动中,一方面通过教师的精心设计和指导,将课堂上只能用图片或视频呈现的细节进行深度现场体验式的还原,营造丰富生动的情感体验来增进学生对红色文化资源育人目标的理解和认同。另一方面,走好群众路线,下大力气发现并培养学生骨干,学生的主体作用得以有效且充分地发挥,使他们在将红色文化资源内化的同时,发挥他们在广大学生中的辐射力和影响力,将红色文化资源用各种形式"外化"到他们的朋友圈。

这种"外化",是波浪式地扩大影响力和在学生中的覆盖面,让学生中更多的红色文化种子形成集聚效应。2016 年,《光明日报》头版头条以《"青莲紫"爱上"苏区红"》报道了南开学子寻访红军足迹的社会实践。从 2013 年第一次踏上苏区土地的 9 名同学,到 2017 年时百余名南开人寻访红都,使赴苏区的实践成为培养学生骨干的重要基地,不少参与过苏区实践,接受过红色文化资源洗礼的学生获得了南开大学学生最高荣誉"周恩来奖学金"、入选研究生支教团、成为学生党员标兵,还有不少在毕业后选择考取西部地区、贫困地区的选调生,也有的选择留校担任辅导员。

由参与苏区实践的学生骨干发起成立的"红色记忆宣讲团",用青年视角、青年方式讲述红色文化,充分调动和发挥教师与学生的两个积极性,使社团成为传播红色文化骨干的"培养皿"与"试验田"。自 2016 年成立以来,红色记忆宣讲团已在校内外开展红色文化和党的十九大精神宣讲共计 40 余场,在 2017 年、2018 年全国大学生讲思政课公开课展示活动中均荣获一等奖;社团师生撰写的 3 篇文章入选中青网"学思践悟·十九大精神"系列评论。2018 年军训期间在 11 个连队组织开展模拟"三湾改编"活动和红色文化宣讲,取得较往年更好的效果。

革命文化融入"马克思主义基本原理概论"课教学的路径研究*

党的十九大提出了要继承革命文化,也提出了要培养时代新人,时代新人的培养离不开革命文化的继承。坚定文化自信就是要坚定对中华优秀传统文化、革命文化和社会主义先进文化的自信,培养时代新人就内在要求对我们的文化充满自信,而时代新人的造就离不开对革命文化的继承。高校思想政治理论课是帮助学生梳理正确价值观念的主渠道,也应该为革命文化的继承提供有力支撑。

一、继承革命文化与"原理"课教学目标的内在一致性

习近平总书记在党的十九大报告中指出:"中国特色社会主义文化,源自于中华民族五千多年文明历史所孕育的中华优秀传统文化,熔铸于党领导人民在革命、建设、改革中创造的革命文化和社会主义先进文化,植根于中国特色社会主义伟大实践。"这就强调了革命文化是中国特色社会主义文化的重要组成部分,因此将革命文化研究好、学习好、讲授好是思想政治理论课的题中之意。在强调了中国特色社会主义文化的构成之后,习近平总书记指出:"要以培养担当民族复兴大任的时代新人为着眼点,强化教育引导、实践养成、制度保障,发挥社会主义核心价值观对国民教育、精神文明创建、精神文化产品创作生产传播的引领作用,把社会主义核心价值观融入社会发展各方面,转化

* 本文作者唐斌、薛钧君:西南大学。

本文系教育部高校示范马克思主义学院和优秀教学科研团队建设项目"中国共产党人民中心思想及其融入思政课教学研究"(项目号:17JDSZK095)和西南大学中国共产党革命精神与文化资源研究中心项目"习近平人民中心思想的理论来源和实践路径研究"(17SWUJDPYC10)的阶段成果。

为人们的情感认同和行为习惯。"①这从培育和践行社会主义核心价值观的角度强调了要坚定文化自信,同时也指出了培养时代新人要注重精神文化的作用。

思想政治理论课是对大学生进行思想政治教育的主渠道,应该担负着立德树人的重要作用,立德树人就是要培养担当民族复兴大任的时代新人,时代新人就是要德智体美劳全面发展,这就需要继承革命文化,提升文化自信。思想政治理论课肩负着使学生树立起"四个自信"的重大使命,因此在思想政治理论课中融入革命文化的相关内容具有内在必然性。"马克思主义基本原理概论"课(以下简称"原理"课)着重讲授马克思主义的世界观和方法论,帮助学生从整体上把握马克思主义,人是人类社会发展的基本规律。"原理"课从最基础的原理角度将革命文化讲授清楚,对于革命文化的继承,对于文化自信的树立,对于时代新人的培育意义重大。

二、革命文化融入"原理"课教学的总体思路

"原理"课 2018 年版教材,没有直接出现"革命文化"一词,出现"革命"一词近 300 次,出现"文化"一词 100 多次,由此可见"原理"课对于革命和文化都很重视,一旦深入马克思主义的立场、观点和方法中,我们便可以发现革命文化与"原理"课具有很强关联。

(一)革命文化的融入要立足马克思主义的基本立场、观点和方法

革命文化融入"原理"课,就要能够与马克思主义的基本立场、观点和方法相结合。人民性的立场、对规律的把握、认识和改造世界的方法既是马克思主义的内在要求,也是革命文化的精髓。

马克思主义的基本立场,是马克思主义观察、分析和解决问题的根本立足点和出发点。马克思主义以无产阶级的解放和全人类的解放为己任,以人的自由全面发展为美好目标,以人民为中心,一切为了人民,一切依靠人民②。革命文化诞生于血与火的革命岁月,是中国人民在中国共产党的领导下书写的红色篇章,是对 20 世纪广大中国人民救亡图存历史的共同记忆。人民性是中

---

① 决胜全面建成小康社会 夺取新时代中国特色社会主义伟大胜利:在中国共产党第十九次全国代表大会上的报告[M]. 北京:人民出版社,2017:41-42.
② 马克思主义基本原理概论[M]. 北京:高等教育出版社,2018:3.

国共产党革命文化的本质属性、价值中心、根本目的,体现了马克思主义的基本立场。革命文化的人民性以马克思主义"现实的人"为出发点。革命文化体现了"一切为了人民"的价值,蕴含着以人民为中心的价值追求。革命文化和马克思主义基本立场的内在一致性就体现在人民性上,熔铸于党领导人民进行革命的实践活动中的革命精神就是中国共产党坚持马克思主义基本立场,以人民解放为己任的生动体现。

马克思主义的基本观点,是关于自然、社会和人类思维发展一般规律的科学认识,是对人类思想成果和社会实践经验的科学总结。马克思主义的基本观点强调了三个关键词,即规律、思想成果和实践经验。革命推动社会发展,是目的性与规律性的统一,革命能否成功取决于革命实践活动是否遵循了人类社会发展的客观规律,取决于革命实践活动是否能够体现出人民解放的目的。革命文化是对在革命实践活动中形成的革命思想的理论概括,马克思主义是对人类社会发展规律和人类实践活动的理论概括,二者具有内在一致性。社会革命是实践的基本形式之一,革命文化是对革命实践活动的经验总结。

马克思主义的基本方法,是建立在辩证唯物主义和历史唯物主义世界观和方法论基础上,指导我们正确认识世界和改造世界的思想方法和工作方法。革命文化的形成及其内涵离不开革命的意愿和革命的实践,革命的意愿和实践体现出马克思主义认识世界和改造世界的双重目的,体现在认识和改造世界过程中的思想方法和工作方法。只有在科学的方法指导下的革命实践活动才有可能取得成功,才可能从中凝练出革命文化。

(二)革命文化的融入要立足马克思主义的三大组成部分

马克思主义由三大组成部分构成,虽然这样的观点在学术界还存在一定的争论,但是不可回避的是"原理"课教材无论哪一个版本都基本沿用了马克思主义哲学、马克思主义政治经济学和科学社会主义这三大板块的结构,只是在绪论部分强化马克思主义和马克思主义基本原理的整体性。革命文化要融入"原理"课,从大框架上看,就是要将革命文化融入马克思主义的三大组成部分。

从马克思主义哲学的角度看,革命文化是一种精神的力量,是在革命实践活动中形成的思想成果,可以理解为一种对物质起能动作用的意识,可以理解为一种对实践起能动作用的认识,也可以理解为一种社会意识对社会存在产生能动的反作用,还可以理解为一种意识形态为一定的社会制度服务。革命文化归根到底是一种文化的展现形式,马克思主义哲学特别注重文化的作用,文化对社会发展起到了重大作用,表现在精神动力、智力支持、思想保证、凝聚力量等方面。

马克思主义政治经济学从商品、货币、资本等入手剖析资本主义,发现隐藏在资本主义制度之下的资本家剥削工人的秘密,揭示出资本主义必然灭亡的历史命运。这些内容看起来和革命文化没有直接关联,但是我们深入发掘就会发现马克思主义政治经济学是为无产阶级解放服务的,是为了揭示资产阶级剥削无产阶级而形成的理论体系。革命文化是在革命中形成的,革命就是推翻反动统治,在资本主义条件下就表现为推翻资本主义的剥削制度,因此从阶级属性上看,马克思主义政治经济学和革命文化具有内在契合性。

科学社会主义是马克思主义哲学基础上剖析资本主义制度后得出的科学结论,认为共产主义是必然胜利的。革命文化是伴随着革命活动形成的,纵观中国共产党领导中国人民进行的革命实践活动,无论是土地革命还是抗日战争,无论是解放战争还是社会主义革命,始终贯穿的都有一条,那就是理想信念至上,在上海、嘉兴、井冈山、瑞金、遵义、延安、西柏坡,无论哪一个历史时期我们的革命都离不开理想信念的支撑,只有建立在科学基础上的理想信念才是真正的精神力量,而这个科学就是科学社会主义,这样的理想信念就是共产主义的远大理想,没有理想的指引就没有革命的实践,革命文化和理想信念是内在契合的。

(三)革命文化的融入要立足马克思主义的产生和发展

革命文化融入"原理"课,就要能够与马克思主义理论体系的产生和发展有机融合,无论是马克思主义的产生还是马克思主义在俄国、中国的发展,都能够成为革命文化有机融入的有效载体。

无产阶级在反抗资产阶级剥削和压迫的斗争中,逐步走向自觉,并迫切渴望科学的革命理论指导,马克思主义应运而生。马克思主义的产生既是无产阶级为了反抗资产阶级而进行的革命斗争的产物,也为无产阶级革命提供了科学的理论指导。列宁在领导俄国革命和建设的过程中,把马克思主义基本原理与俄国实际相结合,创立了列宁主义,把马克思主义发展到一个新的历史阶段。列宁主义是马克思主义与俄国革命具体实践相结合的产物,既是俄国革命的产物,又是指导俄国革命的科学理论。

毛泽东将马克思主义与中国实际相结合,创造性地提出了"农村包围城市,武装夺取政权"的中国式革命道路,取得了革命的胜利,建立了新中国,完成了社会主义革命,最终确立了社会主义制度。马克思主义在中国革命的实践历程中不断与中国实际相结合,形成了中国特色的革命道路。革命道路深刻体现了革命文化。邓小平在坚持改革开放的同时,要求全党坚持和发扬革命和拼命精神,严守纪律和自我牺牲精神,大公无私和先人后己精神,压倒一切敌人、压倒一切困难的精神,坚持革命乐观主义、排除万难去争取胜利的精神等五种革命精神。江泽民提出的"三个代表"重要思想就包含了先进文化的前进方向,先进文化要以中华优秀传统文化和革命文化重要思想滋养,强调先进文化实际上就内涵了重视革命文化的继承。胡锦涛指出:"我们要重温我们党领导人民军队和全国各族人民为民族独立、人民解放而浴血奋战的伟大历程,弘扬崇高革命精神和优良革命传统,激励全党全军全国各族人民在中国特色社会主义伟大道路上继续奋勇前进。"这段话实际上就强调了我们革命年代形成的革命精神和传统,在社会主义建设过程中依然适用。

红船精神、井冈山精神、长征精神、延安精神、西柏坡精神……习近平总书记对革命文化一直非常重视。无论在部队视察还是到地方调研,习近平一再讲要坚持用革命传统铸魂育人,大力弘扬革命精神。习近平在浙江工作时专门概括凝练了红船精神:开天辟地、敢为人先的首创精神,坚定理想、百折不挠的奋斗精神,立党为公、忠诚为民的奉献精神。习近平总书记将中国特色社会主义文化自信与道路自信、理论自信和制度自信并列,成为中国特色社会主义的"四个自信",文化自信中的文化就包含了革命文化。

19世纪40年代马克思主义基于欧洲资本主义发展和无产阶级革命而产生,是实现无产阶级和全人类解放的理论指导;马克思主义与俄国革命实际相结合产生的列宁主义,指导俄国革命取得胜利,建立起世界上第一个社会主义国家;马克思主义与中国实际相结合形成了中国化马克思主义,无论是在革命年代还是在建设、改革年代,革命文化中所蕴含的精神动力一直推动着我国向前发展。革命文化融入"原理"课教学就要将其融入马克思主义的产生和发展中,但应注意的是这样的融入需要注重"原理"课自身的特点,避免与"概论"课简单重复。

三、革命文化融入"原理"课教学的具体方案

革命文化融入"原理"课的具体方案就是将革命文化融入"原理"课教学的

相关知识点中,这就需要找准知识点,挖掘契合点,运用正确的方法,实现革命文化精准、自然地融入"原理"课教学。

(一)革命性是马克思主义的鲜明特征

马克思主义具有革命性、科学性、实践性、人民性和发展性,其中每一个特征都可以和革命文化进行一定的融入,最能做到有机融合的是革命性特征。马克思主义的革命性,集中表现为它的彻底的批判精神和鲜明的无产阶级立场。在无产阶级解放斗争和社会主义事业发展的任何时期,都必须始终坚持马克思主义的革命性,发扬马克思主义的革命精神。马克思主义是革命的理论,革命文化的形成和发展离不开马克思主义的指导。

(二)作为意识和认识的革命文化

意识的能动作用不限于从实践中形成一定的思想,形成活动的目的、计划、方法等观念的东西,更重要的在于以这些观念的东西为指导,通过实践使之一步步变为客观现实①。革命文化作为一种意识,对于革命实践具有巨大的推动作用,对于今天社会主义建设依然具有强大的精神动力。

在社会历史领域,主观能动性与客观规律性的辩证关系具体表现为社会历史趋向与主体选择的关系。在革命文化的感召下,在客观规律的作用下,中国人民选择了马克思主义、选择了中国共产党、选择了社会主义道路。革命文化发挥巨大的作用就能够体现出在遵循客观规律的基础上人们的主体选择性。

社会政治实践是形成各种社会关系的实践活动,表现为人们之间的社会交往和政治活动。在阶级社会中,人们之间的交往关系不可避免地打上阶级和阶级斗争的烙印,社会政治实践主要采取阶级对立和阶级斗争的形式②。革命实践是实践的重要形式,在革命实践中形成的革命文化是在实践中形成的正确的认识,正确的认识可以指导我们的实践取得更大的胜利。

(三)作为矛盾斗争的革命文化

矛盾双方的斗争是一种矛盾统一体向另一种矛盾统一体过渡的决定力量。矛盾双方的相互排斥和否定促使旧的矛盾统一体破裂,新的矛盾统一体产生,旧事物发展为新事物。革命文化是在革命实践活动中体现出来的,革命

① 马克思主义基本原理概论[M]. 北京:高等教育出版社,2018:26.

② 马克思主义基本原理概论[M]. 北京:高等教育出版社,2018:60.

的实践活动就是推翻旧世界、建立新世界,就是新旧世界矛盾对立的表现形式。

量变和质变是相互依存、相互贯通的,量变引起质变,在新质的基础上,事物又开始新的量变,如此交替循环,构成事物的发展过程。量变质变规律体现了事物发展的渐进性和飞跃性的统一。通过革命实践活动,不断促进革命力量的壮大和革命文化的发展,这为革命事业的最终胜利奠定了基础。

辩证否定的实质是"扬弃",即新事物对旧事物既批判又继承,既克服其消极因素又保留其积极因素。革命文化是对中华传统文化的扬弃,是对中华优秀传统文化的传承。

(四)作为思维能力和文化传承的革命文化

培养并不断提高历史思维能力,是马克思主义科学世界观和方法论的内在要求。习近平强调"历史是最好的教科书""历史的经验值得注意,历史的教训更应引以为戒""中国革命历史是最好的营养剂"。知古鉴今,历史不容忘却,革命文化是革命征程中形成的优秀文化,是值得深刻学习的营养剂。

文化对社会发展的重要作用主要表现在:其一,文化为社会发展提供思想保证;其二,文化为社会发展提供精神动力;其三,文化为社会发展提供凝聚力量;其四,文化为社会发展提供智力支持①。革命文化和中华优秀传统文化、社会主义先进文化共同构成了推动我国社会发展的重要力量,可以为社会发展定向、发力、聚力、智力。

(五)作为社会发展动力的革命文化

社会意识是社会生活的精神方面,先进的社会意识反映了社会发展的趋势和要求,对社会发展起着积极的促进作用。革命文化属于社会意识中的政治思想,是被实践证明了的正确的社会意识,对社会发展发挥促进作用。

阶级斗争是阶级利益根本冲突的对抗阶级之间的对立和斗争。被剥削阶级为了维持自己的生存,摆脱受剥削、受压迫的地位,就不得不起来反抗。社会革命的实质是革命阶级推翻反动阶级的统治,用新的社会制度代替旧的社会制度,解放生产力,推动社会发展②。革命文化是在革命的实践,也就是中国人民推翻三座大山的过程中,形成和丰富的精神力量,对于推动社会发展意义

---

① 马克思主义基本原理概论[M]. 北京:高等教育出版社,2018:114-115.
② 马克思主义基本原理概论[M]. 北京:高等教育出版社,2018:137-141.

重大。

群众路线是我们党的生命线和根本工作路线,也是我们党的优良传统。群众路线的实质,就在于充分相信群众,坚决依靠群众,密切联系群众,全心全意为人民群众服务。革命文化中体现出只有人民才是历史创造者这一唯物史观的命题,体现出只有坚持以人民为中心才有可能取得革命胜利的论断,体现出只有代表人民利益的阶级、政党才可能取得最终胜利的结论。

(六)作为共产主义内在要求的革命文化

社会主义社会必须坚持科学的理论指导,大力发展社会主义先进文化。社会主义国家必须大力发展以马克思主义为指导的社会主义先进文化,满足人民群众日益增长的精神文化需要,实现对社会风尚和精神面貌的正确引领①。发展社会主义先进文化是科学社会主义的一般原则,革命文化是社会主义先进文化的直接来源。

当代大学生要坚定理想信念,自觉做中国特色社会主义共同理想的坚定信仰者、忠诚实践者。要坚持学而信、学而用、学而行,把学习成果转化为不可撼动的理想信念,转化为正确的世界观、人生观、价值观,用理想之光照亮奋斗之路,用信仰之力开创美好未来②。革命文化中很重要的内容就是理想信念至上,当代大学生继承革命文化就是要坚定理想信念,归根到底就是把当代大学生培养成担当民族复兴大任的时代新人。

总之,革命文化融入"原理"课教学是可能的,更是必要的,既要理清思路做好革命文化融入"原理"课教学的整体设计,也要找准结合点做好革命文化融入"原理"课教学的具体路径。

---

① 马克思主义基本原理概论[M]. 北京:高等教育出版社,2018:274-275.

② 马克思主义基本原理概论[M]. 北京:高等教育出版社,2018:314.

后　记

　　为贯彻落实党的二十大精神,弘扬伟大建党精神,推动伟大建党精神和中国共产党精神谱系以及红色文化资源研究教育宣传的工作,充分发挥党史资政育人作用,教育部高等学校科学研究发展中心、高等学校中国共产党革命精神与文化资源研究中心围绕"中国共产党精神谱系""红色文化资源育人的理论与实践""党史研究与党史学科建设""红色文化与高校思政课建设"等议题开展研究。

　　本书由教育部高等学校科学研究发展中心、高等学校中国共产党革命精神与文化资源研究中心组编,罗方述主编并最后审定书稿,储新宇参与了书稿的审定,朱喜坤、袁方、崔文龙、朱博宇、张翔在文稿征集、审读、整理、筛选等方面做了大量的工作。

　　本书为国家社会科学基金重点项目"中国共产党革命精神谱系研究"(批准号:21ADJ011)的阶段性成果。本书得到了基本科研业务费专项资金项目"红色文化资源研究"(批准号为GY201814)的资助,得到了光明日报出版社的大力支持,在此表示衷心感谢。

　　由于时间和水平所限,书中难免会有疏漏和讹误,敬请读者批评指正。

编　者

2022 年 12 月